GESCHICHTE DER NIEDERLANDE

Christoph Driessen

Geschichte der Niederlande

Von der Seemacht zum Trendland

Verlag Friedrich Pustet
Regensburg

Für meine Eltern

Bibliografische Information der Deutschen Nationalbibliothek
Die Deutsche Nationalbibliothek verzeichnet diese Publikation in der Deutschen Nationalbibliografie; detaillierte bibliografische Daten sind im Internet über http://dnb.dnb.de abrufbar.

4., aktualisierte und erweiterte Auflage 2022
ISBN 978-3-7917-2173-6

Umschlaggestaltung: www.martinveicht.de
Satz: Martin Vollnhals, Neustadt a.d. Donau
Druck und Bindung: Friedrich Pustet, Regensburg
Printed in Germany 2022

eISBN 978-3-7917-6227-2 (epub)

Unser gesamtes Programm finden Sie unter www.verlag-pustet.de

Inhalt

Ein Land wie kein anderes

1780 kam der spätere US-Präsident John Adams als erster amerikanischer Botschafter in die Niederlande. „Das Land, in dem ich bin, ist die größte Kuriosität auf der Welt", schrieb er an seine Frau. „Es ist ein einzigartiges Land, es ist wie kein anderes." Das wisse im Ausland aber niemand, denn: „Diese Nation ist nirgendwo bekannt, nicht einmal bei ihren Nachbarn. Die holländische Sprache wird nur von ihnen selbst gesprochen." In gewisser Weise stimmt das noch heute. Der Schriftsteller Cees Nooteboom nennt seine Heimatbasis Amsterdam eine offene und gleichzeitig verschlossene Stadt. Offen sei sie für die zahllosen Besucher aus aller Welt. Aber „sie wird sich dem Fremden nie ganz erschließen, der die Sprache und die Geschichte nicht kennt". So gesehen gebe es eigentlich zwei verschiedene Städte, „eine für uns, eine für die anderen".

Das Ziel dieses Buches ist es, die dramatische, aber weithin unbekannte Geschichte der Niederlande einem breiten Publikum im deutschsprachigen Raum vorzustellen – wo immer möglich am Beispiel einzelner Menschen. Das Hauptinteresse gilt dem Besonderen, dem Prägenden, das die Niederlande zu dem gemacht hat, was sie sind und heute von anderen Ländern unterscheidet. Die Darstellung setzt ein zu Beginn des 16. Jahrhunderts, als die Niederlande sowohl ein Teil des Heiligen Römischen Reiches Deutscher Nation waren als auch zum Länderkomplex der Habsburger gehörten. Der Konflikt mit dem spanischen Habsburgerkönig Philipp II. leitete die Entwicklung zum unabhängigen Staat, zur eigenständigen Nation ein.

Dabei ist es gerade auch der Kontrast zur eigenen Geschichte, der die Niederlande für den deutschen Leser so interessant macht. Der Schriftsteller Maarten 't Hart, dessen Romane in der Welt strenggläubiger Calvinisten spielen, hat mir einmal gesagt, er erkläre sich seinen Erfolg in Deutschland mit eben diesem Gegensatz: „Für die Deutschen ist es wahrscheinlich interessant zu sehen, da gibt es ein Land, das liegt ganz nah bei uns und ist doch total anders."

Ich danke meinem Vater, der mich über zwei Jahre hinweg mit Bergen von Fachliteratur aus den Niederlanden versorgt hat, und ganz besonders meiner Frau Barbara Driessen, die es mir ermöglichte, in einer turbulenten Zeit mit drei kleinen Kindern dieses Buch zu verfassen.

Köln, im Januar 2009 — Christoph Driessen

Im Vorwort von 2009 hatte ich die Hoffnung geäußert, dass mit dem Buch ein größeres Publikum in die Geschichte der Niederlande eintauchen würde. Das ist tatsächlich geschehen, so dass der Pustet-Verlag nunmehr schon die 4., vollständig aktualisierte Neuauflage herausbringen kann.

Im Laufe der Jahre haben mich zahlreiche Leserinnen und Leser kontaktiert und unter anderem auf Fehler und Unklarheiten aufmerksam gemacht. Diese Hinweise haben wir jeweils in der nächsten Ausgabe berücksichtigt. Auch das ab der 2. Auflage wesentlich erweiterte Literaturverzeichnis geht auf die Anregung von Leserinnen und Lesern zurück.

Ebenso erreichen mich immer wieder Vorschläge, diesen oder jenen Aspekt noch mit aufzunehmen. Jedes Mal werden dafür gute Gründe angeführt. Aber leider müssten dafür dann andere Passagen gestrichen werden, wodurch sich auch wieder inhaltliche Lücken ergeben würden. Dieses Mal ist es erfreulicherweise so, dass der Verleger Fritz Pustet das Buch um eine Reihe von Seiten erweitert hat, wodurch auch jüngste Entwicklungen berücksichtigt werden können.

Oft werde ich auch gefragt, warum das Buch erst im 16. Jahrhundert einsetzt und nicht schon viel früher. Das ist gleichfalls ein berechtigter Einwand, doch die Alternative dazu wäre, die Dinge geraffter darzustellen, um so größere Zeiträume abdecken zu können. Das würde dem Lesefluss vielleicht nicht zugute kommen. Wer sich mit der Geschichte der Niederlande zu burgundischer Zeit im Spätmittelalter vertraut machen will, sei auf mein Buch über die Geschichte Belgiens verwiesen, in dem diese Epoche recht ausführlich behandelt wird.

Ich interpretiere die Anregungen so, dass viele Leserinnen und Leser die „Geschichte der Niederlande – Von der Seemacht zum Trendland“ als „ihr Buch“ angenommen haben. Sie identifizieren sich in gewisser Weise damit. Etwas Schöneres kann es für einen Autor kaum geben. Haben Sie ganz herzlichen Dank dafür.

Köln, im März 2022 — Christoph Driessen

KAPITEL 1

Rebellion in Orange

Der Aufstand gegen Spanien

Albrecht Dürer im Wunderland. Eine Reise durch die habsburgischen Niederlande

Am 12. Juli 1520 verließ der Maler Albrecht Dürer seine Heimatstadt Nürnberg und begab sich trotz seines fortgeschrittenen Alters von 49 Jahren auf eine weite und gefährliche Reise. Sein Ziel war ein Land, von dem man sich überall Wunderdinge erzählte – die Niederlande oder mit einem anderen Namen: die 17 Provinzen. Unter diesem Begriff wurden die habsburgischen Länder im Nordwesten Europas zusammengefasst. Sie reichten von Friesland an der Nordsee bis hinunter nach Luxemburg. Auch ein Stück von Nordfrankreich rund um die Stadt Arras gehörte dazu. Die locker miteinander verbundenen Herzogtümer, Grafschaften und Herrlichkeiten galten als besonders reich und fortschrittlich. Nirgendwo sonst lebten so viele Menschen in Städten: Neunzehn niederländische Städte zählten mehr als 10 000 Einwohner – auf allen britischen Inseln waren es nur vier. Unter den stolzen Giebeln blühten Handel und Gewerbe, Künste und Wissenschaften. Menschen aus aller Herren Länder trafen sich dort, und was immer man an Kostbarkeiten und Kuriositäten begehrte, in den Niederlanden würde man es finden. Oft wohl hatte Dürer die Nürnberger Großkaufleute von diesem Land erzählen hören, vieles darüber gelesen – nun wollte er es selbst sehen.

Schon nach drei Wochen traf er zusammen mit seiner Frau Agnes in der Metropole der Niederlande ein; einer Stadt, geschäftiger als London und prachtvoller als Paris: Antwerpen. Eigene Kaufleute von Weltrang besaß die Stadt zwar nicht, auch keine eigene Handelsflotte, aber ihre Lage im Schnittpunkt nordeuropäischer Handelsstraßen war so günstig, dass sich in ihren Mauern Kaufleute von überall her angesiedelt hatten: aus den Hansestädten, aus England, Frankreich, Italien, Spanien und Portugal.

Wie ein moderner Tourist besichtigte Dürer alle Sehenswürdigkeiten. Er zeichnete den Hafen mit seinen Hulken und Barken, Galeonen und Karavellen, bestaunte das Domizil des Bürgermeisters, „ein so herrliches Haus, wie ich desgleichen in allen deutschen Landen nie gesehen habe", verfolgte eine Festprozession, bestieg den 122 Meter hohen Turm der Kathedrale Zu Unserer Lieben Frau: „Auf demselben habe ich die ganze Stadt nach allen Seiten übersehen, was da gar lustig ist." Das Innere war „überaus groß, so dass man viele Messen auf einmal darin singt, ohne dass eine die andere stört". Auch das Chorgestühl der Abtei zu St. Michael beeindruckte ihn: „Zu Antwerpen spart man keine Kosten zu solchen Dingen, denn da ist Geldes genug." Anders als einem gewöhnlichen Besucher öffneten sich dem gefeierten Künstler die höchsten Kreise der Stadt. Er wurde ins Fuggerhaus eingeladen und von der Malergilde festlich bewirtet, er traf den Antwerpener Meister Quentin Massys. Er porträtierte einen portugiesischen Handelsvertreter, einen italienischen Kaufmann und den Hofastronomen des Königs von England, sogar den berühmten Humanisten Erasmus von Rotterdam.

Ständig war Dürer auf der Suche nach Reiseandenken, und besonders interessierte ihn Exotisches, wie er es daheim in Nürnberg nicht bekommen konnte. Als Geschenke erhielt er unter anderem einen „Zinken weißer Korallen", zwei Papageien, einen indischen Schild, ein Bambusrohr, Zuckerwaren, eine Kokosnuss, Muscheln, Korallen und präparierte Fische. Aus eigener Tasche bezahlte er einen lebenden kleinen Affen, eine Schildkröte und Kämme aus Elfenbein.

Nächste Station seiner Reise war die Hauptstadt Brüssel, Sitz der Regierung. 1430 hatte Philipp der Gute, Herzog von Burgund, das Herzogtum Brabant geerbt und Brüssel zur Hauptstadt seines Burgunderreiches gemacht. Dieser Länderkomplex erstreckte sich von den Nordseeprovinzen Holland und Friesland bis tief nach Frankreich. Seit dieser Zeit traten in Brüssel in unregelmäßigen Abständen die *Generalstaaten* zusammen, die allgemeine Ständeversammlung. Diese Vertretung von Adel, Geistlichkeit und Bürgertum hatte weitgehende Machtbefugnisse, vor allem entschied sie über Steuerfragen. Das blieb auch so, als die Niederlande 1477 den Habsburgern zufielen, wobei die französischen Territorien großenteils verloren gingen.

Spätestens in Brüssel muss Dürer deutlich geworden sein, dass die niederländischen Provinzen keine natürliche Einheit bildeten. Denn während in Antwerpen Niederländisch gesprochen wurde, herrschte in den besseren Kreisen von Brüssel das Französische vor. In den angrenzenden südlichen Provinzen Namur, Artois, Hennegau und Tournai, aber auch in Teilen Brabants und Flanderns wurde überhaupt nur Französisch gesprochen.

Brüssel hatte einen ganz anderen Charakter als Antwerpen, es war keine Kaufmanns-, sondern eine Residenzstadt mit Teppichwebern, Goldschmieden und Bildhauern. Hier entstanden Luxusgüter wie Gobelins und die berühmten Brüsseler Spitzen. Im Mittelpunkt des höfischen Lebens stand der Repräsentant des Landesherrn Karls V., der Generalstatthalter. Seine Berater kamen aus dem niederländischen Hochadel. Es waren Grafen, Kardinäle und Ritter vom Goldenen Vlies, über deren Pracht und Prunk ganz Europa erzählte und die in Brüssel jeweils einen Hofstaat mit mehreren hundert Dienern unterhielten.

Am *Grand Place* – dem prächtigsten Platz der Niederlande – bewunderte Dürer „ein gar köstliches Rathaus, groß mit schön gehauenem Maßwerk und mit einem herrlichen, durchsichtigen Turme". Er spazierte durch die Residenz der Herzöge von Brabant mit ihren „Springbrunnen, Labyrinthen und Tiergärten, dass ich etwas so Lustiges, mir Wohlgefälliges, gleich einem Paradiese, nie gesehen habe". Die Residenz beherbergte die kostbaren Geschenke, die der spanische Conquistador Hernán Cortés wenige Jahre zuvor von dem Aztekenherrscher Moctezuma bekommen hatte. „Ich habe all mein Lebtag nichts gesehen, das mein Herz so erfreut hätte wie diese Dinge", schwärmte Dürer. „Denn ich sah darunter wunderbare, kunstvolle Sachen und verwunderte mich über die subtilen Ingenia der Menschen in fremden Landen. Ja, ich kann gar nicht genug erzählen von den Dingen, die ich da vor mir gehabt habe."

Zurück in Antwerpen, wurde er Zeuge eines festlichen Einzugs von Karl V. unter eigens errichteten Ehrenbögen. Einige Wochen darauf, am 23. Oktober 1520, sah er ihn wieder. In Aachen verfolgte er Karls Krönung zum Kaiser. Über 's-Hertogenbosch nach Antwerpen zurückgekehrt, erfuhr er bei seiner Ankunft: „Es ist zu Zierikzee in Zeeland ein Walfisch mit einer großen Flut und durch Sturmwind an Land gekommen." Mehr als hundert Klafter – über 170 Meter – solle der Wal lang sein. Das Ereignis faszinierte Dürer dermaßen, dass er sofort beschloss, hinzufahren. Zehn Tage später erreichte er per Schiff die Küste von Walcheren, der größten Insel des zeeländischen Archipels. „Wir lagen die erste Nacht vor Anker auf der See; es war sehr kalt und wir hatten weder Speise noch Trank." Bei Tageslicht erblickte er seltsame Dinge: „Zeeland ist hübsch und wunderlich zu sehen des Wassers halber, denn das steht höher als das Erdreich." Das Land lag unter dem Meeresspiegel und wurde nur durch Deiche vor der Überflutung geschützt. Nicht immer hielten sie den Wassermassen stand: „Wir fuhren an einem untergegangenen Flecken vorbei, wo wir die Spitzen der Dächer aus dem Wasser herausragen sahen." Deichbrüche hatten in Zeeland immer wieder katastrophale Überschwemmungen nach sich gezogen. Im Herbst 1376 etwa wurden ganze Dörfer von den Fluten verschlungen. Die St. Elisabethsflut am 18. November 1421 war für die Niederländer eine ähnliche Heimsuchung wie der Schwarze Tod für andere Teile Europas: Nördlich von Zeeland brach das Meer weit ins Landesinnere ein, Tausende ertranken.

Keine andere niederländische Stadt hat Dürer so begeistert wie die Hauptstadt der Meeresprovinz Zeeland, das stolze Middelburg mit seiner Abtei aus dem 12. Jahrhundert und dem Rathaus mit Skulpturen der zeeländischen Grafen und Gräfinnen an der Außenfassade. „Überaus schön“ fand er es. Von Middelburg fuhr er nach Veere, dem wohlhabenden Stapelplatz für schottische Wolle, „wo aus allen Landen die Schiffe anlegen“. Dann allerdings erwartete ihn eine Enttäuschung: „Und am Montag früh fuhren wir zu Schiffe wieder aus und fuhren von Veere nach Zierikzee und wollten den großen Fisch zu sehen bekommen; da hatte ihn die Flut wieder hinweggeführt.“ Auf der Rückreise nach Antwerpen konnte er wenigstens noch den Kopf eines in der Nordsee gefangenes Walrosses zeichnen. Später hat Dürer den Besuch in Zeeland möglicherweise bereut: Bald darauf wurde er von einem Fieber befallen, von dem er vermutete, dass er es sich dort eingefangen hatte. Es handelte sich wohl um Malaria, die damals in Zeeland sehr verbreitet war.

Im Frühjahr besuchte Dürer die beiden flämischen Städte Brügge und Gent. Brügge, die „herrliche, schöne Stadt“, war der Welthafen des Mittelalters. Bis das Zwin, die Verbindung zur Nordsee, langsam versandete, standen zwischen Belfried und Beginenhof die Kontore lombardischer Bankiers und die Speicherhäuser kastilischer Kaufleute. Sogar das aus dem Niederländischen kommende Wort „Börse“ soll in Brügge entstanden sein, möglicherweise abgeleitet vom Namen der Kaufmannsfamilie van der Beurse. Dürer allerdings interessierte sich vor allem für die Kunstschätze, die Bilder des Jan van Eyck und Hans Memling oder die Marmormadonna seines italienischen Zeitgenossen Michelangelo, die von der Familie Mouscron nach Brügge gebracht worden war. In der Tuchmacherstadt Gent zeichnete Dürer lebende Löwen in der Residenz der Grafen von Flandern.

Immer wieder muss der Besucher aus Deutschland in diesen Monaten auch über das beherrschende Thema der Zeit diskutiert haben – die Religion, die Erschütterung der katholischen Lehre. Mehrmals traf er Erasmus von Rotterdam; in Antwerpen porträtierte er Cornelis Grapheus, der 1522 wegen seiner Kritik an der Kirche zu „Abschwörung und Widerruf“ gezwungen werden sollte. Dürer erstand während der Reise auch mehrere Schriften Martin Luthers, und als ihn im Mai 1521 die Nachricht von der Gefangennahme Luthers erreichte, zeigte er sich tief erschüttert: „Lebt er noch? Oder haben sie ihn gemordet – was ich nicht weiß – dann hat er das erlitten um der christlichen Wahrheit willen, weil er gezüchtigt hat das unchristliche Papsttum.“ In Wahrheit war Luther zu seinem eigenen Schutz von den Soldaten des Kurfürsten Friedrich von Sachsen auf die Wartburg gebracht worden.

Gerade zu Beginn der 1520er-Jahre hatte Luther in den Niederlanden viele Anhänger. 1523 starben auf dem *Grand Place* in Brüssel die ersten protestantischen Märtyrer nicht nur der Niederlande, sondern Europas überhaupt – zwei Augustinerpatres aus 's-Hertogenbosch. Luther schrieb daraufhin seinen Brief „an die Brüder in Christo, so in Holland, Brabant und Flandern sind".

Am 12. Juli 1521, genau ein Jahr nachdem er von Nürnberg aufgebrochen war, machte sich Dürer mit seiner Frau auf den Heimweg. „Viel köstliche Dinge" hatte er gesehen. Die Fülle der während des Aufenthalts entstandenen Zeichnungen und Gemälde ist ein Beleg dafür, wie sehr ihn das neue Umfeld inspiriert hatte.

Tage, die Geschichte machten

25. Oktober 1555

Machtwechsel in Brüssel – Kaiser Karl dankt ab

Es ist Punkt drei Uhr nachmittags, als die Flügeltüren des großen Sitzungssaals im Brüsseler Schloss geräuschlos aufschwingen. Jetzt wird Weltgeschichte gemacht, und jeder hier weiß es. Gleich wird er eintreten, der mächtigste Mann des Erdkreises: Karl V., deutscher Kaiser und König von Spanien, Herr der Niederlande und weiter Teile Italiens, Gebieter in Asien und Afrika. Sein Wahlspruch lautet *plus ultra* – immer weiter, und sein Anspruch ist kein geringerer, als Universalherrscher über die ganze Christenheit zu sein. Und da kommt er, der Gewaltige – aber, ach, ist das möglich, ist er es wirklich? Fünfundfünfzig Jahre ist er alt und sieht doch aus wie ein Greis: mager, mit gebeugtem Rücken, die Hände steif, die Haare grau und spärlich, dazu ganz in Schwarz gehüllt. Kaum einen Schritt kann er allein tun. Mit der linken Hand stützt er sich auf einen Stock, mit der rechten auf einen jungen Mann. Es ist sein Günstling, Prinz Wilhelm von Oranien, gekleidet in ein geschlitztes Wams mit glitzernden Silberfäden. Erst hinter ihm, in der zweiten Reihe, folgt der Thronerbe Philipp II.

Etwa tausend Menschen sind im Saal versammelt, und doch ist es so still, dass man die Schritte des Kaisers und seiner Gefolgschaft hört. Langsam humpelt der Kaiser an den Rittern vom Goldenen Vlies vorbei, den Angehörigen des niederländischen Staatsrates, des Finanzrates und Geheimen Rates, den Generalstaaten und Abgesandten der Provinzialstaaten, den Statthaltern der einzelnen Provinzen, der hohen Geistlichkeit, den adeligen Kavalieren, den Gerichtsbeamten und schließlich auch einigen hundert Zuschauern aus dem Volk. Vorsichtig steigt er die sechs Stufen zu einem Lehnstuhl unter einem wappengeschmückten Baldachin, einem Thronhimmel, empor. Rechts von ihm nimmt sein Sohn Philipp Platz, links von ihm die Generalstatthalterin der Niederlande, Maria. Die Wände sind mit den schönsten Gobelins geschmückt, doch in diesem Moment beachtet sie niemand. Alle Blicke ruhen auf dem Kaiser. Die Zeremonie kann beginnen. Ein Mitglied des Staatsrates, des wichtigsten Beratergremiums der Generalstatthalterin, ist der erste, der das Schweigen durchbricht. Diesem Philibert von Brüssel fällt die Aufgabe zu, das Ungeheuerliche dieses Tages als Erster auszusprechen. Vor den höchsten Repräsentanten der Niederlande bestätigt er, dass Karl V. von all seinen Ämtern zurücktreten wird. Ein beispielloser Entschluss – so etwas hat es einfach noch nie gegeben. Man muss schon bis ins Altertum zurückgehen, um etwas annähernd Vergleichbares zu finden: Der römische Kaiser Diokletian hatte damals dem Thron entsagt, weil er meinte, es sei viel schöner, im Garten Gemüse anzupflanzen.

Im Auftrag des Kaisers legt Philibert von Brüssel noch einmal den Grund für die Abdankung dar. Es ist Karls schlechte körperliche Verfassung, die ihm die weitere Ausführung seiner Ämter unmöglich macht. Die Anwesenden wissen: Die Gicht hat ihn lahm gemacht und steif wie eine Puppe. Er kann noch nicht einmal mehr ein Pferd besteigen; auf einem kurzbeinigen Maultier ist er vorhin den kurzen Weg zum Palast geritten. Und doch haben viele den Verdacht, dass es noch etwas anderes ist, das den Kaiser vor dieser Welt in die Abgeschiedenheit eines Klosters fliehen lässt. Er ist tief enttäuscht, geradezu verbittert über den Verlauf seiner Herrschaft. Gescheitert ist sein großes Lebensziel, ein unter ihm geeintes Imperium des Abendlandes zu schaffen. Seinen Erzfeind, den französischen König Franz I., hat er nicht besiegen können. Und genauso wenig ist es ihm gelungen, die Alleingültigkeit der katholischen Lehre zu erhalten, die nach seinem Willen die geistige Grundlage dieses Reiches bilden sollte. Mit dem Doktor Luther ist er nicht fertig geworden. Trotz unnachgiebiger Verfolgung hat sich dessen Lehre immer weiter ausgebreitet.

Doch nun will Karl selbst das Wort an die Versammlung richten. Er setzt sich seine große Brille auf, nimmt einen Zettel mit Notizen zur Hand und beginnt mit seiner Abdankungsrede. Er spricht leise und undeutlich, wie man es von ihm gewohnt ist: Sein Unterkiefer ist so stark vorgewölbt, seine Unterlippe hängt so weit herunter, dass sich der Mund nie ganz schließt – man spottet über das „Habsburgerkinn". Doch was der Kaiser nun sagt, ist so ergreifend, dass er immer wieder von Schluchzen unterbrochen wird. Es ist der Rechenschaftsbericht seines Lebens. Vor genau vierzig Jahren, so sagt er, hat ihn sein Großvater Kaiser Maximilian eben hier für mündig erklärt, in diesem Saal zu Brüssel. Im nächsten Jahr schon erbte er die Königskrone Spaniens und mit 19 Jahren die Kaiserwürde. „Nicht um meine Besitzungen auszudehnen, sondern um nachdrücklicher für das Wohl Deutschlands und meiner anderen Königreiche, namentlich der belgischen Provinzen wirksam sein zu können."

Was dann folgt, ist eine schonungslose Bilanz. Die Gäste des Staatsaktes erleben einen Mann, der resigniert hat: „Große Hoffnungen hatte ich – nur wenige haben sich erfüllt. Und um den Preis welcher Mühen! Das hat mich schließlich müde und krank gemacht. Ihr wisst alle, wie sehr. Bis heute habe ich alle Wirrnisse ertragen, damit niemand sagen könne, ich wäre fahnenflüchtig geworden. Aber jetzt wäre es unverantwortlich, die Niederlegung noch länger hinauszuzögern. Meine Kräfte reichen einfach nicht mehr hin." So übergebe er nun das Deutsche Reich an seinen Bruder Ferdinand und die restlichen Länder seinem Sohn Philipp. „Ich für meinen Teil muss bekennen, dass ich mich zu mannigfachen Irrtümern habe verleiten lassen, sei es durch jugendliche Unerfahrenheit oder durch den Stolz des reiferen Alters oder durch eine andere Schwäche der menschlichen Natur; aber ich erkläre, dass ich niemals wissentlich und freiwillig Unrecht oder Gewalt verübt oder andere dazu veranlasst oder ermächtigt habe. Wenn trotzdem Handlungen dieser Art mit Recht mir zur Last zu legen sein mögen, so gebe ich Euch die feierliche Versicherung, dass ich sie gegen meine Absicht begangen habe, und ich bitte diejenigen, welchen ich in dieser Weise zu nahe getreten bin, diejenigen, die heute hier anwesend, sowie diejenigen, die abwesend sind, mir zu vergeben."

Vom Stehen und Sprechen erschöpft und innerlich aufgewühlt, lässt sich der Kaiser auf seinen Stuhl sinken, um sich kurz auszuruhen. Dann erhebt er sich wieder, um sich nunmehr an seinen Sohn Philipp zu wenden, der neben ihm steht. Ja, es sei ungewöhnlich für einen Herrscher, seine Länder noch zu Lebzeiten abzutreten. „Meine Handlungsweise wird wenig Nachahmer finden, wie sie wenige Beispiele hat, aber sie wird gepriesen werden, wenn du mein Vertrauen rechtfertigst und fortfährst, der eifrige Verteidiger des katholischen Glaubens zu sein. Mag auch dir ein Sohn beschieden sein, dem du in gleicher Weise deine Macht übertragen kannst." Nun umarmt der Kaiser seinen Sohn, der niedergekniet ist und ihm die Hand küsst, und erteilt ihm seinen väterlichen Segen. Der Augenblick geht ihm so nahe, dass ihm die Tränen kommen, wofür er sich sogleich entschuldigt. Die Zuhörer sind tief bewegt. Eine solche Rede hat noch niemand gehört, schon gar nicht von einem Fürsten. Aber, so mögen viele bei sich denken, er ist eben einer von ihnen, gebürtig aus Gent.

Und nun also Philipp – ein blasser, schmalschultriger Mann, der direkten Blickkontakt meidet. Unnahbar soll er sein und tieffromm. Was für ein Kontrast zu dem anderen jungen Mann in der unmittelbaren Nähe des Kaisers, dem beredten und gewandten Grand Seigneur Wilhelm von Oranien. In holprigem Französisch liest Philipp nun einige Sätze von einem Zettel ab: „Meine Herren! Ich verstehe zwar das Französische ganz ordentlich, jedoch beherrsche ich es noch nicht so geläufig, dass ich darin zu Ihnen sprechen könnte. Sie werden also hören, was der Bischof von Arras Ihnen in meinem Namen sagen wird." Eisiges Schweigen. Schon mit seinem ersten Auftreten hat der neue Herrscher Sympathien verspielt. Nur zu deutlich ist nun, dass die Niederlande künftig von einem Fremden regiert werden, einem Spanier durch und durch, der noch nicht einmal eine ihrer Sprachen beherrscht. Der Bischof von Arras, Philipps Vertrauter Antoine Perrenot de Granvelle, versichert den niederländischen Amtsträgern an seiner Stelle, dass der König ihre alten Rechte und Freiheiten achten und ihre Privilegien verteidigen will.

Nun wird das Siegel Karls zerbrochen. Langsam erhebt er sich von seinem Stuhl und bittet Philipp, seinen Platz einzunehmen. Deutlicher hätte die Zeremonie den Machtwechsel nicht demonstrieren können. Als Karl wenig später den Saal verlässt, wieder gestützt von Prinz Wilhelm, ist er nur noch Privatmann. Eine Epoche ist zu Ende, eine neue beginnt. Spätestens seit diesem Tag wissen die Niederländer, dass sie einer ungewissen Zukunft entgegengehen.

Ein schwieriges Erbe. Philipp II. und die Niederlande

Schon einen Tag nach der feierlichen Abdankung Karls V. gab es den ersten Zwischenfall, der nichts Gutes verhieß. Als die Vertreter der einzelnen Provinzen Philipp den Treueid leisteten, weigerten sich die sieben Deputierten aus Friesland, den Eid kniend zu sprechen. Selbstbewusst erklärte ihr Wortführer Gemme van Burmania: *„Wij Friezen knibbelje allinne for God."* – „Wir Friesen knien nur vor Gott." Missbilligend zog der junge König die Brauen hoch und murmelte einige unverständliche Worte. Und das war nicht das einzige Ereignis, das den Unwillen des Monarchen erregte. Die Provinzen Gelderland und Hennegau sowie die Stadt Löwen weigerten sich, Philipps Inthronisierung anzuerkennen. Ihren Privilegien gemäß seien nicht etwa sie verpflichtet, den neuen Souverän aufzusuchen, sondern dieser müsse umgekehrt zu ihnen reisen und sich dort bestätigen lassen, argumentierten sie. Hennegau ließ sich nach langen Verhandlungen von seiner Weigerung abbringen, Gelderland und Löwen dagegen blieben bei ihrer Ablehnung. Ihre Deputierten fehlten bei der Eidesleistung ebenso wie die Gesandten der Provinz Overijssel, die der Zeremonie unter Berufung auf ein altes Vorrecht fern blieben.

Wieder einmal bestätigte sich damit, dass die Niederländer stolze Leute waren, das selbstbewusst auf seinen Rechten beharrte und dabei auch vor offenem Widerstand nicht zurückschreckte. Vor allem die großen Städte in Flandern, Brabant und Holland hatten in der Vergangenheit immer wieder gegen den Landesherrn aufbegehrt und sich dabei neue Freiheiten ertrotzt, die sie seitdem eifersüchtig verteidigten. In einer Zeit, in der der jeweilige Herrscher oft über nahezu uneingeschränkte Macht verfügte, boten diese Privilegien, die auf schwer versiegelten Pergamentrollen in den Rathäusern aufbewahrt wurden, den einzigen Schutz vor der Fürstenwillkür.

Karl V. (1500–1558) war stolz darauf, seinem Sohn ein blühendes Land zu hinterlassen, doch es war von Anfang an ein schweres Erbe, das Philipp antreten musste: Jahrzehntelang hatten die Niederländer Karls Kriege gegen Türken und Franzosen mitfinanziert – Kriege, die nach ihrer Überzeugung nicht in ihrem Interesse geführt wurden. Die Stadt Gent hatte sich 1539 schlicht geweigert, ihren Anteil an der Steuer zu entrichten. Karl V. ließ seine Geburtsstadt daraufhin besetzen, die Abteikirche niederreißen und aus ihren Steinen eine Festung errichten. Gent verlor sämtliche Privilegien und musste zusätzlich zu den Steuern noch Strafgeld bezahlen. Auf nackten Füßen und mit einem Strick um den Hals mussten Vertreter der Bürgerschaft den Kaiser um Vergebung bitten. Unmissverständlich hatte Karl demonstriert, dass es mit der alten Autonomie der Städte nicht mehr weit her war.

Schon ein Jahr nach seiner Thronbesteigung ersuchte Philipp die Generalstaaten um die unerhörte Summe von drei Millionen Gulden zur Finanzierung seines Krieges gegen Frankreich. Zwei Jahre lang weigerten sich die Generalstaaten, und dann gaben sie das Geld nur zu ihren Bedingungen. Philipp, zutiefst überzeugt von der unantastbaren Souveränität des Königtums, empfand dies fast schon als Kampfansage. 1559 bestieg er im Hafen von Vlissingen ein Schiff, das ihn nach Spanien zurückbrachte. Er hoffte, bald wieder in die Niederlande zurückzukehren, doch er sah sie nie wieder. Bis zu seinem Tod knapp vierzig Jahre später regierte er über ein Land, das er nur noch aus einigen wenigen mündlichen Schilderungen, vor allem aber aus Briefen kannte. Der menschenscheue Herrscher vermied persönliche Begegnungen, wo immer er konnte. Ein venezianischer Botschafter schrieb über ihn: „Sein größtes Vergnügen ist es, allein zu sein." Philipp regierte sein Imperium vom Schreibtisch aus und wurde deshalb oft „der Papierkönig" genannt. Acht bis neun Stunden am Tag studierte er Akten und Briefe, verfasste Antwortschreiben und Anweisungen, oft bis spät in die Nacht bei flackerndem Kerzenschein mit rotgeränderten Augen. Alles wollte er selbst sehen, unermüdlich kratzte seine Feder über das Papier. Der Mann, in dessen Reich die Sonne nie unterging, versah die ihm vorgelegten Schriftstücke an den Rändern nicht nur mit inhaltlichen Kommentaren, sondern korrigierte nebenbei in seiner spinnenhaften Handschrift auch noch Satzbau und Schreibfehler. Einmal zeichnete er in einem einzigen Monat 1252 Dokumente ab. Sogar ein Kritiker musste zugeben: „Das Gehirn Seiner Majestät muss das größte der Welt sein." Aber sein Beichtvater redete ihm ins Gewissen: „Die Könige haben nicht Autorität von Gott bekommen, um sich in ihr Arbeitszimmer zurückzuziehen, um zu lesen und zu schreiben. Arbeit ist für Eure Majestät doch nur ein Vorwand, um keine Menschen um sich haben zu müssen."

Wer einmal von Madrid aus zum Escorial gefahren ist, Philipps Granitpalast am Fuße der Sierra de Guadarrama, und dort durch ein Gewirr von Gängen bis zu seinem winzigen Arbeitszimmer vorgestoßen ist, dieser fensterlosen Zelle mit dem abgenutzten Stuhl, der begreift ein wenig besser, wie sich das Drama des niederländischen Aufstands entfalten konnte. Der König, der den Anspruch erhob, bei allen wichtigen Entscheidungen in all seinen Erbländern das letzte Wort zu haben, hatte den direkten Kontakt zu den Niederlanden verloren. Dazu kam, dass der Eremit auf jede Entwicklung mit großer Verzögerung reagierte. Ein Brief von Madrid nach Brüssel war mindestens zwei Wochen unterwegs; bis die Antwort eintraf, war ein Monat vergangen. „Entfernung war der Staatsfeind Nummer 1", folgert der Historiker Fernand Braudel.

Aus Philipps Sicht gab es in den Niederlanden ein großes Problem: die Ausbreitung des Protestantismus. Philipp, *Seine Allerkatholischste Majestät*, war ein auch für seine Zeit ungewöhnlich religiöser Mensch. Täglich besuchte er die Heilige Messe. Den Mönchen im Escorial fiel auf, dass manchmal, wenn er ins Gebet vertieft war, Tränen über sein Gesicht flossen. In seinen späteren Jahren konnte er von seinem Bett im Escorial durch ein kleines Gitterfenster direkt auf den Hochaltar schauen. Der Klosterpalast, das größte Renaissancegebäude der Welt, war im Grundriss dem Gitterrost nachempfunden, auf dem der Heilige Laurentius von seinen Peinigern zu Tode gemartert worden war. Philipp war ein so großer Heiligenverehrer, dass er am Ende seiner Herrschaft 7422 Reliquien besaß, darunter 12 ganze Körper, 144 Köpfe und 306 komplette Arme oder Beine. Der für die Aufbewahrung zuständige Bruder im Escorial glaubte sagen zu können: „Wir wissen nur von drei Heiligen, von denen wir hier noch nicht das eine oder andere Körperteil aufbewahren."

Es war Philipps feste Überzeugung, dass er Gottes auserwähltes Werkzeug war. Seinem Generalstatthalter in den Niederlanden schrieb er einmal: „Sie stehen in Gottes und meinem Dienst, was dasselbe ist." Folglich betrachtete er es als seine heilige Pflicht, den wahren Glauben zu verteidigen. Um diesen aber war es in den Niederlanden schlecht bestellt. Das Beunruhigendste war noch nicht einmal die Ausbreitung des Protestantismus, sondern die Gleichgültigkeit der schweigenden katholischen Mehrheit. Die Eintritte ins Kloster gingen immer weiter zurück, die Kirchen blieben halb leer. In der friesischen Hauptstadt Leeuwarden hielt ein Inquisitor 1559 fest, dass an Ostern Tausende weniger zur Kirche gingen als noch einige Jahre zuvor. Der wichtigste Grund dafür war – wie in Deutschland – die Entfremdung von der Kirche, die Unzufriedenheit mit den Priestern, die ihren eigenen moralischen Ansprüchen oft so gar nicht gerecht wurden. Auf den Bildern des Hieronymus Bosch (um 1450–1516) wimmelt es nur so von Karikaturen aus dem kirchlichen Leben: Bettelmönche mit Schnatterschnäbeln (ihre Predigten sind nichts als Geschwätz), Säue mit Äbtissinnenhauben, Teufel als Klosterglöckner, Beichtväter, bei denen sich hinten der Teufelsschwanz aus der Kutte ringelt. „Die Zeit ist aus den Fugen", lässt William Shakespeare den Hamlet sagen – und genau das war das beherrschende Gefühl der Epoche.

Philipps Plan zur Rettung des Glaubens sah eine grundlegende Erneuerung der katholischen Kirche in den Niederlanden vor. Der erste Schritt dazu sollte eine Neuordnung der Bistümer sein. Die gesamten Niederlande waren zu dieser Zeit in gerade einmal vier Bistümer unterteilt. Nach langem Verhandeln einigte sich Philipp 1559 mit dem Papst auf die Schaffung von vierzehn Bistümern. Dies geschah heimlich und ohne Absprache mit den führenden Politikern aus dem niederländischen Hochadel, was großes Misstrauen weckte. Dermaßen tiefgreifende Änderungen seien ein Verstoß gegen verbriefte Rechte und hätten

Der Mann, mit dem alles begann.
Prinz Wilhelm von Oranien in jungen Jahren. Gemälde von Anthonie Mor, um 1554.

niemals ohne vorherige Zustimmung der Provinzialstaaten beschlossen werden dürfen, hieß es von Seiten der Niederländer. Neu eingerichtet wurde auch das Amt eines niederländischen Primas, eines obersten Erzbischofs mit Sitz in Mecheln. Philipp entschied sich dafür, diese herausragende Position mit seinem Vertrauten Antoine Perrenot de Granvelle zu besetzen, der bei der Abdankung Karls V. bereits seine Erklärung verlesen hatte. Granvelle war kein Niederländer, sondern stammte aus der Freigrafschaft Burgund, der Franche Comté, die damals ebenfalls zum habsburgischen Länderkomplex gehörte. Er war zum Zeitpunkt seiner Erhebung zum Primas bereits Hauptratgeber der unsicheren niederländischen Generalstatthalterin Margarete von Parma, einer illegitimen Halbschwester Philipps. Als solcher führte er in Brüssel praktisch die Regierungsgeschäfte. Obendrein wurde ihm vom Papst nun auch noch die Kardinalswürde zuerkannt, was ihm bei Ratssitzungen der Brüsseler Regierung eine Vorrangstellung sicherte. Der einheimische Hochadel war sehr verärgert. Dies galt vor allem für seine drei führenden Vertreter: die Grafen Egmont und Hoorn und den Prinzen von Oranien.

Lamoraal von Egmont war ein Kriegsmann, dem Philipp viel verdankte. „Aller Ruhm häufte sich auf den Grafen von Egmont“, schildert es Friedrich Schiller in seiner „Geschichte des Abfalls der vereinigten Niederlande“ (1788). „Sein Name war in jedermanns Munde und die allgemeine Stimme erklärte ihn zum Helden seiner Zeit.“ Bevor Philipp die Niederlande verließ, ernannte er Egmont zum Statthalter von Flandern und Artois. Graf Hoorn – Philippe II. de Montmorency – hatte seit 1549 Philipps Leibgarde kommandiert und war so immer in seiner nächsten Umgebung gewesen. Als der König 1559 nach Spanien ging, begleitete ihn Hoorn auch dorthin. Die Gründung der neuen Bistümer kritisierte er jedoch mit solcher Vehemenz, dass er 1561 in Ungnade fiel und die Erlaubnis erhielt, in die Niederlande zurückzukehren. Wilhelm von Oranien schließlich hatte keinerlei militärisches Talent, doch er war der gefährlichste

Gegner Granvelles, wie dieser selbst an Philipp schrieb: „verschlagen, raffiniert, mit tiefgründigen Ansichten, sehr schwierig zu behandeln und unbeirrbar in seinen Meinungen". Zum endgültigen Bruch mit Granvelle kam es, als Oranien gegen dessen Willen die lutherische Anna von Sachsen heiratete, die Tochter des in Madrid verhassten sächsischen Kurfürsten.

Egmont, Hoorn und Oranien opponierten gemeinsam mit vielen Gleichgesinnten gegen Granvelle. Sie gründeten feierlich eine Liga und kleideten sich fortan zu bestimmten Anlässen in einheitliche Uniformen mit dem Abzeichen einer Narrenkappe – als Parodie auf Granvelles Kardinalshut. 1563 verlangten sie von Philipp in einem Brief die sofortige Abberufung Granvelles. Um seinen guten Willen zu zeigen, gab Philipp nach. Unter dem Vorwand, seine kranke Mutter besuchen zu wollen, musste Granvelle Brüssel 1564 verlassen. Die Niederländer wussten gleich, dass er nie mehr zurückkehren würde: Schon bald hing an der Tür des Kardinalspalastes ein Schild mit der Aufschrift „Sofort zu verkaufen".

... nur ein paar Bettler.
Der erste Aufstand

Der Sturz Granvelles war ein enormer Erfolg für Oranien, Egmont und Hoorn. Noch im selben Jahr unternahmen sie einen weiteren Vorstoß, um die Verhältnisse nach ihren Vorstellungen zu verändern. Schon lange waren ihnen die harschen Ketzerverfolgungen ein Gräuel, wie sie etwa der Inquisitor von Flandern, Pieter Titelmans, vornahm. Von 1550 bis 1566 brachte dieser zusammen mit einigen wenigen Helfern jedes Jahr etwa hundert Fälle von Ketzerei vor Gericht. Er jagte auf seinem Pferd durch das Land, lag notfalls stundenlang auf der Lauer, schmiedete Komplotte und nahm Verdächtige auch mal mitten in der Nacht bei Blitz und Donner in Haft. Für Oranien und seine Freunde war Titelmans ein unerträglicher Fanatiker. Im versöhnlichen Geist des Erasmus erzogen, plädierten sie für die Freiheit des Gewissens. „So sehr ich meinem katholischen Glauben auch verbunden bin, ich kann es nicht gut heißen, dass Fürsten über das Gewissen ihrer Untertanen herrschen und ihnen die Glaubens- und Religionsfreiheit nehmen wollen", verkündete Oranien in seiner bis dahin gewagtesten Rede im Staatsrat. In seinem eigenen Fürstentum Orange im Südosten von Frankreich ließ er 1563 eine begrenzte Tolerierung von Calvinisten zu. Die Sympathie der niederländischen Bevölkerung war ihm gewiss, denn die Inquisition war verhasst. Mehrmals kam es vor, dass Gefangene von einer aufgebrachten Menge befreit wurden. Die Stadträte wiederum waren vor allem deshalb Feinde der Inquisition, weil diese die Verfolgung von Verdächtigen an sich zog, obwohl die Strafjustiz seit jeher Sache der Stadtbehörden war. Einmal mehr sahen die niederländischen Patrizier ihre Rechte verletzt.

Die tonangebenden Mitglieder des Brüsseler Staatsrates, des wichtigsten Beratergremiums der Generalstatthalterin Margarete von Parma (1522–1586), beschlossen deshalb 1564, dem König eine Lockerung der bestehenden Ketzergesetze vorzuschlagen. Graf Egmont wurde damit beauftragt, das Ersuchen am spanischen Hof persönlich vorzutragen. Gleichzeitig sollte er den König dazu bewegen, die Machtbefugnisse des Staatsrates zu erweitern. Zu seinem Entzücken wurde Egmont in Madrid mit allen Ehren empfangen. Philipp soll ihn sogar umarmt haben. In der Königskutsche durfte er in die Sierra fahren und das graue Palastviereck bewundern, das langsam aus der kastilischen Einöde emporwuchs, den Escorial. Philipp bedachte ihn mit Schmeicheleien, Geschenken und vagen Versprechungen, denn, so schrieb er einem Vertrauten: „Wenn wir rundheraus ablehnen würden, würden wir ihn nie mehr los werden." Auf der Rückreise in die Niederlande fühlte sich Egmont als „der glücklichste Mann der Welt". Im Staatsrat verkündete er, der König habe sich mündlich mit einer milderen Anwendung der Ketzergesetze einverstanden erklärt. Dies war jedoch eine völlige Fehleinschätzung, wie bald darauf aus schriftlichen Anweisungen des Königs hervorging. Darin befahl dieser eine nach wie vor unnachgiebige Verfolgung der Häresie und lehnte jede Aufwertung des Staatsrates ab. In einem Brief an den Papst versicherte er: „Lieber als der Religion und dem Dienst an Gott auch nur im geringsten zu schaden, würde ich all meine Länder verlieren und hundert Leben, wenn ich sie denn hätte. Denn ich wünsche nicht, ein Herrscher über Häretiker zu sein." Egmont war blamiert. Widerstrebend rief der Staatsrat die Provinzialbehörden dazu auf, den Ketzeredikten Geltung zu verschaffen.

Mittlerweile hatte der Protestantismus – und hier vor allem der Calvinismus – aber auch im Adel solchen Rückhalt gefunden, dass viele die Politik des Königs nicht mehr hinnehmen wollten. Die Lehre des Reformators Johannes Calvin (1509–1564) hatte sich erst seit Ende der 1550er-Jahre, dafür aber erstaunlich schnell in den Niederlanden ausgebreitet. Eine entscheidende Rolle dabei spielten niederländische Calvinisten, die sich in Deutschland zu gut organisierten Exilgemeinden zusammenschlossen, zum Beispiel in Emden, Wesel, Duisburg und Frankfurt. Ein Hauptgrund für den Erfolg des Calvinismus war, dass er der bis dahin zersplitterten protestantischen Bewegung in den Niederlanden eine klare Richtung und Struktur verlieh. Die im Genfer Katechismus festgelegten Dogmen und die von Calvin entwickelte straffe Kirchenordnung gaben den vom alten Glauben Abgefallenen den nötigen Halt. Zudem handelte es sich bei den aus Deutschland wirkenden Calvinisten um absolut Überzeugte, die gemäß der calvinistischen Vorbestimmungslehre fest daran glaubten, dass sie auserwählt waren. In den kommenden zehn Jahren sollten sie immer wieder demonstrieren, wie eine Minderheit der Mehrheit ihren Willen aufzwingen kann, wenn sie sich ihrer Sache nur sicher genug ist und mit der nötigen Entschlossenheit auftritt.

Kurz nachdem die kompromisslose Linie des Königs deutlich geworden war, schlossen sich einige zum Calvinismus tendierende Adelige zu einer geheimen Liga für die Lockerung der Ketzergesetze und die Abschaffung der Inquisition zusammen. Insgesamt vierhundert Edelmänner – ungefähr ein Zehntel des gesamten niederländischen Adels – unterstützten diese Gruppe, indem sie ein Dokument mit den Hauptforderungen unterschrieben. Die Anführer der Bewegung verfassten daraufhin eine Bittschrift an die Generalstatthalterin. 1566 war es so weit: Vor Margarete von Parma, der Schwester des Königs, erschienen dreihundert Edelleute mit voller Bewaffnung unter Führung von Oraniens jüngerem Bruder Ludwig von Nassau und dem Grafen Hendrik van Brederode und überbrachten ihre Forderungen. Ein spanischgesinnter Berater raunte Margarete zu: *„Madame, ce ne sont que des gueux.“* – „Es sind doch nur Bettler.“ Es soll Brederodes Idee gewesen sein, diese Schmähung aufzugreifen und in einen Ehrennamen zu verwandeln. Bald gingen die aufsässigen Adeligen in Sackleinen und mit Filzhut und ließen dazu einen Bettelpfennig schlagen: Auf der einen Seite befand sich ein Bildnis Philipps, auf die andere wurden zwei ineinandergeschlagene Hände geprägt und dazu der Spruch: „Königstreu bis an den Bettelstab.“ Es dauerte nicht lange, und die Bettler – niederländisch *geuzen* – wurden in Liedern besungen. *„Vivent les gueux!“* und *„Leve de geuzen!“* erklang es in den Straßen.

Margarete war isoliert. Sie verfügte über keine Soldaten und sah Zugeständnisse deshalb als einzigen Ausweg. Schon einen Tag nach dem Besuch der Adeligen erklärte sie sich dazu bereit, einen milderen Umgang mit den Ketzern anzuordnen. Die Staatenversammlungen fast aller Provinzen zeigten sich hocherfreut. Doch Oranien gab sich damit nicht zufrieden, sondern verstand es sofort, die geschwächte Position der Generalstatthalterin auszunutzen. Just an jenem Tag, als Margarete den Befehl für eine weniger strenge Verfolgung unterzeichnete, gab der Prinz im Staatsrat seinen Rücktritt von allen Ämtern bekannt, weil er sich vom König ungerecht behandelt fühle. Philipp frage ihn nie um Rat und unterrichte ihn auch nicht über wichtige Angelegenheiten, hieß es zur Begründung. Daraus werde er nun die Konsequenzen ziehen und schon am nächsten Tag auf sein Stammschloss Dillenburg im Westerwald zurückkehren. Ebenso äußerten sich Egmont und Hoorn, die gleichfalls ihre Abreise nach Deutschland ankündigten. Der Zeitpunkt war perfekt gewählt: Aus Angst, der Lage allein nicht mehr Herr zu werden, bekniete Margarete die drei, noch eine Weile zu bleiben. Zum Dank wolle sie sich bei Philipp dafür einsetzen, dass künftig „über alles und jedes, früh, mittags und spät der Staatsrat befinden“ solle. Ihre Bitten wurden gnädig erhört.

Doch nun gerieten die Dinge außer Kontrolle. Von überall her strömten geflohene Calvinisten ins Land, und dies keineswegs heimlich. Schon bald hielten sie sogenannte Heckenpredigten auf freiem Feld ab, wo kein Zugriff städtischer Behörden zu befürchten war. Sie hatten gewaltigen Zulauf, was möglicherweise auch mit allgemeiner Unsicherheit aufgrund einer Wirtschaftskrise durch strenge Winter, Missernten und einen Krieg in der Ostsee zusammenhing. Am 30. Juni 1566 beteiligten sich nach einer Schätzung allein im Raum Antwerpen 30 000 Menschen an calvinistischen Zusammenkünften. Solche Volksmassen konnte keine frühmoderne Regierung beherrschen. Zu allem Überfluss erschienen die Besucher der Heckenpredigten vermehrt bewaffnet. Pieter Bruegel hat eine der Versammlungen in seinem Gemälde „Die Predigt Johannes des Täufers“ festgehalten: Indem er die biblische Szene in die Gegenwart verlegte, verlieh er ihr enorme Brisanz.

Einen Monat später eskalierte die Lage vollends. Mit Keulen, Äxten und Hämmern bewaffnet, brachen kleine, aber entschlossene Gruppen unter Anführung radikaler Prediger die Pforten der Kirchen auf, stürzten die Altare um, zerschmetterten Heiligenbilder, schlugen die Kanzeln in Stücke und raubten Monstranzen, Kelche und Messgewänder. Ein Bildersturm raste über das Land. Die prunkvolle Ausstattung der Kirchen mit Gemälden und Skulpturen war den Calvinisten schon lange ein Dorn im Auge gewesen, weil sie nach ihrer Überzeugung in götzenhafter Weise vom Wort Gottes ablenkte. Allein in Antwerpen wurden alle 42 Kirchen einschließlich der Kathedrale Zu Unserer Lieben Frau geplündert: Mit dem Ruf „Es leben die Geusen!“ durchstachen die Eiferer ein Marienbild mit Schwertern und Dolchen, brachten einen lebensgroßen Christus zu Fall, zertrümmerten die Orgel, verstreuten Hostien auf dem Boden, prosteten sich mit Messwein zu und putzten sich mit Weihwasser die Stiefel. Sogar halbverweste Leichen wurden aus den Gräbern gerissen und mit Füßen getreten. Der Schaden in der Kathedrale wurde auf 400 000 Goldgulden geschätzt. „Es war die kostbarste Kirche Europas, und sie haben sie dermaßen verwüstet, dass kein Platz übrig geblieben ist, wohin man sich setzen kann“, beklagte ein englischer Kaufmann.

Berauscht von ihren Erfolgen forderten die Calvinisten völlige Glaubensfreiheit. Margarete, die in diesen Tagen Angst hatte, dass das Volk ihren Palast stürmen könnte, gab nach. Auf Empfehlung der Hochadeligen ordnete sie die Duldung aller protestantischen Gemeinschaften an, die sich bis dahin gebildet hatten. Sie handelte dabei in Übereinstimmung mit Philipp, den sie in Briefen über den Gang der Dinge auf dem Laufenden hielt, wobei sie das Ausmaß der Rebellion in ihrer Panik noch stark übertrieb. Philipp erklärte sich mit der Aussetzung der Ketzeredikte einverstanden, dies jedoch nur, um Zeit zu gewinnen. Gleichzeitig ermächtigte er Margarete, in Deutschland 13 000 Soldaten auszuheben. Zusätzlich bereitete er die Entsendung einer spanischen Armee vor. Diese kriegerische Reaktion ist ihm später von vielen Historikern angekreidet worden, doch tatsächlich hatte Philipp wohl keine andere Wahl. Selbst die protestantische englische Königin Elisabeth – eine spätere Erzfeindin Philipps – zeigte sich in einem Gespräch mit dem spanischen Botschafter erstaunt und empört über ein solches Maß an Aufsässigkeit; wäre dies ihr widerfahren, hätte sie die Verantwortlichen hart bestraft, sagte sie. Es war schlicht nicht vorstellbar, dass ein König des 16. Jahrhunderts eine solche Herausforderung seiner Autorität wie die Adelsrebellion und den Bildersturm unbeantwortet ließ. Und Philipp war nicht irgendein König, sondern der mächtigste König seiner Zeit. „Wenn Spanien sich regt, zittert der Erdkreis“, hieß es.

Vergeblich rief Oranien zur Mäßigung auf. Ihm ging es einerseits darum, die Glaubensfreiheit zu erhalten, und andererseits, Übergriffe auf Katholiken zu verhindern. Unermüdlich vermittelte er vor allem im brodelnden Antwerpen zwischen den verfeindeten Konfessionen, handelte örtliche Übereinkommen aus, bei denen bestimmte Kirchen den Katholiken, andere den Calvinisten oder auch Lutheranern zugewiesen wurden. Ein englischer Gesandter meldete nach London, es sei bewundernswert, wie sich Oranien darum bemühe, Blutvergießen zu verhindern: „Ich versichere Euer Ehren, dass der Prinz Tag und Nacht unterwegs gewesen ist, um diese Stadt vor Totschlag und Plünderung zu bewahren, wozu es ohne seine Anwesenheit zweifelsfrei gekommen wäre. Denn ich habe noch nie Menschen gesehen, die so darauf aus waren zu kämpfen.“ Oranien riskierte dabei durchaus sein Leben, denn mit seiner gemäßigten Haltung machte er sich die Fanatiker auf beiden Seiten zum Feind.

Egmont und Hoorn dagegen waren von der Schändung der Kirchen dermaßen schockiert, dass sie sich ohne Wenn und Aber an die Seite Margaretes stellten. Sie ließen die Bilderstürmer scharenweise hinrichten und hoben Soldaten für die Regierung aus. In den letzten Dezembertagen wurden die zusammengewürfelten Truppen der Calvinisten von diesen Einheiten geschlagen. Nach einer weiteren Niederlage im März 1567 brach der Aufstand zusammen. Nun war es mit der offenen Ausübung des calvinistischen Bekenntnisses vorbei. Im April setzte sich Oranien nach Deutschland ab, nachdem er vergeblich versucht hatte, Egmont zum Mitkommen zu überreden. Der Kriegsheld glaubte, seine Treue zum König hinreichend bewiesen zu haben: Hatte er sich am Ende nicht mit allen Kräften an der Niederschlagung des Aufstands beteiligt? Einer Legende zufolge soll Egmont zum Abschied gesagt haben: „Lebt wohl, Prinz ohne Land." Woraufhin Oranien zurückgab: „Lebt wohl, Graf ohne Kopf."

Sobald Margarete die Rebellen besiegt hatte, bat sie den König, auf die Entsendung zusätzlicher Truppen zu verzichten. Ausländische Soldaten auf den Straßen der niederländischen Städte könnten nun nur noch schaden, erklärte sie. Ihr Brief kam wenige Tage zu spät. Schon zogen zehntausend Mann von Italien aus über die Alpen, alles spanische Elitesoldaten. Ein Augenzeuge hielt bewundernd fest, die Musketiere glichen Fürsten und die einfachen Soldaten sähen mit ihren schimmernden Brustpanzern eher aus wie Offiziere. Am 3. August 1567 überschritt das Heer die Grenze zu den Niederlanden.

Porträt: Erasmus von Rotterdam

Lichtgestalt des Humanismus

Erasmus von Rotterdam (1466/69–1536) gilt als Erzvater niederländischer Tugenden wie Toleranz, Kompromissbereitschaft, Friedensliebe, Nüchternheit und Individualismus. Er wurde in ganz Europa als größter Gelehrter seiner Zeit gefeiert, als der Mann, „der alles und alle kannte". Sein Humanismus war geprägt von der Überzeugung, dass wahrer Glaube nur aus der persönlichen Beschäftigung mit der Heiligen Schrift erwachsen konnte und nicht über die Vermittlung durch die Kirche. Damit unterstrich er die Bedeutung des Einzelnen und das Recht jedes Menschen, offizielle Lehrmeinungen in Frage zu stellen.

Ein Wegbereiter Luthers und Calvins war er auch insofern, als er die Prunksucht der Kirche mit Biss und Witz anprangerte. Nicht auf feierliche Zeremonien und dogmatische Formeln kam es an, sondern auf das richtige Verständnis der „Philosophie Christi", das eigene Gewissen und tätige Nächstenliebe. Die Radikalität Luthers lehnte er ab und empfahl stattdessen humanistische Werte wie Ausgleich und Mäßigung. „Niemals wird er Luthers Lust begreifen, einen Feind zu zertrampeln und zu zerstampfen, nie in einem seiner Federkriege ‚mörderischem' Hass sich hingeben, mit dem Luther seine Gegner angreift", charakterisiert ihn der Schriftsteller Stefan Zweig. Das Zeug zum Reformator fehlte ihm – zu leicht zweifelte er an seiner eigenen Ansicht, zu bereitwillig bedachte er die Argumente des Gegners. „Ich ertrage diese Kirche, bis ich eine bessere sehe", war seine Einstellung. Luther verglich ihn dafür mit einem Aal: „Niemand kann yhn ergreiffen." Sogar als „grimmigsten Feind Christi" hat er ihn geschmäht.

Erasmus war auch ein zu großer Friedensfreund, um sich auf offene Rebellion einzulassen. Ein ungerechter Friede war seines Erachtens immer noch besser als ein gerechter Krieg. Der Rhein trennte Franzosen und Deutsche, aber doch nicht Christen von Christen! Ein schmaler Streifen Meer trennte Franzosen und Engländer, aber doch nicht Menschen von Menschen! Von sich selbst sagte er: „Ein Weltbürger zu sein begehre ich, allen gemeinsam – oder lieber für alle ein Fremdling." Er lebte in Flandern, Italien und Frankreich, England, Deutschland und der Schweiz. Über Holland hat er sich oft lustig gemacht, aber gleichzeitig hob er hervor: „Kein Volk neigt mehr zu Menschlichkeit und Wohlwollen, ist weniger wild und grausam." Der Geist des Erasmus – die Grundhaltung der Gemäßigten – hat denn auch an kaum einem anderen Ort so nachhaltig Wurzeln geschlagen wie im Land seiner Herkunft.

Der Eiserne Herzog. Die Bestrafung der Rebellen

In den 1560er-Jahren malte Pieter Bruegel das Bild „Triumph des Todes" – eine der erschreckendsten Visionen in der Geschichte der Kunst. Bruegel zeigt eine Welt, die vom Tod beherrscht wird, einen Kosmos im Griff des Sensenmanns. Die Zeit der Menschen ist abgelaufen – aus einer großen Uhr tritt der Tod hervor und zeigt, was die Stunde geschlagen hat. Seine Heere in Gestalt zahlloser Knochengerippe schwärmen aus und halten Gericht. Sie bringen Brand, Pestilenz und Krieg über das Land, sie flechten die Menschen aufs Rad, stürzen sie in den Abgrund, knüpfen sie auf, hetzen sie mit Windhunden zu Tode oder schlagen ihnen den Kopf ab. Tote und Lebende liegen in großen Haufen übereinander, Leichen treiben im Wasser. Feuer und Rauch färben den Himmel rot und schwarz, und so weit das Auge reicht, ragen abgestorbene Bäume, Galgen und Scheiterhaufen in die kahle bräunliche Landschaft. Niemand entkommt, weder König noch Kirchenfürst, weder Mutter noch Kind. Selbst die Toten werden von den Knochenmännern wieder ausgegraben, so als wollten sie sie noch um ihr christliches Begräbnis bringen. Im Gegensatz zu anderen apokalyptischen Gemälden der Zeit fehlt in diesem Szenario jeder Bezug auf Gott und Auferstehung. Der einzige Hoffnungsschimmer ist ein musizierendes Liebespaar, hinter dem schon der Tod aufspielt, das aber gleichwohl entschlossen scheint, das Leben bis zum letzten Moment auszukosten.

Das Bild erinnert an Darstellungen totalitärer Regime von Goya oder Picasso, wobei der Bruegel-Kenner Roger-H. Marijnissen sogar meint, „dass dieses Werk die makabersten modernen Werke bei weitem übertrifft". Manche Experten vertraten die These, dass der „Triumph des Todes" unter dem Eindruck der spanischen Schreckensherrschaft entstand, die 1567 einsetzte. Heute allerdings wird das undatierte Gemälde meist früher, etwa um 1562, eingeordnet. Wie dem auch sei: Wer die Schilderungen der Gräuelszenen nachliest, die sich im weiteren Verlauf der Rebellion gegen Spanien in den Niederlanden abspielten, der fühlt sich unwillkürlich und auf geradezu unheimliche Weise an Bruegels Gemälde erinnert. Die Hinrichtungen, die Galgen, die Massaker – all das

Triumph des Todes. Ausschnitt aus dem Gemälde von Pieter Bruegel, um 1562.

sollte mitten in diesem wohlhabenden und hochzivilisierten Land binnen kurzester Zeit Wirklichkeit werden.

Der Mann, der von Philipp den Auftrag erhalten hatte, die Ordnung in den Niederlanden dauerhaft wiederherzustellen, steht nunmehr seit Jahrhunderten für das hässliche Gesicht des spanischen Imperialismus, ja für die Tyrannei schlechthin: Ferdinand Alvarez de Toledo, der dritte Herzog von Alba. In Goethes Drama „Egmont" ist er der „hohläugige Toledaner mit der ehernen Stirne und dem tiefen Feuerblick", in Schillers „Don Carlos" ein böser Intrigant. Schon zu Lebzeiten wurde er als „Schlächter von Flandern" geschmäht. Gleichzeitig gab es nur wenige, die ihm persönlich begegneten und nicht beeindruckt waren. Alba war aus altem kastilischem Adel und ein Aristokrat durch und durch, ein Grande wie aus einem Gemälde von El Greco: groß, hager, mit Habichtnase, dunklen Augen und Silberbart. Er hatte vollendete Umgangsformen und war umfassend gebildet, auch humanistisch. In gewisser Hinsicht war er ein Kosmopolit, er sprach Spanisch, Lateinisch, Französisch, Italienisch, auch etwas Deutsch, er hatte in Diensten Karls V. und Philipps II. halb Europa bereist.

Aber gleichzeitig sah er auf alle herab, die nicht aus Kastilien kamen. Einer seiner Bewunderer, Hans Khevenhüller, der kaiserliche Botschafter in Spanien, bemängelte, dass er „ein Lästerer" war, „der andere herabsetzte, viele kränkte und fremde Nationen verachtete". Der US-Historiker Henry Kamen, der eine vorzügliche Biografie über ihn geschrieben hat, meint: „Er war nicht imstande zu begreifen, dass es außer den Spaniern noch andere Völker auf der Welt gab." Dazu war er ein eingefleischter Konservativer, der Neuerungen grundsätzlich misstraute. So tat er Kutschen – die zu Beginn des Jahrhunderts allmählich von den Spaniern aus den Niederlanden übernommen wurden – als Firlefanz ab und bevorzugte weiter den Pferdesattel. Vor allem aber war Alba kein Politiker, sondern ein Soldat, und deshalb hätte Philipp ihn nie mit dem schwierigsten Amt seines Reiches betrauen dürfen. Khevenhüller brachte es auf den Punkt: „Er ist viel besser im Krieg als im Frieden."

Als Alba in die Niederlande kam, war er bereits 60 Jahre – ein Greis für die damalige Zeit. Er litt an der Gicht. In der niederländischen Frage hatte er dem König seit Jahren geraten, hart durchzugreifen, dann werde sich alles schon finden. Nun sollte er beweisen, dass er Recht hatte. Allerdings war anfangs nicht daran gedacht, dass er Margarete von Parma als Generalstatthalterin ablösen sollte; er sollte sie nur „unterstützen". Am 22. August 1567 zog er in Brüssel ein. Meisterhaft hat Friedrich Schiller in seinem „Abfall der Niederlande" die Stimmung voll unheilvoller Ahnung beschrieben: „Eine tote Stille herrschte jetzt in Brüssel, die nur zuweilen das ungewohnte Geräusch der Waffen unterbrach. Menschenleere Straßen, alle Häuser verriegelt, alle Spiele eingestellt, alle öffentlichen Plätze verlassen, die ganze Residenz wie eine Landschaft, welche die Pest hinter sich liegen ließ. Jedes Geräusch jagte Schrecken ein, als pochte schon ein Gerichtsdiener an die Pforte. Jede nächste Minute fürchtete man den niederfallenden Streich."

Und der ließ nicht lange auf sich warten. Zwei Wochen nach seiner Ankunft gründete Alba unter dem Namen Rat der Unruhen ein Sondergericht, das alle Verantwortlichen für den Bildersturm zur Rechenschaft ziehen sollte. Zwar wurden führende niederländische Richter in den Rat berufen, doch Urteilsgewalt hatten nur zwei spanische Richter, von denen der eine weder Niederländisch noch Französisch sprach. Alle Urteile mussten außerdem von Alba persönlich abgezeichnet werden, so dass letztlich alle Macht bei ihm lag. Schon waren Gerüchte in Umlauf, wonach Alba selbst die Mächtigsten des Landes festsetzen wollte. Am Abend des 8. September erschien ein spanischer Offizier in der Residenz des Grafen von Egmont und beschwor ihn, das Land sofort zu verlassen. Doch Egmont blieb. Am nächsten Tag wurde er im Anschluss an einen Besuch in Albas Residenz festgenommen, ebenso wie Hoorn.

Unter Bewachung von 300 Soldaten ließ Alba sie in die Zwingburg von Gent schaffen, eine der gewaltigsten Wasserfesten Europas, von deren unterirdischen Verliesen man sagte, dass dort „das Grauen schwelt". Die Niederlande befanden sich in einem Schockzustand. „Niemand wagt es, mich zu fragen, ob ich zu dem ermächtigt bin, was ich tue", schrieb Alba an den König. Dieser versicherte ihm: „Ihr habt freie Hand."

Von Anfang an aber regte sich gerade auch unter den Beratern des Königs Widerstand gegen die Linie Albas. Ein von Philipp hochgeschätzter Geistlicher warnte ihn: „Eure Majestät sollten sich nicht dazu hinreißen lassen zu glauben, dass die Flamen Tiere und Trunkenbolde sind, denn es sind Menschen. Und wenn sie auch jetzt noch nicht zusammenstehen mögen in ihrem eigenen Land und mit Nachbarn, die ihnen helfen, so werden sie es doch eines Tages tun, und selbst wenn wir zehn von ihnen töten für jeden, den sie von uns töten, werden sie uns am Ende besiegen." Ebenso beschwor Margarete von Parma den König, dass Albas Unterdrückungspolitik „den Ruin und die völlige Zerstörung dieses Landes" zur Folge haben werde. Vollends entsetzt war sie über die Verhaftung von Egmont und Hoorn, von denen sie nach dem Bildersturm so loyal unterstützt worden war. Sobald sie erkannte, dass Alba offenbar unbegrenzte Vollmachten vom König erhalten hatte, reichte sie ihren Rücktritt ein und vereidigte den Herzog als ihren Nachfolger.

Alba war sich wohl lange Zeit unschlüssig, wie er mit Egmont und Hoorn verfahren sollte. „Jeden Tag wird mein Kopf von Zweifeln darüber gepeinigt, ob die Schuldigen sterben sollen", schrieb er im April 1568. Doch kurz darauf veränderte sich die Lage: Wilhelm von Oranien griff an. Von Deutschland aus stieß sein Bruder Ludwig von Nassau in die Provinz Friesland vor und besiegte die Streitkräfte des friesischen Statthalters. Da Alba nun eine neue Rebellion befürchtete, sah er Egmont und Hoorn als Sicherheitsrisiko – und ließ sie als Hochverräter zum Tode verurteilen und auf dem *Grand Place* in Brüssel enthaupten. Die abgeschlagenen Köpfe wurden auf Stangen gespießt und zur Schau gestellt. Alba verfolgte das Spektakel vom Fenster seines Palastes aus. Seit der ehemalige englische Lordkanzler und Gelehrte Sir Thomas Morus 1535 im Tower von London als Hochverräter enthauptet worden war, hatte keine Hinrichtung in Europa mehr so einhellige Empörung ausgelöst. Der deutsche Kaiser – ein Habsburger wie Philipp – schrieb einen Protestbrief. Auch viele Spanier hielten die Exekution für ein fatales Signal. Luis de Requesens – später Albas Nachfolger als Generalstatthalter – kritisierte die Verurteilung als ungesetzlich.

Kardinal Granvelle, mittlerweile spanischer Botschafter beim Papst, gab unterdessen zu bedenken, der Kopf der Verschwörung sei Oranien. „Solange er nicht in der Falle ist, hat der Herzog von Alba noch keinen Fang gemacht." So wandte sich Alba nun dem Oranier zu. Er verbannte ihn auf Lebenszeit und ließ all seine Güter beschlagnahmen, darunter den „Garten der Lüste", das Hauptwerk von Hieronymus Bosch, das auf diese Weise nach Spanien gelangte. Schon im Februar hatte Alba Oraniens ältesten Sohn Philipp Wilhelm, der an der Universität Löwen studierte, festsetzen und nach Spanien schaffen lassen, wo er als treuer Untertan des Königs erzogen werden sollte; Vater und Sohn sahen sich nie wieder. Im Juli schließlich zog Alba mit 15 000 Soldaten nach Norden und machte in der Nähe der ostfriesischen Ortschaft Jemgum (damals Jemmingen) kurzen Prozess mit der Armee Ludwigs von Nassau. Die eingekesselten Rebellen hatten nur die Wahl, sich von den Spaniern abschlachten zu lassen oder sich in die Ems zu stürzen. Am nächsten Tag war das Ufer bedeckt mit den breitkrempigen Hüten der Ertrunkenen.

Mit der Niederlage von Jemgum brach der militärische Widerstand gegen Alba zusammen. Wilhelm von Oranien, einst einer der reichsten Männer Europas, stand am Rande des Bankrotts, und weder die protestantischen deutschen Fürsten noch die englische Königin Elisabeth waren nun noch bereit, Geld in das offenbar aussichtslose Unternehmen zu stecken. Aus einer bei Jemgum erbeuteten Kanone ließ Alba ein Standbild seiner selbst gießen, das in Antwerpen errichtet wurde und die Inschrift trug: „Ferdinando Alvarez von Toledo / Hertzogen von Alba / ist diß Bilde zu ehren auffgericht / daß er die zerruettungen gedempfft / die Rebellen und Auffruehrer vertrieben / den Gottesdienst wieder auffgericht / die Gerechtigkeit befordert unnd den Landen einen frieden bestettigt hat." (So eine zeitgenössische deutsche Übersetzung.)

„Der Tumult ist gestillt, und jeder scheint in die Grenzen des Gehorsams zurückgekehrt", stellt Alba in Goethes „Egmont" zufrieden fest, und tatsächlich war dies die Überzeugung des Herzogs. Es hielt ihn allerdings nicht davon ab, nun mit besonderem Eifer an die Bestrafung der Rebellen zu gehen. Der Rat der Unruhen, von seinen Gegnern bald *der Blutrat* genannt, hatte von ihm den Auftrag erhalten, alle Personen ausfindig zu machen, die des Widerstands gegen Kirche und Regierung verdächtig waren. Des Weiteren: sie geheim zu befragen, Verstockte mit Hilfe des peinlichen Verhörs – der Folter – zum Reden zu bringen und die Schuldigen unverzüglich ihrer gerechten Strafe zuzuführen. Damit niemand entkam, wurde jede Form von Auswanderung verboten; Kapitänen, die Flüchtlinge an Bord nahmen, drohte der Galgen. Schätzungsweise 9000 Menschen wurden in den darauf folgenden Monaten der Ketzerei oder des Hochverrats für schuldig befunden. Zuweilen wurden 50 auf einmal abgeurteilt. Mehr als 1000 bekamen die Todesstrafe. Manche hatten Glück und endeten am Galgen. Anderen brach der Henker Arme und Beine, band sie aufs Rad und schlug sie in vier Teile. Gotteslästerern wurde die Zunge zuvor noch mit heißen Nadeln durchbohrt.

Jeden konnte es treffen, zu jeder Zeit und an jedem Ort: den Handwerker genauso wie den Edelmann. Die Zahl von tausend Hingerichteten war in einer Zeit, die sehr großzügig mit Menschenleben rechnete, noch nicht einmal so erschreckend; dass aber eine ausländische Macht ein ganzes Land terrorisierte und sich ohne jede Beschränkung zum Herrn über Leben und Tod aufschwang, das beunruhigte Europa zutiefst.

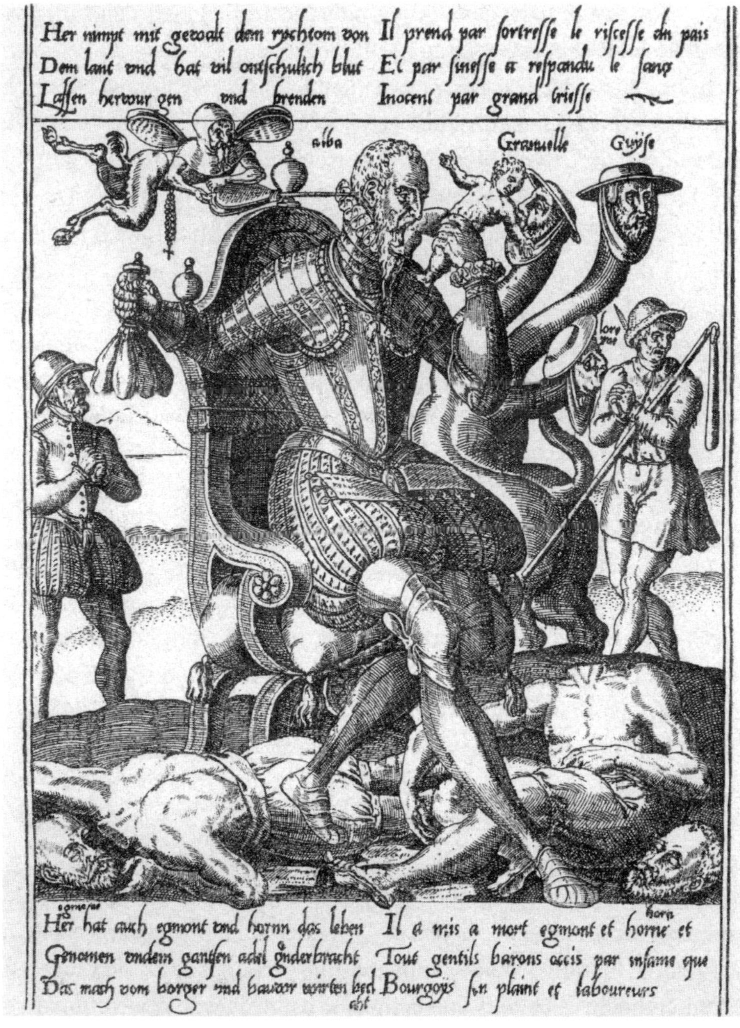

Der Schreckensfürst. Der Herzog von Alba als kinderfressendes Monster. Zeitgenössische Karikatur.

Albas Regiment setzte einen gewaltigen Flüchtlingsstrom in Gang. Bei einer Gesamtbevölkerung von etwa drei Millionen flohen 60 000 ins Ausland, vor allem nach England, Emden und ins Rheinland. Als im Winter 1568 die Zuiderzee zufror – das heutige IJsselmeer –, setzten sich allein aus der Fischerstadt Enkhuizen mit 7500 Einwohnern 350 über das Eis nach Ostfriesland ab. In Emden war bald jeder zweite Einwohner ein niederländischer Flüchtling, was dem Städtchen zu ungekannter Blüte verhalf: Eine Generation lang war es einer der größten deutschen Häfen. Ähnlich hoch war der Anteil in Wesel, wo bis zu 8000 Niederländer Aufnahme fanden und wo sich im November 1568 Delegierte aus allen calvinistischen Exilgemeinden trafen. In Frankfurt am Main stieg der Anteil der Niederländer an der Bevölkerung auf etwa 20 Prozent. Auch dort ging der Zuzug der Fremden mit einem beispiellosen Aufschwung einher. Die Flüchtlinge brachten ganz neue Fertigkeiten im Umgang mit Geld, Diamanten, Seide und Druckmaschinen mit. Es waren niederländische Kaufleute, die 1585 die Frankfurter Börse gründeten, unter ihnen der gebürtige Antwerpener Johann von Bodeck, der heute als der erste große Frankfurter Bankier gilt. In Köln verlief die Eingliederung der Neubürger weniger glatt, weil Alba der Reichsstadt mit politischen und sogar militärischen Strafaktionen drohte. Doch auch dort siedelten sich so viele Flüchtlinge an, dass sie 1576 außerhalb der Stadttore einen eigenen Friedhof anlegten, der bis heute den Namen Geusenfriedhof trägt; es ist der älteste protestantische Friedhof des Rheinlands.

Viele Niederländer kehrten später aus eigenem Antrieb in die Heimat zurück, oft mit Kindern, die im deutschen Exil groß geworden waren: Peter Paul Rubens etwa wurde 1577 in Siegen geboren. Sein Vater, der Antwerpener Schöffe Jan Rubens, war 1568 vor Alba nach Köln geflohen, wo er ausgerechnet mit der Frau Wilhelms von Oranien, Anna von Sachsen, ein Liebesverhältnis begann. Peter Paul wuchs in Köln auf, bevor er als Zehnjähriger mit seiner Mutter nach Antwerpen ging. Joost van den Vondel – der bedeutendste niederländische Dichter des 17. Jahrhunderts – wurde 1587 ebenfalls als Sohn niederländischer Flüchtlinge in Köln geboren. Als er neun Jahre alt war, siedelte die Familie nach Amsterdam über.

Je länger die spanische Besetzung der Niederlande währte, desto größer wurden Albas Finanzprobleme. Die Armee verschlang Unmengen an Geld. 1569 ersuchte er die Staaten-Versammlungen der einzelnen Provinzen deshalb um die Genehmigung mehrerer neuer Steuern. Darunter war der berüchtigte *tiende penning*, der Zehnte Pfennig – eine zehnprozentige Steuer auf alle Verkäufe. Das war ungewöhnlich hoch, doch was viel schwerer wog: Es war keine einmalige, sondern eine permanente Steuer. Bis dahin mussten Steuern von den Provinzialstaaten jedes Mal aufs Neue bewilligt werden, und darauf gründete ihre Macht. Wenn der König Geld haben wollte, war er auf die Zustimmung der Staaten angewiesen, und diese konnten dafür Forderungen stellen. Wenn aber nun, wie von Alba gewünscht, eine ein für allemal geltende Dauerbesteuerung eingeführt werden sollte, dann bedeutete dies nichts anderes als absolute Macht für den Monarchen. Es dauerte bis 1571, ehe Alba begriff, dass die Staaten ihrer Selbstentmachtung niemals zustimmen würden. Schwer verärgert verfügte er daraufhin im Alleingang die Einführung der Steuer – ein schwerer Rechtsbruch. Die Niederländer reagierten darauf in höchst erstaunlicher Weise mit gewaltlosem Widerstand: Sie streikten. Die Provinzialstaaten zogen keine Steuern mehr ein, Bäcker, Metzger und Bierbrauer, aber auch Kaufleute legten die Arbeit nieder. Selbst als Alba die Läden und Kontore von Soldaten besetzen ließ, zeigte dies keine Wirkung. Bald litten Handel und Gewerbe, die Unzufriedenheit wuchs. Der nächste Aufstand kündigte sich an.

Stichwort: Wilhelmus

Die niederländische Nationalhymne, das Wilhelmus, gilt als die älteste der Welt. Der Text der japanischen ist zwar noch älter, aber die Musik datiert erst aus dem 19. Jahrhundert. Es dauerte allerdings bis 1932, ehe das Wilhelmus von der niederländischen Regierung zur Nationalhymne bestimmt wurde. Entstanden ist es um 1570 auf dem Höhepunkt der Schreckensherrschaft des Herzogs von Alba. Die Melodie geht auf ein französisches Soldatenlied zurück. Wer den Text geschrieben hat, ist unbekannt. Das Lied wurde anonym weitergegeben, da Alba das Verfassen von Geusenliedern mit dem Tode bestrafte. Möglicherweise war der Autor Philips van Marnix (1540–1598), ein überzeugter Calvinist und enger Berater des Prinzen. Thema des Liedes ist der innere Zwiespalt Oraniens: Einerseits will er dem König treu bleiben, andererseits die Freiheit der Niederländer verteidigen. Von den 15 Strophen wird heute meist nur noch die erste gesungen. In deutscher Übersetzung heißt sie: Wilhelmus von Nassouwe (Nassau)/Bin ich von deutschem Blut/Dem Vaterland getreue/Bleib ich bis in den Tod./Ein Prinz von Oranien/Bin ich frei, ohne Furcht./Den König von Hispanien/Hab ich allzeit geehrt.

Die Geusen kommen. Der zweite Aufstand

Zur selben Zeit, als die Handwerker und Kaufleute wegen des Zehnten Pfennigs streikten, erlebten die Fischer und Händler in Holland und Zeeland die schwerste Krise seit Generationen. Schuld daran waren jedoch nicht die Spanier, sondern – die Geusen. Dieser Name stand inzwischen nicht mehr für die Adelsrebellen in Brüssel oder für die calvinistischen Bilderstürmer, sondern für die gefürchtetsten Piraten, die jemals Nordsee und Zuiderzee unsicher gemacht hatten. Hervorgegangen waren sie aus den Besatzungen einiger Kriegsschiffe, die 1568 die Streitkräfte des Ludwig von Nassau unterstützt hatten, bevor diese bei Jemgum von Alba aufgerieben worden waren. Der kleine Flottenverband war danach praktisch sich selbst überlassen, und da die Besatzungen von irgendetwas leben mussten, begannen sie Raubzüge entlang der friesischen und holländischen Küste und auf den Inseln Texel, Vlieland, Terschelling und Ameland. Bei ihrer ersten Beute soll es sich noch um Käse gehandelt haben, doch bald brachten sie wahre Reichtümer zu ihren Stützpunkten in Ostfriesland und an der englischen Küste. Das sprach sich schnell herum, und so hatten die Geusen großen Zulauf, auch aus Deutschland. Kein Hafen und kein Schiff waren vor ihnen sicher, jedes Segel, das am Horizont auftauchte, konnte das Kommen einer Räuberbande ankündigen.

Die Anführer sahen wahrlich zum Fürchten aus. Da war Willem van der Marck, Herr von Lumey, ein verbannter Edelmann, der gelobt hatte: „Ich schwöre vor Gott, dass ich meine Haare, meinen Bart und meine Nägel wachsen lassen werde, bis der Tod von Egmont und Hoorn gerächt ist." Seine Leute nannten ihn seitdem nur noch „Langnagel". Den Geusenkapitän Gautier Herlin wiederum erkannte man an seinem Gesicht voller Narben – Erinnerungen an ein Gefecht mit Albas Soldaten, in dem er seinen Vater und drei Brüder verloren hatte. Andere trugen silberne Halbmonde an ihren Hüten. „Lieber türkisch als papistisch", lautete ihr Motto. Viele Geusenlieder verherrlichten ihre Taten. Wilhelm von Oranien stattete die Geusen mit Kaperbriefen aus und erhob sie damit – zumindest aus seiner Sicht – in den Rang von Freiheitskämpfern, von Marinesoldaten. Allerdings waren sie viel zu undiszipliniert, um wirklich als Seestreitkräfte betrachtet werden zu können. Viele Geusenkapitäne hatten keine Bedenken, auch Schiffe unbeteiligter Nationen zu überfallen. 1570 erklärte ein Reichstag des Heiligen Römischen Reiches die Geusen offiziell zu Seeräubern und verpflichtete den Grafen von Ostfriesland, sie zu bekämpfen. Ein Jahr später wurde ihnen von Königin Elisabeth auch das Anlaufen englischer Häfen verboten. Nun benötigten sie dringend einen neuen Stützpunkt, und deshalb wurde die Einnahme einer niederländischen Hafenstadt ihr wichtigstes Ziel.

Das wusste auch Alba, der deshalb die Truppen in den Seeprovinzen verstärkte. In dem kleinen holländischen Küstenort Den Briel (Brielle) waren aber keine Soldaten stationiert, als dort am 1. April 1572 um zwei Uhr mittags 26 Geusenschiffe Anker warfen. Im Namen des Prinzen forderte ihr Anführer Lumey die Übergabe der Stadt binnen zwei Stunden. Da eine Antwort ausblieb, ließ er am Abend eines der Stadttore aufbrechen und 250 wallonische Söldner, die er selbst im Herzogtum Kleve angeworben hatte, in die Stadt ziehen. In der Nacht wurden viele Häuser geplündert. Anschließend wollte Lumey wieder weitersegeln, doch ein anderer Geusenkapitän überredete ihn, die Stadt zu verstärken und für Oranien zu halten.

Der Prinz war alles andere als begeistert, als er davon erfuhr. Er hielt die Offensive der Geusen für verfrüht. Wie sollte er ahnen, dass die Einnahme eines unbedeutenden Hafenstädtchens die große Wende im Kampf gegen Alba bringen würde? Wenn Den Briel auch nur klein war, die Geusen hatten mit ihrem Handstreich doch demonstriert, wie schwach Albas Position im Nordwesten war. Wenige Tage später wechselten auch Vlissingen und Veere in Zeeland sowie Enkhuizen an der Zuiderzee in das Lager der Aufständischen. Auf den ersten Blick mochte dies verblüffen, denn ausgerechnet Veere und Enkhuizen hatten unter den Überfällen der Geusen besonders gelitten. Doch genau das war ihr Beweggrund: Sie hatten die Hoffnung aufgegeben, dass die Regierung in Brüssel sie vor den Piraten schützen würde, und gingen sehr pragmatisch davon aus, dass die Angriffe sofort aufhören würden, wenn sie selbst zum Stützpunkt der Geusen werden würden. So vermischten sich im Aufstand der Niederlande immer wieder religiöse und politische mit wirtschaftlichen Motiven, und dieses hochkomplizierte Ursachengeflecht hätte es auch für einen geschickteren Politiker als den Herzog von Alba schwer gemacht, darauf angemessen zu reagieren.

Nun erkannte Oranien seine Chance. Der Prinz hatte die vergangenen Jahre dafür genutzt, sich mit den französischen Protestanten, den Hugenotten, zu verbünden. Deshalb war er nun in der Lage, von Frankreich aus anzugreifen. Eine kombinierte Streitmacht aus Hugenotten und Niederländern überrumpelte Mons, die Hauptstadt des Hennegau, sowie Valenciennes und bedrohte sogar kurzzeitig Brüssel. Alba sah sich gezwungen, alle seine Truppen aus dem Norden abzuziehen, um sich gegen die Angreifer aus dem Süden zu verteidigen. Sofort stieß eine zweite Streitmacht Oraniens vom Niederrhein aus in die östliche Provinz Gelderland vor und eroberte die wichtige Festung Zutphen. In dieser Lage schlug sich im Norden eine Stadt nach der anderen auf die Seite Oraniens: Medemblik, Hoorn, Alkmaar, Gouda, Dordrecht, Monnickendam, Harderwijk, Haarlem, Leiden, Rotterdam, Delft, Zierikzee, Kampen, Sneek, Bolsward, Franeker … der Norden der Niederlande färbte sich orange. Nur Amsterdam hielt Alba vorerst noch die Treue.

Sehr schnell ergriffen nun die aus Deutschland zurückkehrenden Calvinisten die Macht in den Stadträten und vertrieben die katholischen, pro-spanischen Bürgerregenten. Am 19. Juli 1572 tagten die Staaten von Holland in Dordrecht erstmals in neuer Zusammensetzung und beschlossen, für ihre Verteidigung 600 000 Gulden aufzubringen. Außerdem bestätigten sie Wilhelm von Oranien als Statthalter. Oranien wiederum garantierte, Holland künftig nicht mehr ohne Zustimmung der Staaten „oder zumindest ihrer Mehrheit" zu regieren. Formell betrachteten sich sowohl die Staaten als auch Oranien zu diesem Zeitpunkt noch als treue Untertanen Philipps; nur den Herzog von Alba bekämpften sie. Doch im Rückblick war diese Sitzung der Staaten von Holland die Keimzelle eines neuen Staates.

Damit nicht genug. Oraniens mächtiger Verbündeter, der Hugenottenführer Gaspard de Coligny, stand kurz davor, mit einer großen Armee von Frankreich aus in die Niederlande einzufallen. Schon befürchtete Alba das Schlimmste, nämlich eingekesselt und geschlagen zu werden. Doch da wendete sich das Blatt erneut: In der Nacht zum 24. August, dem Namenstag des Heiligen Bartholomäus, wurden in Paris 3000 führende Hugenotten ermordet, darunter auch Coligny. Als diese Nachricht den spanischen Königspalast erreichte, tanzte der sonst so zurückhaltende Philipp angeblich laut lachend im Zimmer herum. Oranien hingegen verzweifelte. Ohne die Bartholomäusnacht „hätten wir den Herzog von Alba besiegt und ihm die Bedingungen nach unserem Belieben diktieren können", schrieb er einem seiner Brüder. Doch nun war buchstäblich über Nacht alle Hoffnung verflogen.

Unverzüglich kam Albas Gegenschlag. Als erstes räumte er im Süden auf. Im September eroberte er Mons zurück, und im Oktober statuierte er ein Exempel in Mecheln, das sich ebenfalls zugunsten Oraniens erhoben hatte. Obwohl sich die Stadt kampflos ergab, ließ Alba sie plündern. Furchtbare Szenen spielten sich ab. Albas kalkulierte Grausamkeit hatte jedoch den gewünschten Effekt: Prompt unterwarfen sich alle übrigen aufständischen Städte im Süden, um der Rache des Herzogs zu entgehen. Es schien, als würde sich die Situation von 1567 wiederholen und auch der zweite Aufstand zusammenbrechen. Diesmal allerdings konnte Oranien nicht mehr zurück, ohne sein Gesicht zu verlieren. Resigniert zog er nach Holland, um „diese Provinz zu meinem Grab zu machen". Alba – wie stets auf seinen Feldzügen von Kopf bis Fuß in leuchtendes Blau gehüllt – war ihm dicht auf den Fersen. Einmal, so heißt es, konnte Oranien bei einem nächtlichen Angriff auf sein Lager nur noch rechtzeitig fliehen, weil ihn das Bellen seines Hundes weckte.

Zutphen war Albas nächstes Opfer. Aus einer nahe gelegenen Stellung meldete ein Kommandeur Oraniens: „Vergangenen Sonntag wurde aus Zutphen ein großes Getöse aus Schreien und Morden vernommen, aber wir wissen nicht, was geschehen ist." Alba machte nähere Angaben in seinem Bericht an den König: Sein ältester Sohn Fadrique war in die Stadt eingerückt, und seine Soldaten hatten „jedem, den sie fanden, die Kehle durchgeschnitten, denn Don Fadrique hatte Befehl von mir, nicht eine Seele am Leben zu lassen". Sobald dies bekannt wurde, kapitulierten auch die Rebellenstädte im Nordosten der Niederlande. Nun waren nur noch Holland und Zeeland im Westen übrig. Kaum einer zweifelte daran, dass Alba auch mit ihnen binnen weniger Tage fertig sein würde. „Da die Bevölkerung Hollands nicht kriegerisch ist und es ihr an Kampfgeist mangelt, werden sich alle Städte ergeben, sobald die Armee des Herzogs näherrückt", sagte ein französischer Gesandter voraus.

Um nachzuhelfen, beschloss Alba, die übliche Abschreckungsmethode anzuwenden. Seine Wahl fiel diesmal auf das Festungsstädtchen Naarden bei Amsterdam. Nach kurzen Verhandlungen erklärten sich die Bewohner zur Übergabe bereit, sofern ihr Leben verschont würde. Fadrique versprach dies und befahl ihnen, die Waffen abzugeben. Doch in einem Brief an seinen Herrn im Escorial beschrieb Alba, was dann wirklich geschah: „Die spanische Infanterie schnitt Bürgern wie Soldaten die Kehlen durch, ohne dass auch nur ein Mann entkam, und setzte die Stadt alsdann an zwei oder drei Stellen in Brand. Ich bin sehr zufrieden." Auch Frauen und Kinder wurden niedergemacht. Philipp gratulierte Alba und fügte hinzu, Fadrique habe sich seines Vaters würdig erwiesen.

Anders als zuvor im Süden und Osten des Landes löste das Massaker jedoch keine weiteren Kapitulationen aus. Im Gegenteil, der Widerstand verhärtete sich. Zum einen wurden die Städte in Holland und Zeeland bereits von feurigen Calvinisten regiert, die bei einer Übergabe nichts mehr erhoffen konnten. Zum anderen traute niemand den Spaniern mehr, seit sie in Naarden so offen Wortbruch begangen hatten.

Am 18. Dezember 1572 um acht Uhr morgens eröffneten die Spanier mit einer Donnersalve das Feuer auf Haarlem, eine der stärksten Bastionen Oraniens. Mit 13 500 Mann, darunter viele Söldner aus Deutschland, begann Fadrique die Belagerung einer Stadt, deren Garnison ebenfalls zu einem erheblichen Teil aus Deutschen bestand. Erste Bestürmungen liefen auf ein Fiasko hinaus; die etwa 8000 Haarlemer wehrten sich mit Feuerkugeln und Pechkränzen und ließen einmal sogar ein unterirdisches Pulverlager explodieren, woraufhin die Spanier „wie weiße Nachtgespenster durch die Luft flogen". Hunderte Angreifer starben. Albas Gicht verschlimmerte sich dermaßen, dass er das Bett für mehrere Wochen nicht mehr verlassen konnte. Mitten im Winter standen die Spanier bei Eiseskälte in einem Feindesland, wie sie noch keines erlebt hatten. Auf der zugefrorenen Zuiderzee kam es zu einem Gefecht mit Geusen, die sich auf Schlittschuhen fortbewegten. „Das ist die größte Kuriosität, von der man je gehört hat", wunderte sich Alba. Die Spanier verloren so viele Leute, dass der Herzog Schlittschuhe kaufte und seine Elitesoldaten zum Üben aufforderte.

Während die Geusen über das zugefrorene Haarlemmermeer, einen Binnensee, Vorratsnachschub auf Schlitten herbeischafften, starben die Belagerer an Entkräftung, Hunger und Kälte. „Ich verstehe diesen Krieg nicht, und ich glaube auch nicht, dass ihn sonst jemand versteht", gestand ein spanischer Offizier in einem Brief. „Den Preis zahlen die armen Soldaten, von denen niemand entkommt. Wir leiden furchtbar. Das Wetter ist das abscheulichste, das man hier seit 600 Jahren erlebt hat. Jeden Tag ziehen sie halbtote Soldaten aus den Gräben. Es ist erstaunlich, dass es niemanden gibt, der den König darüber unterrichtet, wie furchtbar die Lage ist. So wie die Dinge jetzt laufen, glaube ich nicht, dass es möglich sein wird, dieses Land wieder einzunehmen." Als auch Fadrique vorübergehend von Zweifeln beschlichen wurde, schrieb ihm Alba: „Wenn du abziehst, ohne dass sich die Stadt ergeben hat, wirst du nicht mehr mein Sohn sein."

Im Laufe der Belagerung beschossen die Spanier die Stadt mit mehr als zehntausend Kanonenkugeln. „Einäugige Zyklopen" nannte man ihre Geschütze. Der Widerstand der Haarlemer schlug ganz Europa in seinen Bann, zahllose Flugschriften verließen die Druckereien. Die Figur, die dabei das meiste Interesse auf sich zog, war die Witwe eines Schiffbauers mit dem ungewöhnlichen Vornamen Kenau. Sie soll ein Fähnlein bewaffneter Frauen auf den Mauern der Stadt befehligt haben. „Es ist bekannt gar weit und breit der Amazonen Weiberstreit", hieß es auf einem Stich aus Köln. In einer anderen deutschen Flugschrift war von „Kennow, Hauptmännerin und oberster Anführerin der Weiber in der belägerten Stadt Harleim" die Rede. Als Quelle wurden in diesen Schriften – die zum Teil bereits „Zeitungen" hießen – die mitkämpfenden deutschen Soldaten genannt. Die Haarlemer Frauen wehrten sich demnach deshalb so „künlich im Sturme", weil sie das Bild vergewaltigter Frauen in Zutphen und Naarden vor Augen hatten. Heute steht der Name Kenau in jedem niederländischen Wörterbuch – deutsche Übersetzung: Mannweib –, und außerdem tragen Frauencafés, Selbstverteidigungskurse für junge Mädchen, Fitnessstudios nur für Damen und ein Büro zur Unterstützung von Unternehmerinnen ihren Namen.

Wilhelm von Oranien stand über Brieftauben in ständigem Kontakt mit den Belagerten. Er versuchte, die Stadt zu verstärken, indem er im Schutze der Nacht eine Hilfsarmee unter Hauptmann Koning losschickte. Doch obwohl die Haarlemer alle Kirchenglocken läuteten und auf den Türmen Fackeln brennen ließen, um den Soldaten des Prinzen den Weg zu weisen, verirrten sich diese in den Nordseedünen und fielen in die Hände der Belagerer. Wenig später wurde den Haarlemern Konings Kopf zugeworfen. Sie schleuderten daraufhin die Köpfe von elf Gefangenen zurück. In einem Begleitschreiben hieß es, hiermit werde Alba der Zehnte Pfennig ausgezahlt, der elfte Kopf sei für die Zinsen. Zur psychologischen Kriegsführung gehörten auch das provozierende Verbrennen einer Figur der Heiligen Jungfrau auf der Stadtmauer, ein Schaugefecht mit Vogelscheuchen, die in Mönchskutten gehüllt waren, und großzügige Frühstücksdarreichungen an die Feinde zum Beweis reichlich vorhandener Vorräte.

Trotz solcher Propaganda-Einfälle verschlimmerte sich die Versorgungslage im Frühjahr jedoch schnell. Bald aßen die Haarlemer Tierhäute, Gras, Katzen, Krähen und selbst Karrenschmiere mit Öl. Tagebuchschreiber berichteten über Selbstmordversuche und Übergriffe von Soldaten, vor allem wallonischer Söldner, die bei einer Übergabe der Stadt keine Gnade erhoffen konnten, weil sie zuvor dem König ausdrücklich die Treue geschworen hatten und ihm dann doch von der Fahne gegangen waren. Am 1. Juli 1573 nahm die Stadtregierung Verhandlungen mit den Spaniern auf, die noch einmal unterbrochen wurden, als die Nachricht eintraf, dass der Prinz die Stadt in der Nacht vom 8. auf den 9. Juli mit neuen Truppen entsetzen würde. In jener Nacht hielten sich die Verteidiger in großer Spannung für einen Ausfall zur Unterstützung der heranrückenden Verstärkung bereit. Wie groß muss ihre Enttäuschung gewesen sein, als der Morgen graute und nichts geschehen war. Die Truppen des Prinzen waren in einen Hinterhalt geraten und von den Spaniern niedergemacht worden.

Die Unterhändler rangen Fadrique die Zusicherung ab, die Stadt nicht zu plündern und die Einwohner am Leben zu lassen, allerdings nicht die Soldaten – sie wurden hingerichtet. „Keine einzige Person darf entkommen“, lautete Albas Befehl. Insgesamt fanden 1250 bis 1700 Menschen den Tod. Nur die deutschen Söldner wurden verschont, möglicherweise auf Fürsprache ihrer Landsleute auf der Gegenseite. Zum Teil kämpften sie anschließend für die Spanier weiter. Ein Großteil des Krieges wurde von Söldnern bestritten, die für jeden ins Feld zogen, der sie bezahlte. So traten zahllose Protestanten in Albas Dienste, während für Oranien auch Katholiken den Kopf hinhielten.

Haarlem war gefallen – ein schwerer Schlag für die Aufständischen. Doch die Gegenseite hatte auch keinen Grund zum Jubeln: Ihre Verluste an Menschenleben beliefen sich auf schätzungsweise 800 Spanier und 4000 Söldner aus anderen Nationen. Haarlem war zum „Grab der Spanier“ geworden. Zudem hatte sich die halbjährige Belagerung als überaus kostspielig erwiesen. Nun erkannte Philipp langsam, dass die Methoden des Herzogs alles nur noch schlimmer gemacht hatten. Wütend hielt er ihm vor: „Ich werde niemals Geld genug haben, um Euren Hunger zu stillen, aber ich kann ohne Probleme einen Nachfolger finden, der fähig und ausdauernd genug ist, um durch Ausgleich und Milde einen Krieg zu beenden, den Ihr mit Gewalt nicht zu beenden vermochtet.“ Neben Wilhelm von Oranien hat keine andere Einzelperson so sehr zum Abfall der Niederlande beigetragen wie der Herzog von Alba – auch wenn er das genaue Gegenteil bezweckte.

Der mittlerweile 66-Jährige ging seinen Weg verbissen weiter. „Ich könnte mir vor Wut die Haare ausreißen, wenn ich sie über die Kosten hier reden höre!" Die Häretiker seien bereits „mitten unter uns", da dürfe Geld keine Rolle spielen. Der englischen Königin und dem Erzbischof von Köln, die sich als Vermittler zwischen ihm und Oranien andienten, beschied er: „Lasst diesen Rebellen seine Waffen niederlegen und um Gnade flehen, dann können wir sehen, was sich tun lässt."

Einen Monat nach der Übergabe von Haarlem begann Alba die nächste Belagerung, diesmal war Alkmaar an der Reihe. „Ich habe entschieden, nicht eine Person am Leben zu lassen, sondern allen die Kehle durchzuschneiden", schwor er in gewohnter Manier. Doch es kam anders. Die nach neuesten Erkenntnissen des Festungsbaus verstärkte Stadt hielt allen Angriffen stand. Die Spanier erlitten große Verluste und glaubten schließlich, die Stadt sei mit dem Teufel im Bunde. Am 8. Oktober 1573 gab Alba auf und zog ab. Er war am Ende. „Löst mich von diesem Posten ab und holt mich hier raus, und wenn dies nicht möglich ist, dann erschießt mich und räumt mich so aus dem Weg", flehte er. Am 17. November traf ein Nachfolger in Brüssel ein: Es war sein jahrelanger Kritiker Luis de Requesens, kein Militär, sondern ein Diplomat. Auf Befehl des Königs bestand eine seiner ersten Amtshandlungen darin, die verhasste Statue Albas in Antwerpen abreißen zu lassen.

Porträt: Wilhelm von Oranien

Der Vater des Vaterlandes

Wilhelm von Oranien (1533–1584) ist die überragende Gestalt der niederländischen Geschichte. Er hat den Aufstand gegen Spanien angeführt und damit die Grundlage für Staat und Nation geschaffen, er ist der Stammvater des niederländischen Königshauses – das allerdings nur noch über eine Nebenlinie auf ihn zurückgeht. Schon zu Lebzeiten bezeichneten ihn seine Verehrer als „Vater des Vaterlandes". Er selbst allerdings hatte keineswegs vor, einen neuen Staat zu gründen. Er betrachtete sich noch nicht einmal als Niederländer, sondern sprach von sich noch 1568 als einem „richtigen Deutschen". In Dillenburg im Westerwald ist er geboren, seine Muttersprache war Deutsch; Niederländisch sprach er nie fließend und immer mit deutschem Akzent. Bis heute ist er als „Wilhelm der Schweiger" bekannt. Diesen Beinamen bekam er jedoch nicht, weil er so wenig geredet hätte – das Gegenteil war der Fall. Nach allem, was bekannt ist, war die Bezeichnung eine Schmähung seines Gegners Kardinal Granvelle, weil sich Wilhelm ungern festlegte. Recht zutreffend hat ihn Goethe in seinem „Egmont" als Politiker par excellence dargestellt, als Taktierer, der sich bis zuletzt alle Optionen offen halten will und jede Entwicklung danach beurteilt, wie er sie sich zunutze machen kann („Ich stehe immer wie über einem Schachspiele."). Nur aus politischem Kalkül bekannte er sich später zum Calvinismus. Damit verbundene puritanische Werte wie Sparsamkeit, Nüchternheit, Enthaltsamkeit waren ihm fremd. Als er 1561 zu seiner Hochzeit in Leipzig eintraf, brachte er mehr als 1000 Knappen, Junker, Pagen, Herolde, Trommler und dazu ein Begleitvolk von Ringern, Narren, Zwergen und Tänzern mit. Bis zuletzt rügten die calvinistischen Prediger seine Schlemmereien und Zechgelage, seine Verschwendungssucht und lockeren Sitten.

In mancherlei Hinsicht war Wilhelm noch ein Vertreter des Mittelalters, ein stolzer Fürst, der jede Einschränkung seiner althergebrachten Vorrechte als Kampfansage auffasste. Was aber ungemein modern erscheint und seine Persönlichkeit bis heute so anziehend macht, ist seine große Toleranz in Glaubensfragen. Noch bevor das Zeitalter der Religionskriege mit dem Dreißigjährigen Krieg seinen Höhepunkt erreichte, warb Wilhelm – selbst lutherisch geboren und katholisch erzogen – für Gewissensfreiheit. Sein Ideal war eine Gesellschaft, in der jeder ohne Angst vor Verfolgung die Religion ausüben konnte, die er für richtig hielt. Deshalb ist er einer der wenigen Nationalhelden, die auch heute noch inspirieren können.

Die Stunde des Prinzen. Der dritte Aufstand

Für Friedrich Schiller hat der niederländische Aufstand „das sechzehnte Jahrhundert zum glänzendsten der Welt gemacht". Der Freiheitskampf war für ihn ein „Denkmal bürgerlicher Stärke". Doch die Statisten dieses Krieges dürften den Aufstand keineswegs so erlebt haben. Ein bewegendes Dokument dafür ist das Tagebuch des Augustinerpaters Wouter Jacobszoon. Er lebte von 1522 bis 1595 und war Abt des Klosters Stein bei Gouda. Als Holland 1572 zu den Geusen überging, wich er nach Amsterdam aus, der einzigen Stadt weit und breit, die katholisch blieb und zum König hielt. Höchst ungewöhnlich für das 16. Jahrhundert war, dass Jacobszoon nicht nur Ereignisse verzeichnete, sondern auch seine eigenen Gefühle beschrieb.

Nachts wachte er zum Beispiel oft auf und konnte nicht wieder einschlafen. Seine Gedanken kreisten immer um das gleiche: „den Abschied von meinen Mitbrüdern, meinen lieben Freunden und Bekannten, das Zurücklassen meines Hausrats, meiner Bücher und anderen Schriften meines Interesses". Besonders quälte ihn, dass andere Flüchtlinge durchaus Briefe von zuhause erhielten, er aber nie. Offenbar hatten ihn seine Freunde schon vergessen.

Als er hörte, dass der grausame Geusenführer Graf Lumey in Leiden zwei Priester ermordet hatte, wurde der Ton seines Gebets geradezu anklagend: „Ach Herr, wie lange willst du noch schlafen? Erwache doch endlich!" Einige Tage später erfuhr er, dass ein sieben oder acht Wochen alter Säugling auf dem Arm seiner Mutter erschossen worden war, und wieder fragte er sich, wie Gott das zulassen konnte: „O himmlischer Vater, wie unbegreiflich sind deine Entscheidungen!" In einer Januarnacht schreckte er auf, weil er von draußen ein unbekanntes Geräusch hörte. Starr vor Angst lag er im Bett, „weil ich nicht wusste, was ich davon halten sollte. Zunächst dachte ich, es käme aus der Brauerei, aber dann wurde mir klar, dass es eine Trommel war. Dadurch blieb ich wach und fand keinen Schlaf mehr, sondern wurde bekümmert und musste seufzen und weinen über diese wüsten Zeiten, die wir gegenwärtig mitmachen."

Am nächsten Tag erfuhr er, dass in der Nacht Söldner unter Trommelschlägen an Amsterdam vorbeigezogen waren, um sich an der Belagerung von Haarlem zu beteiligen. Nach der Einnahme der Stadt durch die Spanier machte sich Jacobszoon selbst dorthin auf, um einen Mitbruder und einige Schwestern aus dem örtlichen Konvent zu besuchen. „Auf der Reise dorthin sah ich unterwegs den bedauernswerten Verfall, der in diesem derzeitigen Jahr durch die Unruhen über das Land gekommen war. Alle Kirchen, die wir auf dem Weg sahen, waren entweder ganz niedergebrannt oder zumindest schwer beschädigt. Über weite Strecken war das Land wüst und ohne Vieh. Ich sah unterwegs auch einen nackten Menschen mitten auf dem Weg liegen, genau in der Spur der Wagen. Dieser war von der Sonne ganz verdörrt und dermaßen plattgewalzt, dass es jeden anständigen Menschen erschrecken musste, dies zu sehen. Besonders verwundernswert war, dass sich niemand bereitgefunden hatte, die Leiche wegzuräumen oder mit etwas Erde zu bedecken."

Unter dem Eindruck von Gewalt, Entbehrung und Unsicherheit verfiel die öffentliche Ordnung. Die Menschen verrohten. In Amsterdam verhungerten die Ärmsten auf offener Straße; eine Frau nahm sich mit einem Sprung von einer Brücke das Leben. Erschüttert verzeichnete Jacobszoon ein Ereignis vom Oktober 1573: Kinder spielten „Katholiken gegen Geusen". Mit Rufen wie „Auf sie! Auf sie!" stürzten sich die beiden Gruppen aufeinander und bewarfen sich mit Steinen. Dabei wurde ein Zehnjähriger so schwer am Kopf verletzt, dass er starb.

Wer konnte, mied dieses Land. Sogar Albas Nachfolger Luis de Requesens (1528–1576) seufzte nach seiner Ankunft in Brüssel: „Gott hat mich hierhergeschickt, um für meine Sünden zu büßen." Requesens, ein in Barcelona geborener Hochadeliger, war ein Freund Philipps aus Kindertagen; sein Vater hatte den jungen Thronfolger erzogen und ausgebildet. Seine Bilanz der Alba-Regierung fiel vernichtend aus: „Alles was ich weiß, ist: Als er den Posten antrat, waren die Unruhen beigelegt. Als er ihn verließ, waren Holland und Zeeland in der Hand des Feindes." Dennoch unterschied sich seine Vorgehensweise zunächst nicht sonderlich von der seines Vorgängers. Noch unter Alba hatten die spanischen Truppen einen Belagerungsring um die Stadt Leiden geschlossen. Diesmal allerdings versuchte man gar nicht, die Stadt sturmreif zu schießen, sie sollte von Anfang an ausgehungert werden. Schon bald plädierte die Bevölkerung dafür, aufzugeben, zumal auch noch die Pest ausbrach. Die Stadtspitze aber bestand aus sehr loyalen Gefolgsleuten Oraniens. Als Bürgermeister Pieter Adriaenszoon van der Werff im September 1574 von den Leuten bedrängt wurde, sprach er die berühmt gewordenen Worte: „Wenn euch mein Tod hilft, so nehmt meinen Leib, schneidet ihn in Stücke und teilt davon so viele aus, wie er hergibt, mir soll es recht sein." Insgesamt verhungerten während der Belagerung 6000 Menschen, etwa ein Drittel der Einwohner.

Oranien lag unterdessen krank in Rotterdam, möglicherweise litt er an einer akuten Leberentzündung. Er selbst glaubte an eine ansteckende Krankheit wie die Pest und verbot seinen Dienern, noch länger zu ihm zu kommen. Schon wurde im In- und Ausland berichtet, er sei tot. Eine Abordnung aus dem belagerten Leiden bestand deshalb darauf, ihn zu sehen, um nach ihrer Rückkehr klarstellen zu können, dass er noch lebte. Mit schwacher Stimme beschwor er die Leidener, durchzuhalten, und versprach ihnen Hilfe. „Von dieser Stunde an begann sich sein Zustand zu bessern", behauptete ein niederländischer Chronist. Die Staaten von Holland hatten zu diesem Zeitpunkt bereits die Entscheidung getroffen, zur Rettung Leidens die Deiche zu zerstechen und die Schleusen zu öffnen. Nach einigen Wochen stand das unter dem Meeresspiegel liegende Land rund um die Stadt unter Wasser. Darauf waren die Spanier nicht vorbereitet. Als es am Morgen des 3. Oktober verdächtig still war, schickten die Leidener einen Waisenjungen los, um nachzusehen. Nach einer Weile erschien er jubelnd auf einer der Belagerungsschanzen: Die Spanier waren abgezogen! Der Überlieferung zufolge fand der Junge in dem verlassenen Lager einen noch dampfenden Topf mit Pastinaken, Möhren und Zwiebeln. Natürlich fielen die ausgehungerten Leidener sofort darüber her. Später wurde dieses Armeleute-Essen immer wieder nachgekocht, und so soll daraus das niederländische Traditionsgericht *hutspot* entstanden sein. Noch am selben Tag fuhren die Geusen mit ihren Schiffen bis zur Stadt und teilten Hering und Weißbrot an die Bevölkerung aus. Bis auf den heutigen Tag ist dies in Leiden das Traditionsessen am 3. Oktober, einem Festtag.

Schon einen Tag nach dem Ende der Belagerung kam Oranien nach Leiden. Er belohnte die Stadt für ihr Durchhaltevermögen, indem er eine Universität gründen ließ – die erste in den nördlichen Niederlanden. Der Entsatz von Leiden war ein Wendepunkt des Aufstands. Noch im selben Monat schrieb Requesens dem König: „Es gibt gar nicht so viel Zeit und Geld auf der Welt, wie nötig wäre, um die 24 Städte, die sich in Holland gegen uns erhoben haben, gewaltsam zu unterwerfen.“ Mutlos geworden, vertraute Philipp seinem Privatsekretär an, er glaube, dass die Niederlande verloren gehen würden, und wenn dies erst einmal geschehen sei, werde „auch der Rest (der Monarchie) nicht mehr lange Bestand haben“. Requesens schlug vor, dem Vorbild der Rebellen zu folgen und sämtliche Deiche zu zerstören, so dass ganz Holland im Meer versinken würde. Vielleicht würden der Krone dann wenigstens die anderen Provinzen erhalten bleiben. Doch der König verbot dies, da Holland in diesem Fall „für immer verloren und ruiniert wäre“. Stattdessen erklärte er sich erstmals einverstanden, mit Oranien über Frieden zu reden.

Während sich die Verhandlungen hinzogen, brach unter den spanischen Truppen Meuterei aus, weil sie schon lange nicht mehr bezahlt worden waren. Alles Silber aus den Minen von Mexiko und Peru reichte nicht aus, um den Belagerungskrieg hinter den Deichen zu bezahlen. Plündernd und mordend zogen die Soldaten durch das Land. Deprimiert musste sich Requesens eingestehen, diese Meutereien allein hätten „vollauf genügt, uns verhasst zu machen“, selbst wenn die Bevölkerung die Spanier zuvor wie Söhne geliebt hätte. Am 1. September 1575 sah sich Philipp gezwungen, alle Zinszahlungen auf die Schulden seines Königreichs einzustellen: Spanien war bankrott. Als die Nachricht die Niederlande erreichte, zündeten die Rebellen Freudenfeuer an – und Requesens brach in Tränen aus. Er starb einige Monate später, aus Kummer über die aussichtslose Lage, wie es hieß. Nun gab es niemanden mehr, der die vagabundierenden Truppen noch im Zaum halten konnte. Sie wählten sich ihre eigenen Anführer und bildeten „Revolutionskomitees, die den modernen Arbeiterräten nicht unähnlich waren“, wie Geoffrey Parker, ein Experte für den niederländischen Aufstand, herausgefunden hat. Auch königstreue und rein katholische Orte waren nun nicht mehr sicher; alle lebten in Angst. Damit verspielten die Spanier die letzten Sympathien – der bisher loyale Süden des Landes wandte sich nun ebenfalls ab. Die Staaten von Brabant warben Soldaten an und ließen den gesamten Staatsrat – das Beratergremium des Generalstatthalters in Brüssel – gefangen setzen. Noch weiter gingen die Generalstaaten, die Vertreter aller 17 Provinzen: Sie ächteten sämtliche Soldaten in spanischen Diensten, egal ob sie meuterten oder nicht. Alle Niederländer hatten nun das Recht, diese Soldaten jederzeit zu erschießen. Mit dieser Erhebung des Südens aufgrund der meuternden Truppen hatte die dritte und letzte Phase des Aufstands begonnen. Die gesamten Niederlande setzten sich nun gegen die Spanier zur Wehr.

Zum neuen Generalstatthalter war mittlerweile Don Juan de Austria ernannt worden. Der Seeheld, der 1571 die türkische Flotte bei Lepanto geschlagen hatte, bekam von Philipp den Auftrag, „zu retten, was zu retten ist“. Er sollte den Aufständischen in allen Punkten entgegenkommen, wenn sie sich nur bereit erklärten, Philipp weiter als ihren König anzuerkennen und dem katholischen Glauben zumindest eine Vorrangstellung einzuräumen. Dies waren ungeheure Zugeständnisse. Doch noch bevor Don Juan die Generalstaaten davon in Kenntnis setzen konnte, verlor seine Friedensmission jede Glaubwürdigkeit. Am 4. November 1576 überrumpelten die spanischen Meuterer Antwerpen, mit 100 000 Einwohnern eine der größten Städte Europas. Es folgten Massenmord und Zerstörung. Oraniens Propagandisten schlachteten dies sofort aus und ließen Flugschriften drucken, in denen von Zehntausenden Toten die Rede war; tatsächlich waren es wohl einige hundert. Die Flugschriften wurden rasch in andere Sprachen übersetzt und in vielen Ländern Europas gelesen. *De Spaanse Furie*, das spanische Wüten in Antwerpen, wurde zu einem wesentlichen Bestandteil der Schwarzen Legende, die das Bild des frühneuzeitlichen Spaniens bis in unsere Zeit auf religiösen Fanatismus, Intoleranz und Gewalt beschränkte.

Die Generalstaaten handelten schnell. Noch während die *Spaanse Furie* in vollem Gange war, einigten sie sich mit Oranien und den aufständischen Provinzen im Norden auf einen Vertrag, die *Pazifikation von Gent*. Darin kamen sie überein, alles zu tun, um die spanischen Soldaten aus den Niederlanden zu vertreiben. Die Religionsfrage sollte zu einem späteren Zeitpunkt von den Generalstaaten geregelt werden. Bis dahin sollte in allen Provinzen außer in Holland und Zeeland ausschließlich der katholische Glaube öffentlich bekundet werden, wobei Protestanten nicht verfolgt werden durften. In Holland und Zeeland sollte der Status quo erhalten bleiben, was die Vorherrschaft des Calvinismus bedeutete. In den nächsten Monaten gelang es den Generalstaaten tatsächlich, die spanischen Soldaten zum Abzug zu bewegen; zum Teil zahlten sie ihnen selbst den ausstehenden Sold. Am 23. September 1577 zog Oranien in Brüssel ein – zehn Jahre, nachdem er aus der Stadt geflüchtet war. Das Volk bejubelte ihn „wie den Messias“, meldete Don Juan an den König. Ein größerer Triumph war kaum vorstellbar. Der Prinz war nun der mächtigste Mann in den Niederlanden und die Autorität des Königs auf dem Tiefpunkt. Die Generalstaaten seien von Oranien geradezu „verzaubert“, musste der neidische Don Juan feststellen: „Ohne ihn beschließen sie nichts.“

Doch auch in diesen Tagen seines größten Erfolgs stieß Oranien an Grenzen, er war alles andere als ein unumschränkter Herrscher. Sein Ideal von religiöser Toleranz, von der Duldung aller christlichen Konfessionen, erwies sich als nicht durchsetzbar. In seinen Stammländern Holland und Zeeland traten die Calvinisten zunehmend aggressiv auf. Nach und nach mussten die Katholiken alle Kirchen räumen und konnten die Messe nur noch im Verborgenen in so genannten Schlupfkirchen feiern. Im Süden, in Flandern und Brabant, ergriffen die Calvinisten in mehreren Städten ebenfalls die Macht und ließen sich danach auch von Oranien nichts mehr vorschreiben. Vor allem Gent wurde zur Hochburg der Radikalen. Die Folge war, dass überzeugt katholische Adelige und Patrizier im Süden des Landes dem Prinzen immer stärker misstrauten und sich von der Pazifikation abwandten. Lieber wollten sie unter die spanische Herrschaft zurückkehren als sich von Calvinisten regieren zu lassen. Zur Verteidigung des katholischen Glaubens schlossen sich die beiden südlichen Provinzen Hennegau und Artois am 6. Januar 1579 in der Stadt Atrecht (französisch Arras, heute Nordfrankreich) zur Union von Atrecht zusammen. Im Norden wurde wenige Tage später, am 23. Januar 1579, die Union von Utrecht gegründet, ein Verteidigungsbündnis der von Calvinisten beherrschten Provinzen Holland, Zeeland und Utrecht.

Die Zusammenschlüsse von Atrecht und Utrecht repräsentierten die beiden entgegengesetzten Enden des politischen Spektrums – spanientreue Katholiken und radikale Calvinisten – und legten die innere Zerrissenheit der Niederlande bloß. Dem versöhnlichen Geist der Pazifikation von Gent waren sie entgegengesetzt. Was aber zum damaligen Zeitpunkt noch niemand ahnen konnte: Der in Utrecht unterzeichnete Vertrag erwies sich später als die Gründungsurkunde eines neuen Staates – der Republik der Vereinigten Niederlande. Bis 1795 sollte die niederländische Staatsordnung mit ihrer lockeren Bundesform auf eben diesem Dokument beruhen. Die Unterzeichner verpflichteten sich darin, in Dingen des Friedens und des Krieges fortan so zu handeln, „als wären sie eine einzige Provinz“. Daher der spätere Name von den *Vereinigten* Niederlanden oder den *Vereinigten* Provinzen. In den nächsten Monaten schlossen sich der Utrechter Union auch die Provinzen Friesland und Gelderland sowie viele flämische Städte an. Oranien sah die Entwicklung mit Sorge: Die Einheit des Landes war nun in Gefahr; zwei Blöcke – ein katholischer und ein calvinistischer – standen sich gegenüber.

Noch einmal bot sich eine Möglichkeit zum Ausgleich, als der deutsche Kaiser Rudolf II. Spanier und Niederländer zu einer Friedenskonferenz nach Köln einlud. „Für einige Monate des Jahres 1579 waren die Augen Westeuropas auf das internationale Treffen in der glitzernden Rheinmetropole gerichtet“, schreibt der Historiker Henry Kamen. „Es war wahrscheinlich die erste große Friedenskonferenz der Neuzeit.“ Ziel der Verhandlungen war die freiwillige Wiederanerkennung Philipps II. durch die Generalstaaten. Noch immer hatten sich diese nicht von ihrem König losgesagt, noch immer hielten sie die Fiktion aufrecht, nur gegen seine Generalstatthalter aufzubegehren. Doch die Gespräche zeigten, dass eine Einigung inzwischen unmöglich war: Philipp betrachtete seine Forderung nach einer dominierenden Stellung der katholischen Kirche in sämtlichen Provinzen als nicht verhandelbar, und für die Calvinisten war es ebenso undenkbar, darauf einzugehen. Im November endete die Konferenz ohne Ergebnisse – der Krieg ging weiter. Und die Aussichten für die Rebellen waren nicht gut.

Philipps Ausgangslage hatte sich seit seinem finanziellen Zusammenbruch im Jahre 1575 erheblich gebessert. Neue, reich beladene Schatzschiffe waren aus Amerika eingetroffen. Der türkische Sultan hatte Frieden mit Philipp geschlossen, so dass Spanien nun nicht mehr an zwei Fronten kämpfen musste. Und dann starb 1580 der König von Portugal ohne Nachkommen. Philipp erhob Anspruch auf den portugiesischen Thron und ließ den Herzog von Alba einrücken. Fortan herrschte er über beide Länder in Personalunion. Sein Imperium erstreckte sich nun von der iberischen Halbinsel und Italien über Mexiko und Peru zu den nach ihm benannten Philippinen und weiter zu den portugiesischen Stützpunkten auf den Gewürzinseln, auf Ceylon, in Indien und an den afrikanischen Küsten. Jeder vierte Europäer war ein Untertan Philipps II. Nie war das Selbstbewusstsein der Spanier so groß wie in den ersten Jahren nach 1580. Eine Erinnerungsmedaille zu Philipps Machtübernahme in Portugal trug die Inschrift: „Die Welt ist nicht genug". Es war kaum übertrieben, dass der Amsterdamer Stadtrat Cornelis Pieterszoon Hooft 1617 im Rückblick meinte: „Im Vergleich mit dem König von Spanien waren wir wie eine Maus gegenüber einem Elefanten." Und doch sollte die Maus den Elefanten besiegen und dadurch, so schreibt Geoffrey Parker in seiner großen Studie „The Grand Strategy of Philipp II", „den Lauf der gesamten westlichen Geschichte verändern".

Stichwort: Oranje

Wenn sich heute bei einem Fußballspiel der niederländischen Nationalelf das Stadion orange färbt, so geht das direkt auf den Prinzen Wilhelm von Oranien zurück. Dessen Name leitete sich von seinem kleinen Fürstentum Orange im französischen Rhonetal ab. Auf Niederländisch heißt *oranje* sowohl orange als auch Oranien. Der Schlachtruf *Oranje boven* (Hoch Oranien), der heute noch erschallt, stammt ebenfalls schon aus der Zeit des niederländischen Aufstands. Damals wurden damit die Kämpfer gegen Spanien angefeuert. Wohl kein anderes Land ist seit so langer Zeit so stark mit einer bestimmten Farbe verbunden. Die niederländische Nationalflagge gilt als älteste Trikolore der Welt. Ihre Farben Rot, Weiß und Blau sind schon für das 15. Jahrhundert in der Grafschaft Holland nachweisbar. Zur Zeit des niederländischen Aufstands wurde das Rot zeitweise durch Orange ersetzt. Als die Niederlande 1940 von Nazi-Deutschland besetzt wurden, entwickelte sich Orange abermals zur Symbolfarbe der Freiheitskämpfer. Am Geburtstag der Königin liefen viele Niederländer mit Möhren oder orangefarbenen Tulpen durch die Straßen.

Es geht auch ohne König. Die Entstehung der niederländischen Republik

Das erste, was Philipp nach der gescheiterten Friedenskonferenz in Angriff nahm, war die Ermordung des Prinzen von Oranien. Nicht, dass solche Attentatspläne neu gewesen wären. Ein Offizier des Herzogs von Alba hatte schon über die Jahre von 1567 bis 1570 gesagt: „Während der gesamten Zeit, die ich in Flandern verbrachte, habe ich nichts anderes versucht, als jemanden zu finden, der den Prinzen von Oranien umbringen würde." Doch nun ging der König noch einen Schritt weiter: Er brandmarkte Oranien als „Feind der Menschheit", erklärte ihn für vogelfrei und setzte auf seinen Kopf eine Belohnung von 25 000 Gulden aus. Der Geächtete beantwortete den Bannbrief mit einer „Apologie oder Rechenschaft des Prinzen von Oranien" an die Generalstaaten, in der er Philipp als einen der größten Tyrannen der Geschichte verurteilte. Als Flugschrift fand seine Verteidigungsrede überall in Europa Verbreitung und schwärzte das Bild Philipps II. für Jahrhunderte. Oranien beschuldigte den König unter anderem des Mordes an seinem Sohn Don Carlos, was haltlos war, aber bei einem großen Teil der Leserschaft Glauben fand. Sein eigenes Handeln rechtfertigte er mit der spanischen Unterdrückungspolitik. Klarer als je zuvor bekannte er sich zum protestantischen Glauben, betonte dabei aber die Freiheit des Gewissens. Als seinen Souverän erkannte er nicht mehr den König an, sondern die Generalstaaten. An sie waren auch die Schlusssätze gerichtet: „Solltet Ihr, meine Herren, der Meinung sein, dass mein Tod oder meine Abwesenheit Euch zugute käme, so bin ich bereit, mich damit abzufinden. Schickt mich ans Ende der Welt, und ich werde gehorchen. Kein König oder Fürst, sondern nur Ihr könnt über mein Leben verfügen. Wenn Ihr aber glaubt, dass ich Euch in Zukunft noch einen Dienst erweisen könnte, dann lasst uns einmütig nach dem Schutz dieses guten Volkes trachten."

So geschah es. Sechs Monate nach Erscheinen der „Apologie", am 26. Juli 1581, taten die mittlerweile von Brüssel nach Den Haag übersiedelten Generalstaaten den letzten Schritt und erklärten in aller Form ihre Unabhängigkeit von der spanischen Krone. Ihre an diesem Tag fast beiläufig neben anderen Dingen verabschiedete Abschwörungsakte, das *Placcaet van Verlatinghe*, kann als eines der großen Dokumente der Weltgeschichte betrachtet werden. Es war ein beispiellos revolutionärer Akt, denn Könige galten im 16. Jahrhundert als von Gott eingesetzt und damit unangreifbar. Rebellen jedweder Art pflegten ihre Kritik deshalb auf die Ratgeber des Königs zu beschränken. So war es bis zu Oraniens „Apologie" auch im niederländischen Aufstand gewesen. Die Angriffe richteten sich offiziell gegen Granvelle, Alba, Requesens oder Don Juan, nicht aber gegen den König selbst. Noch die – protestantische – Universität Leiden wurde im Namen Philipps II. gegründet. Seit der gescheiterten Konferenz von Köln und der Ächtung Oraniens konnte man sich aber einfach nichts mehr vormachen. Nach langem Zögern rangen sich die Generalstaaten dazu durch, die Konsequenzen zu ziehen und den König abzusetzen.

Ihrer Rechtfertigung lag die Idee zugrunde, dass zwischen einem Herrscher und seinem Volk ein ungeschriebener Vertrag bestand, der für beide Seiten Verpflichtungen mit sich brachte. Philipp II. hatte sich nicht an seine Verpflichtungen gehalten, und deshalb lösten seine Untertanen den Vertrag nun auf. „Ein Volk ist nicht wegen des Fürsten, sondern ein Fürst um des Volkes willen geschaffen“, erklärten sie. „Denn ohne das Volk wäre er kein Fürst. Er ist dazu da, dass er seine Untertanen nach Recht und Billigkeit regiere und sie liebe wie ein Vater seine Kinder. Behandelt er sie aber nicht so, sondern bloß wie Sklaven, dann hört er auf, ein Fürst zu sein und ist ein Tyrann. Die Untertanen aber haben das Recht, nach gesetzlichem Beschluss ihrer Vertreter, der Stände (Staaten), diesen zu verlassen. Unter dem Vorwand der Religion hat der König von Spanien eine Tyrannei einzurichten versucht. Und so erklären wir denn jetzt den König von Spanien verlustig jedes Anspruchs auf die Herrschaft in den Niederlanden; wir entbinden hiermit alle Amtsleute, Obrigkeiten, Herren, Vasallen und Einwohner von dem einst dem König von Spanien geleisteten Eid des Gehorsams und der Treue und befehlen allen Beamten, fortan den Namen, die Titel und die Siegel des Königs von Spanien nicht mehr zu gebrauchen und einen neuen Eid abzulegen, des Inhalts, uns treu zu sein gegen den König von Spanien und alle seine Anhänger.“

Das *Placcaet van Verlatinghe* war 1776 eine der wichtigsten Inspirationsquellen für Thomas Jefferson beim Verfassen der amerikanischen Unabhängigkeitserklärung. Es nimmt seine Argumentation um fast zweihundert Jahre vorweg. Um sich die Radikalität der Lossagung zu verdeutlichen, muss man bedenken, dass es damals in Europa überhaupt nur zwei Staaten gab, die ohne einen Fürsten an der Spitze auskamen, nämlich die schweizerische Eidgenossenschaft und die Republik Venedig. Auch die Generalstaaten hatten anfangs keineswegs vor, auf einen König zu verzichten. Sie wollten sich nur einen besseren suchen. Erst als sich keiner bereitfand, weder die Königin von England noch der König von Frankreich, mussten sie die Regierung wohl oder übel auf Dauer übernehmen.

Mit der Abschwörung waren die Fronten abgesteckt, zu verhandeln oder zu klären gab es nichts mehr. Zum Unglück der Aufständischen befand sich der König, den sie gerade vor die Tür gesetzt hatten, zu eben diesem Zeitpunkt auf dem Höhepunkt seiner Macht und hatte zudem die beste Personalentscheidung seiner mehr als vierzigjährigen Amtszeit getroffen: Zum Nachfolger des von der Pest dahingerafften Don Juan hatte er Alexander Farnese (1545–1592) bestellt, den Herzog von Parma, Sohn der früheren Generalstatthalterin Margarete von Parma. Der Italiener war ein klassischer Renaissancefürst mit einem Hofstaat von 1500 Leuten. Er war wohlhabend, gebildet, galant, er besaß diplomatisches Geschick, politisches Gespür und militärisches Genie und wurde schon bald als größter Stratege seiner Zeit gefeiert.

Seine anfängliche Operationsbasis war nicht mehr als das überschaubare Gebiet der Union von Atrecht. Doch von dort dehnte er das spanische Herrschaftsgebiet immer weiter aus. Seinen Elitetruppen hatten die Generalstaaten nichts entgegenzusetzen. In einem gewaltigen Zangengriff nahm er binnen weniger Monate den größten Teil der flämischen Küste ein, stieß im Nordosten bis Zutphen vor und besetzte gleichzeitig Bonn und eine ganze Reihe von anderen Orten am Rhein. Vor allem der Niederrhein wurde nun für Jahrzehnte zu einem der Hauptkriegsschauplätze. Städte wie Rheinberg, Moers, Wesel und Schenkenschanz in der Gabelung von Rhein und Waal bei Kleve zählten bald zu den stärksten Festungen Europas und wurden von großen Garnisonen verteidigt. Von einem spanischen Minister stammt der Ausspruch, es sei wichtiger, Schenkenschanz zu halten, als Paris zu erobern.

Die Siege des Herzogs von Parma waren verheerend für das Ansehen Oraniens. In vielen Gedichten wurde er nun als *het kwade Willeke*, als böser Willi, geschmäht. Mehrere Attentatspläne wurden aufgedeckt, und der Prinz war sich darüber im klaren, dass ihn früher oder später ein gewaltsamer Tod ereilen würde. 1582 traf ihn in Antwerpen die Kugel eines Attentäters unter dem rechten Ohr. Dieses Mal überlebte er noch, doch das Ende kam am 10. Juli 1584 im Delfter Prinzenhof. Als er nach dem Mittagessen die Treppe heruntergıng, stand plötzlich der Franzose Balthasar Gerards vor ihm, der sich zuvor als verfolgter Calvinist ausgegeben hatte. Oranien hatte ihm selbst Geld gegeben, damit er sich bessere Kleidung kaufen konnte, doch Gerards erwarb damit etwas anderes: eine sehr moderne kleine Pistole, die man perfekt unter der Kleidung verstecken konnte. Gerards war ein fanatischer Katholik, der schon mit zwölf Jahren die Überzeugung geäußert hatte, dass Oranien der größte Übeltäter des Erdkreises sei. Als er dem Prinzen nun auf der Treppe gegenüberstand, gab er ohne zu zögern mehrere Schüsse auf ihn ab, die Einschläge in der Wand können bis heute besichtigt werden. Der Prinz war wahrscheinlich sofort tot. Er wurde in der *Nieuwe Kerk* von Delft beigesetzt, die seitdem Grabstätte aller Oranier ist. Gerards wurde bei lebendigem Leibe gevierteilt. Er starb ohne Reue: Fest davon überzeugt, im Auftrag Gottes gehandelt zu haben, erwartete er einen Platz im Paradies.

Die geteilten Niederlande. Der Zerfall der 17 Provinzen in die Republik der Vereinigten Niederlande im Norden und die spanischen Niederlande im Süden.

Die Ermordung Oraniens war für die Sache der Aufständischen ein schwerer Schlag, auch wenn seine Popularität in den Jahren zuvor stark gelitten hatte. Viele konnten sich nicht vorstellen, wie der Kampf gegen Spanien ohne die große Führungspersönlichkeit, unter der sich so viele verschiedene Gruppen zusammengeschart hatten, weitergehen sollte. Der allgemeine Zusammenbruch, auf den Philipp gehofft hatte, blieb aber aus. Vor allem im Norden hielten die calvinistischen Machthaber die Zügel mittlerweile fest in der Hand. Zudem war der Rebellenstaat eben keine Monarchie: Die Hoheitsgewalt lag letztlich bei den Generalstaaten und den Staatenversammlungen der einzelnen Provinzen, und diese regierten auch ohne Oranien weiter.

Ihr Herrschaftsgebiet schrumpfte allerdings immer schneller zusammen. Alle Mittel, die Philipps Weltreich hergab, flossen nun in die Flandern-Armee des Herzogs von Parma. Es fiel Ypern, es fiel Brügge, es fiel Gent. Und am selben Tag, an dem Oranien im Prinzenhof tödlich getroffen wurde, eroberte Parma das Fort Liefkenshoek an der Westerschelde, das von großer strategischer Bedeutung für Antwerpen war. Die Stadt galt als uneinnehmbar, weil sie, wie es hieß, nicht ausgehungert werden konnte: Über die Schelde, ihre Verbindung zum Meer, hatte sie immer die Möglichkeit, sich mit Lebensmitteln zu versorgen. Parma fasste nun einen Plan, der in den Augen seiner Offiziere geradezu wahnwitzig war: Er wollte Antwerpens Lebensader verschließen – die Schelde abriegeln! Während des ganzen Winters erhielten die eingeschlossenen Bürger immer wieder beunruhigende Nachrichten über rege Bautätigkeit zu beiden Seiten des Meeresarms. Und im Frühling, ungefähr zu der Zeit, als schließlich auch Brüssel vor dem Herzog kapitulierte, war das Werk fertiggestellt: Eine 800 Meter lange Brücke, die im Kern aus verketteten Schiffen bestand, versperrte die Durchfahrt – Antwerpen war abgeschnitten.

Noch aber gaben sich die Bewohner der calvinistischen Hochburg nicht geschlagen. Am 4. April 1585 sahen die Spanier nach Sonnenuntergang plötzlich brennende Schiffe aus der Richtung von Antwerpen auf die Sperrbrücke zutreiben. Drei der Schiffe explodierten, wobei einige Soldaten zu Tode kamen. Ein Fähnrich beschwor den Herzog von Parma, der das Geschehen selbst von der Brücke aus verfolgte, die Gefahr nicht zu unterschätzen und sich schnell in Sicherheit zu bringen. Widerstrebend ging Parma ans Ufer. Er war noch nicht weit gekommen, da explodierte das größte Schiff – und zwar, wie ein Offizier später berichtete, „mit einem solchen Krachen, als ob die ganze Welt zerschlagen würde. Einen solchen Knall hatte man niemals zuvor gehört. Der Boden bebte, und einige glaubten, dass die Erde unterging und alle vor Gottes Richterstuhl gerufen würden; andere dachten, dass die Hölle ihre Tore öffnete und die Erde aufriss, wieder andere, dass das Himmelsgewölbe herabstürzte."

Die schwimmende Bombe, eine so genannte Höllenmaschine, war in Antwerpen von dem italienischen Ingenieur Frederico Giambelli konstruiert worden. Mehrere hundert Menschen fanden den Tod. Parma wurde von der Druckwelle zu Boden geworfen und blieb für einige Zeit bewusstlos. Die Brücke über die Schelde war stark beschädigt – Vorratsschiffe hätten nun hindurchfahren und Antwerpen versorgen können. Doch eben dies geschah nicht, weil sich die Späher der Antwerpener nicht weit genug vorgewagt hatten, um sehen zu können, dass der Brandangriff erfolgreich gewesen war. Am Morgen hatten Parmas unverwüstliche Truppen die Lücke in der Brücke schon wieder geschlossen.

Als Philipp einige Wochen später die Nachricht vom Fall Antwerpens erhielt, war dies für ihn die größte Siegesnachricht seiner gesamten Regierungszeit. „Weder nach Lepanto oder der Eroberung Portugals noch bei irgendeinem anderen Erfolg haben Seine Majestät solche Zufriedenheit gezeigt", notierte sein immer noch aktiver Berater Kardinal Granvelle. Das Gebiet, das die Rebellen nun noch beherrschten, war kaum größer als Holland und Zeeland und ihre Lage unwesentlich besser als 1572. Wieder einmal schien ihre Sache verloren – und wieder einmal kam unverhoffte Rettung: Nur drei Tage nach der Übergabe Antwerpens griff die englische Königin Elisabeth in den Niederlanden ein. Um eine vollständige Rückeroberung der aufständischen Provinzen durch die Spanier zu verhindern, verpflichtete sich die protestantische Herrscherin in einem Vertrag mit den Generalstaaten zu militärischer Hilfe. Im Dezember 1585 landete ihr Favorit, der Graf von Leicester, mit 8000 Soldaten in Vlissingen. Dies war praktisch eine Kriegserklärung an Spanien, und die Antwort ließ nicht lange auf sich warten. Schon im nächsten Monat beauftragte Philipp seine Minister damit, Vorschläge für eine Eroberung Englands auszuarbeiten. „Um den Kampf in den Niederlanden ein für alle Mal zu beenden, könnte es ratsam sein, Maßnahmen zu ergreifen, um sicherzustellen, dass der Krieg nicht aus England unterstützt wird", schrieb er dem Herzog von Parma. Bald hatte er einen Plan: Parma sollte England – oder zumindest einen Teil davon – mit seiner Flandern-Armee besetzen und Elisabeth stürzen. Um sicherzustellen, dass Parmas Truppen ungehindert den Ärmelkanal überqueren konnten, sollten sie von einer Kriegsflotte bewacht werden.

Das Ergebnis dieser Unternehmung ist bekannt. Der Untergang der Armada beendete nicht nur alle Pläne von einer Eroberung Englands, sondern auch die Hoffnung auf den vollständigen Wiedergewinn der Niederlande. Zwar blieb Spanien noch lange das stärkste Land der Welt, aber die Träume von einer unumschränkten Herrschaft waren vorbei. Die Grenzen der spanischen Macht waren vor aller Welt deutlich geworden, das Ansehen des Königs hatte gelitten. Dazu kam, dass der mittlerweile an einen Rollstuhl gefesselte Philipp in den letzten zehn Jahren seines Lebens alles auf einmal wollte, anstatt sich auf das Wichtigste zu konzentrieren. Er führte nicht nur Krieg gegen Niederländer und Engländer, sondern schließlich auch noch gegen die französischen Hugenotten, was zwangsläufig zu einer Zersplitterung der spanischen Kräfte führen musste.

Die Generalstaaten wussten dies auszunutzen und eroberten von 1590 an große Gebiete zurück, so dass die Republik der Vereinigten Niederlande bei Philipps Tod 1598 sieben Provinzen umfasste: Holland, Zeeland, Utrecht, Friesland, Groningen, Overijssel und Gelderland. Später dazu eroberte Gebiete wie 's-Hertogenbosch und Maastricht samt Umland erhielten nicht den Status eigenständiger Provinzen, sondern wurden von den Generalstaaten als sogenannte Generalitätslande direkt verwaltet. Alles, was südlich davon lag, waren die spanischen Niederlande – heute Belgien. Die Niederlande fielen auseinander, und die Teilung erwies sich als dauerhaft. Der heutige Grenzverlauf zwischen den Niederlanden und Belgien – den ehemals nördlichen und südlichen Niederlanden – ist einzig und allein das Ergebnis der Feldzüge und Belagerungen im Krieg gegen Spanien. Nord und Süd entwickelten sich rasch in sehr unterschiedliche Richtungen: Die Republik stieg zum Zentrum des Welthandels und zur protestantischen Großmacht auf; die spanischen Niederlande wandten sich im Zuge einer erfolgreichen Gegenreformation wieder dem Katholizismus zu, während die stolzen Städte Flanderns und Brabants verarmten.

Der Geist der Opposition, der Widerrede, prägt die Niederlande bis heute. Doch der Aufstand gegen Spanien ist nicht nur für das Land selbst von größter Bedeutung gewesen, er hat die europäische und auch die amerikanische Geschichte beeinflusst. Verwundert stellte die englische Königin Elisabeth fest, dass die Generalstaaten viel besser regierten als die meisten Könige. „Die Republik bewies ein für allemal, dass Aufruhr erfolgreich sein konnte und dass es auch ohne Fürsten ging" – so hat es Golo Mann ausgedrückt. Die damaligen Calvinisten konnten sich eine so wundersame Fügung nur mit dem Eingreifen Gottes erklären und hielten sich folglich für auserwählt. Dieses Gefühl der moralischen Überlegenheit hat sich lange erhalten. Der Wappenspruch des Prinzen von Oranien *„Je maintiendrai"* – „Ich werde mich behaupten" – wurde später zum Wappenspruch des niederländischen Königreiches und steht heute in jedem niederländischen Pass.

Im 19. Jahrhundert, als die Niederlande im europäischen Machtgefüge ein unbedeutender Kleinstaat waren, meinte der Staatsmann Johan Rudolf Thorbecke gleichwohl, Freiheitsliebe und innere Stärke könnten ein besserer Schutz gegen äußere Feinde sein als Streitkräfte und Festungen. Thorbecke betrachtete sein Land als moralisch überlegen: „Die niederländische Staatskunde, selbst frei von Herrschsucht, ist die angemessenste Instanz zur Beurteilung der Herrschsucht anderer." Vor allem in der zweiten Hälfte des 20. Jahrhunderts sahen sich Niederländer gern als *gidsland*, als gesellschaftlichen Trendsetter und Orientierungspunkt für andere Länder, etwa wenn es um Menschenrechte, Entwicklungshilfe, Ausländerintegration und soziale Gerechtigkeit ging. Die Überzeugung, dass Einfluss und Durchsetzungskraft nicht unbedingt etwas mit schierer Größe zu tun haben, der optimistische Glaube daran, dass sich die richtigen Werte und das gute Vorbild letztlich gegen alle Widerstände durchsetzen werden – all das wurzelt noch in der erfolgreichen Rebellion des Prinzen von Oranien.

Stichwort: Niederländisch

Viele Deutsche glauben, das Niederländische wäre eine Art deutscher Dialekt. Tatsächlich ist Niederländisch ebenso wie Deutsch oder Englisch eine eigenständige Sprache der westgermanischen Sprachengruppe. Das heutige Neuniederländisch bildete sich im Wesentlichen nach dem Aufstand gegen Spanien heraus, als das erwachende Nationalgefühl ein starkes Interesse an der eigenen Sprache nach sich zog.

Im 17. Jahrhundert, als die Niederlande die führende Wirtschaftsnation waren, exportierten sie auch Wörter. Im Deutschen stammen unter anderem Aktie, Matrose, Klippe, Bücherei, Weltanschauung, Staatsmann, Vertrag und Tagebuch aus dem Niederländischen. Das Englische verdankt ihm Wörter wie boss (von *baas*), cookie (von *koekje*), brandy (von *brandewijn*), golf (von *kolf*) und Santa Claus (von *Sinterklaas*). Sogar im Japanischen finden sich niederländische Wörter, zum Beispiel biiru (vom niederländischen *bier* = Bier), koohi (von *koffie* = Kaffee), mesu (von *mes* = Messer) oder *tarappu* (von trap = Treppe). Weniger stolz ist man auf ein anderes aus dem Niederländischen hervorgegangenes Wort: *apartheid*. Das Afrikaans, ursprünglich die Sprache der Buren in Südafrika, wird inzwischen aber von deutlich mehr Nichtweißen als Weißen gesprochen. Entstanden ist es aus dem Niederländisch des 17. Jahrhunderts, nachdem die Vereinigte Ostindische Compagnie 1652 eine Proviantstation am Kap der Guten Hoffnung gegründet hatte. Um 1700 zogen von dort niederländische Siedler, die *boeren* (Bauern, sprich: buren) weiter ins Landesinnere. Aus ihrer Sprache entwickelte sich das Afrikaans. Es ist heute die Muttersprache von sieben Millionen Menschen, weitere zehn Millionen beherrschen es als Zweitsprache fließend. Afrikaans ist eine der offiziellen Sprachen Südafrikas und eine anerkannte Minderheitensprache im angrenzenden Namibia. In ihrer riesigen Kolonie Niederländisch-Indien, dem heutigen Indonesien, haben die Niederländer dagegen kaum Spuren in der Sprache hinterlassen. Ein Grund dafür dürfte sein, dass es ihnen dort lange nur ums Geschäft ging – und nicht über das Weitertragen ihrer Kultur.

KAPITEL 2

Weltmacht Holland

Das Goldene Zeitalter

Die fliegenden Holländer. Rotweißblau auf allen Meeren

Nowaja Semlja, Arktis, 6. Januar 1597.

Mitten in Eis und Schneetreiben, mitten in der ewigen Dunkelheit des Polarwinters steht eine Holzhütte, und aus dem Schornstein steigt Rauch auf. Hier leben sechzehn Menschen. Unter Führung von Willem Barents und Jacob van Heemskerck sind sie auf einer Expedition, um für die Stadt Amsterdam eine nördliche Seeroute nach China und Indien zu finden. Doch ihr kleines Schiff ist schon vor mehr als vier Monaten vom Packeis eingeschlossen worden. Es blieb ihnen nichts anders übrig, als auf der Insel im Nordpolarmeer zu überwintern. Aus angeschwemmten Baumstämmen und aus den Spanten des Schiffswracks bauten sie eine Hütte. Die Nägel, die sie sich dabei nach Zimmermannsart in den Mund steckten, froren ihnen an den Lippen fest, „so dass, wenn wir sie herausnahmen, die Haut abriss und das Blut nur so umherspritzte“. So vermerkt es einer der Männer in seinem Tagebuch.

Seit *het behouden huys*, das Wohlbehaltene Haus, fertig ist, brennt darin Tag und Nacht ein Feuer. Der Schiffsarzt hat die Idee gehabt, aus einem Fass eine Art Sauna zu bauen, in der man ein Dampfbad nehmen kann. Die Männer leben von ihren wenigen Vorräten und vom Fleisch der Polarfüchse, die sie fangen. Da ihre Pendeluhr im November eingefroren ist und es auch nicht mehr hell wird, messen sie die Zeit mit einem Zwölfstundenglas, einer Sanduhr. Einzige Lichtquelle ist eine Lampe, die mit Bärenfett brennt. Die Eisbären sind ihre größte Heimsuchung; sie lauern ihnen beim Holzholen und Schneeschaufeln auf, schleichen stundenlang ums Haus, klettern brüllend aufs Dach und machen sich am Schornstein zu schaffen, ja sie versuchen sogar, die Türe aufzubrechen. Mit Flinten, Hellebarden und brennenden Scheiten setzen sich die Holländer zur Wehr.

An diesem 6. Januar aber gibt es einen Lichtblick. Keinen wirklichen – es bleibt so finster wie immer. Aber im Haus wird der Dreikönigstag gefeiert. Aus zwei Pfund Mehl und etwas Öl backen die Schiffbrüchigen Pfannkuchen, trinken dazu Glühwein, tanzen und singen und losen, wer König von Nowaja Semlja sein darf. Einen Abend lang bilden sie sich ein, „bei unseren Lieben in patria zu sein“.*

—

Algier, Nordafrika, 22. August 1616.

Die würfelförmigen Häuser, überragt von Kuppelmoscheen und Minaretten. Das Gewirr der Gassen. Das Labyrinth des Basars. Und dazwischen: Weynant de Keyser van Bollandt, seit heute Konsul der Generalstaaten beim Dey von Algier. An immer mehr Handelsplätzen lässt die Haager Regierung die Interessen der Kaufmannschaft durch Bevollmächtigte vertreten. Zuletzt schloss Cornelis Haga, Botschafter an der Hohen Pforte in Konstantinopel, einen höchst lukrativen Vertrag mit dem türkischen Sultan. Aber Algier – das ist noch etwas anderes, denn Algier ist die Hauptstadt der Barbaresken, der nordafrikanischen Seeräuber. Im Hafen sind ihre Galeeren vertäut, die mit ihren Ruderfüßen wie Wasserkäfer über die Wogen eilen. Daneben liegen die wendigen Felucken, die im ganzen Mittelmeer Jagd auf die schwerfälligen Handelsschiffe der Holländer machen. Ihre großen Lateinsegel sind der Schrecken aller christlichen Seefahrer, denn die Muselmanen haben es nicht nur auf die Fracht abgesehen, sondern auch auf die Besatzungen. Wenn das Lösegeld zu lange auf sich warten lässt, verkaufen sie die gefangenen Seeleute als Sklaven, und mancher *Janmaat* aus Middelburg oder Enkhuizen zieht ein paar Tage später mit einer Karawane zu seinem neuen Herrn im Landesinneren. Konsul de Keyser soll Sklaven freikaufen und mäßigend auf den Dey einwirken.

Was die Generalstaaten besonders empört: Von den algerischen Kaperkapitänen stammen etwa sechzig aus den Niederlanden! Viele von ihnen haben Psalmbuch und Bibel über Bord geworfen und beten nun zu Allah. Schon kurz nach seiner Ankunft trifft de Keyser den gefürchteten Soliman Reys alias der Torfbauer, der aus Hoorn stammt und einer der ranghöchsten Kommandanten der Korsarenflotte ist. Andere heißen Simon der Tänzer, Jan Janszoon aus Haarlem alias Moerat Reys oder Claes Compaen, der „allerberüchtigste Erz-Seeräuber“. Compaen ist eine solche Plage, dass sich die Generalstaaten schließlich gezwungen sehen, ihm Pardon anzubieten. Behangen mit goldenen

* Im Juni trat die Gruppe in offenen Booten die Heimreise an. Barents und zwei andere Männer starben unterwegs, die anderen wurden von einem Schiff aufgenommen und erreichten die Heimat. Nach dem niederländischen Seefahrer ist die Barentssee benannt.

Halsbändern, kehrt er nach vier wilden Jahren in sein Heimatdorf zurück und verbringt den Rest seines Lebens mit Spazierengehen, Angeln und Geldzählen.

Da hat es de Keyser weitaus schlechter getroffen – er muss in Algier um sein Leben fürchten. Als die niederländische Kriegsmarine eines der algerischen Schiffe aufbringt und daraufhin dreißig Seeräuber über Bord gehen lässt, verlangt das aufgebrachte Volk von Algier seinen Kopf, so dass er in Schutzhaft genommen werden muss. Ein anderes Mal wird er von einem Algerier als *Mof* – als Mistdeutscher – bezeichnet, was ihn so wütend macht, dass er ihm einen Stoß versetzt. Auf ein solches Vergehen eines Ungläubigen steht die Todesstrafe – schon wird der Scheiterhaufen für de Keyser zusammengetragen. Nur dem Eingreifen eines befreundeten Mullahs verdankt er, dass er schließlich mit einer Geldstrafe und 400 Stockschlägen davonkommt. „Ganz bestimmt, Hochmögende Herren“, versichert er den Generalstaaten, „es ist keine Freude, hier Konsul zu sein.“

——

Koromandelküste, Südindien, 8. Dezember 1617.

Zu beiden Seiten steht der Urwald, ein Spalier von Bäumen und Sträuchern, zusammengeflochten in einem Würgegriff aus Lianen, Schlingpflanzen und Mistelgewächsen. In der Luft liegt ein betäubender Geruch von Pflanzen und Fäulnis. Schnattern und Schreien, Zirpen und Brüllen tönt aus dem Blättergewirr. Mitten durch dieses Gestrüpp kommen 129 schwitzende Männer in zerlumpter, schmutziger Kleidung, zusammen mit Kamelen, Pferden und Ochsen, die ihre Last kaum noch tragen können. Ihr Anführer spornt sie immer wieder dazu an, nur nicht aufzugeben. Es ist ein Mann mit wilder Mähne und struppigem Bart, aber freundlichem Gesicht, überaus beliebt bei seinen Leuten, nur leider sehr dem Alkohol und den Frauen zugetan: Pieter van den Broecke, Oberkaufmann der Vereinigten Ostindischen Compagnie, ein gebürtiger Antwerpener, dessen Familie nach Hamburg und später nach Amsterdam ausgewichen ist. Er ist ein Pionier des Fernhandels, der schon zahllose Abenteuer bestanden hat. Östlich von Aden hat er die erste niederländische Faktorei in Arabien eröffnet, in Indien eine Handelsniederlassung in der Hafenstadt Surat; er hat in Sanaa mit dem Pascha von Jemen verhandelt und Kontakte zum Großmogul von Delhi geknüpft, er ist den Kongofluss hinaufgefahren und hat Java, Madagaskar und die afrikanische Goldküste besucht. Und nicht zu vergessen: In der Stadt Mokka am Roten Meer, wo „nie zuvor jemand von unserer europäischen Nation gewesen war“, kostete er von einer merkwürdigen „Sorte schwarzer Böhnchen, aus denen sie schwarzes Wasser machen, das sie warm trinken“. Als erster Holländer hat van den Broecke ein *kopje koffie* getrunken.

Im Juni 1617 sieht es dann kurz so aus, als würde ihn sein Glück verlassen. Vor der indischen Westküste erleidet er Schiffbruch. Die Mannschaft kann sich jedoch retten und die halbe Ladung bergen. Da er keine Chance sieht, auf dieser Seite des Subkontinents wieder zu einem Schiff zu gelangen, beschließt er, mit seinen 132 Männern und den wertvollsten Teilen der Fracht ganz Indien zu durchqueren, um an der Ostküste nach Masulipatnam vorzustoßen, wo er ein holländisches Schiff anzutreffen hofft. Es geht durch Wüsten und Gebirge, durch die Territorien habgieriger Fürsten, die Wegezoll fordern, und durch Gegenden, in denen es von Räubern wimmelt. Mehrmals wird der Trupp auf seiner beschwerlichen Wanderung angegriffen und muss sich dann mit Musketen, Säbeln und Spießen verteidigen. Aber es gibt auch Momente, in denen van den Broecke die Wanderung genießt: Er bewundert Hindutempel – einmal übernachten sie in einem verfallenen Dorf sogar in einer Tempelanlage – und erfreut sich an der Weite und Schönheit der Landschaft. Am 3. November 1618 erreicht van den Broecke das niederländische Kastell Gelria an der indischen Ostküste. Nur 15 seiner Leute sind in Gefechten oder an Krankheiten gestorben. Die glückliche Ankunft wird am darauf folgenden Sonntag mit einer Taufe gefeiert: Jan Jasperssen aus Emden, einer von van den Broeckes Soldaten, ist während des Gewaltmarsches durch Indien Vater eines kleinen Jasper geworden; die Mutter ist eine freigekaufte Sklavin.

Er macht Geschäfte mit Paschas und Großmoguln. Der VOC-Kaufmann Pieter van den Broecke. Gemälde von Frans Hals, um 1633.

—

19. November 1619, Straße von Sunda, zwischen Java und Sumatra.

Willem Ysbrantszoon Bontekoe* fliegt durch die Luft. Soeben hat sich der größtmögliche anzunehmende Unfall für den Kapitän eines Ostindienfahrers ereignet. Sein Schiff *Nieuw Hoorn* – eines der größten seiner Zeit – ist explodiert,

* Sprich: Bontekuh

weil durch ein Missgeschick Feuer ausgebrochen war und das Pulvermagazin erreicht hatte. „Das ist das Ende“, denkt der 32 Jahre alte Bontekoe noch. „Gleichwohl war ich im Hochfliegen bei vollem Verstand und bemerkte ein Licht in meinem Herzen, das sogar – wie mir schien – noch mit etwas Heiterkeit vermischt war.“ So zumindest wird er es in seinem 1646 publizierten Reisebericht formulieren – dem bestverkauften Buch in den Niederlanden nach der Bibel. Wie durch ein Wunder überlebt er, wenn auch verletzt. Er landet mitten zwischen den Wrackteilen im türkisblauen Ozean. Neben ihm treibt der Großmast – mit Mühe kann er da hinaufklettern. Seine Lage scheint hoffnungslos, doch er hat Glück: Kurz vor Sonnenuntergang wird er zusammen mit einem deutschen Schiffsjungen gerettet. 70 Besatzungsmitglieder, die sich vor der Explosion feige vor den Löscharbeiten gedrückt und in einem offenen Boot davongestohlen haben, erbarmen sich ihrer. Es beginnt eine Irrfahrt auf dem Meer. Bontekoe redet den Männern gut zu und versichert, dass es nicht mehr weit sein kann bis zur Küste. Aber seine Leute glauben ihm nicht: „Der Kapitän mag noch so oft sagen, dass wir aufs Land zusegeln, wir segeln möglicherweise sogar vom Land weg.“

Die Schiffbrüchigen leiden Hunger und Durst. Sie beginnen Salzwasser zu trinken, auch wenn Bontekoe warnt: „Männer, trinkt kein Salzwasser, denn es wird euren Durst nicht löschen, aber ihr werdet Durchfall davon bekommen und daran sterben.“ Manche kauen auf Büchsenkraut und Musketenkugeln, wieder andere trinken ihren Urin. Einmal fallen einige fliegende Fische ins Boot. Schließlich sagt jemand, man solle einen der Schiffsjungen töten und essen und dann darum würfeln, wer als nächster dran ist. Bontekoe ist nicht mehr in der Lage, Befehle zu erteilen – er kann nur noch bitten: „Männer, lasst uns das nicht tun“, beschwört er seine Leute. „Gott wird uns schon einen Ausweg zeigen, denn wir können nicht weit vom Land entfernt sein.“ Doch die rauen Seeleute erwidern: „Das sagt Ihr schon lange, und bisher haben wir doch kein Land gesehen.“ Sie geben ihm drei Tage Zeit. Falls dann noch immer kein Land in Sicht ist, soll der erste Junge verspeist werden. Ob es nun auf göttliche Fügung oder auf Zufall zurückzuführen ist: Bald darauf erreichen sie tatsächlich eine Insel. Auf der Suche nach Hilfe begibt sich Bontekoe allein und unbewaffnet unter die Einheimischen. Als er sie bittet, ihn in einem ihrer Boote wieder zu seinen Leuten zurückzufahren, kommt Unruhe auf. Mit zwei „grausig wie Bullenbeißer“ aussehenden Kriegern findet er sich auf einem Urwaldfluss wieder. Alles deutet darauf hin, dass sie kurzen Prozess mit ihm machen wollen. Bontekoe bittet Gott im Stillen um einen rettenden Einfall. „Und es schien, als würde mir von innen gesagt, dass ich singen sollte. Was ich tat, obschon ich in solcher inneren Bedrängnis verkehrte. Ich sang, dass es nur so durch die Bäume und Sträucher hallte, denn der Fluss war zu beiden Seiten mit hohen Bäumen bestanden. Und als sie sahen und hörten, dass ich so zu singen begann, fingen sie an zu lachen. Sie meinten wohl, dass ich mir nichts aus ihnen machte, aber in meinem Herzen sah es ganz anders aus, als sie wohl glaubten. So erfuhr ich am eigenen Leibe, dass ein Mensch sogar aus Angst und Bedrängnis noch singen kann."

Am Ende kann sich Bontekoe mit seinen Leuten tatsächlich bis zum niederländischen Stützpunkt Batavia durchschlagen. Als berühmter Mann stirbt er 1657 mit 70 Jahren im Bett.

Manhattan, Nordamerika, Sommer 1626.

Peter Minuit aus Wesel steht in der Wildnis Amerikas und verhandelt mit Indianern. Er händigt ihnen einfache Waren aus: Stoffe, Äxte, Messer, Gewehre, Kessel, Muschelperlschnüre. Einige Monate später meldet die Westindische Compagnie in Amsterdam an die Generalstaaten in Den Haag, dass die Bewohner der kleinen Kolonie Nieuw Nederland mit dem Hauptort Nieuw Amsterdam langsam Fortschritte machen: „Sie haben die Insel Manhattan von den Indianern für den Gegenwert von 60 Gulden gekauft."

60 Gulden für Manhattan. Natürlich kann niemand ahnen, welche Zukunft der Siedlung beschieden sein wird. Lange bleibt alles sehr bescheiden: Ein Wall, dahinter eine Straße, dazu ein Galgen, eine Windmühle, ein Kirchlein und holländische Giebelhäuschen, keines höher als zwei Stockwerke. Doch schon in diesen frühesten Tagen ist der bestens geschützte Naturhafen am Zusammenfluss von Hudson River, Long Island Sound und Atlantik ein ideales Einfalltor in die Neue Welt. Minuit, der Mann vom Niederrhein, Sohn südniederländischer Flüchtlinge, hat eine glückliche Hand bewiesen. Und so bleiben die Niederländer nicht lange allein: Bald siedelt in ihrer Kolonie ein buntes Völkergemisch aus Dänen, Schweden, Franzosen, Polen, Kroaten und Deutschen. 1643 werden in der Niederlassung bereits 18 Sprachen gesprochen. Daran gemessen, ist Nieuw Amsterdam schon auf dem besten Wege, New York zu werden.

Nicht kartierte Gewässer des Pazifischen Ozeans, 13. Dezember 1642.

Abel Tasman, niederländischer Seefahrer auf der Suche nach der *Terra Australis Incognita*, dem unbekannten Südland, sitzt in der Kabine seines Schiffes *Heemskerck*. Auf dem Tisch liegen Seekarten, nautische Bestecke, Federkiele, Siegellack und Schriftstücke. Tasman notiert in sein Logbuch: „Gegen Mittag sichteten wir eine große Landmasse mit starker Bodenerhebung, etwa fünfzehn

Meilen entfernt im Südosten.“ Tasman weiß nicht, dass er seine bedeutendste Entdeckung gemacht hat: Das Land, das er da vor sich sieht, wird von der Ostindischen Compagnie *Nieuw Zeeland* – Neuseeland – genannt werden, denn Australien heißt schon Neuholland. „Zur Erhöhung des Herrn und zum Nutzen der Compagnie“ entdeckt Tasman auch noch die Fidschi- und Tonga-Inseln. Mit Tinte und Feder zeichnet er die ersten Bilder der fremden Kultur: Da rudern zwei Männer ein Auslegerkanu, das vorn und hinten mit einer Maske verziert ist. Auf ihren Paddeln sind Schlangen abgebildet, sie selbst tragen Ohrringe und Kopfschmuck. Der dritte bläst ein Signal auf einer Muschel. Da steht eine Familie in Schilfröcken, die einen Fisch und eine Grasmatte zum Tausch anbietet, da segelt ein Doppelboot, auf dem gerade gekocht wird, und ein Maori-Häuptling weist seinen Kriegern die Richtung.

Andere Beobachtungen nimmt Tasman ins Schiffsjournal auf: dass die Bewohner der Tonga-Inseln Missetäter bestrafen, indem sie eine Kokosnuss auf ihrem Rücken knacken; dass sie keine Fliegen töten und sich ehrfürchtig Wasserschlangen auf den Kopf setzen. Der Compagnie wohledelgestrenger Generalgouverneur ist gleichwohl enttäuscht, denn für solche Beobachtungen kann man sich nichts kaufen. Tasman bringt weder Gold noch Gewürze von seiner Entdeckungsfahrt mit. Erst lange nach seinem Tod wird eine große Insel ihm zu Ehren Tasmanien genannt werden...

Die Arktis, Afrika, Asien, Amerika, Australien – kurz nach dem Abschütteln der spanischen Herrschaft weht die rotweißblaue Flagge plötzlich auf sämtlichen Kontinenten. Als wären sie tatsächlich fliegende Holländer, tauchen die Seefahrer der Republik auf allen Meeren zugleich auf und setzen sich überall fest. Die Südspitze Amerikas wird nach Hoorn an der Zuiderzee Kap Hoorn benannt, die Insel Mauritius erhält ihren Namen nach dem Sohn Wilhelm von Oraniens, Prinz Moritz (niederländisch *Maurits*). „Wohin Profit uns führt, an jede Küste, jedes Meer: Gewinnsucht ließ bisher noch keinen Hafen unberührt“, dichtet Joost van den Vondel.

Stichwort: Der Fliegende Holländer

Die Sage vom Fliegenden Holländer, die Richard Wagner für seine Oper nutzte, entstand im 17. Jahrhundert. Damals, so heißt es, lag ein Schiff der Ostindischen Compagnie im Hafen von Kapstadt vor Anker. Obwohl es Ostern war und stürmte, stach der Kapitän in See, um die Reise nach Batavia fortzusetzen – eine Gotteslästerung. Es gelang ihm nicht, das Kap der Guten Hoffnung zu umrunden, doch er schwor, lieber ewig auf See zu kreuzen als aufzugeben. Seitdem, so die Sage, ist er verflucht, bis zum Jüngsten Tag die Meere zu befahren.

Was stimmt, ist, dass die Kapitäne der Compagnie versuchten, die Fahrt nach Ostindien möglichst schnell hinter sich zu bringen, denn auch für sie galt: Zeit ist Geld. Der friesische Kapitän Bernard Focke soll die Reise, die normalerweise sieben bis zwölf Monate dauerte, in nur fünf Monaten zurückgelegt haben. Angeblich wurde er danach von seinen Neidern beschuldigt, mit dem Teufel im Bunde zu sein. Noch bis ins 20. Jahrhundert haben Seeleute beteuert, dem Fliegenden Holländer begegnet zu sein, was stets als böses Omen gewertet wurde. Sie erzählten von einem schwarzen Schiff mit blutroten Segeln, das rasend schnell über die Wellen glitt. Manchmal soll der Holländer ein Beiboot geschickt haben, dessen Besatzung Briefe an die Daheimgebliebenen übergab. Aber jedes Mal stellte sich dann heraus, dass die Adressaten schon lange tot oder unbekannt waren.

Herren der Ozeane.
Expansion in Übersee

Die Niederländer können mehr als die meisten anderen Nationen beanspruchen, die Globalisierung erfunden zu haben – samt aller Auswüchse, die dazugehören. Und das kam so: Für die Wirtschaft der niederländischen Seeprovinzen Holland und Zeeland hatten der Aufstand und die Gründung der Republik weitreichende Folgen. Bereits seit Ende des 15. Jahrhunderts trieben die Holländer einen blühenden Handel mit dem Baltikum, der Kornkammer Europas. Sie transportierten baltisches Getreide und skandinavisches Holz in ihre Hafenstädte und von dort weiter nach England, Frankreich oder Spanien. Dort nahmen sie Güter wie Wein und Salz an Bord und verschifften diese zusammen mit holländischem Hering wiederum in die Länder des Baltikums. Ihre Position verstärkte sich noch, nachdem ein Schiffsbauer in Hoorn 1595 eine neue Art von Frachtschiff entwickelt hatte, die Fleute. Dieser „Lastesel des Meeres" kam dank seiner einfachen Segelkonstruktion mit einer kleinen Besatzung aus und war dadurch billiger. Auch die Baukosten waren niedrig. Der größte Trick aber bestand darin, dass das Oberdeck nur sehr schmal war, da die Dänen den Sundzoll für die Durchfahrt durch den gut bewachten Öresund zwischen Dänemark und Schweden nach der Größe des Decks berechneten. Unterhalb des Decks wurde die Fleute jedoch wieder wesentlich breiter, so dass der Laderaum trotz des kleinen Decks eine große Menge Fracht fassen konnte. Noch Jahrzehnte später schwor der englische Botschafter in Den Haag, Sir George Downing, nach dem die Downing Street benannt ist: „Wenn Britannien einmal eine so billige Schifffahrt hervorbringt wie dieses Land, dann gute Nacht, Amsterdam.“

Nicht beteiligt waren Holländer und Zeeländer dagegen bis Ende des 16. Jahrhunderts an dem besonders einträglichen Handel mit Luxusgütern wie Gewürzen, Zucker, Stoffen, Pelzen und Schmuck. Um in diesen Markt einzubrechen, fehlte es ihnen an Kapital und Kontakten. Das änderte sich, als die Spanier 1585 die internationale Handelsmetropole Antwerpen eroberten und damit einen der größten Flüchtlingsströme der frühen Neuzeit auslösten. Mindestens 100 000, möglicherweise sogar 150 000 Südniederländer – vor allem Calvinisten – emigrierten, meist nach Holland und Zeeland. So konnten Amsterdam, Leiden, Haarlem, Middelburg und Enkhuizen ihre Einwohnerzahl bis zum Jahr 1600 nahezu verdoppeln. Die größte Stadt, Amsterdam, zählte um 1600 schon 60 000 Einwohner und überschritt zwanzig Jahre später die Marke von 100 000. Nun bewahrheitete sich, was Wilhelm von Oranien der Stadt 1580 vorausgesagt hatte: dass sie „erblühen und alle anderen Städte übertreffen“ werde. Antwerpen dagegen verlor in derselben Zeitspanne zwei Drittel seiner Einwohner, vor allem weil die niederländische Republik die Westerschelde blockierte, Antwerpens Zugang zur See. Schon bald waren Antwerpens Straßen so leer, dass man den Eindruck gewinnen konnte, eine Seuche hätte alle Bewohner dahingerafft. Amsterdam dagegen war völlig überfüllt, so dass der englische Botschafter 1616 bemerkte: „Mir fiel der Unterschied zu Antwerpen auf: Hier eine Stadt ohne Menschen, dort gleichsam Menschen ohne Stadt.“ Ein anderer Besucher meinte: „Hier ist Antwerpen in Amsterdam verwandelt.“

Unter den Auswanderern waren Tausende von Webern und Färbern aus den Textilzentren von Flandern und Brabant, die sich vor allem in Leiden niederließen. Schon bald war das Leidener Tuch weithin bekannt, womit die nördlichen Niederlande nun selbst Hersteller eines gefragten Luxusguts waren. Noch entscheidender aber war der Zuzug von Großkaufleuten, wie sie der Norden bis dahin nicht gekannt hatte. Unter ihnen waren so sagenhaft reiche Männer wie Balthasar de Moucheron, der sich 1598 gegenüber dem Rat der zeeländischen Stadt Veere verpflichtete, jedes Jahr fünfzehn bis zwanzig Schiffe auszurüsten. Die emigrierten südniederländischen Patrizier knüpften ihre Handelsverbindungen zum Mittelmeerraum von Holland und Zeeland aus neu.

Dazu kam eine Regierung, der nichts wichtiger war als die Förderung von *scheepvaart ende commercie* (Schifffahrt und Kommerz). So wurde 1609 die Amsterdamer *wisselbank* (Wechselbank) gegründet, die erste große öffentliche Bank außerhalb Italiens; erst 85 Jahre später sollte die Bank von England folgen. Der niederländische Staat selbst garantierte für die Sicherheit der hier angelegten Vermögen. Die Geldvorräte wurden in den Kellergewölben des Amsterdamer

Rathauses aufbewahrt. Weitere Kennzeichen waren unbedingte Wahrung des Bankgeheimnisses, prompte Auszahlung, niedrige Kosten für die Kontoführung und eine tägliche Öffnungszeit von mindestens sechs Stunden. Die Höhe der Gesamteinlagen war geheim, aber es galt als sicher, dass an keinem anderen Ort der Welt so viel Kapital konzentriert war wie in der Bank von Amsterdam. Das große Vertrauen, das die Bank genoss, hatte einen massiven Anstieg des bargeldlosen Zahlungsverkehrs zur Folge: Rechnungen wurden zunehmend nicht mehr mit Bargeld, sondern mittels auf der Bank gezogener Wechsel beglichen. Ein weiterer Vorteil der Niederländer im internationalen Wettbewerb bestand darin, dass sie zu unschlagbar günstigen Bedingungen Geld leihen konnten, nämlich zu Zinsraten von teilweise nur 3 oder 4 Prozent, während ein Kredit in England doppelt so teuer und in Frankreich und Deutschland noch kostspieliger war. 1611 eröffnete im Zentrum von Amsterdam die neue Börse, ein Werk des Stadtbaumeisters Hendrick de Keyser, das von einem schlanken Glockenturm überragt wurde. Dort handelten täglich zwischen zwölf und zwei Uhr mittags Hunderte von Börsenmaklern mit Waren, die auf Schiffen um die ganze Welt segelten.

In einer Zeitspanne von zehn, fünfzehn Jahren entwickelte sich Amsterdam zum Stapelplatz des europäischen Handels, zum Warenhaus der Welt, in dem alle möglichen Güter vorübergehend gelagert und dann weiterverkauft wurden. „Die Holländer", schrieb noch hundert Jahre später der Robinson-Crusoe-Autor Daniel Defoe, „muss man als das verstehen, was sie sind – die Mittelsmänner, Kommissionäre und Makler Europas. Sie kaufen, um zu verkaufen, bringen Ware ein, um sie wieder loszuwerden, und der größte Teil ihrer Handelsmacht besteht darin, dass sie mit Waren aus aller Welt beliefert werden, die sie ihrerseits wieder in alle Welt liefern." Sie machten einfach aus allem Geld – sogar aus Urin, den sie an Gerbereien verkauften. Als Taufgeschenk hängte man Neugeborenen als Segenswunsch eine Münze um den Hals.

Sehr schnell bemerkten die Spanier, dass der spektakuläre Aufstieg der niederländischen Handelsplätze mit ihrem Zugriff auf Kolonialwaren und die Erzeugnisse des Mittelmeerraums zusammenhing. Deshalb verfügte der neue König Philipp III. 1598 eine Sperrung sämtlicher spanischer und portugiesischer Häfen für Schiffe, Kaufleute und Güter aus der niederländischen Republik. Dieses Embargo bestärkte die niederländischen Großkaufleute jedoch nur darin, selbst Handelsbeziehungen mit Amerika und Asien aufzunehmen. Am gewinnbringendsten erschien ihnen dabei zunächst der portugiesische Gewürzhandel mit Südostasien, damals *Ostindien*. Pfeffer, Zimt, Muskat und Gewürznelke waren in Europa überaus gefragt, weil sie den Speisen Geschmack gaben und sie haltbarer machten. Die Portugiesen besaßen weder genügend Kapital noch ausreichende Bevölkerungsreserven, um Europas Nachfrage nach Gewürzen auch nur annähernd befriedigen zu können. Bereits 1595 entsandte ein Konsortium von Amsterdamer Großkaufleuten deshalb eine Flotte von vier Schiffen in das Land, wo der Pfeffer wächst. Die zweite holländische Ostindien-Flotte brachte zwei Jahre später so große Schätze nach Amsterdam, dass die Investoren einen Gewinn von 100 Prozent erzielten. „Solange Holland Holland gewesen ist, sind so reich beladene Schiffe nicht angekommen", schwärmte ein Bericht. 1601 bestanden in Holland und Zeeland vier ostindische Handelsgesellschaften, die insgesamt fünfzehn Flotten mit 65 Schiffen ausgerüstet und den Asienhandel der portugiesischen Krone damit schon weit übertroffen hatten.

Doch trugen die Gesellschaften untereinander einen mörderischen Konkurrenzkampf aus: Jede versuchte, die andere zu unterbieten, so dass die Gewürzpreise immer weiter sanken. Schließlich griff die Regierung in Den Haag ein. Sie überzeugte die Gesellschaftergruppen davon, dass sie nur die Wahl hatten zwischen Zusammenarbeit und Ruin. Die Vereinigte Ostindische Compagnie (VOC), die 1602 als Ergebnis dieser Verhandlungen entstand, war jedoch mehr als nur der Zusammenschluss der vier bestehenden Gesellschaften. Ihr Kapital wurde nicht nur von der kleinen Kaufmannselite zusammengebracht, die bis dahin am Asienhandel beteiligt gewesen war, sondern auch von zahlreichen kleineren Anteilseignern. Allein in Amsterdam investierten 1143 Bürger in das neue Unternehmen. Der Handelsfürst Isaac le Maire zeichnete 85 000 Gulden, die Dienstbotin Tryntgen Pieters 60, und der Bürgermeister Reinier Pauw machte alle seine Hausangestellten zu Teilhabern á 100 Gulden. Insgesamt ergaben die Einlagen 6,4 Millionen Gulden – eine Summe, die nach heutigen Maßstäben in die Hunderte Millionen geht. Anders als bei den Vorgängergesellschaften war dieses Kapital nicht nur für eine Fahrt, sondern auf Dauer angelegt. Die VOC gilt deshalb als die erste moderne Aktiengesellschaft. Entsprechend wird die früheste bekannte Aktie der VOC aus dem Jahre 1606 als das älteste Wertpapier der Welt betrachtet; es hängt heute in der Amsterdamer Börse.

Der Kurs der als *Actien* bezeichneten Anteile war fortan so etwas wie die Fieberkurve der niederländischen Wirtschaft. Der steinreiche Isaac le Maire, zunächst Direktor der Compagnie, dann der Unterschlagung bezichtigt und ausgeschlossen, fortan auf Rache sinnend, gründete 1609 sogar schon ein gut organisiertes Baisse-Konsortium. Er verpflichtete sich zum Kauf großer Mengen von VOC-Aktien zu einem bestimmten Zeitpunkt und versuchte, den Kurs bis dahin drastisch zu drücken, um die Anteile möglichst billig erwerben zu können. Zunächst hatte er damit Erfolg, doch dann verboten die Generalstaaten auf Betreiben der VOC einen solchen Termin- oder Blancohandel. Le Maire erlitt so große Verluste, dass er sich auf seinem Grabstein in der Kirche von Egmond brüsten konnte: „Hier liegt begraben Isaac le Maire, Kaufmann, der beim Handel mit fast allen Teilen der Welt von Gott dem Herrn so reichlich gesegnet wurde, dass er in einer Zeit von 30 Jahren über 1 500 000 Gulden verlor."

Die VOC war in sechs Kammern eingeteilt mit Sitz in Amsterdam, Middelburg, Enkhuizen, Delft, Hoorn und Rotterdam. Jede Kammer wurde von einem eigenen Direktorium geleitet. An der Spitze des Gesamtunternehmens standen die *Heren Zeventien,* die Abgeordneten der Kammer-Direktorien, die dreimal im Jahr für einige Wochen in Amsterdam oder Middelburg zusammentraten. Diese siebzehn Herren lenkten nicht nur das größte Wirtschaftsunternehmen ihrer Zeit, sondern regierten bald auch über ein weit verzweigtes Reich von Handelsniederlassungen im ganzen südostasiatischen Raum. Auf dem Höhepunkt ihrer Macht verschiffte die Compagnie javanischen Pfeffer und chinesisches Porzellan, Elefanten aus Ceylon und Baumwolle von der Koromandelküste. Sie führte Krieg und schloss Frieden, bezahlte 25 000 Beschäftigte und hielt 140 Schiffe unter Segeln.

Hatte Balthasar de Moucheron, der Gründer einer der Vorgängergesellschaften, seine Admiräle noch angewiesen, beim Handel in Ostindien „weder Druck noch Gewalt zu gebrauchen", so verfolgten die *Heren Zeventien* eine sehr aggressive Geschäftspolitik. Ihr ausführendes Organ war der Indienrat, dem alle Compagnie-Diener in Asien unterstellt waren. Der Vorsitzende des Rates führte den Titel des Generalgouverneurs. Jan Pieterszoon Coen (1587–1629), der dieses Amt von 1619 bis 1623 und von 1627 bis 1629 innehatte, wurde zum *empire builder* der VOC.

Streng calvinistisch, von brennendem Ehrgeiz erfüllt und ohne jeden Skrupel bei der Ausführung dessen, was er für richtig hielt, legte dieser Kaufmann die Grundlage für das spätere niederländische Kolonialreich. Ein Porträt im Westfriesischen Museum seiner Heimatstadt Hoorn zeigt ihn als hageren Machtmenschen mit hohlen Wangen und schmalem Mund; die kleinen, tief liegenden Augen sind abschätzig auf den Betrachter gerichtet. Coen vertrat die Ansicht, dass „in Indien etwas Großes vollbracht werden" könne, jedoch nur „mit den Waffen und Zwang". 1619 brannte er die Stadt Jakatra auf Java nieder und baute auf ihren Trümmern Batavia auf, nach dem lateinischen Namen für die Niederlande, der sich wiederum von dem westgermanischen Stamm der Bataver im Gebiet der Rheinmündung ableitete. Batavia wurde zum Handelszentrum der Compagnie und zum größten europäischen Stützpunkt in Asien: eine holländische Stadt in den Tropen mit von Palmen gesäumten Kanälen, in denen hin und wieder ein Krokodil auftauchte.

Nach und nach brachten die Niederländer sämtliche Gewürzinseln in ihre Gewalt – Ternate und Tidore, Halmahera und Ambon, Ceram und Banda. Kennzeichnend für ihr Vorgehen war äußerste Brutalität. 1621 führte Coen eine Strafexpedition auf den Banda-Inseln aus, einer Inselgruppe, auf der viele Gewürznelken- und Muskatbäume wuchsen. Nachdem seine Truppen die Hauptfeste erstürmt hatten, flohen die Bandanesen landeinwärts in die Berge. Dort verhungerten oder erfroren die meisten. Von den insgesamt etwa 15 000 Bewohnern überlebten nur ungefähr 1000. Die verlassenen Dörfer und Tempel gingen in Flammen auf, mit Zurückgebliebenen machte Coen kurzen Prozess. 46 Orang Kayas, Angehörige der örtlichen Kaufmannselite, die Banda bis dahin beherrscht hatte, wurden gefoltert, weil eines ihrer Kinder erzählte, dass sie Coen ermorden wollten. Zwei von ihnen starben auf der Folterbank, die anderen wurden von Coen zum Tode verurteilt. Ein Augenzeuge berichtete: „Sie starben in aller Stille, ohne irgendeine Gebärde zu machen, allein war da einer, der in unserer holländischen Sprache fragte: ‚Mijn Heren, gibt es denn keine Gnade?' Aber es half nichts."

Die Bewohner der Gewürzinseln mussten sich verpflichten, künftig nur noch an die VOC zu liefern. Wenn sie sich weigerten, drohten ihnen Krieg und Versklavung. Um das Gewürzmonopol zu verteidigen, entvölkerte die Compagnie ganze Landstriche und ließ Tausende umsiedeln. Auf den einen Inseln mussten die Bewohner bestimmte Gewächse anpflanzen, auf anderen mussten sie diese gerade mit Stumpf und Stiel ausgraben, um Schmuggel vorzubeugen und das Angebot künstlich niedrig zu halten. Regelmäßig fuhren Bedienstete der Compagnie die Inseln ab, um nachgewachsene Bäume zu vernichten. Volkert Iversen aus Husum schrieb darüber: „So mussten wir die Nelkenbäume abschälen, damit sie verdorren sollten, und die kleinen Bäume mussten wir mit der Wurzel ausziehen. Innerhalb eines Monats rotteten wir wohl fünfzehn- oder sechzehntausend Bäume aus. Ebenso verfahren sie mit den Muskatnüssen und -blüten, die sie oft haufenweise verbrennen. Zunächst tat ich mich schwer damit, diese Gaben, die uns von Gott so reichlich zugedacht sind, zu vernichten. Doch der Grund, den sie dafür angeben, ist dieser: Wenn jeder diese Waren billig bekommen könnte und ausführen dürfte, so würden sie wegen der Menge niedrig im Preis stehen und würde der aus ihnen gezogene Gewinn sehr gering sein. Während die Knappheit den hohen Preis der Güter erhält." Es dauerte nicht lange, bis die Niederländer auch die erste Tierart ausgerottet hatten: Der Dodo, ein großer Laufvogel auf der Insel Mauritius, überlebte die Ankunft der hungrigen Seefahrer auf ihren rattenverseuchten Schiffen nur um wenige Jahrzehnte.

Die Portugiesen konnten in Südostasien nur ihre befestigten Stützpunkte an der indischen Westküste halten, ihre Handelsmacht ging im Kanonenfeuer der über hundert VOC-Schiffe unter. Als sich China weigerte, die VOC als Handelspartner zu akzeptieren, verfiel Coen in einem Anflug von Größenwahn sogar auf den Gedanken, das Geschäft auch dort mit vorgehaltener Waffe zu beleben. Sechs Kriegsschiffe sollten China das Fürchten lehren. In einer chinesischen Enzyklopädie dieser Zeit steht: „Die Holländer, rothaarige Barbaren, sind groß, sehr stark und haben wilde Manieren. Sie sind habgierig und listig, wissen alles über den Handel mit kostbaren Gütern und sind sehr schlau, wenn es darum geht, Gewinn zu machen. Für Gewinn geben sie ihr Leben, und kein Land ist ihnen zu weit. Sie haben große Schiffe mit enormen Kanonen, die auf See sehr nützlich sind. Wenn man den Holländern auf See begegnet, wird man ganz sicher von ihnen beraubt."

In Japan waren die Niederländer von 1641 bis zur Mitte des 19. Jahrhunderts die einzigen Europäer, zu denen das streng abgeriegelte Reich noch Kontakt unterhielt. Ihr Kontor befand sich auf der kleinen künstlichen Insel Deshima im Hafen von Nagasaki. Um sich bei der Shogun-Regierung einzuschmeicheln, hatte sich die VOC 1637 sogar bereit erklärt, japanische Christen zu beschießen, die gegen ein Verbot ihres Glaubens in Aufstand gekommen waren. Für Geld, so Prinz Moritz von Oranien einmal, würde der holländische Kaufmann dem Teufel dienen.

Nach und nach gelang es der VOC auch, den Großteil des innerasiatischen Handels an sich zu bringen. Jedes Jahr schüttete sie Dividenden von bis zu 60 Prozent aus; die holländischen Pfeffersäcke wurden zum Synonym für bürgerlichen Reichtum. Die allerreichsten Holländer tranken Wein aus Straußeneipokalen, zerlegten ihren Braten mit javanischen Krissen und prunkten mit Knöpfen aus siamesischen Edelsteinen. In dem kleinen Ort Hindeloopen an der Zuiderzee gehörte Chintz von der Malabarküste zur Tracht der Kapitänsfrauen. Allerdings waren nicht alle Importe überall willkommen. Eine Flugschrift kritisierte 1645, dass die Compagnie Stoffe aus China einführe und damit den Leidener Tuchmachern „das Brot aus dem Mund" nehme. Die chinesische Importware könne viel preiswerter angeboten werden als die einheimischen Erzeugnisse, „da Seide und Arbeitslohn in China so billig sind. Somit wird die Bevölkerung dieser entlegenen Länder, die uns wild und fremd erscheint, unserer Bevölkerung vorgezogen." Schon früh hat Holland die billige Konkurrenz aus Fernost fürchten gelernt.

Verkaufte Seelen. Leben und Sterben für die Compagnie

Die enormen Profite der VOC waren nur möglich, weil sie aus einem Heer von billigen Arbeitskräften schöpfen konnte. Noch Heinrich von Kleist ließ seine Eve im „Zerbrochenen Krug" sagen: „Geht nach Ostindien; und von dort, ihr wisst, kehrt von drei Männern einer nur zurück!" Das war in der Tat ungefähr richtig: Nur jeder Dritte, der die Niederlande auf einem VOC-Schiff verließ, kehrte heim, alle anderen starben. „Wer Vater und Mutter thod geschlagen, ist noch zu gut, nach Ostindien zu gehen", lautete in jenen Tagen eine deutsche Redensart.

Die Werber, die die Totenschiffe der VOC mit Nachschub versorgten, bekamen den passenden Namen *zielverkoopers* – Seelenverkäufer. Sie waren so berüchtigt, dass sich 1791 sogar Prinzessin Luise von Mecklenburg-Strelitz, die spätere Königin von Preußen, während eines Amsterdam-Besuchs vor ihnen fürchtete. Sie schrieb in ihr Tagebuch: „Welch schreckliche Angst hatte ich wegen der Seelenverkoper, das sind Leute, die sich Frauen und Männer greifen, mit Gewalt oder List, sie verkaufen und sie nach Indien bringen lassen.“ 1786 kaufte die VOC kurzerhand ein ganzes Württembergisches Infanterieregiment auf. Unversehens fanden sich 2000 deutsche Soldaten auf einer Reise zum anderen Ende der Welt wieder. Christoph Mathias Fernberger von Egenberg aus dem österreichischen Ritterstand umrundete sogar unfreiwillig die ganze Welt: Er bestieg 1621 in Amsterdam ein Schiff, von dem er glaubte, dass es Venedig ansteuern würde; von dort wollte er nach Wien zurückkehren. Erst an Bord wurde ihm klar, dass das Schiff unterwegs war nach Afrika. Vor den Kapverden erlitt er Schiffbruch, konnte sich aber retten und wurde zwölf Tage später von einer vorbeikommenden VOC-Flotte mitgenommen. „Hier fahrest du nach Venedig nit recht“, lachte ihn der Admiral aus. Die Schiffe segelten zunächst nach Amerika, um dort spanische Siedlungen anzugreifen, und dann über den Pazifik weiter nach Batavia. 1628, sieben Jahre nach seiner vermeintlichen Abfahrt nach Venedig, kam er wieder in Amsterdam an und gelangte über Hamburg endlich nach Wien.

Fernberger muss eine eiserne Konstitution besessen haben, denn die Lebensverhältnisse auf den VOC-Schiffen waren katastrophal. Die Zwischendecks, auf denen die Mannschaften hausten, ließen sich nur in gebückter Haltung betreten, der Dichter Joost van den Vondel bezeichnete sie als „Vorhof zur Hölle“. Spärliches Licht drang durch Luken und Geschützpforten, die bei starkem Seegang zudem ganz geschlossen werden mussten. Dann wurde der Sauerstoff so knapp, dass nicht einmal eine Kerze brannte. Die Kanonen lagen auf rollenden Lafetten und waren an dicken Seilen vertäut, damit sie durch den beim Abfeuern entstehenden Druck nicht an die gegenüberliegende Wand geschleudert wurden. Direkt über den Kanonen schliefen die Männer in ihren Hängematten. Still war es nie, immer hörte man Schritte auf Deck, Stimmen und Befehle. Es roch muffig nach Rattendreck und fauligem Holz und stechend nach Urin. Bei schwerer See rollten die Schiffe so stark in der Dünung, gingen so heftig auf und nieder, dass die untersten Geschützpforten ins Wasser tauchten. Die Spieren zerrten an den Blöcken, das Gebälk knarrte und ächzte, viele murmelten Gebete.

Die Soldaten durften nur zwei Mal am Tag für jeweils eine halbe Stunde nach oben an die frische Luft und zu den Latrinen. Für die 250 einfachen Seeleute und Soldaten an Bord eines Ostindienfahrers gab es nicht mehr als zwei

Aborte – und die lagen unter freiem Himmel über dem offenen Meer! Ganz vorn, wo der Bugspriet wie eine lange Nase vorauszeigte, musste man sich auf einen Rost hocken, eine waghalsige Angelegenheit. Zur Reinigung konnte man das ausgefranste Ende eines Taus aus dem Wasser ziehen, *ein* Tau für alle wohlgemerkt.

Die Kranken unter Deck verrichteten ihre Notdurft in irgendwelchen Ecken und erbrachen sich auf den Boden. Zwar mussten die Decks jeden zweiten Tag gereinigt werden, doch das Meerwasser, das dazu eimerweise über die Planken gegossen wurde, lief nur zum Teil durch das Abflusssystem an den Innenwänden des Schiffes in eine Furche im Rumpfboden und von dort zu den Pumpen. Der Rest des Schmutzwassers sickerte durch Spalten und Ritzen in den Laderaum, wo die Lebensmittel aufbewahrt wurden und sich die Ratten tummelten. So lebte die Besatzung im Grunde in einer einzigen Jauchegrube. Entsprechend schnell griffen Krankheiten um sich. Läuse, Wanzen und Küchenschaben waren allgegenwärtig.

Um die Männer unter diesen Bedingungen überhaupt kontrollieren zu können, herrschte ein eisernes Regiment. Wer zwei Mal auf der Wache einschlief, musste sich von der ganzen Besatzung auspeitschen lassen. Wer ein Messer zog, wurde selbst mit einem Messer an den Mast genagelt und musste dort so lange stehen, bis er seine Hand durch heftiges Hin- und Herrütteln über das breite Heft des Messers abgezogen oder sie mit einem Ruck zur Seite mittendurch geschnitten hatte. Wer jemanden verletzte, wurde gekielholt. An einem langen Tau zog man ihn unter dem Rumpf des Schiffes von einer Seite zur anderen, wobei so viele Schädel zertrümmert wurden, dass die VOC schließlich einen Schutzanzug aus Blei und Leder erfand, den jeder Kapitän für solche Fälle dabei haben musste. Die härteste Strafe stand auf Totschlag, Meuterei und „Sodomie“, homosexuelle Handlungen, die auf den Männerschiffen weit verbreitet waren. Dann hieß es *voeten spoelen*, Füße waschen – bei lebendigem Leibe über Bord. Gegen so manchen VOC-Kapitän muss der berüchtigte Kapitän Bligh von der *Bounty* ein Menschenfreund gewesen sein. Witte de With etwa, der es später kurzzeitig zum Oberkommandierenden der niederländischen Kriegsflotte brachte, war so verhasst, dass sich ein Teil seiner Besatzung lieber auf eine einsame Insel absetzte als sich von ihm weiter tyrannisieren zu lassen.

Die Fahrt nach Batavia dauerte im Durchschnitt acht Monate. Meist brach früher oder später Skorbut aus: Die Kranken hatten schmerzhaft angeschwollene Beine, schwarz verfärbtes Zahnfleisch und übel riechenden Atem, sie fieberten, husteten und rangen nach Luft. Bald war ihr Mund so vom Wundbrand zerfressen, dass ihnen alle Zähne ausfielen. Dass die Ursache dafür ein Mangel an Vitamin C war, konnten die Seefahrer des 17. Jahrhunderts nicht ahnen. Frisch an der Schiffs-

Im Zeichen der Compagnie. Rückseite des originalgetreu nachgebauten Ostindienfahrers *Batavia* von 1628 mit dem Wappen von Amsterdam (oben) und dem Firmenzeichen der VOC (unten, weiß auf schwarzem Grund).

kost war höchstens das Ungeziefer darin. Es empfahl sich, den steinharten Zwieback vor dem Verzehr gegen die Bordwand zu klopfen, damit ein Teil der darin nistenden Insekten herausfiel. Die Situation besserte sich etwas, nachdem die VOC 1652 am Kap der Guten Hoffnung eine Proviantstation eingerichtet hatte: Aus dieser „Taverne zweier Ozeane", wie sie genannt wurde, ging der südafrikanische Burenstaat hervor.

Während bei Skorbut immerhin Aussicht auf Heilung bestand, wusste man gegen die meisten anderen Krankheiten kein Mittel. Die Schiffsärzte konnten nur zusehen, wie ihre Patienten dahingerafft wurden. Ebenso selten vermochten sie jenen zu helfen, die an „Melancholey" litten. Von einem Koch heißt es in einem Reisejournal, er habe solche Sehnsucht nach seiner Frau gehabt, dass er schließlich glaubte, sie rufen zu hören, und über Bord sprang, um zu ihr zu schwimmen. Schreckliche Unfälle trübten die Stimmung. Ein gewisser Cornelis Claeszoon erzählt in seiner „Ostindischen Reisebeschreibung", wie ein Mann im Regenfass ertrank und ein anderer ins Meer stürzte, als er „auf dem Anker saß und seine Notdurft verrichtete". Der Deutsche Christoph Schweitzer schrieb auf, dass sie einmal einen Hai fingen und in dessen Bauch „den halb verdauten Körper" eines Tage zuvor gestorbenen Offiziers entdeckten, der nach Seemannssitte über Bord geworfen worden war. Schweitzer selbst wurde so krank, dass ihn seine Kameraden ebenfalls für tot hielten und ins Wasser befördern wollten. Nur weil der Segelmacher ihn beim Einnähen in den Leichensack gar zu unsanft behandelte, blinzelte er schließlich doch noch mit den Augen. Von den im Wasser treibenden Leichen hieß es, sie würden sich immer wieder so zurückdrehen, dass der Kopf nach Osten zeigte. Manchmal wurde sogar die ganze Besatzung eines Schiffes dahingerafft, so dass es fortan als Geisterschiff über die Meere trieb; auch so könnte die Sage vom Fliegenden Holländer entstanden sein.

Nach dem Vorbild der VOC, also wieder mit Privatkapital, wurde 1621 die Westindische Compagnie (WIC) gegründet. In den 1630er-Jahren eroberte sie einen großen Teil der portugiesischen Stützpunkte an der Küste Brasiliens. Der Konflikt zwischen den Generalstaaten und dem König von Spanien hatte sich nun vollends zum Weltkrieg ausgeweitet – Weltkrieg in dem Sinne, dass er rund um den Globus geführt wurde, von der Nordsee bis zur Karibik, vom Mittelmeer bis zum Indischen Ozean. In Brasilien lockte das weiße Gold – Zucker. Allein in Amsterdam waren fünfzig Zuckerraffinerien in Betrieb. Die Niederländer des 17. Jahrhunderts waren verrückt nach Süßigkeiten wie Waffeln, Pfannkuchen und *poffertjes* – und das hatte Folgen. Der amerikanische Zahnarzt Harvey Peck hat entdeckt, dass zum Beispiel Rembrandt ein „dentaler Krüppel" war. Auf den zahlreichen Selbstbildnissen des Meisters lässt sich zum Teil deutlich sein lückenhaftes, braungelb verfärbtes Gebiss erkennen. Viele andere Porträts des Goldenen Zeitalters bieten einen ähnlich traurigen Anblick, ganz im Gegensatz zu solchen, die hundert Jahre früher entstanden. Pecks Schlussfolgerung: „Die Holländer des 17. Jahrhunderts waren vielleicht die ersten, die für ihren Wohlstand mit den Zähnen bezahlen mussten." Wer genug Geld hatte, ließ sich künstliche Zähne aus den Stoßzähnen von Nilpferden einsetzen.

Die Arbeit in den brasilianischen Zuckermühlen wurde von Zeitgenossen als „Hölle auf Erden" beschrieben. Nach dem Vorbild der Portugiesen schaffte die WIC dafür afrikanische Sklaven heran. Als 1596 erstmals ein portugiesisches Sklavenschiff als Kriegsbeute in den Hafen von Middelburg gebracht worden war, hatten die Stadtväter noch befohlen, den Schwarzen unverzüglich „ihre natürliche Freiheit" wiederzugeben. Der Amsterdamer Schauspielautor Bredero veröffentlichte 1615 ein populäres Stück namens *Moortje* (Mohrchen), in dem er den Sklavenhandel im spanisch-portugiesischen Kolonialreich als „unmenschlich" und „gottlos" verurteilte. Doch solche Stimmen verstummten schnell, nachdem die Niederländer erst einmal bemerkt hatten, dass sie auch damit gutes Geld verdienen konnten. So entwickelte sich die WIC in den 1630er-Jahren zum vorübergehend größten Sklavenhändler der Welt. Allein in den zehn Jahren von 1635 bis 1645 verschleppten die Niederländer 25 000 Menschen aus Angola und von der afrikanischen Westküste nach Brasilien. Fast jeder Fünfte starb schon auf der Fahrt, ein so hoher Anteil, dass die WIC portugiesische Sklavenhändler in Dienst nahm, um ihre Leute mit den Tricks und Kniffen des Menschenhandels vertraut zu machen. Noch im 19. Jahrhundert war es ein holländischer Sklavenhändler namens Mijnheer van Koek, den Heinrich Heine sagen ließ:

> Sechshundert Neger tauschte ich ein
> Spottwohlfeil am Senegalflusse.

Das Fleisch ist hart, die Sehnen sind stramm,
Wie Eisen vom besten Gusse.

Ich habe zum Tausche Branntewein,
Glasperlen und Stahlzeug gegeben;
Gewinne daran achthundert Prozent,
Bleibt mir die Hälfte am Leben.

Insgesamt haben die Niederländer schätzungsweise 600 000 Menschen über den Atlantik verschleppt, zunächst vor allem nach Brasilien, dann nach Surinam und auf die Antillen. Zum Vergleich: Die Gesamtzahl der von den Europäern versklavten Afrikaner betrug etwa 12,5 Millionen. Aber auch die VOC zwang in Asien massenweise Menschen in die Sklaverei, um sie weiter zu verkaufen oder selbst als billige Arbeitskräfte einzusetzen. Hier dürften es nach derzeitigem Forschungsstand sogar zwischen 660 000 und 1,1 Millionen gewesen sein. Erst 1863 schafften die Niederlande die Sklaverei ab – als eines der letzten Länder der Welt.

Der Reichtum der Republik gründete jedoch nicht nur auf dem Handel. Vor allem der Hering, das „Silber der Nordsee“, trug seinen Teil zum Goldenen Zeitalter bei. Allein die Provinz Holland schickte jedes Jahr bis zu fünfhundert Heringsbüsen in See. Noch an Bord wurde der Fisch ausgenommen, eingesalzen und in Fässer verpackt. Und dann der Walfang. Auf einer kleinen Insel vor Spitzbergen erweckten die Niederländer jedes Jahr im Sommer einen Stützpunkt namens *Smeerenburg* – übersetzt etwa Blubberburg – zum Leben, eine Ansammlung von Wohnungen, Packhäusern und Trankochereien, in denen aus der dicken Fettschicht der Wale, dem Blubber, der wertvolle Tran, ein wichtiger Brennstoff für Lampen, gewonnen wurde. Wenn der Ruf „Wal, Wal, da bläst er“ ertönte, sprangen die Harpuniere in ihre Boote und setzten damit der Fontäne nach. Die Handharpune mit ihrem Widerhaken fest umklammert, knieten sie im Bug der Schaluppe und warteten auf den richtigen Augenblick. Dann schwirrte das Jagdwerkzeug durch die Luft und bohrte sich in den Körper. Nun erst kam der gefährlichste Abschnitt der Jagd: Das verwundete Tier schoss durch die Wellen – und zog jedes Boot hinter sich her, das über eine Harpunenleine mit ihm verbunden war. „Grönländer Schlittenfahrt“ nannte man das. Wenn der Wal dabei unter eine Eisscholle abtauchte, half nur noch ein blitzschnelles Leinenkappen – sonst zerschellten die Jäger an der Eiskante oder wurden mit in die Tiefe gerissen. Wenn alles gut ging, wurde der Wal irgendwann müde und konnte dann mit Lanzen abgestochen werden. Auf dem Friedhof der Watteninsel Vlieland ließen sich die Jäger unter Grabmälern aus vier Meter langen Unterkieferknochen erlegter Pottwale bestatten.

Natürlich wurden nirgendwo sonst so viele Schiffe gebaut wie in Holland; der französische Wirtschaftsminister Jean-Baptiste Colbert schätzte ihre Zahl auf 16 000, mehr als die aller anderen Länder zusammen. In Zaandam westlich von Amsterdam entstand das erste wirkliche Industriegebiet Europas mit Dutzenden von Werften und Hunderten windgetriebener Sägemühlen. Hierher kam 1697 Zar Peter, um als einfacher Zimmermann die Schiffsbaukunst zu erlernen. Ein weiteres Industriezentrum war die zweitgrößte Stadt der Niederlande, Leiden. Das anschmiegsame Leidener Tuch wurde bis nach Russland und ins Osmanische Reich geliefert. Colbert, der selbst einer Tuchhändlerfamilie entstammte, kam zu dem Schluss, dass die Textilindustrie seines Landes die Arbeitstechniken der Leidener Manufakturen kopieren müsse, um konkurrenzfähig zu werden. Haarlem wiederum war die Stadt der Bierbrauer. Frans Hals hat sie auf die Leinwand gebannt, die dicknasigen, rotwangigen, wohlstandsbäuchigen Männer vom Schlag eines Claes Duyst van Voorhout, der heute mit alkoholisiertem Blick auf die Reihen von Besuchern herabschaut, die im Metropolitan Museum of Art in New York an ihm vorbeidefilieren. Vor den Haarlemer Dünen bot sich unterdessen der unwirkliche Anblick riesiger Stoffbahnen, die nach dem Färben zum Bleichen ausgelegt waren. Auf den fetten Weiden grasten die holländischen Milchkühe, die von Paulus Potter und Albert Cuyp in einer überirdischen Beleuchtung gemalt worden sind, so wie in anderen Ländern nur die Rassepferde der Fürsten verklärt wurden.

So stieg die Republik in Windeseile zu einem Land auf, gegenüber dem sich „jede andere Gegend der Welt wirtschaftlich rückständig" ausnahm, wie Paul Kennedy in seinem Klassiker vom „Aufstieg und Fall der großen Mächte" betont. Jan de Vries und Ad van der Woude vertreten in ihrer 800-Seiten-Studie zur Wirtschaft des Goldenen Zeitalters die These, dass „die Republik der Vereinigten Provinzen für sich in Anspruch nehmen kann, als erste moderne Volkswirtschaft betrachtet zu werden". Der britische Historiker Jonathan I. Israel, der mit seiner Analyse „Dutch Primacy in World Trade" ebenfalls ein Standardwerk vorgelegt hat, kommt zu dem Schluss: „Tatsache ist, dass die Welt niemals zuvor – und vielleicht niemals danach – eine so ungeheure Konzentration wirtschaftlicher Macht an einem einzigen Ort erlebt hat." Es erstaunt deshalb nicht, dass die Zeitgenossen einhellig vom „Wunder", vom „Rätsel" oder „Geheimnis" der niederländischen Republik sprachen.

Wenn es irgendeine Stelle gab, an der diese geballte Wirtschaftskraft auf einen Blick deutlich wurde, so war dies der Hafen von Amsterdam. „Noch nie hat mich ein Anblick dergestalt überrascht", hielt ein französischer Reisender fest. „Man kann sich die überwältigende Wirkung von zweitausend in ein und demselben Hafen eingeschlossenen Fahrzeugen nicht vorstellen, wenn man sie nicht mit eigenen Augen gesehen hat." Ein französischer Reiseführer sprach gar von achttausend Schiffen, „deren Masten und Takellage eine Art dichten Wald abgeben, so dass die Strahlen der Sonne kaum noch durchzudringen vermögen". Diese riesige Flotte von Kauffahrern mache Amsterdam zur „allgemeinen Vorratskammer des Universums, zu einem Ort des Überflusses, zu einem Sammelpunkt des Reichtums und zum Augapfel des Himmels".

Tage, die Geschichte machten

8. September 1628

Piratenschatz für Holland – Piet Hein kapert die spanische Silberflotte

Da liegt sie im Mondschein, die Kaperflotte. 31 Schiffe mit mehr als viertausend Mann und fast siebenhundert Kanonen an Bord. Ausgefahren, um den Traum aller Freibeuter wahr zu machen und die spanische Silberflotte zu schnappen – die Flotte, die jedes Jahr die Schätze der Neuen Welt nach Sevilla bringt. Jeden Tag hat Admiral Piet Hein auf dem Achterdeck seines Flaggschiffs gestanden und durch sein Messingfernrohr das smaragdgrüne Wasser der Karibischen See abgesucht. Aber alles, was er entdeckte, war hin und wieder eine Palmeninsel mit weißem Sandstrand. Woche für Woche verstrich, die Hitze lag wie Blei über der Flotte. Und nun muss er umkehren. Die Wirbelsturmsaison steht bevor, der Großmast eines der Schiffe ist bereits vom Blitz getroffen worden. Morgen wird er heimwärts segeln.

Es ist mitten in der Nacht, als der Kapitän der *Witte Leeuw* vor sich im Mondlicht die Umrisse eines anderen Schiffes wahrnimmt. „He – Abstand halten! Weg da!", schreit er hinüber. Die Antwort lässt ihn erstarren: *„Qué quieres?"* – „Was willst du?", tönt es aus der Dunkelheit. Einige Bordwachen, die das hören, klatschen vor Freude in die Hände und rufen: *„'t sijn Spekken! 't sijn Spekken!"* *Spekken* ist ein holländischer Schimpfname für die Spanier. Die *Witte Leeuw* feuert einige Warnschüsse ab. Es donnert, es raucht, dann werfen sich ein paar Dutzend Matrosen in die Boote und klettern mit gezücktem Entermesser auf das fremde Schiff. Die Spanier leisten kaum Widerstand. Ihr Kapitän wird sofort zu Piet Hein gebracht. Dort befragt ihn der Kaperadmiral in fließendem Spanisch. Und nach kurzer Zeit weiß er: Die Silberflotte kommt!

Die glasige Dämmerblässe des frühen Morgens bringt vier Galeonen und zwanzig kleinere Schiffe ans Licht – den Freibeutern voraus segelt die *Flota de Nueva Espana*, die spanische Silberflotte. Flaschenzüge quietschen, Kanonen poltern, Befehle ertönen. Die Spanier setzen alles daran, Havanna zu erreichen. Dort, unter den Geschützen des befestigten Hafens, wären sie sicher. Hein muss versuchen, ihnen den Weg abzuschneiden.

Die großen Schatzgaleonen führen neun Segel und können bei günstigem Wind beachtliche Geschwindigkeiten erreichen. Jetzt aber sind sie völlig überladen. Verzweifelt werfen die Spanier alles über Bord. Ihre Verfolger segeln bald im Kielwasser von Hängematten, Stellwänden,

Körben, Kisten, Säcken und Koffern. Doch was hilft es? Am frühen Nachmittag ist klar, dass Piet Hein die Jagd gewonnen hat – seine Schiffe sind einfach schneller. Da dreht die Beute ab und hält auf die Küste zu, auf die Bucht von Matanzas. Der Name verheißt nichts Gutes: Er bedeutet so viel wie Gemetzel.

Die Fahrt des spanischen Flaggschiffs *Santa Ana Maria* endet mit Dröhnen, Grollen, Ächzen und Knirschen. Der ganze Schiffskörper bebt. Auf dem Oberdeck werden die Seeleute gegen die Reling geschleudert, unten auf den Zwischendecks fallen die Passagiere mit lautem Geschrei übereinander. Zitternd kommt die Galeone zum Stehen. Mitten in der Bucht von Matanzas hat sie eine Sandbank durchpflügt und sich festgesetzt. Rhythmisch schlagen die Wellen gegen das Heck und heben die *Santa Ana Maria* jedes Mal ein Stück an. Don Juan de Benavides y Bazan, Ritter im Orden des Heiligen Jakobs von Compostella, Admiral und Generalkapitän der Flota, kann nicht anders, als das Geschehen als Strafe Gottes zu betrachten. „Die Sandbänke existierten nur, um mich ins Verderben zu stürzen“, wird er im Oktober an seine Schwester schreiben.

Es ist Nacht geworden. Im Schein eines hellen Mondes gleiten die Seeräuberschiffe über das zart gekräuselte Wasser der Tropenbucht. Feuerspeier voller Pulver und Eisen. Man erkennt die herunterbaumelnden Flaggen. Und dann ertönt der trockene Knall einer Kanone. Das ist zu viel – Panik bricht aus. Alles drängt in die Boote, viele springen ins Wasser, einige ertrinken. Ein Bruder Alonso zum Beispiel hat sich so viele Taschen mit Geld umgebunden, dass er untergeht. Benavides gibt noch den Befehl, die Schiffe in Brand zu setzen oder in die Luft zu jagen, sobald alle Menschen von Bord sind, doch das hören nur noch wenige. Eher früher als später flüchtet er selbst. Mit Blitz und Donner geht ein gewaltiger Regenschauer nieder. Die Flüchtlinge – einige davon Hochadlige – versuchen, sich einen Weg durch die Wildnis zu bahnen, zum Teil nur im Hemd und auf nackten Füßen.

Unterdessen erreichen die Niederländer die gestrandeten Schiffe. Überall schallt ihnen der Ruf *„Amigos, amigos, buena guerra!“* entgegen. Was so viel heißt wie: „Gnade, Freunde!“ Es ist nun fast Mitternacht. Von manchen Schiffen klingt Grölen und Jubeln. Hein aber kümmert sich nicht darum. Er sitzt in einem Boot und redet ohne Unterlass auf den gefangen genommenen Kapitän Fernando Guerra ein. Ein anderer Spanier, der direkt neben ihm sitzt, prägt sich alles gut ein – und wird es später zu Protokoll geben.

HEIN: Habt Ihr nichts gewusst von uns, habt ihr keine Warnung bekommen?

GUERRA: Nein, ich habe überhaupt keine Nachricht empfangen, nichts.

HEIN: Selbst wenn Ihr einen Brief bekommen hättet, hätte da nichts drin gestanden, denn wir sind in kleinen Eskadern gesegelt.

GUERRA: Ich bedaure weniger den Verlust selbst als vielmehr die schmähliche Weise, auf die unsere Schiffe hier erobert worden sind.

HEIN: Es ist nicht an Euch, das zu bejammern, das hat der Admiral zu verantworten. Der hatte solche Angst, dass er sogar die Frauen auf dem Schiff zurückgelassen hat. Wir pflegen ja in einem solchen Fall immer erst die Frauen an Land zu setzen und dann erst die Männer, und wenn wir irgendwie die Gelegenheit dazu haben, sehen wir zu, dass wir unsere Schiffe verbrennen (anstatt sie dem Feind zu überlassen). Ich werde Eure Schiffe wohl heute Nacht nicht mehr entern, das wäre gar nicht vernünftig, die Dinge jetzt zu überstürzen. Nun, ich habe schon mal eine Beute gemacht, die war noch kostbarer als diese hier, und vor allem war sie mit mehr Ehre verbunden.

GUERRA: Mag sein, dass das eine ehrenvollere Beute war, weil darum gekämpft wurde, aber Ihr ahnt noch nicht, welchen Schatz Ihr hier erobert habt. Die Beute, die Ihr gemacht habt, ist ungefähr zehn Millionen wert.

Heins größte Sorge sind zu dieser Zeit schon nicht mehr die Spanier, sondern seine eigenen Leute. Er befürchtet, dass sie die Schiffe im Schutz der Nacht plündern werden. „Unser Volk war nicht im Zaum zu halten wegen des ganzen Zeugs, das die Spanier da an Bord hatten", notiert er. Deshalb lässt er die meisten Spanier an Land setzen und die Galeonen dann fast unbemannt in der Bucht liegen. Alle Niederländer müssen auf ihre eigenen Schiffe zurückkehren. Und dann legt er sich schlafen in seiner Kabine, „Gott dem Allmächtigen für den guten Sieg dankend".
Am nächsten Morgen lässt er sich zu den Galeonen rudern. An einer Strickleiter klettert er den steilen Schiffsrumpf empor, öffnet die Falltür zum Laderaum und steigt hinab. Hunderte von Schatzkisten türmen sich vor ihm auf. Auf einigen stehen Aufschriften wie *Por el Rey* (Für den König) oder *Por Su Majestad* (Für Seine Majestät). Hein hebt einen Deckel an: Silber. Daneben Gold, ein paar Schritte weiter Teppiche, Perlen, Zucker. Man zeigt ihm ein silbernes Schiffchen, Messgewänder und ein Rhinozeroshorn. Er bewundert ein mit Diamanten besetztes Kruzifix, eine Goldkrone, ein Kleid aus Vogelfedern, einen Koffer aus Schildpatt und eine Goldkette, die der Gouverneur der Philippinen – ein Veteran der niederländischen Kriege – dem Oberkommandanten der spanischen Armee in Flandern schicken wollte. Als die Niederländer lachend die Silbermünzen klimpern lassen, krächzt es plötzlich: *„Victoria, victoria, o que buena va!"* – Victoria, Victoria, ach, was geht's uns gut! Es ist ein sprechender Papagei.

——

Die Eroberung der Silberflotte mit ihrem Schatz im Wert von zwölf Millionen Gulden markierte den Wendepunkt in der zweiten Hälfte des Krieges gegen Spanien. Danach waren die Niederländer praktisch immer in der Offensive. Der ehemalige Heringsfischer Piet Hein (1577–1629), der schon im nächsten Jahr im Gefecht gegen Freibeuter der Gegenseite fiel, erlangte durch seinen Fang Unsterblichkeit. Er wurde in Liedern und Gedichten, Romanen und Kinderbüchern verewigt, auf Briefmarken, Ehrenmedaillen und Straßenschildern. 1997 bekam sogar der längste Autotunnel des Landes seinen Namen. Vor allem aber wurde die niederländische Nationalelf noch in den 70er-Jahren mit dem Piet-Hein-Lied angefeuert:

Habt ihr von dem großen Piet Hein schon gehört,
Dem Seehelden von Oranien?
Er hat sich um Tod nicht um Teufel geschert
Und nicht um den Zwingherrn aus Spanien.

Piet Hein, Piet Hein, sein Name, der ist klein.
Doch größer ist sein Ruhm und groß sein Heldentum,
Er hat gewonnen die silberne Flott.

Wer regiert die Republik? Innenpolitik im Goldenen Zeitalter

Dass die Niederlande eine Republik waren, sah man besonders, wenn es kalt war – eiskalt. Von der Mitte des 16. bis zur Mitte des 19. Jahrhunderts herrschte in Europa eine Kleine Eiszeit mit kurzen kühlen Sommern und sehr viel kälteren Wintern als heute. Am allerkältesten war es zu Beginn des 17. Jahrhunderts. Fast jedes Jahr froren die zahllosen Binnenseen und Kanäle der Niederlande zu, manchmal sogar das Wattenmeer und die Küstengewässer der Nordsee. Eine dicke Schneeschicht legte sich über das platte Land mit dem weiten Horizont. Die Schiffe lagen unbeweglich im Eis, von ihren Masten hingen Eiszapfen, und die Luft wurde durch die Feuchtigkeit milchig. Die erstarrte, geräuschlose Landschaft wurde aber jeden Tag von Tausenden Schlittschuhläufern belebt. Dieser Sport war so weit verbreitet, dass es in Amsterdam sogar eine eigene Schlittschuhmachergilde gab. Außerdem spielte man auf dem Eis gerne Golf, wobei der mit Kuhhaar gefüllte Lederball mit Holzschlägern möglichst weit oder aber möglichst nah an einen bestimmten Punkt geschlagen werden musste. Zwischen den Sportsleuten zogen Pferdeschlitten vorbei, und hin und wieder näherte sich mit geblähtem Segel und lautem Knirschen ein Eiskahn, ein Boot auf Kufen. In Zelten, über denen wie an heutigen Pommes-frites-Buden die rotweißblaue Flagge wehte, stärkten sich Spaziergänger mit Getränken und Imbissen, senkrecht aufgestellte Boote wurden als öffentliche Toiletten genutzt. Das ganze Treiben lässt sich noch heute auf den Winterbildern holländischer Maler wie Hendrick Avercamp, Arent Arentszoon oder Jan van Goyen verfolgen. Bei diesen Wimmelbildern fällt sofort auf, dass dort Alt und Jung, vor allem aber Reich und Arm im winterlichen Vergnügen vereint sind. Eis und Schnee scheinen die Standesgrenzen aufgehoben zu haben, abgerissene Gestalten stehen mit modisch gekleideten Herrschaften zusammen.

Der republikanische Geist der Niederländer wurde von ausländischen Besuchern immer wieder hervorgehoben. Ein Franzose berichtete: „Es ist nichts Ungewöhnliches, einen Strolch und Habenichts in einem kleinen Streit mit einem ehrbaren Bürger hervorstoßen zu hören: ‚Du bist auch nichts Besseres als ich, auch wenn du reicher bist' und ähnlich schwer erträgliche Beleidigungen." Ein Engländer spottete über die Niederländer: „Sie sollten gute Richter sein, denn sie berücksichtigen weder Person noch Gewand. Ein Bauer in einem schmierigen Kittel wird genau dasselbe Recht in Anspruch nehmen können wie der Höfling in seinem Putz." Ein Deutscher stellte verblüfft fest, dass sich Dienstmägde genauso kleideten und verhielten wie die Herrin des Hauses, so dass man einige Mühe hatte, herauszubekommen, wer wer war. „Herkunft zählt

Die Republik der Bürger. Winterliches Vergnügen auf dem Eis. Gemälde von Arent Arentszoon, Beginn des 17. Jahrhunderts.

nicht", lautete eine Redensart. Auf der Straße mischten sich die Reichen und Mächtigen jeden Tag unters Volk und waren dort auf den ersten Blick nicht zu erkennen, denn im Alltag verzichteten sie auf Kutschen, Diener oder wertvolle Kleidung. So wunderte sich der englische Botschafter Sir William Temple, dass Johan de Witt, der dominierende Staatsmann der 1650er- und 60er-Jahre, äußerlich „nicht vom einfachsten Bürger" zu unterscheiden war. Als de Witt ausnahmsweise einmal nicht in schlichtem Schwarz, sondern in einem mit Gold- und Silberstreifen verzierten Staatsgewand zu einer Inspektion auf der Kriegsflotte erschien, wurde er von einem der Admiräle ausgelacht. Der spanische Feldherr Spinola soll 1608 auf dem Weg zu Waffenstillstandsverhandlungen nach Den Haag zehn Männer gesehen haben, die aus einem Boot stiegen und sich ins Gras setzten, um Käse zu essen und Bier zu trinken. „Wer sind diese Reisenden?", fragte Spinola. Die Antwort lautete: „Das sind die Herren Staaten (von Holland), unsere Herren und Meister." Der Überlieferung zufolge kommentierte der General dies mit den Worten, ein solches Volk sei unbesiegbar.

So bewundernd urteilten allerdings lange nicht alle Beobachter über den „Krämerstaat". Die Vertreter absolutistischer Könige belächelten die schleppenden Entscheidungsprozesse, die unklaren Hierarchien und miteinander konkurrierenden Gremien. Der Regierungsapparat in Den Haag war in der Tat ähnlich verschachtelt wie sein Amtssitz, der Binnenhof-Komplex mit seinen Anbauten, Durchgängen, Türmchen und Innenhöfen. Die Republik war eben nicht das Ergebnis staatspolitischer Planung, sondern ein Zufallsprodukt des niederländischen Aufstands. So klein sie auch sein mochte, streng genommen war sie noch nicht einmal ein einziger Staat, sondern eine lockere Föderation von sieben unabhängigen Mini-Staaten, den Provinzen Holland, Zeeland, Friesland, Utrecht, Gelderland, Overijssel und Groningen. Jede dieser Provinzen besaß eine eigene Regierung in Form der Provinzialstaaten. Zur gegenseitigen Abstimmung vor allem in Fragen der Außenpolitik und Verteidigung entsandten diese Provinzialstaaten Vertreter in die Versammlung der Generalstaaten in Den Haag. Diese *Hochmögenden Herren* wurden vor allem im Ausland als die eigentliche Regierung des Landes wahrgenommen. Tatsächlich aber war ihr Handlungsspielraum begrenzt. Sie konnten offiziell nur einstimmig entscheiden – wobei in der Praxis auch deutliche Mehrheitsentscheidungen akzeptiert wurden – und waren in

Ein politisches Labyrinth. Der Binnenhof-Komplex in Den Haag, seit mehr als 400 Jahren Sitz der Regierung. Das Türmchen ganz links ist heute Amtssitz des Ministerpräsidenten.

allen Fragen weisungsgebunden. Das heißt, sie konnten nur so stimmen, wie sie es zuvor mit ihren jeweiligen Provinzialstaaten vereinbart hatten. Sobald sich eine neue Frage ergab, mussten sie wieder Rücksprache mit der Provinz halten.

Die Mitglieder der Provinzialstaaten wiederum waren überwiegend Abgesandte der Stadträte und gleichfalls verpflichtet, ausschließlich die Interessen ihrer Heimatbasis zu vertreten. Die eigentliche Macht lag also in den Stadträten, die von der örtlichen Bürgerelite beherrscht wurden. Auf diese Weise übten bei einer Bevölkerung von eineinhalb bis zwei Millionen mehrere hundert Bürger politischen Einfluss aus. Ein französischer Diplomat sprach von einer „Volksrepublik, in der mehr als zweitausend Menschen an der Regierung teilhaben", ein anderer von einem „halben Volksstaat, wo jeder vorgibt, ein großer Politiker zu sein". Der Regierungsalltag bestand aus fortwährender Abstimmung, aus ständigem Verhandeln und Abwägen unterschiedlicher Interessen. Dies war ein gravierender Unterschied zu fast allen anderen europäischen Ländern, in denen die Macht stark zentralisiert war und sich in der Hand eines Monarchen konzentrierte. Die frühe Demokratisierung der Niederlande hat darin ebenso ihren Ursprung wie das heutige Konsens- und Kompromiss-Streben, das Bedürfnis nach erschöpfender Diskussion und Einbeziehung möglichst aller Beteiligter, das auch als wesentliches Kennzeichen niederländischer Unternehmenskultur gelten kann.

Die Macht verteilte sich jedoch nicht nur auf Generalstaaten, Provinzialstaaten und Stadträte, mittendrin in diesem Kompetenzlabyrinth saß auch noch ein „staatsrechtliches Monstrum", wie es der große niederländische Historiker Johan Huizinga (1872–1945) genannt hat: Der merkwürdigste Aspekt der Republik war für ihn, „dass man dem Souverän abschwor und seinen Delegierten, den Statthalter, behielt". Die Statthalter dienten jetzt nicht mehr dem König, sondern den jeweiligen Provinzialstaaten. Jede Provinz ernannte ihren eigenen Statthalter – oder auch keinen. Dadurch dass ausschließlich Mitglieder der Familie Oranien-Nassau gewählt wurden, erhielt das Statthalteramt einen monarchischen Charakter. Was genau die Aufgabe des Statthalters war, blieb allerdings unklar. Zunächst ging es einfach darum, nach der Ermordung Prinz Wilhelms weiter vom Mythos Oranien zu profitieren. Deshalb wurde 1585 Wilhelms zweitältester Sohn Moritz (1567–1625) – der älteste war nach Spanien verschleppt worden – zum Statthalter von Holland und Zeeland und später auch von Utrecht, Gelderland und Overijssel ernannt. Der junge Moritz hatte zunächst keine politischen Ambitionen, sondern beschränkte sich zwanzig Jahre lang höchst erfolgreich auf die Führung der Armee, die in dieser Zeit zur zweitgrößten Europas (nach der Spaniens) ausgebaut wurde.

Dass das chaotische Staatsgebilde dennoch hielt, hatten die Niederländer im Wesentlichen einem einzelnen Politiker zu verdanken: Johan van Oldenbarnevelt (1547–1619). „Nach meinem Urteil neben Prinz Wilhelm der größte Staatsmann, der unser Land je geführt hat", würdigte ihn 1857 der große alte Mann der niederländischen Geschichtsschreibung, Robert Fruin, und seitdem ist dieses Urteil nie mehr angefochten worden. Das Historiker-Ehepaar Jan Romein und Annie Romein-Verschoor hat über Oldenbarnevelt gesagt, er sei „seit dem Altertum der erste Bürger gewesen, der Weltpolitik getrieben hat". „Weltpolitik" mag zu hoch gegriffen sein, aber Tatsache ist, dass Oldenbarnevelt der erste Bürger der Neuzeit war, der praktisch die Regierung eines Landes geführt hat. In der kleinen Stadt Amersfoort in der Provinz Utrecht geboren, war er 1568 während eines Studienaufenthalts in Köln zum Calvinismus übergetreten und hatte sich anschließend an der Universität Heidelberg eingeschrieben. Zurück in den Niederlanden, spezialisierte er sich als Anwalt auf Deichrecht. Als die Aufständischen 1574 die Deiche rund um Leiden zerstachen, damit sie der belagerten Stadt übers Wasser zu Hilfe kommen konnten, wurde Oldenbarnevelt mit der Beaufsichtigung dieses Unternehmens beauftragt. Er gewann das Vertrauen Prinz Wilhelms – den er bewunderte – und wurde in die Staaten von Holland aufgenommen, die damals 19 Mitglieder zählten. 1586 legte er den Eid als Landsadvokat von Holland ab und trat damit jenes Amt an, in dem er der niederländischen Politik mehr als dreißig Jahre lang seinen Stempel aufdrücken sollte.

Anfangs war dies nicht abzusehen, denn der Landsadvokat hatte formal eine eher untergeordnete Stellung. Ursprünglich war er wirklich nichts anderes als der Advokat, der Rechtsberater, der Staaten von Holland gewesen. Nach und nach fielen ihm jedoch weitere Aufgaben zu: Er stellte die Tagesordnung für die Sitzungen auf, leitete Abstimmungen und fasste Ergebnisse schriftlich zusammen. So entwickelte er sich zu einer Art Sitzungspräsident, bei dem immer mehr Fäden zusammenliefen. Er knüpfte ein Netz von Verbindungen und Abhängigkeiten im In- und Ausland, er war der einzige, der alle Staatsakten kannte, er bearbeitete einzelne Mitglieder der Staaten vor wichtigen Entscheidungen. Oft dauerte es geraume Zeit, bis seine Verhandlungspartner im Ausland begriffen, „dass sie in dem ‚untertänigen' Sekretär der Staaten den tatsächlichen Machthaber vor sich hatten", schreibt einer seiner Biografen, Theun de Vries.

Oldenbarnevelts größte Leistung bestand darin, dass er der noch schwankenden Republik in ihrer Entstehungsphase einen Machtschwerpunkt gab: die Staaten von Holland. Holland war reicher und damit stärker als alle anderen sechs Provinzen zusammen und hatte deshalb das Potenzial, die gesamten Niederlande zu dominieren. Wenn eine wichtige Entscheidung zu treffen war, ging Oldenbarnevelt meist wie folgt vor: Zunächst legte er die Staaten von Holland auf eine bestimmte Position fest. Dies war der schwierigste Teil. Wenn sich die *Heren Staten* dann erst einmal einig waren, stimmte er sich möglichst noch mit

Zeeland und Utrecht ab. Zeeland war die zweitmächtigste Provinz und Utrecht ein Satellitenstaat Hollands, der immer das tat, was Oldenbarnevelt wollte. Anschließend wurden die anderen vier Provinzen in den Generalstaaten vor vollendete Tatsachen gestellt. Wenn sie sich der Haltung Hollands nicht sofort anschlossen, reichte meist die Drohung, Gelder für wichtige gemeinsame Vorhaben zurückzuhalten, um die gewünschte Einigkeit herzustellen. Obwohl die Generalstaaten offiziell die höchste Autorität im Lande waren, machte sich Oldenbarnevelt noch nicht einmal die Mühe, ihre Sitzungen zu besuchen.

Durch seine informellen Kontakte mit den niederländischen Botschaftern in den anderen Hauptstädten und den ausländischen Gesandten in Den Haag wurde Oldenbarnevelt auch so etwas wie der Außenminister der Republik. Er reiste sogar selbst nach Paris und London, um dort unter vier Augen mit den Monarchen zu verhandeln. Seine schwerwiegendste außenpolitische Entscheidung war das Anknüpfen von Friedensverhandlungen mit Spanien. Ein dauerhafter Friede kam zwar noch nicht zustande, wohl aber ein zwölfjähriger Waffenstillstand von 1609 bis 1621.

Mittlerweile hatte sich Oldenbarnevelt viele Feinde gemacht. Der Charme und das Charisma eines Wilhelm von Oranien fehlten ihm völlig; er war ganz der kühle und dabei auch schroffe Technokrat der Macht, der für seine Fähigkeiten bewundert, aber von niemandem geliebt wurde. Kennzeichnend für seine Reden war eine „unterdrückte Irritation über die Dummheit seiner Zuhörerschaft", wie ein weiterer Biograf, Jan den Tex, es ausgedrückt hat. Sein mächtigster Gegner war nunmehr Prinz Moritz, der sich dem Abschluss des Waffenstillstands erbittert widersetzt hatte. Sogar innerhalb von Holland schmolz Oldenbarnevelts Machtbasis zusammen; so verübelten es ihm viele Kaufleute, dass er die Gründung einer Westindischen Compagnie vorerst verboten hatte: Dies war eine der Bedingungen Spaniens für den Waffenstillstand gewesen.

Am Ende war es ein religiöser Konflikt, der den Landsadvokaten zu Fall brachte. Es ging dabei um die calvinistische Lehre der Prädestination, der Vorbestimmung. Nach Calvin ist jeder Mensch so sündig, dass er sich einen Platz im Himmelreich nicht durch gute Taten verdienen kann, so wie die katholische Kirche es lehrt. Eigentlich müsste allen Menschen ewige Verdammnis zuteil werden. Der gnädige Gott wählt jedoch im Vorhinein einige dazu aus, errettet zu werden, nicht aufgrund ihrer – in jedem Fall völlig unzureichenden – Verdienste, sondern einfach durch unergründlichen göttlichen Beschluss. Der Leidener Theologieprofessor Jacob Arminius widersprach dem; ihm zufolge erwählt Gott diejenigen, von denen er voraussieht, dass sie aus eigenem Antrieb gute Menschen sein werden. Mit dieser Meinung stieß Arminius auf erbitterten Widerstand bei seinem Leidener Kollegen – und direkten Nachbarn – Franciscus

Gomarus, der die traditionelle Auffassung vertrat: Es gibt keinen freien Willen, sondern alles ist von Gott vorherbestimmt. Glaubensstark ist derjenige, den Gott dazu ausersehen hat. Die Anhänger dieser beiden Schulen nannte man Arminianer und Gomaristen oder auch Remonstraten und Contraremonstranten, weil die Arminianer ihre Grundsätze in einer Remonstranz, einem Bekenntnis, zusammengefasst hatten, worauf die Gegenseite mit einer Contraremonstranz antwortete.

Die Contraremonstranten forderten von den Generalstaaten die Einberufung einer nationalen Synode, um für die gesamten Niederlande zu entscheiden, welches die rechte Lehre sei. Da die Contraremonstranten klar in der Mehrheit waren, stand von vornherein fest, wie eine solche Synode ausgehen würde. Oldenbarnevelt war gegen eine Synode, weil er sie als Verletzung des Souveränitätsprinzips der Provinz Holland betrachtete. Außerdem wollte er sich seine Kirchenpolitik nicht von der Kirche vorschreiben lassen; der Staat sollte bestimmen, was erlaubt war – nicht die Kirche.

Als der Streit immer heftiger wurde und sich auch Prinz Moritz auf die Seite der Contraremonstranten schlug, brachte Oldenbarnevelt die Staaten von Holland dazu, ein brisantes Gesetz zu verabschieden: Die *Scharfe Resolution* erlaubte es den Stadträten, Söldner anzuwerben, um die öffentliche Ordnung zu gewährleisten, sprich: gewaltsamen Übergriffen der Contraremonstranten zu begegnen. Ihren Treueid sollten die Söldner auf den jeweiligen Stadtrat leisten, nicht auf den Statthalter. Die Niederlande standen nun vor einem Bürgerkrieg. Prinz Moritz verstand das Vorgehen Oldenbarnevelts als direkten Angriff auf seine Autorität als Oberbefehlshaber der Streitkräfte und handelte. Er rückte mit der Armee aus und zwang die Städte, die bereits mit dem Aufbau einer eigenen Truppenmacht begonnen hatten, diese wieder aufzulösen.

Damit hatte Oldenbarnevelt den Machtkampf verloren. „Er war wie eine große, alte, sterbende Schildkröte im Sand“, schreibt der polnische Essayist Zbigniew Herbert. „Er versank immer tiefer.“ Als er am Morgen des 29. August 1618 wie gewohnt den Sitzungssaal der Staaten von Holland betreten wollte, wurde er auf Geheiß von Moritz verhaftet. Ebenso erging es seinen engsten Vertrauten wie dem Rechtsgelehrten Hugo Grotius, den er als seinen Nachfolger vorgesehen hatte. In den nächsten Monaten ließ Moritz die meisten Anhänger Oldenbarnevelts aus den Stadträten entfernen und ernannte in den Staaten von Holland mehrere seiner Günstlinge, so dass ihm auch dort eine Stimmenmehrheit sicher war. Oldenbarnevelt selbst wurde von einem Sondergericht des Hochverrats für schuldig befunden und zum Tode verurteilt. „Schöne Belohnung für 43 Jahre Dienst“, murmelte er, bevor er am 13. Mai 1619 gestützt auf seinen Stock und begleitet von seinem treuen Diener Jan das Schafott bestieg. „Männer, glaubt nicht, dass ich ein Verräter bin!", rief er der Menge zu. Dann zog sich der 71 Jahre alte Mann mit zitternden Händen seine Schlafmütze über den Kopf und kniete nieder. „Mach's kurz, mach's kurz", waren seine letzten Worte, bevor der Henker ihm den Kopf abschlug. Damit möglichst wenig an ihn erinnerte, hieß der Posten des Landsadvokaten fortan Ratspensionär. Grotius wurde zu lebenslanger Haft verurteilt, konnte jedoch nach zwei Jahren fliehen, indem er sich von nichts ahnenden Wachen in einer Bücherkiste aus dem Staatsgefängnis tragen ließ.

Nach dieser Tragödie war Moritz bis zu seinem Tod sechs Jahre später der unangefochtene Herrscher der Niederlande. Sein Staatsstreich spiegelt sich auch in der Kunst. Die Offiziere der Haarlemer St. Joris-Schützengilde, die Frans Hals 1616 in seinem ersten großen Gruppenbildnis malte, tragen festliche Schärpen in Rot, der Farbe Haarlems. Auf seinen nach 1618 entstandenen Schützenbildern dagegen sind die Schärpen orange, um die Treue der Bürgermiliz gegenüber dem Haus Oranien zum Ausdruck zu bringen. Der Haarlemer Maler Frans de Grebber, der 1615 ebenfalls ein Schützengemälde fertigstellte, wurde zwei Jahre später gebeten, vier contraremonstrantische Mitglieder, die aus der Gilde ausgeschlossen worden waren, zu übermalen. Nach dem Umsturz musste er sie dann wieder hineinmalen.

Da Moritz keine ehelichen Kinder hatte, folgte ihm 1625 sein jüngerer Bruder Friedrich Heinrich als Statthalter nach. Friedrich Heinrich stand eher den Remonstranten nahe und war überhaupt ein so freundlicher Mensch, wie er unter den Mächtigen des 17. Jahrhunderts selten zu finden ist. Als sein Neffe Johann Moritz ihn zum Beispiel darum bat, am Haager Hofweiher ein großes Haus* bauen zu dürfen, ermahnte ihn Friedrich Heinrich, dabei gut auf die dort ansässige Fischreiherkolonie achtzugeben. Dies war nicht der Mann, der politische Gegner enthaupten ließ. Während seiner Amtszeit gewannen die liberalen, arminischen Kräfte schnell wieder an Einfluss.

Mittlerweile hatten sich in der niederländischen Politik zwei große Strömungen, zwei Parteien herausgebildet: Prinzgesinnte und Staatsgesinnte. Die Prinzgesinnten waren Anhänger des Hauses Oranien und traten für eine starke Position des Statthalters ein. Zu ihnen gehörten tendenziell die Contraremonstranten, also die strengen Calvinisten, und alle Provinzen außer Holland. Auch das einfache Volk bestand zum überwiegenden Teil aus glühenden Verehrern der Oranier. Staatsgesinnt dagegen war die holländische Kaufmannselite; sie wollte die Republik möglichst in Reinform, weil sie ihre wirtschaftlichen Interessen vor allem von den Staaten von Holland vertreten sah. Diese Patrizier, die Hollands Rathäuser beherrschten, wurden als Regenten bezeichnet. Nicht immer

* Das heutige Mauritshuis mit einer der bedeutendsten Gemäldesammlungen der Niederlande.

waren diese beiden Parteien säuberlich zu trennen. Oft wurde der Gegensatz zwischen Prinzgesinnten und Staatsgesinnten von örtlichen Konflikten überdeckt, so dass sich dort ganz andere Lager bildeten. Dennoch prägte der Gegensatz zwischen Staatsgesinnten und Prinzgesinnten die politischen Verhältnisse der Republik bis weit ins 18. Jahrhundert.

Die große Stunde der Staatsgesinnten schlug 1650, als drei Jahre nach Friedrich Heinrich auch sein Sohn, Statthalter Wilhelm II., starb. Die holländischen Regenten beschlossen, keinen neuen Statthalter mehr einzusetzen. Von nun an regierten die Staaten von Holland allein, und der faktische Regierungschef war ihr Ratspensionär Johan de Witt. Dieser hochintelligente Jurist, der zudem einer der Begründer der Versicherungsmathematik war, trug stets ein kleines Notizbuch mit den neuesten Zahlen zu Staatsausgaben und Steuereinnahmen bei sich und erschien zuweilen mit einer Rechentafel zu den Versammlungen der Staaten von Holland. Ähnlich wie Oldenbarnevelt baute er über Gefolgsleute und Verbündete in entscheidenden Positionen eine beherrschende Stellung auf. Zwar residierte er nur in einem kleinen Büro im Haager Binnenhof und betonte stets, dass er „nur ein Minister" sei, der „keine entscheidende Stimme in der Versammlung der Staaten" besitze, „keine Autorität oder Macht", aber der französische Botschafter traf die Wahrheit wohl eher, als er seiner Regierung meldete, die Macht liege bei den Staaten, „das heißt, bei Monsieur de Witt".

Allerdings war da immer noch ein Oranier, wenn auch zunächst nur ein kleiner: Eine Woche, nachdem Wilhelm II. mit nur 24 Jahren an den Pocken gestorben war, wurde am 14. November 1650 sein Sohn Wilhelm III. geboren. Die Regenten ignorierten ihn, doch das Volk feierte jedes Jahr am *Prinsjesdag* (s. S. 143) seinen Geburtstag. De Witt machte die Ausbildung des Heranwachsenden schließlich zur Chefsache, vielleicht weil er hoffte, ihn mit guten Argumenten von den Vorteilen einer statthalterlosen Republik überzeugen zu können. Die beiden politischen Kontrahenten spielten manchmal sogar zusammen Tennis. Ein merkwürdiger Anblick muss das gewesen sein: Auf der einen Seite des Spielfelds hastete der ungewöhnlich große, schlaksige de Witt hinter den Bällen her, auf der anderen Seite versuchte der kleine bucklige, unter Hustenanfällen leidende Prinz mitzuhalten.

Sir George Downing, ein wahrer Holland-Hasser, schrieb 1664 aus Den Haag an den englischen König: „Eure Regierungsform ist der dieses Landes, die so konfus und gespalten ist, unendlich überlegen." Im Nachhinein war das politische System der Republik mit seiner breiten Machtverteilung und seinen unterschiedlichen Parteien natürlich viel zukunftsweisender als die absolutistischen Monarchien. Der ehemalige Chefredakteur der Zeitung „NRC Handelsblad", Ben Knapen, zieht in seiner Oldenbarnevelt-Biografie von 2006 sogar Parallelen zwischen den Vereinigten Provinzen und einem sehr viel späteren, sehr viel größeren Staatenverbund: „Mit dem Staat Oldenbarnevelts war es wie mit der Europäischen Union: Es war etwas faul damit, es war unlogisch, widersprüchlich, hätte nie so kommen dürfen und konnte eigentlich nicht so weitergehen, aber es funktionierte irgendwie doch.“

Stichwort: Holland

Holland heißt der nordwestliche Teil der Niederlande. Die Bewohner der restlichen Landesteile sind streng genommen ebenso wenig Holländer wie Schotten Engländer sind. Aber ebenso wie England oft als Synonym für Großbritannien verwendet wird, obwohl es nur der südliche Teil davon ist, sagt man vor allem im Ausland oft Holland, wenn man eigentlich die Niederlande meint. Auch die Niederländer selbst tun das manchmal. So setzte das niederländische Büro für Tourismus beim Marketing im Ausland lange bewusst auf den bekannteren Namen Holland – die Niederlande, the Netherlands oder les Pays-Bas klang einfach zu umständlich.
Der Ursprung für die Namensverwirrung liegt im Goldenen Zeitalter, als die Provinz Holland so dominierend war, dass sie oft mit dem ganzen Land gleichgesetzt wurde. Viele Holländer betrachteten den weniger wohlhabenden Rest des Landes damals als entbehrliches Anhängsel. Der einflussreiche politische Autor Pieter de la Court schlug sogar vor, Holland durch das Ausheben eines riesigen Grabens zu einer Insel zu machen. Heute ist Holland in die beiden Provinzen Nord- und Südholland unterteilt.

Handelsfürsten und Kanonenbarone. Die Mijnheren aus dem Grachtengürtel

1969 erwarb die Alte Pinakothek in München für zwölf Millionen Mark ein Gemälde von Frans Hals; es war damals der höchste Preis, der je für ein Bild gezahlt worden war. Das mehr als zwei Meter hohe Werk ist das einzige von Hals geschaffene lebensgroße Ganzfigurenporträt. Aus der Froschperspektive blickt man zu einem kerzengerade aufgerichteten Mann hinauf. Seinen linken Arm hat er in die Seite gestemmt, die rechte Hand umfasst einen schweren Degen mit reich verziertem Griff. Eine weiße Spitzenkröse und ein großer breitkrempiger Hut aus Biberfilz verleihen der schwarz gekleideten Gestalt zusätzliche Würde und Autorität. Der Mann posiert vor einem in Falten geworfenen purpurfarbenen Vorhang, der entfernt an ein Feldherrnzelt erinnert und die Monumentalität des Bildes noch verstärkt. Wer ist diese ehrfurchtgebietende Persönlichkeit – ein Fürst, ein General des Dreißigjährigen Krieges? Nein! Es ist der durch und durch bürgerliche holländische Strumpfgarnhändler Willem van Heythuysen! Zu Recht fragt der Kunsthistoriker und Publizist Dirk Schümer: „Gab es je in der Welthistorie eine fidelere und kreativere Elite als diese Pfeffersäcke, die hinter ihren Deichen Europas hochgerüstetem Adel den Mittelfinger zeigten?"

Die Macht des Geldes. Der Strumpfgarnhändler Willem van Heythuysen. Gemälde von Frans Hals, um 1625/30.

Die holländischen Kaufleute des 17. Jahrhunderts haben sich aber nicht nur in den Bildern der großen Meister verewigt, sie haben sich auch ein Denkmal aus Wasser und Mörtel errichtet: den Amsterdamer Grachtengürtel, jenen halbmondförmigen Ring von Kanälen, der sich so malerisch um den mittelalterlichen Stadtkern legt. Bis heute bilden diese von Patrizierhäusern gesäumten Wasserwege das bekannteste Stück Niederlande. Die schmalen Backsteinhäuser mit ihren hohen Fenstern und verspielten Giebeln haben einen ähnlich hohen Wiedererkennungswert wie Eiffelturm oder Brandenburger Tor. „Amsterdam ist natürlich viel mehr als sein Grachtengürtel", schreibt Cees Nooteboom, „aber der Kern seines Wesens liegt doch in diesem magischen Halbkreis, der sich vom Fluss Amstel bis zum IJ hinzieht, dem Gewässer, auf dem einst die Schiffe zu Tausenden auf der Reede lagen". Von 1613 an wurden die drei Hauptkanäle ausgegraben. „Zuerst kam die Gracht der *Heren*", hebt Nooteboom hervor, „und erst danach die der *Keizers* und der *Prinsen*." Schon vorher war die mittelalterliche Stadtbefestigung abgebrochen und durch neue Verteidigungswerke ersetzt worden. Diese verliefen in viel größerem Abstand zum Rand der damaligen Bebauung, so dass innerhalb der Stadtmauern neuer Baugrund geschaffen wurde. Für Grachten anstatt für Straßen entschied sich der Stadtrat aus praktischen Gründen: Amsterdam liegt in einem Sumpf und benötigte deshalb Entwässerungskanäle. Außerdem dienten die Grachten als Verkehrswege. Ungefährlich waren diese Wasserstraßen nicht: Vor allem nachts fiel immer mal wieder jemand hinein und ertrank, 1658 zum Beispiel der Kaufmann und Kunstsammler Gerard Reynst.

Entlang der drei Hauptgrachten entstanden die Residenzen für die oberen Zehntausend der Weltmetropole. Im Vergleich zu Venedig blieben die Häuserfassaden schlicht. Die Architektur des Grachtengürtels spiegelt die Suche nach dem richtigen Maß. Ein selbstgefälliges Zurschaustellen des Reichtums hätte nach calvinistischer Überzeugung den Zorn Gottes erregt. Diese Schlichtheit beruht jedoch überwiegend auf einer optischen Täuschung. Die Häuser entsprechen vom Schnitt her einem Ostindiensegler – schmal, aber lang! Von der Straße her nicht einsehbar, verbergen sich hinter den Backsteinmauern prachtvolle langgestreckte Säle mit dem Ausblick auf tiefe Gärten, eine geradezu dekadente Platzverschwendung in einer frühmodernen Stadt, die noch immer ringsherum befestigt sein musste. Bis heute sind diese Gärten eines der am besten gehüteten Geheimnisse Amsterdams. Nur einmal im Jahr öffnen die Besitzer für ein Wochenende ihre Oasen mitten in der Stadt, und dann erkunden Tausende von Besuchern diese verwunschene Welt mit ihren jahrhundertealten Bäumen, durch die man zum Teil kaum noch die Rückseite der gegenüberliegenden Häuserzeile erkennen kann.

Bäume wurden auch entlang der Kanäle gepflanzt. „Wann man oben vom Raht-Hause die Stadt Amsterdam übersiehet, so weiß man nicht, ob es ein Wald in einer Stadt oder eine Stadt in einem Walde ist“, staunte 1666 ein deutscher Reisender. Ein anderer schwärmte, man fühle sich wie in einem „großen lustwald, mit so langen geraden wasserströhmen durchzogen“; die Stadt sei geradezu ein „irdisches Paradies“. Die Linden an den Grachten litten allerdings sehr unter Wildpinklern, so dass es die Stadt „bei einer Buße von dreißig Stübern“ verbot, „das Wasser an den Bäumen abzuschlagen“, denn „die Erfahrung lehrt, dass die Bäume durch die Schärfe des Wassers sehr beschädigt werden“. Solche Verordnungen gibt es bis heute. Unter den Brücken befanden sich öffentliche Toiletten, von denen einige als Begegnungsorte von Homosexuellen bekannt waren. Die Grachten selbst stanken bestialisch, weil sie als Abwasserkanäle dienten. Die Amsterdamer Wohnstuben waren dagegen bekannt für ihre Reinlichkeit. Der englische Botschafter Sir William Temple berichtete über den Besuch eines Ratsherrn in einem Haus, wo „die stämmige holländische Maid, als sie bemerkte, dass seine Schuhe nicht ganz sauber waren, ihn an beiden Armen packte und ihn sich über die Schulter warf, am Fuße der Treppe absetzte, seine Schuhe auszog und ihm ein Paar dort stehender Pantoffeln anzog, all das ohne ein Wort zu sagen“.

Schon 1617 wurden Rundfahrten über die Grachten veranstaltet. Damals waren die meisten Häuser noch aus zinnoberrotem Backstein wie das leuchtende Bartolotti-Haus mit seinem reich verzierten Treppengiebel, das heute als schönstes Grachtenhaus gilt. Der Stadtpalast an einer Biegung der Herengracht (Nummer 170–172) wurde 1618 oder 1619 von Guillelmo Bartolotti bezogen, der eigentlich Willem van den Heuvel hieß, aber den Namen eines italienischen Onkels angenommen hatte. Allein die Teppiche des Bartolotti-Hauses waren so viel wert wie ein ganzes Haus. In Amsterdam gab es Straßen nur mit Luxusartikeln so wie die Warmoesstraat, in der 230 Geschäfte mit Reklameschildern auf sich aufmerksam machen. 1621 pilgerte einer der ranghöchsten Adeligen Europas zu dem Bürgersmann Bartolotti nach Amsterdam, um ihn um ein Darlehen zu bitten: Es war der so genannte Winterkönig Friedrich V., der sich zum König von Böhmen hatte krönen lassen, aber nach nur einem Winter verjagt worden war.

Auffällig ist bis heute auch das Trippenhuis am Kloveniersburgwal 29: Wenn dort geheizt wird, dann sieht es aus, als würde man auf dem Dach mit Kanonen auf Spatzen schießen. Denn die Schornsteine haben die Form senkrecht stehender Kanonenrohre, und wenn sie rauchen, könnte man glauben, es wäre gerade ein Schuss in den Himmel abgegeben worden. Sie künden davon, wer einst in diesem Stadtpalast wohnte: ein Waffenhändler, und zwar einer, der stolz darauf war. Die Familie Trip gehörte zu den größten Profiteuren des Dreißigjährigen Krieges.

Der ungekrönte Kanonenkönig aber war Louis de Geer, der an der Keizersgracht 123 im *Huis met de Hoofden* (Haus mit den Köpfen) residierte. Noch heute steht im Eingangsbereich des Hauses eine Büste des schwedischen Königs Gustav Adolf, den de Geer seit 1617 mit Waffen belieferte. 1627 traf er den König zum ersten Mal persönlich und war tief beeindruckt. Im selben Jahr erhielt er von ihm das Monopol für die schwedische Waffenproduktion. Als Gustav Adolf 1630 sein Expeditionsheer von 35 000 Mann nach Deutschland führte, war es fast vollständig von de Geer ausgerüstet, einschließlich der Waffen und Rüstungen des Königs selbst. Aber de Geer lieferte auch an Venedig, Braunschweig, Frankreich, England und natürlich die Niederlande. Er besaß die größten Eisen- und Kupfergruben Schwedens; Hochöfen, Schmelzhütten, Schmieden, Gießereien, Salpeter- und Walzwerke; riesige Wälder, wo er die Holzkohle für seine Hochöfen gewann; Wasserfälle, mit denen er die Hämmer trieb; Papierfabriken, Getreidemühlen, Webereien und Geschäfte; Kanäle und Schiffe zum Transport seiner Waren; Werften und Großseilereien. Die wichtigsten Positionen seines Firmenimperiums besetzte er mit Niederländern, Deutschen, Franzosen und Wallonen – Schweden hielt er für ungeeignet. Blechschmiede holte er aus Deutschland, Messingarbeiter vor allem aus Aachen, Pistolenschmiede und Köhler aus Sedan und Lüttich, Zimmerleute, Maurer und Müller aus Holland. Ein Arbeitstag dauerte 14 Stunden. Wenn jemand krank wurde, mussten die anderen für ihn mitarbeiten. Immer wieder kam es zu Streiks. Einmal wurde de Geer sogar von einem Stein, den einer der Arbeiter geworfen hatte, verletzt.

Doch nach den Maßstäben der Zeit war er keineswegs ein schlechter, eher ein vorbildlicher Arbeitgeber: Um die besten Arbeitskräfte aus Deutschland anzuziehen, stellte er – obwohl selbst Calvinist – einen lutherischen Pfarrer ein und unterhielt in Norrköping eine deutsche Schule. Auch anderswo ließ er Schulen bauen und beschäftigte Lehrer, um die Kinder seiner Arbeiter unterrichten zu lassen. Den zehnten Teil seiner Einkünfte spendete er für die Armen, von der Pfalz bis zur Watteninsel Vlieland. Kein Zweifel, dieser Waffenhändler, der in seiner freien Zeit theologische Traktate las und in seinen Briefen stets für den Frieden warb, war zutiefst davon überzeugt, ein gottgefälliges Leben zu führen. 1644 griff de Geer sogar ganz direkt in den Krieg ein. Als Dänemark den Sundzoll für alle schwedischen Schiffe erhöhte, bedrohte dies seine Profite, und so rüstete er auf eigene Kosten 32 Kriegsschiffe mit 7000 Mann Besatzung aus und stellte den holländischen Admiral Maarten Thijssen auf die Kommandobrücke des mit 40 Kanonen bestückten Flaggschiffs *Jupiter*. Diese Privatflotte lieferte sich mit der dänischen mehrere Gefechte – wobei de Geer zum Teil mit an Bord war und die Befehle erteilte – und konnte zusammen mit der schwedischen am 23. Oktober 1644 in der Schlacht bei Fehmarn den Sieg davontragen.

Fünf Häuser neben de Geer lebte in dem zierlichen Haus *De Dubbele Arend* (Der Doppeladler) ein ganz anderer, aber nicht weniger bekannter Vertreter der städtischen Elite: Dr. Laurens Reael, Kaufmann, Admiral, Dichter und Gelehrter in einer Person. Reael war der erste bedeutende Kritiker der niederländischen Expansion in Asien. Nachdem er 1616 zum Generalgouverneur der VOC in Ostindien ernannt worden war, ermahnte er seine Leute immer wieder, den Einheimischen „mit aller Höflichkeit und Freundschaft" zu begegnen. Die Strafexpeditionen der Compagnie verurteilte er als „barbarisch". Die Niederländer waren nach seiner Ansicht dabei, sich in ganz Südostasien den Ruf als die „allergrausamste Nation der ganzen Welt" zu erwerben. Die *Heren Zeventien* ersetzten ihn daraufhin durch seinen langjährigen Gegner, den unbarmherzigen Jan Pieterszoon Coen, und erteilten diesem den Auftrag, „Reael mit den ersten Schiffen zurückzuschicken und keinesfalls zu dulden, dass er noch länger verweile". Einige Jahre später wurde Reael jedoch selbst Direktor und übte in dieser Funktion einen mäßigenden Einfluss auf die Compagnie aus. Zum Vizeadmiral der Kriegsflotte ernannt, machte er – vergebens – Jagd auf die spanische Silberflotte und wurde vom englischen König Karl I. zum Ritter geschlagen.

1627 entsandten ihn die Generalstaaten in geheimer Mission an den Königshof nach Kopenhagen; er erlitt jedoch Schiffbruch und fiel dem bis zur Ostsee vorgerückten Wallenstein in die Hände. Auf dessen Geheiß hin wurde Reael als wertvolle Geisel über Prag bis nach Wien geschafft und saß dort mehr als ein Jahr gefangen, ehe der Kaiser ihn – möglicherweise auf Vermittlung katholischer Kaufleute aus Amsterdam – frei ließ. 1629 heiratete er, kaufte das Haus an der Keizersgracht und widmete sich fortan vor allem seinen literarischen und wissenschaftlichen Interessen. Er stand in Briefkontakt mit Galileo Galilei und war ein Mitglied des Muider-Kreises, eines lockeren Verbunds von Dichtern, die sich regelmäßig auf dem Muiderschloss vor den Toren von Amsterdam trafen. Joost van Vondel widmete ihm sein Gedicht „Lob der Seefahrt". Sein Glück endete abrupt, als er 1637 durch eine Krankheit seine beide Söhnchen verlor. Kurz darauf starb er selbst, nach einem zeitgenössischen Bericht an „profunder Melancholie". Ein lebensgroßes Porträt im Rijksmuseum strahlt noch etwas von der Kultiviertheit und Menschenfreundlichkeit dieses Mannes aus, der sich nicht auf Kosten fremder Völker bereichern wollte.

Amsterdam war im 17. Jahrhundert die Stadt der unbegrenzten Möglichkeiten. In zwei, drei Generationen konnte man dort von ganz unten in die höchsten Kreise der Gesellschaft aufsteigen. Jan Cock etwa kam als Bettler aus Bremen nach Amsterdam, wo er Arbeit als Apothekergehilfe fand. Er stellte sich so geschickt an, dass ihn nach einigen Jahren die reiche Kaufmannstochter Lijsbeth Banning heiratete. Ihr Sohn Frans führte den Doppelnamen Banning Cocq. Er studierte in Leiden, wurde Doktor der Rechte, heiratete die Tochter des Herrn von Purmerend und Ilpendam und erbte bei dessen Tod Titel, Landbesitz und eines der strahlendsten Amsterdamer Grachtenhäuser: das Doppelhaus *De Dolphijn* an der Singelgracht, so benannt nach der Abbildung zweier Delphine über dem Eingang. In seiner Eigenschaft als Hauptmann der St.-Sebastians-Schützengilde, einer Art Bürgerwehr, ließ sich Banning Cocq 1642 von Rembrandt porträtieren: Ganz in Schwarz gekleidet, aber mit einer leuchtenden roten Schärpe um die Brust, gibt er den sich formierenden Schützen mit ihren Musketen, Hellebarden, Spießen, Fahnen und Trommeln per Handbewegung das Zeichen zum Abmarsch. Die Welt kennt das Gemälde heute unter dem Namen „Die Nachtwache".

Auch andere Deutsche machten in Amsterdam ihr Glück: Bürgermeister Jacob Poppen, der reichste Mann der Stadt, war der Sohn eines Einwanderers aus Holstein. Hans Deutz, ein anderer sehr vermögender Amsterdamer, war 1605 aus Köln eingewandert; sein Sohn Joseph ließ sich 1665 ein Haus in der Goldenen Bucht der Herengracht bauen, dem gefragtesten Stück Amsterdam überhaupt. Der verarmte Adelige Johann von Gahlen aus Essen stieg als Jan van Galen zum Admiral der niederländischen Kriegsflotte auf und bekam nach seinem Tod in der Seeschlacht von Livorno ein Marmorgrab in der Neuen Kirche. Deutsche stellten in Amsterdam den mit Abstand größten Anteil von Einwanderern: Fast jeder fünfte Heiratswillige, der im 17. und 18. Jahrhundert in Amsterdam sein Aufgebot bestellte, stammte aus Deutschland. Viele dieser Hollandgänger fristeten allerdings ein kärgliches Dasein. Sie hausten jenseits des Grachtengürtels im Viertel der kleinen Leute, dem *Jordaan*. Dorthin verbannten die *Heren* alles, was störte: die Gerberhöfe, in denen bleichgesichtige Gestalten Häute entfleischten, wässerten und in ätzenden Laugen enthaarten; die Färbereien, in denen Knechte giftige Farbbrühen mischten; die Zuckerraffinerien und Seifensiedereien mit ihren qualmenden Schornsteinen; die Behausungen der Armen – windschiefe, vornübergeneigte Holzbuden in Gassen und Durchgängen, die so schmal waren, dass man dem Nachbarn von gegenüber die Hand schütteln konnten, ohne dabei aus dem Türrahmen zu treten. Ja, Holland war reich, aber ganz unten wurden Hungerlöhne gezahlt, und die Konkurrenz war groß. „Wo ein Stüber zu verdienen ist, gibt es zehn Hände, die danach greifen", schrieb ein Chronist.

Und doch hatten es selbst Bedürftige besser als in anderen Ländern. Die niederländischen Städte verfügten über eine Armenfürsorge, die jeden Besucher in Staunen versetzte. „Wohltätigkeit scheint hier eine Nationaltugend zu sein", wunderte sich der englische Botschafter Sir William Temple. Jede Stadt unterhielt ein eigenes Waisenhaus, Armenhaus, Krankenhaus, Altenheim. In

Enkhuizen besuchte Sir William ein Seemannsheim „mit all den Erleichterungen und Bequemlichkeiten, die man in fortgeschrittenem Alter zu schätzen weiß". Immer und immer wieder hoben ausländische Beobachter die großzügige Ausstattung und Sauberkeit hervor; die Heime wirkten auf sie so adrett wie Delfter Kachelbilder mit Kanälen und Windmühlen. Finanziert wurden diese Einrichtungen anders als im übrigen Europa nicht von der Kirche oder über Spenden, sondern von den Stadtregierungen. Die Kinder des Waisenhauses von Middelburg trugen schwarze Uniformen, in deren Ärmel mit gelbem Garn das Emblem der Stadt eingestickt war: So konnte jeder sehen, dass sie Schutzbefohlene der Obrigkeit waren.

Die Magistrate waren stolz auf ihre Armenfürsorge und zeigten dies durch die beeindruckenden Gebäude, die sie dafür errichten ließen. So ist das Historische Museum von Amsterdam heute im früheren Waisenhaus untergebracht und das Frans-Hals-Museum in Haarlem im ehemaligen Altmännerstift. Das Irrenhaus von Amsterdam war nach Meinung eines englischen Besuchers „so herrschaftlich, dass man es für das Haus eines Lords halten könnte". Geführt wurden diese Einrichtungen von verdienten Regenten, Angehörigen der Elite. Berühmt ist das Gruppenporträt der Regentinnen des erwähnten Altmännerstiftes von Haarlem, das Frans Hals noch als über Achtzigjähriger malte. Dass er selbst ein Bewohner des Heims war und sich mit seiner so gar nicht beschönigenden Darstellung an den hartherzigen Aufseherinnen rächen wollte, ist allerdings eine Legende. Zusätzlich zu diesen städtischen Einrichtungen gab es zahlreiche Wohnstifte, die von reichen Kaufleuten angelegt wurden. Diese sogenannten *hofjes* (Innenhöfe) haben einen ganz besonderen Zauber. Es sind stille, meist schwer auffindbare Winkel, die sich hinter Mauern und Toren verbergen oder nur durch schmale Gänge erreichbar sind. Die Wohnungen wirken wie Puppenstuben, die Gärtchen werden teilweise seit Jahrhunderten gepflegt. Ein besonders stimmungsvolles Beispiel im Amsterdamer *Jordaan* ist *Anslo's hofje* mit seinem zierlichen Löwenbrunnen, 1615 von dem Tuchhändler Claes Claeszoon Anslo begründet. Dank dieses menschenfreundlichen Aktes hat sich sein Name nie im Dunkel der Geschichte verloren.

Bürgerregenten und Tulpenspekulanten. Noch mehr Mijnheren

Die mächtigste aller Amsterdamer Familien trug den unscheinbaren Namen Bicker. Die Bickers besaßen nicht nur ein Haus an der Keizersgracht, nach ihnen war gleich ein ganzes Stadtviertel benannt: das Bickerseiland im Hafen. Hier unterhielten sie ihre eigenen Werften, Werkstätten, Magazine, Landungsbrücken und Kräne. All das überragte der Bickersturm, von dessen oberstem Stockwerk aus Jan Bicker alle Arbeiten überwachen konnte. Er und seine Brüder hatten die Welt gleichsam unter sich aufgeteilt: Jan organisierte den Handel mit Italien und der Levante, Jacob hatte sich auf die Ostsee spezialisiert, Andries beherrschte das Russlandgeschäft, und Cornelis investierte vor allem in die Westindische Compagnie. 1629 verkaufte er seine Anteile kurz nach Auszahlung einer Dividende von insgesamt 2,5 Millionen Gulden. Es war genau der richtige Moment: Bald darauf stürtzte der Kurs ab.

Für die streng calvinistischen Prediger und die Prinzgesinnten waren die Gebrüder Bicker vaterlandslose Gesellen, die nicht davor zurückschreckten, den Spaniern Kanonen und Schiffe zu verkaufen. Zudem galten die Bickers als die Liberalen schlechthin. 1645 etwa lud Andries Bicker den einstigen Staatsfeind Hugo Grotius demonstrativ nach Amsterdam ein und garantierte für seine Sicherheit, eine Provokation für alle Prinzgesinnten und Contraremonstranten. Verübelt wurde den Bickers auch ihre offenkundige Maßlosigkeit, ja Genusssucht – eine Todsünde in den Augen der Calvinisten. Schon Andries Bicker schob einen enormen Bauch vor sich her, aber das war noch nichts im Vergleich zu seinem in Samt und Seide gehüllten Sohn Gerard, der mit 220 Kilogramm vielleicht der dickste Mann der Republik war. Ebenso erregte die große Machtkonzentration in den Händen der „Bicker-Liga“ den Zorn ihrer Gegner. „Wer ist Direktor der Ost- und Westindischen Compagnie?“, fragte ein Flugschriftenautor. „Wer Abgesandter zur Versammlung der Staaten in Den Haag? Wer Bürgermeister? Wer Schöffe? Wer Kapitän der Schützenkompanie? Wer Deichgraf?“ In allen Fällen lautete die Antwort: ein Bicker. „Denn die Bickers sind alles und jedes.“ Als 1638 die Mutter des französischen Königs, Maria de Medici, nach Amsterdam kam, begrüßte Andries Bicker sie mit Feuerwerk und Wasserspielen. Das Gepränge ließ keinen Zweifel daran, dass sich der Bürgermeister als durchaus ebenbürtig betrachtete.

Mitte der 1640er-Jahre war ihr Einfluss derart gewachsen, dass die Bickers gegen den Willen von Statthalter Friedrich Heinrich die Aufnahme von Friedensverhandlungen mit Spanien erzwangen und nach dem Friedensschluss eine drastische Senkung der Militärausgaben durchsetzten. Friedrich Heinrichs Sohn, der neue Statthalter Wilhelm II., war darüber so erzürnt, dass er 1650 einen richtigen Feldzug gegen die „Bicker-Liga“ unternahm: Im Schutze der Nacht ließ er seine Truppen gegen Amsterdam vorrücken, um die widerspenstige Stadt im Handstreich zu nehmen und den gesamten Magistrat abzusetzen. Die Armee verirrte sich jedoch auf einer Heide und verlor dadurch kostbare Zeit. Ein aus Hamburg kommender Postbote, der durch Zufall mitten unter die 12 000 Soldaten geriet, meldete seine Beobachtung unmittelbar nach der Ankunft in Amsterdam dem

Bürgermeister Cornelis Bicker. Dieser ließ auf der Stelle die Stadttore schließen, Geschütze in Stellung bringen, Kriegsschiffe auslaufen und die Umgebung unter Wasser setzen, gerade noch rechtzeitig, bevor die Truppen eintrafen. Als Wilhelm dies erfuhr, warf er vor Wut seinen Hut auf den Boden und stampfte mit den Füßen auf. Vergebens bemühte er sich, den Amsterdamer Vertreter in Den Haag – Frans Banning Cocq von Rembrandts „Nachtwache" – in einer sechsspännigen Kutsche als Vermittler in die Grachtenstadt zu schicken. Dennoch gerieten Andries und Cornelis Bicker im Stadtrat unter Druck. Um Amsterdam eine langwierige Belagerung zu ersparen, wurden sie gebeten, „aus freien Stücken" zurückzutreten, wozu sie sich umgehend bereitfanden. Offenbar hatten ihre Feinde und Neider unter den Ratsherren nur auf eine solche Gelegenheit gewartet. Doch schon 1653 war Jan Bicker wieder Bürgermeister, und ein Jahr später auch Cornelis.

Ein Ratsherr hat alle Machtwechsel in Amsterdam unbeschadet überstanden und seinen Platz im Magistrat über 50 Jahre lang verteidigt: Dr. Nicolaes Tulp, der Mann mit dem Schlapphut, der Arzt, den Rembrandt mit seiner „Anatomie des Dr. Tulp" von 1632 unsterblich gemacht hat. Das Gemälde, eine der großen Ikonen der Kunst, zeigt ihn bei einer öffentlichen Leichensezierung in genau jenem Moment, in dem er mit der Schere in seiner rechten Hand die Beugemuskeln von Hand und Finger im aufgeschnittenen Unterarm des hingerichteten Diebes Adriaen Ariszoon anhebt, während er mit seiner eigenen linken Hand die Bewegung vorführt, die durch diese Muskeln und Sehnen ermöglicht wird. Mit roten Ohren, offenen Mündern und zitternden Spitzbärten verfolgen seine Zuschauer die Demonstration des Arztes. Tulp selbst hat den Blick abgeklärt in die Ferne gerichtet. Ein zeitgenössischer Dichter, der das Bild interpretierte, legte ihm die Worte in den Mund: „Hörer, erkenne dich selbst! Und glaube, wenn du Teil für Teil betrachtest, dass auch im Kleinsten noch sich Gott verbirgt."

Tulp war ein besonders gottesfürchtiger Mann, ein Contraremonstrant, der seine Arbeit als einer der angesehensten Mediziner seiner Zeit als Huldigung des Schöpfergeistes verstand: Als Erster erforschte er die Funktionsweise des Enddarms, die er passenderweise mit dem holländischen Schleusensystem verglich; als Erster auch beschrieb er eine Verfärbung der Lungen und führte sie auf übermäßiges Rauchen zurück: Das „Tabaktrinken", wie man es damals noch nannte, könne den „Verschleiß des ganzen Leibes" verursachen, warnte er. Daneben war Tulp von 1622 bis zu seinem Tod 1674 ohne Unterbrechung Ratsherr und vier Mal auch Bürgermeister. Privat aber schlug sein Herz für – Tulpen. Tulp hieß eigentlich gar nicht Tulp, sondern Claes Pieterszoon, doch er fühlte sich der Blume derart verbunden, dass er ihren Namen annahm. Als er sich 1616 an der Keizersgracht Nr. 210 ein Haus bauen ließ, brachte er als Erkennungszeichen einen

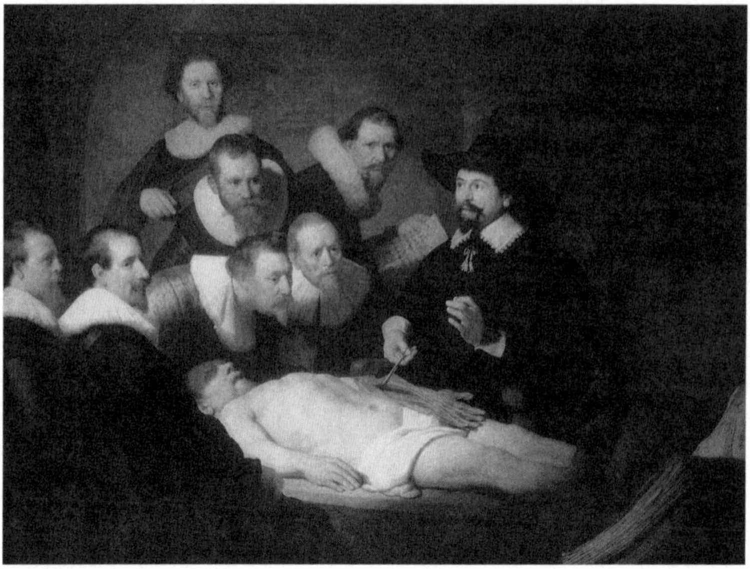

Spitzenforschung. Die Anatomie des Dr. Tulp. Gemälde von Rembrandt, 1632.

Giebelstein mit einer Tulpe an. Auch seine Kutsche, in der er entlang der Grachten zu Hausbesuchen fuhr, war mit einer aufgemalten Tulpe geschmückt.

Wenn man heute an Tulpen aus Amsterdam denkt, dann kommen einem endlose Blumenfelder in den Sinn. Im 17. Jahrhundert aber war die Tulpe ein exotisches, seltenes Gewächs aus dem Morgenland. Sie stammt ursprünglich aus den Steppengebieten Zentralasiens und war im 16. Jahrhundert vor allem in der Türkei populär. Sultan Suleiman II. (1520–1566) schwärmte so sehr für sie, dass auch die Europäer aufmerksam wurden. Da sie sich durch die Form der Blätter an einen türkischen Turban erinnert fühlten, gaben sie der Blume zunächst den Namen dieser Kopfbedeckung, woraus sich später das Wort *Tulipan* und schließlich *Tulpe* (niederländisch *tulp*) entwickelte. 1559 blühten die ersten Tulpen Europas im Garten eines Augsburger Ratsherrn, ganze 35 Jahre bevor Holland seine ersten Tulpen bekam: Im März 1594 erfreute sich an ihnen der Leidener Botaniker Carolus Clusius, dessen botanischer Garten hinter einer unscheinbaren Backsteinmauer heute der älteste der Welt ist. Zunächst galt die Blume noch als Heilmittel für alle, die „mehr Lust als Macht hatten, den Beischlaf zu vollziehen", doch schon bald schätzten wohlhabende Gartenfreunde sie wegen ihrer unterschiedlichen Farben und Zeichnungen. Die Tulpen jener Zeit waren nicht einfarbig, sondern gefleckt oder gestreift – *geflammt*, sagte man. Da sie weiterhin knapp waren, entwickelten sie sich zu gefragten Sammelobjekten. Zu den

Tulpenliebhabern gehörten der schon erwähnte Kaufmann Bartolotti, Ratspensionär Adriaen Pauw, der den Westfälischen Frieden mit aushandelte, der wohlhabende katholische Anwalt Paulus van Beresteyn, dessen Porträt von Frans Hals heute im Louvre hängt, und der Stilllebenmaler Willem Claeszoon Heda. Mehrmals kam es vor, dass Tulpendiebe des Nachts über die Mauer von Clusius' Garten stiegen und die wertvollen Blumen ausgruben und mitnahmen. Ein anderer Züchter soll seine Bestände daraufhin mit einer Alarmanlage gesichert haben: „Seht den Herrn Blocker, ihr Diebe der Blumen / In seinen Garten werdet ihr so heimlich nicht kommen", reimte eine Flugschrift. „Er hat eine Klingel im Bett, die hängt ihm am Ohr / So dass er wohl hastig wird springen hervor."

Um 1600 entstanden im Süden von Haarlem die ersten kleinen Tulpenzuchtbetriebe, 1612 erschien der erste Handelskatalog. Erfolgreiche Züchter verewigten sich in den Namen ihrer Kreuzungen: Die Sorte *Admirael da Costa* trug den Namen des Amsterdamer Züchters Francesco Gomes da Costa, *Generael de Goyer* war nach Abraham de Goyer benannt und *Admirael van Enchuysen* nach der Stadt Enkhuizen. Die Blumenfreunde unter den reichen holländischen Kaufleuten waren bereit, für ein einzelnes Exemplar der begehrtesten Sorten wie der rotweiß-gestreiften *Semper Augustus* den Gegenwert zweier Schiffe oder eines ganzen Hauses zu bezahlen. 1636 stiegen die Preise noch höher. Holland wurde vom Tulpenfieber befallen. Viele Spekulanten verkauften Zwiebeln, die noch in der Erde saßen und von denen sie gar nicht wissen konnten, ob daraus im Frühjahr exakte Kopien der Mutterzwiebel erwachsen würden. Dieses Termingeschäft ging naturgemäß mit großen Risiken einher. Anfang 1637 erreichte die *Tulpomanie* ihren Höhepunkt. So erzielten die Treuhänder der Waisenkinder des gestorbenen Tulpenhändlers Wouter Winkel bei einer Auktion in Alkmaar den sagenhaften Erlös von 90 000 Gulden – nur für Tulpenzwiebeln! Das entsprach 270 Jahreslöhnen eines Zimmermanns oder dem Gegenwert von 90 einfachen Häusern in Haarlem. Der große Krach kam Dienstag, den 3. Februar, als die Preise in Haarlem, dem Zentrum des Tulpenhandels, einbrachen. Bald konnte man mit den Tulpenzwiebeln keinen Blumentopf mehr gewinnen. Die englische Historikerin Anne Goldgar hat allerdings nachgewiesen, dass die Folgen dieses Crashs weitaus weniger dramatisch waren, als dies in den zahlreichen Büchern über den Tulpenhandel gemeinhin dargestellt wird. „Nur wenige Menschen waren wirklich ernsthaft davon betroffen", lautet ihr Fazit. Zu den Unglücklichen gehörte der heute unbezahlbare Landschaftsmaler Jan van Goyen, der mit seinen Tulpengeschäften fast 900 Gulden verloren hatte.

Der Calvinist Nicolaes Tulp fand diesen Windhandel gleichwohl dermaßen verwerflich, dass er das Tulpenbild von seinem Haus an der Keizersgracht entfernte. Für strenge Calvinisten wie ihn verletzte der Tulpenrausch in schockierender Weise die erasmische Tugend des Maßhaltens. Die Prediger in den weißgetünchten Kirchen mahnten ihre Gemeinden, die vergängliche Blütenpracht der Tulpen als Erinnerung Gottes an ihren nahenden Tod zu begreifen. Um den Verlockungen des Geldes besser widerstehen zu können, umgaben sich viele Calvinisten in ihre Stuben mit düsteren Bildern, die ihnen ständig den bevorstehenden Abschied von allen irdischen Reichtümern vor Augen führten: Vanitas-Stillleben voller Totenschädel, ablaufender Sanduhren, erlöschender Kerzen – und verblühender Tulpen.

Stichwort: Käse

Der holländischen Stadt Gouda geht es wie Meißen mit seinem Porzellan oder Pilsen mit seinem Bier. Man denkt bei ihrem Namen nicht etwa an ein Städtchen mit schmucken Bürgerhäusern, sondern an ein Produkt, den Gouda-Käse, der schon im Mittelalter urkundlich erwähnt wurde. Andere Sorten wie Leerdammer sind dagegen der Phantasie der Marketingexperten entsprungen. Mittlerweile wird Gouda auch in Ostdeutschland und Amerika hergestellt.

Schon Julius Cäsar schrieb in seinen Kriegserinnerungen „De bello Gallico" über die unterworfenen Stämme an der Nordsee: „Sie betreiben keinen Ackerbau, sondern ernähren sich vornehmlich von Milch, Käse und Fleisch." Das niederländische Wort *kaas* ist wie der deutsche Käse vom lateinischen caseus abgeleitet. Im 17. Jahrhundert war Holländer Käse schon in ganz Europa bekannt. In Molières „Eingebildetem Kranken" von 1673 empfiehlt das Dienstmädchen im dritten Akt als Heilmittel „guten Holländer Käse". Auch unterwegs auf langen Reisen verzichteten die Niederländer nicht auf ihre Nationalspeise. Beim Konservieren von Käse waren sie erfinderisch: Als 1981 die Ladung eines im 18. Jahrhundert gesunkenen Ostindienfahrers geborgen wurde, kamen aus sorgfältig verlöteten Bleikisten Tabak, Sardellen und – Käse zum Vorschein.

Die Bilderfabrik. Die holländische Malerei

Im Laufe der Jahrhunderte sind Künstler wie Rembrandt und Vermeer auf ein so hohes Podest gestellt worden, dass wir sie uns heute kaum noch als Menschen vorstellen können. Aber einst konnte man einfach bei ihnen anklingeln. Am 26. Juli 1632 zum Beispiel stand der Notar Jacob van Swieten in Amsterdam vor der Haustür von Rembrandt, weil er für den Abschluss einer Art von Lebensversicherung überprüfen musste, ob der junge Mann noch unter den Lebenden weilte. Ein Mädchen öffnete die Tür, und van Swieten fragte, ob Herr

Rembrandt Harmenszoon van Rijn, Maler, zu Hause sei. „Das besagte Mädchen erwiderte ‚ja', und als auf meine Bitte hin oben genannter Rembrandt Harmenszoon van Rijn, Maler, gerufen wurde und zur Eingangshalle kam, wo ich auf ihn wartete, fragte ich ihn, ob er der Herr Rembrandt Harmenszoon van Rijn, Maler, sei, und nachdem er dies mit ‚ja' beantwortet hatte, sagte ich zu ihm, dass das schon alles gewesen sei, und dass er auf mich den Eindruck mache, noch frisch und kräftig und bei guter Gesundheit zu sein, worauf er erwiderte: ‚Das stimmt, Gott sei Dank bin ich gesund und in guter Verfassung.'"

Wenn es je ein Goldenes Zeitalter der Malerei gegeben hat, dann im Holland des 17. Jahrhunderts. Wer um 1650 in einer holländischen Stadt wohnte, konnte nie weit von einem großen Maler entfernt sein. Rembrandt, Vermeer, Frans Hals, Jan Steen, Jacob van Ruisdael, Pieter de Hooch – um nur wenige zu nennen – arbeiteten alle zur selben Zeit in dem kleinen Dreieck Amsterdam–Haarlem–Delft. Ein Forschungsteam der Universität Amsterdam will ausgerechnet haben, dass um 1650 etwa siebenhundert Berufsmaler in Holland tätig waren, die jedes Jahr ungefähr 70 000 Gemälde fertigstellten. Unstrittig ist, dass im Goldenen Zeitalter mehrere Millionen Gemälde produziert worden sind. Dem englischen Reisenden Peter Mundy fiel auf: „Alle bemühen sich, ihre Häuser, besonders den äußeren, zur Straße hin gelegenen Raum, mit kostbaren Stücken zu schmücken, Metzger und Bäcker ihre Läden nicht weniger. Oft haben sogar Schmiede und Schuhmacher das eine oder andere Bild in ihrer Schmiede oder ihrem Marktstand hängen." Dank dieses ungeheuren Gemäldeausstoßes sehen wir das Holland des Goldenen Zeitalters heute zum Greifen nah vor uns: das stille Land mit dem allgegenwärtigen Wasser, geriffelt wie eine Tischdecke, und den immer ruhelosen Wolkengebirgen; die hochgetürmten Schiffe, die in der Dünung wiegen; die Giebelhäuser, Grachten und Windmühlen; die stolzen Bürger mit ihren Schärpen und Federhüten; die blank geputzten Kachelböden im Schachbrettmuster; die turtelnden Liebespaare, die spielenden Kinder, die Säuglinge, denen der Hintern abgewischt wird; eine langlebige Ente, einen großen Nierenstein und einen Riesenrettich, der dreihundert Jahre vor der Treibhaustomate von den Erfolgen holländischer Gemüsezucht kündete – alles, wirklich alles bannten die Maler auf die Leinwand. „Welches andere Volk hat seine Geschichte mit seiner Kunst geschrieben?", fragte der französische Kunsthistoriker Théophile Thoré, Wiederentdecker Vermeers, im 19. Jahrhundert. Jedes dieser Bilder ist heute ein Fenster zur Vergangenheit, und die großen Sammlungen holländischer Kunst im Rijksmuseum in Amsterdam oder im Mauritshuis in Den Haag sind wahre Zeitmaschinen, die den Besucher um dreihundert, vierhundert Jahre zurückversetzen.

„Dank seiner Maler fühlen wir uns keiner Epoche so nahe wie dem Holland des 17. Jahrhunderts", meint Deborah Moggach, Autorin des erfolgreichen

Romans „Tulpenfieber". Der Autor Anthony Bailey geht so weit zu sagen, dass wir das Holland des Goldenen Zeitalters geradezu als „paralleles Universum", als „Alternativwelt" erleben: „Wir sind mittlerweile soweit, dass wir Hollands 17. Jahrhundert den meisten anderen Epochen vorziehen, vor allem unserer eigenen. Wir mögen die Zurückhaltung und Kultiviertheit der Malerei dieser Zeit, die wohlgeordneten Häuser und Innenhöfe, die friedliche Atmosphäre und das warme Licht, das hereinfällt. Wir vergessen die Religions- und Erbfolgekriege, wir übersehen die immer wiederkehrenden Epidemien, die hohe Kindersterblichkeit. Stattdessen segeln wir mit Jan van Goyen eine stille Wasserstraße hinunter, wandern mit Jacob van Ruisdael durch die grüne Landschaft und riechen an den Blumen, die den Blick so vieler holländischer Maler auf sich zogen."

Im Holland des Goldenen Zeitalters wurde die Kunst erstmals zur Massenware. Die Kirche, Hauptauftraggeber früherer Zeiten, fiel weg, da die Calvinisten in ihren Gotteshäusern keine Bilder duldeten. Fürsten spielten die meiste Zeit auch keine Rolle, nur der Statthalter Friedrich Heinrich hatte ein Faible für Kunst. Doch davon abgesehen arbeiteten die Maler für einfache Bürger und – wenn es sich nicht gerade um Porträts handelte – nicht auf Bestellung, sondern für den freien Markt. 1641 fand der Engländer John Evelyn den Markt von Rotterdam „so voll mit Gemälden, besonders Landschaften und Drolerien, wie sie gewisse possenhafte Darstellungen nennen, dass ich höchst überrascht war". Gemalt wurde, was gefragt war. Die Kunden wollten staunen und lachen, angeben und ihre Häuser verschönern. Viele Werke waren schlicht Zimmerschmuck für Neureiche. „Man wünschte ein Gemälde zu besitzen, weil es ein Ding wiedergab", hat der Historiker Johan Huizinga gesagt. Hohe Preise erzielten vor allem die brillanten Materialienmaler, die Illusionisten, die alle schönen Dinge dieser Welt so täuschend echt abbilden konnten: Frauenhälse und Spitzenkrägen, Goldhelme und Federbüsche, die Falten eines Satinkleides und die Pelzverbrämung einer Samtjacke, Nautiluspokale und Porzellanvasen, Römergläser, in denen sich winzig klein die gegenüberliegende Zimmerwand spiegelt, Meerschaumpfeifen und Käselaibe, Zitronenschalen und Austern, Pfauenpasteten und Hummerscheren. Nur eine einzelne darauf herumkrabbelnde Fliege, von der man im ersten Moment nicht weiß, ob sie vielleicht doch lebendig ist, erinnert daran, dass all dies vom Verfall bedroht ist.

Der amerikanische Wirtschaftswissenschaftler und Kunstfreund John Michael Montias hat ausgerechnet, dass der Durchschnittspreis eines Bildes 16,6 Gulden betrug. Das scheint zunächst einmal viel, denn es ist kaum weniger als ein ganzer durchschnittlicher Monatslohn, etwa der Verdienst eines Predigers oder Schulmeisters. Aber es ist eben nur ein Durchschnittspreis: Manche Bilder kosteten wesentlich mehr und waren damit für die Masse unerschwinglich, viele andere waren auch schon für zwei Gulden zu haben. Wichtige Kriterien waren die Größe des Bildes, die Zahl der dargestellten Figuren, die darauf verwendete Arbeitszeit und die Bekanntheit des Malers. Dem Landschaftsmaler Jan van Goyen wurde nachgesagt, er male jeden Tag ein Bild, und entsprechend niedrig war sein Preis. Dass er mit schnellem Pinselstrich atmosphärische Stimmungen einfing und sich dabei auf billige Braun- und Grautöne beschränkte, hatte gewiss nicht nur künstlerische Gründe, sondern war vor allem einer großen und billigen Produktion geschuldet. Nachdem 1621 der zwölfjährige Waffenstillstand mit Spanien ausgelaufen war und sich Farbstoffe aus Amerika durch die Wiederaufnahme des Krieges verteuerten, wurde die holländische Malerei insgesamt monochromer.

Die Maler kamen meist aus Handwerkerfamilien. Harmen Gerritszoon van Rijn war Müller, und seine Söhne ergriffen ähnlich bodenständige Berufe: Adriaen wurde Schuhmacher, Willem wurde Bäcker, und Rembrandt wurde Maler. Schuhe, Brot und Bilder – das brauchte man immer. In den St. Lukasgilden waren nicht nur Maler Mitglieder, sondern auch Anstreicher, und es war für einen Maler nichts Ehrenrühriges, Aufträge für Ladenschilder oder Stadtwappen anzunehmen. Der heutige Künstlerbegriff war jener Zeit fremd; Maler waren Handwerker und betrachteten ihre Arbeit als Broterwerb. Ferdinand Bol, einer der talentiertesten Porträtisten, legte den Pinsel aus der Hand, sobald ihn eine reiche Witwe geheiratet hatte. Eine Ausnahme war der Architekturmaler Pieter Saenredam, der dank eines von seinem Vater geerbten VOC-Aktienpakets ausgesorgt hatte und dennoch aktiv war.

Einige wenige Maler wurden durch die Arbeit reich: Rembrandt konnte sich vorübergehend ein Amsterdamer Patrizierhaus leisten; für seine „Nachtwache" bekam er 1600 Gulden. Gerard Dou und Frans van Mieris, die Spitzenverdiener unter den Malern des Goldenen Zeitalters, konnten für wesentlich kleinere Bilder an die 1000 Gulden verlangen. Wenn ein großer Maler in Armut starb, bedeutete das nicht zwangsläufig, dass er verkannt wurde, sondern vielleicht nur, dass er nicht mit Geld umgehen konnte oder wie Rembrandt über seine Verhältnisse lebte. Frans Hals war einer Kurzbiografie von 1718 zufolge öfter im Wirtshaus als im Atelier anzutreffen und hatte Schulden bei Bäcker und Metzger. Eine Einladung des flämischen Meisters Anthonie van Dyck, ihm als Hofmaler nach London zu folgen, schlug er aus. Emmanuel de Witte geriet in so große Geldnot, dass er Selbstmord beging. Pieter de Hooch, der Maler der stillen Interieurs, endete im Irrenhaus.

Wie in anderen Wirtschaftszweigen führte die Arbeit auf dem freien Markt bei starker Konkurrenz zu Spezialisierung. Man war Marine- oder Landschaftsmaler, Porträtist oder Maler von Historien (Motiven aus der Bibel, Mythologie oder Geschichte). Der eine malte zeitlebens nichts anderes als Stillleben mit Fischen, der andere mit Käse – aber darin war er dann eben unübertroffen. Vermeer soll insgesamt nicht mehr als fünf unterschiedliche Zimmer abgebildet haben, vermutlich die seines eigenen Hauses. Egbert van der Poel machte sich einen Namen als Maler von Brandkatastrophen. Herman Saftleven, Dionijs Verburgh und Gerrit Battem fuhren den Rhein hinauf, um deutsche Flusstäler und Burgruinen darzustellen – Motive, die andere Landschaftsmaler nicht bieten konnten. Eine Ansicht von Haarlem mit den Bleichwiesen von Jacob van Ruisdael fand so großen Zuspruch, dass er sie in leichter Abwandlung immer und immer wieder malte, so dass sich schließlich sogar ein eigener Name dafür einbürgerte: *Haarlempje*. Was die Kunden schätzten, war Können, war Meisterschaft.

Viele Maler entwickelten raffinierte Techniken, um die gewünschten Effekte zu erzielen. Eine von Frans Hals gemalte Halskrause sieht aus einiger Entfernung genau wie eine Halskrause aus; geht man aber näher heran, so zerfließt sie zu rasch hingeworfenen Pinselstrichen und abstrakten Farbfeldern. Rembrandt trug seine Farben so dick auf, dass er sie anschließend geradezu modellierte. Er schuf zerklüftete Farblandschaften, die er zum Teil wieder abkratzte, er schmierte, tropfte, kleckste. Das Ergebnis dieses höchst unkonventionellen Malprozesses war so rätselhaft, dass der deutsche Kunsthistoriker Eduard Kolloff im 19. Jahrhundert feststellen musste, auch der größte Fachmann sei „unfähig zu entdecken, wie diese Bilder gemacht wurden“.

Auf ganz andere Weise unergründlich war der kühle Vermeer, der im Laufe eines Jahres nicht mehr als zwei oder drei Bilder fertigstellte. In unendlicher Fleißarbeit gab er mit Hunderten von winzigen Farbtupfern das Flimmern auf einem sonnenbeschienenen Tisch wieder. Möglicherweise verwendete Vermeer eine *Camera obscura*, um die illusionistische Wirkung seiner Bilder zu erreichen. Dieses Vorläufermodell der Fotokamera bündelt Lichtstrahlen, führt sie durch ein winziges Loch und projiziert die Strahlenquelle – seitenverkehrt und auf dem Kopf – auf die gegenüberliegende Wand. Typisch für eine solche Lochkamera-Projektion sind diffuse Glanzlichter wie sie auch auf den Bildern von Vermeer vorkommen. Carel Fabritius wiederum experimentierte mit einem Weitwinkelobjektiv und schuf eine Stadtansicht, die aussieht wie durch ein modernes Fischaugenobjektiv abgebildet. Samuel van Hoogstraten verblüffte seine Kunden und heute die Besucher der National Gallery in London mit einem Perspektivkasten voller optischer Täuschungen: Durch ein Guckloch blickt man ins Innere des Kastens und meint, eine dreidimensionale Wohnung samt Flur und mehreren Zimmern zu sehen.

Ein Kapitel für sich sind die Farben. Vermeer benutzte nur die besten und machte sogar reichlich Gebrauch von der allerteuersten – Ultramarinblau aus

Lapislazuli. Auch die rote Farbe, die aus dem Blut zerstampfter Schildläuse aus Amerika oder Asien gewonnen wurde, war nicht gerade preiswert. Rembrandts Atelier war das reinste Chemielabor, in dem er ständig Farben anrührte, mischte und testete. In der Farbe seiner „Judenbraut" sind Partikel von Ei nachgewiesen worden.

Das hervorstechendste Merkmal der holländischen Malerei ist ihr Realismus. Über Vermeer etwa sagt der amerikanische Experte Arthur K. Wheelock: „Er war der erste Künstler, der wirklich erforschte, wie Licht von Gegenständen zurückgeworfen wird, und sich um eine malerische Umsetzung bemühte." Willem van de Velde der Ältere fuhr wie ein moderner Kriegsbildbildreporter mit der Flotte aus, um Seeschlachten möglichst wirklichkeitsgetreu wiedergeben zu können. Wenn die Geschütze dröhnten und ganze Schiffe zersprangen und untergingen, saß in einem schwankenden Fischerboot dieser frühe Bildjournalist, neben sich einen Berg von Papier, und zeichnete: Rauch und Pulverdampf mit dem Pinsel, mit der Feder die Konturen der Schiffe, in Feuerpausen auch Details wie Stückpforten, Takelwerk, Heckspiegel, Flaggen und Wimpel, die dem Kenner verraten, welches Eskader da mit welchem im Kampf liegt. „Keine andere Kultur hat Wissen so sehr durch Bilder gesammelt wie die holländische", meint die US-Kunsthistorikerin Svetlana Alpers. Frans Post segelte bis nach Brasilien, um sich seine Nische auf dem holländischen Kunstmarkt zu schaffen: Bis ans Ende seiner Tage malte er Tropenbilder. Bezeichnend ist, dass er sie im Laufe der Zeit immer mehr dem Geschmack der Kunden anpasste. Die Gemälde, die noch in Brasilien entstanden, zeigen ungeschönt die Tonlosigkeit drückender Tropentage. Je länger er aber wieder zu Hause in Haarlem weilte, desto farbiger wurde die Palette. Jetzt ist der ehemals diesige Himmel tiefblau, und die Vegetation wirkt wie eine Parklandschaft, belebt von friedlichen Schlangen, Gürteltieren, Ameisenbären und Äffchen – eine koloniale Utopie.

Die holländische Malerei ist also nicht immer so realistisch, wie sie auf den ersten Blick scheint. Ebenso wie der heutige Theaterbesucher die meisten Wortspiele in den Komödien von William Shakespeare nicht mehr versteht, so müssen auch viele altholländische Bilder entschlüsselt werden. Ein Bild von Gerard ter Borch, das von Goethe den Titel „Die väterliche Ermahnung" erhielt, wird von heutigen Kunsthistorikern ganz anders interpretiert: Der vermeintliche Vater, der seiner Tochter zuspricht, ist demnach der Kunde einer Prostituierten, und die „Mutter" im Hintergrund ist die Zuhälterin.

Auch das Werk von Jan Steen macht zunächst einen unschuldigen Eindruck. Da sitzt eine Frau auf der Bettkante und zieht sich Strümpfe an; ein junges Mädchen isst Austern; oder ein Arzt fühlt den Puls einer Patientin. Tatsächlich aber enthalten all diese Szenen erotische Anspielungen. Die Frauen mit den

Strümpfen und den Austern stehen für ein wildes Sexleben, die scheinbar Kranke ist ungewollt schwanger. Egal ob Nachttopf oder Pantoffel, Papagei, Hund oder Spiegelei – bei Steen sind all das Symbole für Geschlechtsteile, Koitus oder Schwangerschaft. Das mag weit hergeholt erscheinen, doch nur aufgrund des zeitlichen Abstands. Die Holländer des Goldenen Zeitalters waren aus Volksbüchern, Liedern, Sprüchen und Witzen mit diesen Anspielungen vertraut, für sie gab es nichts zu enträtseln. Steen, der wie die anderen auch von seiner Kunst leben musste und in schlechten Zeiten als Kneipenwirt dazuverdiente, malte einfach das, was sein Publikum wollte. Allerdings kann man sich des Eindrucks nicht erwehren, dass er großen Spaß dabei hatte. In mancher pikanten Situation hat er sich selbst dargestellt: Lachend grapscht der füllige Lebemann nach dem Rock einer Frau oder lässt sich in die Arme einer Prostituierten sinken. Eddy de Jongh, der einflussreichste Deuter altholländischer Malerei, ist der Ansicht, dass Steen von Sex geradezu „besessen" war. Für manche Kunstliebhaber, so de Jongh, sei es wohl schwierig, die Verbindung von inhaltlicher Trivialität und malerischer Brillanz zu akzeptieren.

Aber auch Bilder ohne tiefere Bedeutung sind nie fotografisch getreue Abbildungen, nie bloße Nachahmung der Wirklichkeit. Die dramatischen Wolkenberge holländischer Landschaftsmaler sind zum Teil frei erfunden: Solche Wolkenformationen gibt es schlicht nicht, weiß man heute. Vom bekanntesten Gemälde des *Beesten-Schilder* (Tiermalers) Paulus Potter, einem zwei mal drei Meter großen Stier, hieß es im 19. Jahrhundert noch, die Natur könne „nicht vollendeter wiedergegeben werden als auf diesem Wunderstück". Doch weit gefehlt, der Stier ist alles andere als lebensecht: Er hat den Körperbau eines einjährigen, die Hörner eines zweijährigen und das Gebiss eines vierjährigen Bullen. Potter setzte seinen Stier zusammen, wie es ihm gefiel. Ähnlich kombinierte der auf Kircheninterieurs spezialisierte Pieter Saenredam unterschiedliche Perspektiven und Blickwinkel zu Räumen, die so gar nicht existierten. Hercules Seghers ging noch weiter und verlegte die Häuser, die er von seinem Haus an der Amsterdamer Lindengracht aus sah, in eine wilde Gebirgslandschaft.

Selbst Vermeers scheinbar so haargenaue „Ansicht von Delft", auf der man sogar die Uhrzeit von einem Zifferblatt ablesen kann (zehn vor sieben), zeigt die Heimatstadt des Malers nicht exakt so, wie sie wirklich aussah. Um einen harmonischeren Gesamteindruck zu erzielen, vereinfachte Vermeer die Stadtsilhouette und zog sie in die Breite, wie ein Vergleich mit zeitgenössischen Stichen zeigt. Wann immer es sein Gefühl für Ästhetik erforderte, manipulierte er in seinen Interieurs Lichteinfall und Schatten, Größenverhältnisse und Perspektive. Seine Bilder zeigen zwar Szenen aus dem Alltagsleben – eine Frau steht am Fenster und liest einen Brief, eine Dienstmagd gießt Milch in einen Krug – aber alles so ausbalanciert und aufeinander abgestimmt, dass die Wirklichkeit korrigiert und überhöht wird. Das berühmte „Mädchen mit dem Perlenohrring" hat es so vermutlich nie gegeben: „Das ist kein bestimmtes Mädchen, es ist ein idealisiertes Bild", meinte einmal der frühere Direktor des Mauritshuis, Frederik Duparc. Wheelock beschreibt die „Vermeersche Vision" als „Augenblick, der zur Ewigkeit wird". Die Ausgewogenheit und Ruhe seiner Bilderwelt, die Momente der Stille und des Alleinseins muss Vermeer im Alltag schmerzlich vermisst haben. Er und seine Frau Catharina hatten mindestens elf Kinder, die das Kleinkindalter überlebten. Außerdem wohnten noch seine streitsüchtige Schwiegermutter und sein gewalttätiger Schwager mit im Haus; dieser versuchte sogar, die hochschwangere Catharina mit einem Eisenstock zu schlagen.

Die Meisterwerke unter den Bildern des Goldenen Zeitalters weisen weit über ihre Epoche hinaus. „Das kranke Kind" von Gabriel Metsu wird jede Mutter an durchwachte Fiebernächte erinnern. Der kleine „Distelfink" von Carel Fabritius ist auf ein einfaches Brett gemalt und sollte vermutlich nur eine Nische in einer weißgetünchten Wand verdecken; viele Generationen später zeigt er noch immer, dass uns die ganz kleinen Dinge oft viel stärker berühren als die großen. Und dann Rembrandts „Judenbraut". „Willst du mir glauben – und das ist mein Ernst – dass ich zehn Jahre meines Lebens darum gäbe, wenn ich hier vor diesem Bild 14 Tage lang sitzen bleiben könnte, nur mit einem trockenen Stück Brot zu essen?", fragte Vincent van Gogh 1885 einen Freund. Das Motiv ist denkbar einfach: Ein Mann nimmt eine Frau in den Arm und legt behutsam seine Hand auf ihre Brust. Die Geste hat aber nichts Bedrängendes, sie ist voller Liebe, Respekt und Vertrautheit. Die Frau erwidert die Zuneigung des Mannes, indem sie zärtlich seine Hand berührt. Eine solches Liebesbild ist in der abendländischen Kunst bis dahin ohne Beispiel. „Was für ein intimes, was für ein unendlich sympathisches Bild", schwärmte van Gogh. „Rembrandt dringt so tief ins Geheimnis ein, dass er Dinge sagt, für die es in keiner Sprache Worte gibt."

Porträt: Rembrandt

Maler und Kaufmann

Rembrandt (1606–1669) hat seine eigene Autobiografie hinterlassen – mehr als sechzig Selbstporträts. Als die National Gallery in London sie 1999 in einer Sonderausstellung nebeneinander hängte, konnte man Rembrandt im Vorbeigehen altern sehen. Das erste Bild, datiert 1628, zeigte ihn als 22-Jährigen mit Kindergesicht, Ohrring und Lockenmähne, das letzte im Alter von 63 Jahren als kahlen Greis wenige Monate oder Wochen vor seinem Tod. Dazwischen bewies er sich als Verwandlungskünstler, setzte Schlapphüte und Helme, Kappen und Turbane auf, posierte mit Säbel und in

Arbeitskleidung mit Pinsel und Farbpalette, schlüpfte in die Rolle des Apostels Paulus, des Malers Tizian oder des Philosophen Demokrit, spielte Theater, zog Grimassen. Und doch war er immer sofort zu erkennen – an der wohl berühmtesten Knollennase der Kunstgeschichte.

Nur zu gern sahen Rembrandt-Verehrer in den Selbstporträts Zeugnisse für eine lebenslange Suche nach der eigenen Identität. Doch das war wohl vor allem eine Projektion des 20. Jahrhunderts. Rembrandts wahre Motive könnten wesentlich nüchterner gewesen sein: Entgegen der alten Legende vom verkannten Künstlergenie war er schon zu Lebzeiten weit über die Grenzen der Niederlande hinaus bekannt und geschätzt. Ernst van de Wetering, der Leiter des *Rembrandt Research Project*, das in den vergangenen Jahrzehnten Hunderte „Rembrandts" als Schülerwerke eingestuft hat, glaubt, dass viele Bewunderer ein Selbstporträt bei Rembrandt bestellten. Für diese Theorie spricht, dass er seine Bildnisse nicht etwa behielt, sondern sie verkaufte. Zudem ließ er 31 Selbstporträts zur Massenverbreitung als Kupferstich drucken – Rembrandt war geschäftstüchtig. In einer notariellen Akte von 1642 wurde er aufgeführt als „Rembrandt van Rijn, Kaufmann."

Doch kaum jemand wird glauben können, dass auch die letzten, die bewegendsten seiner Selbstporträts einem rein geschäftlichen Zweck dienen sollten. Rembrandt ist zu diesem Zeitpunkt bankrott, seine geliebte Frau Saskia seit mehr als zwanzig Jahren tot. Tot sind auch seine Lebensgefährtin Hendrickje Stoffels und sein Sohn Titus. Die teuren oder exotischen Gewänder sind in der späten Phase verschwunden. Die Augen wirken klein, das Gesicht ist blass und aufgedunsen. Und dennoch: Dieser Mann hat nicht kapituliert, er malt bis zum Schluss. „In diesen Werken", schreibt die englische Kunstkritikerin Helen Langdon, „zeigt Rembrandt, wie man der Dunkelheit trotzen kann durch die Macht eindringlicher Beobachtung – die Macht der Kunst."

Freier Geist in freier Republik. Die Niederlande als Hort der Toleranz

Eines der bekanntesten Gemälde Rembrandts sind die 1662 entstandenen „Staalmeesters" im Rijksmuseum, ein Gruppenbildnis der fünf Prüfer der Amsterdamer Tuchmachergilde. Sie sehen sich alle sehr ähnlich, die schwarz gekleideten Herren mit weißem Kragen, die da für einen Moment in ihren Beratungen innehalten und zum Betrachter hinschauen. Tatsächlich aber handelt es sich um Personen mit völlig verschiedenem Hintergrund. Der Vorsitzende des Prüfungskollegiums, Willem van Doeyenburg, der in der Mitte am Tisch sitzt, war als einziger Mitglied der offiziellen calvinistischen Kirche. Volckert Janszoon dagegen, der gerade aufsteht und uns dabei einen skeptischen Blick zuwirft, war Mennonit. Jacob van Loon, der älteste der Staalmeesters ganz links, war Katholik, ebenso wie Aernout van der Mye ganz rechts. Beide hatten in ihren Häusern

Vier Konfessionen an einem Tisch. Die Staalmeesters.
Gemälde von Rembrandt, 1662.

eine kleine katholische Kirche untergebracht, in der sie mit anderen Katholiken die heilige Messe feiern konnten. Jochem de Neve schließlich, der jüngste mit der modischen langen Lockenfrisur, kam aus einer Familie von Remonstranten, calvinistischen Abweichlern.* Fünf Männer mit vier Konfessionen an einem Tisch, friedlich zusammenarbeitend – das gab es im Zeitalter der Religionskriege nur in den Niederlanden.

„In der Straße, wo ich abgestiegen bin, mag es fast so viele Konfessionen wie Häuser geben, und der Nachbar kennt weder noch kümmert er sich um den Glauben des Nachbarn“, wunderte sich ein Engländer 1619 in Amsterdam. „In dieser Republik kann sich kein Mensch füglich beschweren, in seinem Gewissen unter Druck gesetzt zu werden“, bestätigte ein anderer. Ein Franzose berichtete 1660: „Es gibt heute keine Gegend der Welt, die sich so großer Freiheit erfreut wie Holland.“ Diese Schilderungen sind um so glaubwürdiger, als sie genauso von erklärten Feinden der Niederländer kommen. Ein englischer Propagandist höhnte: „Gibt es in der christlichen Welt irgendeine Bastardsekte, die nicht in den Sümpfen (der Niederländer) gedeiht?“ Schon 1602 fand in Middelburg das erste Begräbnis nach islamischem Ritus statt: Der 71 Jahre alte Leiter einer Gesandtschaft aus Sumatra wurde „in aller Pracht“ in der St. Pieterskerk zur letzten Ruhe gebettet; die VOC sorgte für einen angemessenen Grabstein.

* Der sechste Mann ist ein Bediensteter.

So mancher ausländische Beobachter führte das hohe Maß an Toleranz nicht auf Freiheitsliebe, sondern auf eine Mischung aus Geschäftssinn und Gleichgültigkeit zurück. Von einem niederländischen Gesandten auf Glaubensfragen angesprochen, zog der König von Schweden einen Taler aus der Tasche und sagte: „Das ist eure Religion!" Auch der französische Philosoph René Descartes (1596–1650), der fast sein ganzes Erwachsenenleben in den Niederlanden verbrachte, beurteilte die Motive der Niederländer nüchtern, wenn er die Freiheit selbst auch zu schätzen wusste. 1631 schrieb er aus Amsterdam an einen Landsmann: „In dieser großen Stadt, in der ich mich befinde, (ist), da es in ihr außer mir keinen Menschen gibt, der nicht Handel triebe, jeder derart auf seinen Nutzen bedacht, dass ich mein ganzes Leben hier bleiben könnte, ohne von jemandem aufgesucht zu werden. Ich gehe jeden Tag mitten im Wirrwarr einer großen Bevölkerung mit ebenso viel Freiheit und Ruhe spazieren wie Sie es in Ihren Alleen tun würden. In welchem anderen Land kann man eine so vollständige Freiheit genießen?" Baruch de Spinoza (1632–1677), der zweite große Philosoph, der im 17. Jahrhundert in den Niederlanden wirkte, schätzte sich ebenfalls glücklich: „Uns ist das seltene Glück zuteil geworden, in einem Staat zu leben, in dem einem jeden die unbeschränkte Freiheit zugestanden wird, zu urteilen und Gott zu verehren, wie es ihm gutdünkt."

Spinoza, der die Existenz eines persönlichen Gottes bestritt, wurde 1632 im Amsterdamer Judenviertel geboren. Er stammte aus einer Familie portugiesischer Juden, die wie viele andere von der Iberischen Halbinsel in die Niederlande geflohen war. Dort galten für Juden zwar auch viele Einschränkungen, so waren ihnen Beziehungen zu christlichen Frauen untersagt und sie durften keiner Gilde beitreten, doch gewalttätige Übergriffe gab es nicht. Die Juden bauten Synagogen und legten Friedhöfe an und genossen eine Anerkennung, die in den meisten anderen Ländern unvorstellbar gewesen wäre. 1642 kam Statthalter Friedrich Heinrich, der höchste Repräsentant des Staates, zu einem feierlichen Besuch in die Amsterdamer Synagoge. Die 1675 fertiggestellte Portugiesische Synagoge war eines der stattlichsten Gotteshäuser der Stadt. Ein Stich, der an die Einweihung erinnert, trägt die Inschrift: „Auf der Freiheit des Gewissens gründet das Wachstum der Republik."

Diese Freiheit wurde von den Niederländern in alle Welt exportiert. So herrschte von 1637 bis 1644 in Niederländisch-Brasilien unter dem Generalgouverneur Johann Moritz von Nassau völlige Religionsfreiheit. In dieser Zeit wurde in seiner Residenzstadt Recife die erste Synagoge der Neuen Welt gebaut. Katholiken konnten öffentlich die heilige Messe feiern und Prozessionen abhalten. Das waren deutlich größere Freiheiten, als den Katholiken in den Niederlanden selbst gewährt wurden. Dort durfte man zwar katholisch sein, es aber nicht zeigen. Gewissensfreiheit war gewährleistet, das Feiern der Messe aber verboten. In der Praxis allerdings wurden katholische Gottesdienste stillschweigend zugelassen, wenn man dabei die nötige Diskretion walten ließ. Was das bedeutete, ist in Amsterdam zu besichtigen: Hinter der Fassade eines unauffälligen Kaufmannshauses verbirgt sich dort eine katholische Kirche, *Ons' Lieve Heer op Solder* (Unser lieber Herr auf dem Dachboden). Das Gotteshaus, komplett mit 150 Sitzplätzen, Orgel, und Heiligenbildern, erstreckt sich über drei Dachböden und ist noch im ursprünglichen Zustand von 1661 erhalten. Solche Schlupfkirchen gab es überall in den Niederlanden, denn etwa ein Drittel der Bevölkerung blieb katholisch. Die Existenz der Kirchen war den Behörden durchaus bekannt, doch sie gingen dagegen nicht vor. Es war ein frühes Beispiel von *gedoogbeleid*, von niederländischer Duldungspolitik, wie sie heute zum Beispiel in der Drogenpolitik praktiziert wird: Was offiziell strafbar ist, muss nicht unbedingt auch verfolgt werden.

Den strengen Calvinisten war dies ein Dorn im Auge. Unermüdlich pochten sie auf ein härteres Vorgehen gegen alle Andersgläubigen. In ihrem Eifer wollten sie sogar das Nikolausfest abschaffen, denn der Kinderfreund und Schutzpatron der Seefahrer war für sie nur eine Ausgeburt „papistischer Abgötterei". Zuweilen brachten sie die Behörden dazu, Pfefferkuchen und Weckmänner zu beschlagnahmen. Doch Eltern und Kinder ließen sich ihren *Sinterklaas* nicht verbieten, das Fest wird bis heute nirgendwo so groß gefeiert wie in den Niederlanden. Fanatismus war den Bürgerregenten zuwider. Die letzte Hexe wurde in den Niederlanden vermutlich 1608 verbrannt, mehr als 150 Jahre vor den letzten Hexenprozessen im deutschsprachigen Raum. Um in den Niederlanden wegen Ketzerei mit dem Gesetz in Konflikt zu kommen, musste man die christliche Lehre schon sehr direkt und sehr öffentlich angreifen, so wie jener Johannes Torrentius, der 1627 unter dem Verdacht der Mitgliedschaft im Geheimbund der Rosenkreuzer festgenommen wurde. Nach Zeugenaussagen hatte der berühmte Maler aus Haarlem nicht nur Unmengen von Geld im Bordell verprasst und pornographische Bilder angefertigt, sondern auch öffentlich Gott und die Bibel verhöhnt und auf den Teufel angestoßen. Doch selbst der Freidenker Torrentius blieb nicht länger als zwei Jahre im Gefängnis. Kein Geringerer als der in Glaubensfragen so liberale Statthalter Friedrich Heinrich setzte sich beim Stadtrat von Haarlem für ihn ein, und als 1630 auch noch der englische König Karl I. darum bat, ihn als Hofmaler nach London holen zu dürfen, lenkten die Behörden ein und ließen ihn gehen.

Dass in der Republik nur so wenige Menschen ihrer Überzeugung wegen verfolgt wurden, lag zum Teil aber auch einfach an der Ohnmacht des Staates. Ein hartes Durchgreifen scheiterte oft an der extrem föderativen Struktur der nur dem Namen nach Vereinigten Provinzen. So beklagte der holländische Ratspensionär, dass „jedes Mal diese oder jene Stadt keinen Geschmack" am Beschluss der Provinzialstaaten finde, eine bestimmte Flugschrift zu verbieten. Der berühmte Drucker Blaeu hatte im Amsterdamer Stadtrat so gute Freunde, dass er ein Buch herausgeben konnte, auf dessen Titelblatt stand: „In Holland per Schöffenurteil verboten". Und als die Staaten von Holland einmal den Haarlemer Zeitungsherausgeber Abraham Casteleyn nach Den Haag zitierten, weil sie einen seiner Informanten als Spion enttarnt hatten, ließ der Magistrat von Haarlem die Herren wissen, wenn sie Casteleyn sprechen wollten, müssten sie selbst kommen. Niederländische Drucker publizierten auch zahllose fremdsprachige Bücher, die in den jeweiligen Herkunftsländern verboten waren. „Die holländischen Bücherverkäufer verdienen jedes Jahr eine Million an französischer Denkarbeit", meinte Voltaire.

In diesem Klima blühten auch die Wissenschaften. Als 1575 die Universität Leiden gegründet wurde, wollten die Calvinisten sie unter die Aufsicht der

Jerusalem an der Amstel. Innenansicht der Portugiesischen Synagoge. Bei ihrer Eröffnung 1675 war sie die größte der Welt.

Kirche stellen, doch Wilhelm von Oranien und die Staaten von Holland verhinderten dies. Binnen einiger Jahrzehnte entwickelte sich Leiden zur größten Universität der protestantischen Welt. Von 1626 bis 1650 schrieben sich 11 000 Studenten in Leiden ein, verglichen mit 8400 in Cambridge, der größten Universität Englands, und 6700 in Leipzig, der größten in Deutschland. Mehr als die Hälfte der Leidener Studenten kam zu dieser Zeit aus dem Ausland, vor allem aus Deutschland, England und Skandinavien. In Studierzimmern und Laboratorien forschten Gelehrte von Weltrang. Christiaan Huygens (1629–1695) richtete das 1608 in Middelburg erfundene Fernrohr gen Himmel und entdeckte den Saturnring. Jan Swammerdam (1637–1680) dagegen drehte es um und betrachtete die Erde. Unter dem Mikroskop tat sich eine neue Welt auf. Zu seinem größten Erstaunen stellte er fest, dass die kleinsten Lebewesen noch genauso kompliziert aufgebaut waren wie die großen. Für Swammerdam waren *deese kleene Beeskens Gods onnoemelyke wonderen*, Gottes unbeschreibliche Wunder. Er sah „den allmächtigen Finger Gottes in der Anatomie einer Laus", denn: „Welcher Atheist, der diese unerschöpfliche Kunst der Eingeweide in den Tieren betrachtete, würde dadurch nicht beschämt verstummen?" Zwischenzeitlich geriet er in eine spirituelle Krise, weil er glaubte, zu tief in die Geheimnisse der göttlichen Schöpfung vorgedrungen zu sein – er war schließlich der erste überhaupt, der all dies betrachtete und offen legte: den Eierstock einer Bienenkönigin, die Entwicklung einer Raupe zum Schmetterling, die roten Blutkörperchen. Insektenforschung auf andere Art betrieb die gebürtige Frankfurterin Maria Sibylla Merian (1647–1717). Im Alter von 52 Jahren reiste sie von Amsterdam in die niederländische Kolonie Surinam, um dort zwei Jahre lang die Schmetterlinge, Raupen, Käfer, Skorpione und die dazugehörige üppige Pflanzenwelt Südamerikas abzubilden. Trotz enormer Strapazen im feuchtheißen Klima schuf sie Hunderte von Zeichnungen und Aquarellen und offenbarte ihren Zeitgenossen so erstmals den Kosmos der tropischen Natur – hundert Jahre vor Humboldt. Der VOC-Diener Georg Eberhard Rumpf (1627–1702), genannt Rumphius, ein Hesse, schuf ein ähnliches Werk für die Tier- und Pflanzenwelt der Gewürzinsel Ambon. Während der jahrzehntelangen Arbeit verlor er seine Sehkraft, seine Familie – sie kam bei einem Erdbeben um – und mehrmals das gesamte Manuskript, unter anderem durch Brand und Schiffsuntergänge.

Der bedeutendste Forscher des Goldenen Zeitalters war ein Autodidakt, der nicht studiert hatte, Antoni van Leeuwenhoek (1632–1723) aus Delft, ein Bekannter des Malers Vermeer. Für seine Arbeit wurde er von der Royal Society in London zunächst verlacht, dann geehrt. Van Leeuwenhoeks Entdeckungen waren möglich, weil er das Mikroskop stark verbesserte und schließlich 400-fache Vergrößerungen erreichte. Er sah als erster Mensch Einzeller und Bakterien.

1678 beschrieb er *dierkens* (Tierchen) im männlichen Sperma – die Samenzellen. All dies war so beeindruckend, dass Besucher aus aller Welt zu diesem Seher der Winzigkeit reisten, nur um einmal selbst durch sein Mikroskop blicken zu dürfen, darunter Peter der Große und Gottfried Wilhelm von Leibniz.

Doch „kein anderer Aspekt der niederländischen Freiheit im Goldenen Zeitalter erstaunte die Zeitgenossen, besonders Ausländer, mehr als die, welche Frauen genossen", schreibt Jonathan I. Israel in seiner Geschichte der niederländischen Republik. „Hier krehet die Henne und der Hahn muss nur keckeln", wunderte sich ein Deutscher. Während in Deutschland die Männer auf dem Weg zur Kirche zusammengingen und ihre Frauen mit den Kindern folgten, war es in den Niederlanden genau andersherum: Die Frauen tauschten in Grüppchen den neuesten Klatsch aus, während sich ihre Männer um die Kinder kümmern mussten. Erschrocken stellten ausländische Besucher fest, dass man sich in der Öffentlichkeit küsste. Töchter aus gutem Hause gingen „mit und ohne Erlaubnis bei Nacht mit jungen Männern auf der Straße spazieren". Friesische Frauen liefen noch spätabends Schlittschuh und feierten auch schon mal eine Nacht lang in weit entfernten Wirtshäusern.

Ähnlich frei bewegten sich die Kinder. Auch hier kritisierten ausländische Besucher eine ihrer Meinung nach viel zu große Nachsicht sowie übertriebenes Hätscheln und Küssen. Kinder zu schlagen, war verpönt. Niederländische Erziehungsratgeber jener Zeit geben zum Teil verblüffend ähnliche Hinweise wie heutige Handbücher. So ermahnte eine 1684 erschienene „Abhandlung über die Erziehung und die Krankheiten der Kinder" von Stephanus Blankaart die Eltern, Säuglinge nicht zu lange schreien zu lassen. Auf einem Stich von 1624 sieht man einen Vater im Schlafrock mit einem Baby auf dem Arm durch die nächtliche Wohnung tigern, während sich seine Frau im Bett neben der leeren Wiege mal ausschläft. Blankaart empfahl auch, die Kleinen nicht zu früh auf den *kakstoel,* aufs Töpfchen, zu setzen. Ist die Zeit dann gekommen, gibt man am Besten eine Rassel oder eine Trompete dazu, denn mit Musik geht alles leichter. Bettnässen ist kein Grund zur Sorge, das machen alle mal durch. Und wenn das Kind mit sieben oder acht Jahren plötzlich wieder in die Hose macht, ist dies nur ein Zeichen dafür, dass es Angst vor dem Lehrer hat. Viel schlimmer wäre doch, es könnte gar nicht Pipi machen!

Ein anderer vielgelesener Autor, der Arzt Jan van Beverwijck, empfahl in seinem „Schatz der Gesundheit", Kinder nicht zu streng zu erziehen; sie müssten ihr kindliches Wesen ausleben dürfen: „Lasst sie uneingeschränkt spielen, und lasst die Schule das Spiel zu ihrer Entwicklung einsetzen, sonst werden sie gegen das Lernen sein, bevor sie wissen, was Lernen ist." Wenn es im 17. Jahrhundert schon ein kinderfreundliches Land gab, dann waren es die Niederlande.

Stichwort: Calvinismus

In jedem Niederländer steckt ein moralisierender calvinistischer Prediger, heißt es. Der Calvinismus war eine der Triebfedern für das enorme Wirtschaftswachstum im 17. Jahrhundert, glaubte man doch, dass die von Gott Auserwählten schon zu Lebzeiten mit besonderem Erfolg gesegnet waren. Die Forderung, Geld weder zu verprassen noch zu horten, sondern in neue gottgefällige Unternehmungen zu stecken, kam der Expansion ebenfalls zugute.
Die unerschrockenen Pfarrer, die in ihren Predigten oft sehr deutlich gegen die Politik der Regierung oder die Gier der Großkaufleute Stellung bezogen, förderten schon im 17. Jahrhundert eine kritische Grundhaltung gegenüber der Obrigkeit. Da sie die Volksmeinung prägen konnten, waren sie ein gefürchteter Machtfaktor. Aber wie die Leser des in Deutschland so beliebten Romanschriftstellers Maarten 't Hart wissen, hatte der Calvinismus auch eine Kehrseite: Im sogenannten Bibelgürtel der Niederlande kennzeichnen ihn bisweilen noch heute spießbürgerliche Engstirnigkeit, freudlose Nüchternheit und – um es vorsichtig auszudrücken – äußerste Sparsamkeit.

Angriff auf den Goldberg. Die Seekriege gegen England

1648, im Jahr des Westfälischen Friedens, bot Europa ein trostloses Bild. Deutschland war nach dreißig Jahren Krieg entvölkert, in vielen Gegenden waren zwei Drittel der Bewohner umgekommen. Spanien hatte sich in endlosen Kriegen verausgabt und war für alle sichtbar im Niedergang begriffen. Frankreich wurde durch die *Fronde*, einen Aufstand von Volk und Adel gegen die Krone, erschüttert. England befand sich im Bürgerkrieg und spielte im Konzert der europäischen Mächte seit Jahrzehnten nicht mehr mit. *Ein* Land aber war über die Maßen reich und mächtig – die Republik der Vereinigten Niederlande. Im Westfälischen Frieden wurde ihre Unabhängigkeit von Spanien offiziell anerkannt. Seit Admiral Maerten Harpertszoon Tromp 1639 vor Dover die größte spanische Flotte seit der Armada in den Grund gebohrt hatte, galten die Niederlande als die führende Seemacht. Mit ihren Stützpunkten in Afrika, Asien und Amerika schienen sie das Erbe der Kolonialmächte Spanien und Portugal anzutreten und an einem weltweiten Imperium zu bauen. Im vollen Bewusstsein ihres Erfolges legten sie sich im Marmorsaal des neuen Rathauses von Amsterdam, des größten Gebäudes der Republik, den Erdkreis zu Füßen: In den Boden war eine riesige Weltkarte gemeißelt.

Nach sechzig Jahren schwindelerregenden Aufstiegs hatten sich die Niederländer daran gewöhnt, ihren Erfolg als etwas Selbstverständliches zu betrachten. Doch es war natürlich alles andere als selbstverständlich, dass sich ein so kleines Land mit noch nicht einmal zwei Millionen Einwohnern als Weltmacht gebärdete. Dies war nur möglich, weil die anderen Länder so sehr mit sich selbst beschäftigt waren und ihr Potenzial nicht nutzen konnten. England hatte fünf, Frankreich gar zwanzig Millionen Einwohner. Es war nicht damit zu rechnen, dass sich diese Nationen auf Dauer damit abfinden würden, dass ein viel kleineres Land den Überseehandel beherrschte und die größten Reichtümer anhäufte.

Die ersten, die ihre inneren Konflikte überwanden und sich wieder nach außen orientierten, waren die Engländer. 1649 wurde König Karl I. im Regierungsviertel von London enthauptet. Neben den Niederlanden gab es nun noch eine zweite calvinistische Republik in Europa, doch alle religiösen und politischen Gemeinsamkeiten wurden von wachsender wirtschaftlicher Rivalität überlagert. Bis Ende der 1640er-Jahre hatten die Engländer immerhin noch mit Spanien und Portugal gute Geschäfte gemacht, doch nach dem Westfälischen Frieden fielen alle Handelsbeschränkungen für die Niederländer weg, und binnen kürzester Zeit verdrängten sie ihre Konkurrenten von der anderen Seite der Nordsee auch aus diesem Markt. Mit entwaffnender Offenheit bekannten sich führende Männer in der City of London dazu, „dass der Welthandel zu gering für uns beide ist und darum einer vernichtet werden muss". Ein General erklärte unverblümt: „Was wir wollen, ist mehr von dem Handel, den die Holländer jetzt haben."

1651 verabschiedete das englische Parlament die berühmte Navigationsakte, die vorschrieb, dass alle Waren künftig nur noch auf englischen Schiffen oder auf Schiffen des jeweiligen Herkunftslandes nach England ein- oder von dort ausgeführt werden durften. Das Gesetz richtete sich gegen die unschlagbar billigen Zwischenhändler aus den Niederlanden, die vor allem Waren aus anderen Ländern beförderten und nun praktisch über Nacht ausgeschaltet wurden. Die Navigationsakte war das erste in einer ganzen Reihe protektionistischer Gesetze, mit denen die großen europäischen Länder in der zweiten Hälfte des 17. Jahrhunderts versuchten, ihre eigene Schifffahrt zu fördern. Nun war England zwar lange kein so wichtiger Markt für die Niederländer wie Frankreich, Spanien oder der Ostseeraum, doch was der Navigationsakte zusätzliche Brisanz verlieh, waren massive Kontrollen, die zu ihrer Durchsetzung vorgenommen wurden. Allein 1651 beschlagnahmten die Engländer 140 niederländische Schiffe, weil sie ihnen vorwarfen, gegen die Navigationsakte verstoßen zu haben. So nahm die Spannung zwischen beiden Ländern schnell zu. Am 29. Mai 1652 kam es vor den Klippen von Dover zu einem ersten Feuergefecht zwischen einem Flottenverband des englischen Admirals Robert Blake und einem Geschwader von Tromp; beide behaupteten hinterher, der andere habe als Erster geschossen. Tromp war zu jener Zeit schon eine Legende. Wenn Niederländer in der Ferne Kanonendonner hörten, dann sagten sie zueinander: „Das ist Maerten Harpertszoons Prise." Seine Männer verehrten den auf See alt gewordenen Flottenführer als *Bestevaer* (Großvater) und „Teerjacke", als Offizier, der sich von ganz unten hochgedient hatte. Er stammte aus einer Seemannsfamilie, fuhr schon seit seinem neunten Lebensjahr zur See und hatte als Elfjähriger zugesehen, wie sein Vater von englischen Piraten getötet worden war. Von Karl I. 1642 zum Ritter geschlagen, weil er die Königin im Bürgerkrieg sicher nach Holland gebracht hatte, bekämpfte er die englischen „Königsmörder" mit besonderem Ingrimm.

Doch auch der Ruf eines Admiral Tromp konnte nicht darüber hinwegtäuschen, dass die Niederlande für den Krieg schlecht gerüstet waren. Die fünf Admiralitäten lagen untereinander im Streit und wachten eifersüchtig über ihre Zuständigkeiten. Vor allem aber hatten sie nach dem Westfälischen Frieden ihre eigenen Kriegsschiffe zu Geld gemacht, sogar Tromps ruhmreiches Flaggschiff war nach Frankreich verkauft worden. Das englische Parlament dagegen hatte zur selben Zeit ein beispielloses Flottenbauprogramm umgesetzt, um für mögliche Angriffe der noch verbliebenen Royalisten von See her gewappnet zu sein. Mit Beginn der Feindseligkeiten vor Dover eröffnete die Kriegsmarine, unterstützt von zahllosen Freibeutern, die Jagd auf niederländische Kauffahrer. Schätzungsweise 1200 Schiffe wurden aufgebracht. Der holländische Ratspensionär Adriaen Pauw brachte die Lage auf den Punkt, als er seufzte: „Wir schicken uns an, einen Berg aus Eisen anzugreifen. Die Engländer hingegen sind dabei, auf einen Berg Gold zu stoßen."

Zum Erstaunen Europas verloren die Niederländer eine Schlacht nach der anderen. Ihre eilends zusammengekaufte Flotte bestand nur aus umgerüsteten Handelsschiffen und war den viel größeren und besser bewaffneten Kriegsschiffen der Engländer hoffnungslos unterlegen. Es mangelte ihr an allem, sogar an Pulver. Tromps Flaggschiff *Brederode* war in einem so heruntergekommenen Zustand, dass Ende 1652 ein halbes Fass Muscheln vom Rumpf abgekratzt wurde. Bald blockierten die Engländer die niederländische Küste und legten den Handel lahm. Vom Kirchturm der *Grote Kerk* am Regierungssitz in Den Haag aus konnte man ihre triumphierend beflaggten Schiffe sehen – ein demütigender Anblick. Für viele Unternehmen bedeutete das Versiegen der Handelsströme den Ruin, möglicherweise ging auch Rembrandt deshalb bankrott. Nur den überragenden seemännischen Fähigkeiten Admiral Tromps war es zu verdanken, dass die niederländische Kriegsflotte nicht völlig vernichtet wurde. So führte Tromp im August 1653 die zersprengten Geschwader seiner Flotte in einer nächtlichen Aktion wieder zusammen. Doch in der darauf folgenden Schlacht vor Scheveningen wurde er von einer Musketenkugel ins Herz getroffen. Im fernen Brasilien nutzten die Portugiesen derweil die Gunst der Stunde und eroberten alle niederländischen Besitzungen zurück. In ihrer Verzweiflung klammerten sich die Niederländer an Berichte über Wunderwaffen wie ein mechanisches Schiff, das angeblich von einem exzentrischen französischen Erfinder in Rotterdam entwickelt wurde.

In dieser Krise wählten die Staaten von Holland den erst 27 Jahre alten Johan de Witt zum Ratspensionär. Da das Amt des Statthalters seit dem frühen Tod Wilhelms II. im Jahr 1650 nicht mehr besetzt war, agierte der Ratspensionär als eine Art Regierungschef für die gesamten Niederlande. Niemand konnte ahnen, dass sich de Witt fast zwanzig Jahre an der Spitze des Staates behaupten sollte. Der Anwalt und Patriziersohn aus Dordrecht setzte den Bau neuer Kriegsschiffe durch und streckte gleichzeitig Friedensfühler aus. Es war sein Glück, dass gerade zu diesem Zeitpunkt der starke Mann des englischen Militärs, Oliver Cromwell, das Parlament auflöste und als Lordprotektor die Macht übernahm. Cromwell befürchtete bei einer Fortsetzung des Krieges einen politischen Umsturz in den Niederlanden zugunsten der Oranier, die eng mit der ins Exil geflohenen Königsfamilie, den Stuarts, verwandt waren. Um zu verhindern, dass Thronanwärter Karl II. auf diese Weise wertvolle Unterstützung gewinnen könnte, begann Cromwell mit *Milord de Witt* zu verhandeln. Klar war von vornherein, dass die Niederlande die Navigationsakte anerkennen mussten. Doch Cromwell verlangte noch mehr: Die Oranier sollten von den Generalstaaten für alle Zeiten vom Statthalteramt ausgeschlossen werden. De Witt konnte Cromwell davon überzeugen, dass dies unmöglich war, da die Mehrheit der sieben Provinzen den Oraniern die Treue halten würde. Es gelang ihm aber, eine Geheimklausel in den 1654 abgeschlossenen Friedensvertrag aufzunehmen, von der die Generalstaaten erst erfuhren, nachdem sie das Abkommen bereits ratifiziert hatten. In dieser sogenannten Seklusionsakte verpflichtete sich die Provinz Holland im Alleingang, nie wieder einen Oranier zum Statthalter zu ernennen. Einmal mehr war deutlich geworden, dass Holland im Ernstfall wie ein souveräner Staat auftrat und nur seine eigenen Interessen verfolgte.

Sobald wieder Friede herrschte, kehrten die Schiffe mit der rotweißblauen Flagge zurück. Die späten 1650er-Jahre waren für den niederländischen Handel eine Zeit besonderer Blüte, während die englischen Kaufleute unter einem neuen Krieg, diesmal gegen Spanien, litten. Die Engländer hatten den Krieg gewonnen, die Niederländer den Frieden. Schon wurden Rufe nach einer neuen Abrechnung mit den „zweibeinigen Käsemaden“ laut, und nachdem Cromwell 1658 gestorben und zwei Jahre später die Monarchie wiederhergestellt worden war, standen die Zeichen wieder auf Krieg. In jener Zeit sang man in London: *„Dutchmen beware, we have a fleet, Will make you tremble, when you see't …“*

Umgekehrt überzogen die Generalstaaten geringere Mächte mit Krieg, wann immer sie sich davon finanziellen Nutzen versprachen. 1657 etwa blockierte die niederländische Kriegsflotte Lissabon, während die VOC die letzten Stellungen der Portugiesen auf Ceylon angriff, und 1658/59 entsandte Den Haag große Kriegsflotten in die Ostsee, um Dänemark gegen Schweden beizustehen und eine freie Durchfahrt für niederländische Handelsschiffe zu sichern: „Die eichenen Schlüssel zum Sund liegen in den Docks von Amsterdam", prahlte der niederländische Botschafter in Stockholm.

England allerdings war ein anderes Kaliber als Portugal und Schweden. 1664 tauchten vor den Gestaden von Nieuw Amsterdam vier englische Kriegsschiffe auf. Generaldirektor Peter Stuyvesant humpelte auf seinem versilberten Holzbein herbei und musste zähneknirschend zusehen, wie die englische Flagge gehisst wurde. Fortan hieß die kleine Siedlung New York. Mit der Zeit wandelte sich Nieuw Haarlem zu Harlem, Breukelen zu Brooklyn, Staaten Eylandt – benannt nach den Generalstaaten – zu Staten Island, der Breede Weg zum Broadway und die Walstraat zur Wall Street. Selbst der Schimpfname für die Engländer war ursprünglich für die Niederländer gedacht: Yankee kommt von Jan Kees. Stuyvesant aber blieb. Er züchtete Pfirsiche und dichtete seine eigene Grabinschrift: „Tritt nicht zu feste in den Sand, denn hier liegt Peter Stuyvesant."

Am 13. Juni 1665 konnte man in Den Haag einen dumpfen Knall hören; wie sich herausstellte, war in fast hundert Kilometern Entfernung das Flaggschiff der niederländischen Flotte explodiert. Insgesamt verloren die Niederländer an jenem Tag siebzehn Schiffe, darunter ihre drei größten. Fünftausend Mann wurden getötet, verwundet oder gefangen genommen – es war die schwerste Niederlage, die sie jemals erlitten hatten. In einer Kutsche raste de Witt von Den Haag an die Nordspitze Hollands, um auf der Reede von Texel die übel zugerichteten Heimkehrer in Empfang zu nehmen. Da vom Ausgang des Krieges der Wohlstand des Landes und das Überleben seiner Regierung abhingen, war er zu dem Schluss gekommen, dass er die Kriegsführung nicht länger den Militärs überlassen konnte. In den folgenden Monaten wurde die Flotte unter seiner Aufsicht reorganisiert. Endlich entstanden auf den Werften Schiffe, die groß genug waren, um es mit der Royal Navy aufnehmen zu können. Der Ratspensionär stach aber auch selbst mit der Flotte in See, weil er sicherstellen wollte, dass seine zögerlichen Admiräle die Engländer wirklich angriffen. Da er sehr unter Seekrankheit litt, entwickelte sein Freund Christiaan Huygens, der Erfinder der Pendeluhr, für ihn eine Hängematte, die nicht schaukelte. Einmal fuhr er in einem Boot versehentlich auf die englische statt auf die niederländische Flotte zu und kam nur mit knapper Not davon. Der Ratspensionär auf hoher See erregte vor allem im Ausland große Verwunderung: Zum ersten Mal wurde hier eine Militärmacht von einem durch und durch zivilen

Ein Bürger an der Spitze einer Großmacht. Johan de Witt, Ratspensionär von Holland. Zeitgenössischer Stich nach einem Gemälde von Caspar Netscher.

Regierungschef kontrolliert; de Witt, der noch nie eine Waffe getragen hatte, agierte gleichsam als *citizen commander*.

Es war ihm jedoch klar, dass er die Flotte in einer Schlacht nicht selbst befehligen konnte – dafür kam nur einer in Frage: Michiel Adriaenszoon de Ruyter. Seit Jahren schon verteidigte dieser Zeeländer als *Rechterhand van Nederland* (rechte Hand der Niederlande) rund um den Globus die Interessen der Republik, und auch nun befand er sich wieder auf einer Strafexpedition gegen die Engländer, die ihn zunächst an die westafrikanische Küste und dann in die Karibik und nach Nordamerika geführt hatte. Die Engländer wollten seine Rückkehr um jeden Preis verhindern und kreuzten deshalb im Sommer 1665 mit der gesamten Flotte auf der Nordsee, nur um diesen einen Mann abzufangen. Doch am 8. August notierte der englische Marinesekretär Samuel Pepys enttäuscht in sein Tagebuch: „Die Nachricht, dass de Ruyter entwischt ist, stimmt, und sie wird zum Nachteil unserer Flotte und zum Lob de Ruyters erzählt." Sofort stiegen in Amsterdam die Aktienkurse. „Männer und Frauen kamen zu Hunderten, ja zu Tausenden auf de Ruyters Schiff, um ihn zu begrüßen und willkommen zu heißen", schilderte sein erster Biograf Gerard Brandt in einem 1000-Seiten-Wälzer von 1687. „Etliche Tage hintereinander ging man von morgens früh bis abends spät zu ihm an Bord. Adelige und Nichtadelige, Bürger und Bauern kamen zum Vorschein, um einen Blick auf de Ruyter zu erhaschen. Die Herzen gingen ihnen auf vor Freude, und glücklich schätzte sich, wer ihn zu Gesicht bekam. Manch vornehme und anständige Frau fiel ihm um den Hals und küsste ihn nach Art des Landes, als ob sie einen Vater oder Bruder, der aus Todesgefahr entkommen war, willkommen hieße."

Im nächsten Frühjahr gab es vor Texel einen ähnlichen Menschenauflauf, als sich dort die gesamte neu gebaute Kriegsflotte versammelte: 85 Schiffe mit fast 5000 Kanonen und mehr als 21 000 Mann Besatzung. Sogar der Große Kurfürst, Friedrich Wilhelm von Brandenburg, kam zu Besuch. In gewisser Hinsicht war die niederländische auch eine deutsche Flotte, denn bemannt war sie zu einem großen Teil mit Deutschen. Die Amsterdamer Admiralität stellte fest, dass „der Krieg zu Wasser aus diesen Landen hauptsächlich mit fremdländischem Schiffsvolk geführt" werde.

Die Admiralitäten waren nicht wählerisch: Viele der deutschen Hollandgänger hatten noch nie zuvor das Meer gesehen. Auf der Reede von Texel wehte ihnen zum ersten Mal der salzige, tangige Wind um die Nase. Der Blick auf die fünfzig Meter langen und vom Meeresspiegel bis zur Mastspitze kirchturmhohen Dreimaster aus Eichenholz muss sie überwältigt haben. Wer sich den voll getakelten Seglern im Ruderboot näherte, konnte nur verstummen vor ihrer majestätischen Schönheit – und vor dem verschwenderischen Prunk, mit dem sie ausgestattet waren. Am Heckkastell blitzte das goldene Wappen der Republik unter mannsgroßen Laternen. Unterm Bugspriet stieg das Wappentier, ein feuerroter Löwe, empor. Und von überall her starrten Maskengesichter, Meeresgötter, Seejungfrauen, Dämonen und geflügelte Fabelwesen auf die Männer im Ruderboot hinab und schienen sie keinen Moment aus den Augen zu lassen. Unmengen von Geld ließen sich die Admiralitäten diesen Schiffsschmuck – „Pfefferkuchen" genannt – kosten, um Freund und Feind zu beeindrucken. Und was für Namen die Schiffe hatten: martialische wie *Zeeridder* (Seeritter) und *Gouden Leeuw* (Goldener Löwe), republikanische wie *Vrijheid* (Freiheit) und *Eendracht* (Eintracht) oder kuriose wie *Huis Tijdverdrijf* (Haus Zeitvertreib) und *Wapen van Engeland* (Wappen von England). De Ruyters Flaggschiff mit 80 Kanonen an Bord war *De Zeven Provinciën* (Die Sieben Provinzen).

Am Morgen des 11. Juni 1666 kamen vor der Küste von Kent die Engländer in Sicht. Trommelwirbel, Trompetenstöße. Ein kräftiger Wind blähte die Segel. Auf den gischtbespritzten Federzeichnungen Willem van de Veldes, der auch diesmal in einem Fischerboot dabei war, kann man die langen Schlachtreihen der aufeinander zusegelnden Kriegsflotten betrachten und nachempfinden, welch atemberaubender Anblick sich dem Künstler geboten haben muss. Doch was sich an diesem Morgen auf der Nordsee entfaltete, war natürlich keine Windjammerparade. Nichts in der damaligen Welt war so mörderisch wie ein voll bestücktes Kriegsschiff. Drohend ragten die langen Reihen von Kanonenrohren aus den Schiffsrümpfen. Mit einer einzigen Breitseite konnten diese Vernichtungsmaschinen ganze Ladungen rotglühender Kanonenkugeln, Granaten, Schrot und Splitter abfeuern. Dabei war es das Bestreben beider Flotten, den Feind in möglichst geschlossener Schlachtlinie – Schiff an Schiff – zu passieren und ihn dabei mit einer Serie von Breitseiten kurz und klein zu schießen. In der Praxis vermengten sich beide Flotten früher oder später zu einem unentwirrbaren Knäuel von feuernden Schiffen, umgeben von einer riesigen Rauchwolke. „Es war, als blickte ich einen glühenden Ofen“, notierte van de Velde auf einer Skizze dieser Schlacht. Die Rauchwolken und Pulverschwaden waren so dick, dass man manchmal nicht bis zum anderen Ende des Schiffes sehen konnten. „Das ganze Meer stand in Flammen“, schilderte de Ruyters Biograf Brandt. „Sie zuckten wie Blitze aus dem dunklen Rauch. Tote, die durch Kugeln oder Splitter, Feuer oder Wasser ums Leben gekommen waren, übersäten die See. Geschrei und Gejammer der Verwundeten und Sterbenden drang von Bord vieler Schiffe.“

Das Donnern der insgesamt 10 000 Kanonen war noch im Hyde Park von London zu hören. Die Schiffe erzitterten unter dem Abfeuern der Kanonen und beugten sich unter der Wucht gegnerischer Treffer zur Seite. Auf den Oberdecks stürzten ganze Masten samt Spieren, Segeln und Tauwerk herab und begruben die Menschen unter sich. Jedes Mal, wenn ein feindliches Schiff vorbeifuhr, ging ein Hagelschauer von Musketenkugeln nieder. „Masten und Wanten waren verklebt mit Hirn, Haaren und Schädelsplittern“, hieß es in einem Bericht. Derweil taten unter Deck die Schiffschirurgen ihre Arbeit und sägten im Eiltempo Arme und Beine ab. Leichen und abgeschossene Gliedmaßen wurden durch die Geschützpforten ins Meer geworfen.

Vier Tage tobte die Schlacht auf der Nordsee, und die Niederländer trugen den Sieg davon. Kaum war der Pulverdampf verraucht, sah ein französischer Adeliger, der als Beobachter mitsegelte, wie de Ruyter seine Kajüte ausfegte und die Hühner fütterte. Der Admiral mit dem Besen in der Hand – gibt es ein besseres Symbol für die niederländische Republik? Als die Flotte kurz darauf in de Ruyters Geburtsstadt Vlissingen einlief, wurde er am Kai von Abraham Casteleyn, dem Herausgeber der angesehenen Zeitung „Oprechte Haerlemse Courant“, willkommen geheißen und für die nächste Ausgabe zum Verlauf der Schlacht befragt. An solchen Berichten bestand in ganz Europa größtes Interesse. Die Zeitgenossen erkannten, dass die beiden großen Seemächte hier eine ganz neue Art von Krieg führten. „Die Größe der Schlachtflotten, die Ressourcen an Menschen, Material und Geld, die sie verschlangen, die Komplexität der logistischen und administrativen Unterstützung, die sie erforderten, die Intensität des Kampfes mit großen Schlachten, die trotz erschreckend hoher Opferzahlen in kurzen Zeitabständen ausgetragen wurden, all dies waren neue Phänomene“, schreibt J.R. Jones in „The Anglo-Dutch Wars of the Seventeenth Century“, der besten Studie zu diesem Thema.

Keine zwei Monate später kam es zum nächsten Zusammentreffen der Flotten, und diesmal behielten die Engländer die Oberhand. In einem seiner gefürchteten Wutanfälle fiel de Ruyter über seinen Stellvertreter und Intim-

Krieg der Seemächte. Die *Zeven Provinciën* (links), das Flaggschiff von Admiral de Ruyter, im Gefecht mit der englischen *Royal Prince* während der viertägigen Seeschlacht von 1666. Gemälde von Abraham Storck.

feind Cornelis Tromp, den Sohn von Maerten Harpertszoon, her und warf ihm vor, ohne seine Erlaubnis aus der Schlachtlinie ausgebrochen zu sein; Tromp wurde entlassen. Dann aber geschah etwas, das dem Krieg eine völlig neue Wendung geben sollte. Eines Morgens schlugen Flammen aus einer Londoner Backstube. Das Feuer ergriff die St. Paul's Kathedrale und neunzig weitere Kirchen, es verschlang mehr als die halbe Stadt. Anschließend war England bankrott. Im nächsten Frühjahr hatte König Karl kein Geld mehr, um eine neue Flotte auszurüsten, und ließ die größten Kriegsschiffe auf dem Medway, einem Nebenfluss der Themse, liegen. Zur Sicherheit spannte die Admiralität bei Chatham eine riesige Kette über den Fluss. Dies brachte de Witt auf einen tolldreisten Plan: Die Flotte sollte die Themse hinaufsegeln und die unbemannten Schiffe zerstören. De Ruyter und die anderen Admiräle reagierten entsetzt: Der Plan sei völlig unausführbar, beschworen sie ihn. Die Themse und erst recht der viel schmalere Medway waren berüchtigt für Untiefen. Die niederländischen Schiffe würden ohne Zweifel auf Grund laufen und wären den Engländern dann hilflos ausgeliefert. Zudem würden sie den Fluss nur hinauf- und anschließend wieder hinuntersegeln können, wenn der Wind jeweils aus der richtigen Richtung wehte.

Aber alle Proteste halfen nichts. Um die Befolgung seiner Befehle sicherzustellen, entsandte de Witt seinen Bruder Cornelis zur Flotte. Am 20. Juni 1667 war es soweit: Die Niederländer fuhren die Themse hinauf und stießen weiter vor als jeder Eindringling seit den Wikingern. Sie umschifften alle Sandbänke und bombardierten die Verteidigungsanlagen am Ufer. Schnell versenkten die Engländer mehrere Schiffe im Fluss, doch die Angreifer wichen auch diesen Hindernissen aus. Mit jeder Flut sah man die Masten mit der rotweißblauen Flagge im Topp weiter vordringen. Nun lag nur noch die schwere Kette zwischen ihnen und dem Stolz der Royal Navy. Mit geblähten Segeln durchpflügten die Niederländer das Wasser und fuhren dagegen – die Kette zersprang. Triumphierend nahm Cornelis de Witt in der Kajüte des Flaggschiffs *Royal Charles* Platz und schrieb seinen Rapport an die Generalstaaten: „Den 22. Juno 1667 gegen zwei Uhr nachmittags auf der *Royal Charles*, welche auf dem Fluss von Chatham liegt", dankte er dem „Allmächtigen, dessen Ratschluss es war, den Stolz der englischen Nation durch die glorreichen Waffen der Hochmögenden zu demütigen". In dieser Nacht zuckten am Himmel über Chatham die Flammen brennender Schiffe und die Blitze vereinzelter Kanonenschüsse. In London brach Panik aus. Von der Küste kamen Nachrichten über angeblich erfolgte Landungen niederländischer Truppen. Wer konnte, floh aufs Land, die Banken stellten alle Zahlungen ein, und der Marinesekretär Samuel Pepys machte sein Testament. Einem Freund von Pepys entfuhr der Stoßseufzer: „Bei Gott, ich glaube, der Teufel scheißt Holländer!"

Am nächsten Tag ließen Cornelis de Witt und de Ruyter die größten englischen Kriegsschiffe in Flammen aufgehen. Die *Royal Charles* aber nahmen sie als Trophäe ins Schlepptau und fuhren mit ihr die Themse hinunter, all dies zu einem Zeitpunkt, da es wegen ungünstiger Winde und Gezeiten „der beste Lotse von Chatham nicht gewagt hätte", wie Pepys zugeben musste. In den Niederlanden läuteten die Kirchenglocken – es war die größte Stunde der Republik. De Ruyter beherrschte die Meere und blockierte die Themse, England schloss Frieden. „In allen Dingen, an Klugheit, Mut, Schlagkraft, Kenntnis unserer eigenen Gewässer und Erfolg sind uns die Holländer überlegen und beenden den Krieg mit dem Sieg auf ihrer Seite", schrieb Pepys in sein Tagebuch.

Obwohl die Niederlande triumphierten, war de Witt den Engländern bei den Friedensverhandlungen weit entgegengekommen. Denn schon kündigte sich neues Ungemach an: Frankreich, nunmehr die stärkste aller Mächte, war ebenfalls entschlossen, einen gebührenden Anteil am Welthandel zu erobern.

Nachdem der Sonnenkönig Ludwig XIV. und sein Wirtschaftsminister Colbert bereits eigene Ost- und Westindische Kompanien gegründet hatten, begannen sie 1667 einen regelrechten *guerre de commerce*, einen Wirtschaftskrieg, gegen die *marchands de fromage*, die Käsehändler. Sie erließen hohe Zölle für niederländische Erzeugnisse wie Leidener Tuch, Delfter Porzellan, Tabak und Walöl. Da Frankreich mit seinen zwanzig Millionen Einwohnern der größte Markt für die Niederländer war, traf sie dies weit schwerer als die Navigationsakte. Gleichzeitig ergab sich eine militärische Bedrohung, als Ludwig in die spanischen Niederlande einfiel. Die Generalstaaten waren alles andere als erpicht auf Frankreich als direkten südlichen Nachbarstaat. De Witt schloss deshalb eine Allianz mit England und Schweden und drohte für den Fall eines weiteren Vorrückens mit einem militärischen Eingreifen. Widerstrebend gab Ludwig nach. In den Augen des Sonnenkönigs hatte der Dordrechter Anwalt de Witt den von Gott inthronisierten Monarchen Europas seinen Willen aufgezwungen – eine beispiellose, eine unerhörte Tat.

3. Februar 1668, Gala-Abend in Den Haag zur Feier der Allianz mit England. Die oberen Tausend der Republik sind versammelt, dazu die ausländischen Botschafter. Nach stundenlangem Dinieren beginnt der Ball. Der nunmehr 17 Jahre alte Prinz Wilhelm III. von Oranien – immer noch ohne jedes Amt – eröffnet den Tanzreigen mit einer adeligen Dame. Danach schreiten Johan de Witt und seine Frau Wendela Bicker aufs Parkett und beweisen einmal mehr, dass sie ein geübtes Tanzpaar sind. Bald bewegen sich Hunderte Paare bei Kerzenlicht zur Musik. Den Haag leuchtet. Noch sieht niemand den Schatten, der über die Niederlande fällt. Doch bald erhält de Witt eine beunruhigende Nachricht aus Paris. Sein Botschafter warnt ihn, dass der König auf Rache sinne. Es drohe „ein schrecklicher Krieg".

Porträt: Michiel de Ruyter

Hollands Admiral

Auf seinem Grabmal in der *Nieuwe Kerk* von Amsterdam steht: „Immensi Tremor Oceani" – der Schrecken des Großen Ozeans. Michiel Adriaenszoon de Ruyter (1607–1676) hat vielleicht die erstaunlichste Karriere des Goldenen Zeitalters gemacht. Er wurde geboren als Sohn eines Vlissinger Brauereiarbeiters und starb als Leutnant-General-Admiral von Holland, französischer Ritter und spanischer Herzog. Der französische Wirtschafts- und Marineminister Colbert bezeichnete ihn als den „größten Soldaten, der jemals zur See gefahren ist". Schon aus seiner Jugend erzählte man sich sagenhafte Geschichten: Anstatt in der Schule zu lernen, kletterte er auf den eingerüsteten Kirchturm von Vlissingen und freundete sich mit einem schwarzen Sklaven an, der später freikam und ihm in Afrika wiederbegegnete. De Ruyter arbeitete sich vom Schiffsjungen zum Kapitän hoch und schuftete als Walfänger und Kauffahrer. Er hat vielleicht mehr Zeit seines Lebens auf See als an Land verbracht, so dass er schließlich von der Farbe des Meeres auf dessen Tiefe und von den sein Schiff umschwärmenden Vogelarten auf die Nähe zum Land schließen konnte. Nach Darstellung seines zeitgenössischen Biografen Brandt wehrte er einmal einen Piratenangriff ab, indem er die Bordwand schnell mit Butter bestrich: Als die Seeräuber das Schiff enterten, „war alles so glatt und glibberig, dass die Feinde nirgendwo Halt fanden".

Mit 44 Jahren setzte sich de Ruyter zur Ruhe, und damit hätte seine Laufbahn zu Ende sein können. Stattdessen appellierte die Admiralität von Zeeland an ihn, das Land im ersten Krieg gegen England zu unterstützen. Nur „mit großem Widerstreben und Kummer" erklärte er sich dazu bereit, für eine einzige Fahrt das Kommando zu übernehmen. Er sollte die Marine nie mehr verlassen. Zwar wehrte er sich gegen jede Beförderung mit dem Hinweis, er sei „ungeeignet und zu der Arbeit absolut nicht fähig". Aber pflichtschuldig übernahm er immer neue Missionen, zuletzt sogar als Greis mit Nierensteinen und Zahnschmerzen. Nach dem zweiten Krieg gegen England war de Ruyter einer der berühmtesten Männer Europas. Viele ausländische Reisende wollten ihn in Amsterdam besuchen. Sie erwarteten ein prächtiges Patrizierhaus und waren perplex, wenn sie nach langem Suchen vor seinem Kapitänshäuschen im Hafen standen. Obwohl de Ruyter für seine Dienste reich belohnt wurde, blieb er ein einfacher und vor allem tief religiöser Mann, der sich zeitlebens nur für drei Dinge interessierte: die Bibel, seine Familie und das Meer.

Lynchmord in Den Haag. Das Katastrophenjahr

Im Frühjahr 1672 hatte Maria van Berckel, die Frau von Cornelis de Witt, schlechte Träume. Einmal war ihr, als liefe sie den *Scheveningse Weg* entlang, die kerzengerade Straße, die Den Haag noch heute mit dem Fischerort Scheveningen verbindet. Dabei wurde sie Zeuge einer grausigen Szene: An einem Galgen wurden die Leichen mehrerer Leute kopfüber aufgehangen und anschließend enthauptet. Darunter waren verhasste Männer wie der englische Botschafter Sir George Downing, aber auch andere, die sie nicht kannte. Die Köpfe wurden an einem Seil aufgereiht, an dem schon andere hingen. In einem weiteren Traum befand sie sich in der Kirche, als sie plötzlich von einem großen Hund besprungen wurde. Doch der junge Oranierprinz Wilhelm III., der ebenfalls in der Kirche war, kam ihr zu Hilfe und befreite sie aus der peinlichen Situation. Kaum war dies ausgestanden, erhob sich vor der Kirche großer Lärm: Waffengeklirr,

Pferdegewieher und der Ruf „Sie sind besiegt!“ Der Prinz verschwand, und Maria blieb allein in der Kirche zurück.

Die Träume waren Ausdruck wachsender Angst. Maria spürte, dass Gefahr im Verzug war. Ihr Mann, der Held von Chatham, wurde nicht länger mit dem gewohnten Respekt behandelt. Und ihr Schwager Johan de Witt, das „Staatsorakel von Holland“, schien die Dinge nicht mehr im Griff zu haben. Viele sagten nun offen, dass Prinz Wilhelm, der Urenkel des Schweigers, der kommende Mann sei.

Nur wenige Wochen nach Marias düsteren Vorahnungen marschierte das mächtigste Heer seit den Römern auf die Niederlande zu: Mehr als 120 000 französische Soldaten, ausgerüstet mit einer neuartigen Waffe, dem Bajonett. Als ob das nicht gereicht hätte, wurden sie noch von den Streitkräften der Bischöfe von Köln und Münster unterstützt. Auf der Nordsee vereinigten sich zur gleichen Zeit die Kriegsflotten Englands und Frankreichs zur größten Seestreitmacht, die bis dahin die Meere befahren hatte. Mit Bestechungsgeldern hatte Ludwig XIV. den englischen König Karl II. auf seine Seite gezogen und die Neutralität anderer früherer Verbündeter der Generalstaaten sichergestellt. „Alles, was man zur Vernichtung einer Nation tun konnte, hatte Ludwig getan“, schrieb später Voltaire. Zu lange hatte sich de Witt, der kühl berechnende Mathematiker, daran festgeklammert, dass England der Allianz mit den Niederlanden treu bleiben werde. Emotionen kalkulierte er nicht mit ein. „Sein Fehler war, dass er zu gut über die anderen Staatsmänner in Europa dachte“, urteilt sein Biograf Herbert H. Rowen. Ludwig ging es noch nicht einmal in erster Linie um wirtschaftliche Vorteile, sondern um seine „Ehre“. Nach eigenen Worten wollte er „die Macht einer Nation verringern, die unverschämt genug war, danach zu streben, sich zum obersten Gebieter und Richter aller anderen Potentaten aufzuschwingen“.

Anfang Juni 1672 erreichte der König mit seinen Soldaten den Niederrhein. Rheinberg, Wesel, Schenkenschanz – niederländische Festungen, die den Spaniern jahrzehntelang standgehalten hatten – fielen binnen Tagen. Auf den Stadtwällen weideten Schafe, im Schussfeld der Verteidigungsanlagen standen Bäume, das Schießpulver war zum Teil vierzig Jahre alt. Am 12. Juni überquerten die Franzosen oberhalb von Kleve den Rhein und stießen in die Provinz Gelderland vor. Bauern wurden in ihren Häusern verbrannt und Väter gezwungen, bei der Vergewaltigung ihrer Töchter zuzusehen. Drei Tage später ergab sich Arnheim kampflos, und schon am 23. Juni zogen die Franzosen in Utrecht ein. Wenig später wurde im Dom der Stadt zum ersten Mal seit hundert Jahren wieder eine katholische Messe gefeiert. Ludwig stand nun im geografischen Zentrum der Niederlande. Schon konnte seine Vorhut die Kirchtürme von Amsterdam sehen, schon brannten die Landsitze der Großkaufleute vor den Toren der Stadt. Das Ende der Republik schien kurz bevorzustehen. Tausende Flüchtlinge drängten nach Westen. Geschäfte und Schulen schlossen, die Aktienkurse stürzten ins Bodenlose. Die Patrizier vergruben ihre Kostbarkeiten im Garten oder mauerten sie ein. Die einzige ermutigende Nachricht kam von See, wo Admiral de Ruyter und Cornelis de Witt einen Überraschungsangriff auf die überlegene feindliche Flotte wagten und ihr schweren Schaden zufügten.

Johan de Witt drängte die Staaten von Holland, ihren Sitz aus dem unbefestigten Den Haag nach Amsterdam zu verlegen und sich ganz auf die Verteidigung der großen Stadt zu konzentrieren. Doch die Staaten entschlossen sich stattdessen, um Frieden zu bitten. Sie schickten Unterhändler zu Ludwig, der in der Nähe von Utrecht inmitten von Ministern, Köchen, Dienern, Schauspielern, Tänzern und Malern residierte, und boten ihm Maastricht, 's-Hertogenbosch, Breda und mehrere andere Orte im Süden des Landes samt einer Abfindung von 10 Millionen Gulden. Ludwig aber wollte mehr. Er forderte zusätzlich Gebiete im Osten, 16 statt 10 Millionen Gulden und für die Katholiken das Recht auf öffentliche Religionsausübung. Außerdem sollten ihm die Staaten jedes Jahr eine Medaille überreichen, die ihr Bedauern darüber zum Ausdruck brachte, sich jemals gegen ihn gestellt zu haben.

Das war zu viel. Die Staaten von Holland erklärten, „lieber mit dem Degen in der Hand sterben als in Sklaverei zu geraten oder solche unverschämten Bedingungen annehmen zu wollen". Auch Zeeland, Friesland und Groningen, die drei anderen noch nicht eroberten Provinzen, plädierten nun dafür, bis zum bitteren Ende zu kämpfen. Den Bürgerregenten war auch deutlich geworden, dass das Volk eine solche Kapitulation niemals hinnehmen würde. „Hoch Oranien, nieder mit de Witt!", tönte es. *Het grauw*, wie die Volksmasse von den Regenten mit einer Mischung aus Furcht und Verachtung genannt wurde, hatte nur eine Erklärung für den rasend schnellen Vormarsch der Franzosen: Verrat.

Als eine Gruppe junger Männer eines Nachts noch Licht im Binnenhof brennen sah, fiel der Beschluss, de Witt zu ermorden. Sobald der Ratspensionär nach der Sitzung unbewaffnet wie immer und nur von einem Diener begleitet nach Hause ging, fielen die Prinzgesinnten über ihn her und stachen ihn nieder. Zwar waren die Verletzungen nicht lebensbedrohlich, doch auf dem Krankenlager entglitten ihm die Zügel. In vielen Städten kam es zu gewalttätigen Aufständen gegen die Regierung. Die Staaten von Holland und Zeeland sahen keinen anderen Ausweg, als Wilhelm III. von Oranien zum Statthalter zu ernennen. Sofort schöpfte das Volk neuen Mut. Gleichzeitig kam der französische Vormarsch zum Stillstand. Es waren weniger die niederländischen Soldaten, die dies bewirkten, als ein alter Feind des Landes, der diesmal als Freund kam – das Meer. Die Niederländer zerstachen ihre Deiche, öffneten die Schleusen und überließen sich dem Wasser. Wiesen, Äcker und Höfe verschwanden in den Fluten. Die Provinz Holland verwandelte sich in eine Insel.

In den Städten war unterdessen eine Hetzkampagne ungekannten Ausmaßes im Gange; in wenigen Wochen erschienen mehr Flugschriften als in den vorangegangenen Jahren. Alle richteten sich gegen Johan de Witt, den „neuen Cromwell“, den wiedererstandenen Oldenbarnevelt, der das Land den Franzosen verkauft haben sollte. „De Witt verwundet und wieder gesundet?“, dichteten seine Feinde. „In hundert Jahr keine trübere Mär. Wär er nur tot, hätt's Land keine Not.“ De Witt ersuchte den Prinzen um einige deutliche Worte gegen die Lügen in den Pamphleten, doch nachdem er zunächst tagelang keine Antwort erhalten hatte, erklärte sein einstiger Schüler, redlich bemüht sei de Witt sicher gewesen, als Statthalter jedoch habe er anderes zu tun, als Flugschriften richtigzustellen. Einige Tage später teilte de Witt den Staaten von Holland mit, als meistgehasster Mann der Niederlande könne er nicht mehr im Amt bleiben, und trat zurück.

Im nächsten Akt des Dramas wurde Johans Bruder Cornelis verhaftet, weil ihn ein verrufener Barbier beschuldigte, den Prinzen ermorden zu wollen. Noch wenige Wochen zuvor hätte die Aussage eines solchen Mannes keinerlei Gewicht gehabt, doch nun hatte sich alles verändert. Der Einzige, der es noch wagte, den Beschuldigten öffentlich zu verteidigen, war der alte de Ruyter – fortan war auch er seines Lebens nicht mehr sicher. Eine aufgebrachte Menge versuchte, sein Haus zu stürmen, und einige Monate später entging er knapp einem Mordanschlag.

Das Volk hatte sein Urteil schon gefällt: Es verlangte die Todesstrafe für Cornelis de Witt. Um ein Geständnis zu erpressen, schickten ihn die Richter auf die Folterbank. Dreieinhalb Stunden währte das Martyrium, doch de Witt höhnte nur, ob das alles sei. Dennoch verurteilten ihn die Richter am nächsten Tag, dem 20. August 1672, zu lebenslanger Verbannung, wohl aus Angst vor dem Pöbel. Der furchtlose Johan de Witt fuhr, erneut unbewacht, mit einer Kutsche zum Gefängnis, um seinen Bruder abzuholen. Während er sich in dem Gebäude befand, versammelte sich draußen eine wütende Menge, darunter eine bewaffnete Schützenkompanie, die in der Oranierhochburg Den Haag aus geschworenen Feinden der Brüder bestand. Zunächst wurde das Gefängnis noch von berittenen Soldaten bewacht, doch als sich das Gerücht verbreitete, dass eine große Zahl plündernder Bauern vor Den Haag stehe, befahlen die Staaten von Holland dem Kommandanten, abzuziehen und die Zugangswege zu sichern.

Die prinzgesinnten Schützen, angeführt von einem Silberschmied, brachen die Tür auf und stürmten hinauf in den Raum, in dem die Brüder saßen. „Männer, geht es euch um mein Leben?“, fragte Johan ruhig. „Erschießt mich dann gleich auf der Stelle.“ Nein, war die Antwort, Verräter müssten öffentlich sterben. Sie stießen ihre beiden Opfer vor sich her die Treppe hinunter. Unten erwartete sie im gleißenden Licht des Sommertages die versammelte Schützenkompanie, bewaffnet mit Spießen, Hellebarden, Degen und Musketen. „Die Bürger standen in einem Spalier", berichtete ein Augenzeuge. „Der Herr Ratspensionär schlug ihre Waffen mit seinen Händen hoch und sagte: ‚Seht doch, was ihr tut, Männer.'" Johan wurde niedergeschlagen und dann von hinten erschossen, Cornelis starb unter zahllosen Hieben und Stichen. Vor den Augen von etwa tausend Schaulustigen feuerten die Schützen dann immer wieder auf die beiden leblosen Körper. Anschließend zogen sie ab und überließen die blutüberströmten Leichen dem niederen Volk. Der Mob zog sie nackt aus und hängte sie mit dem Kopf nach unten an den Galgen, und dann begann eine Raserei, die in der niederländischen Geschichte ohne Beispiel ist und selbst vor Kannibalismus nicht Halt machte. Metzger weideten die Körper aus und verteilten Organe. Finger, Zehen, Ohren, Nasen, Augen, Brustwarzen und Geschlechtsteile wurden abgeschnitten und verkauft. In einer langen Reihe von Kutschen fuhren die reichen Bürger von Den Haag vor, um die Blutorgie nicht zu verpassen.

Während all dies geschah, tagten direkt gegenüber die Staaten von Holland und wählten de Witts Nachfolger als Ratspensionär. Anschließend verurteilten sie die Tat in einer feierlichen Erklärung. Mehr Mut bewies der ein paar Straßen weiter wohnende Philosoph Spinoza, der noch am selben Abend ein Schild mit der Aufschrift „Ultimi barbarorum!" (Schlimmste Barbaren) anfertigte und es nahe der Mordstelle annageln wollte. Sein Hausherr hielt ihn jedoch zurück und rettete ihm damit vermutlich das Leben.

Am nächsten Tag kam der Prinz nach Den Haag, doch nur, um die Mörder reich zu belohnen. Inwieweit der Doppelmord von langer Hand geplant war und ob der Statthalter davon wusste, ist unklar. Maria van Berckel, die Witwe von Cornelis de Witt, fuhr am selben Tag auf einem Kanal nach Rotterdam – nur fort vom Schauplatz des Unheils. In dem voll besetzten Passagierboot befand sich auch ein Mann, der triumphierend einen abgeschnittenen Finger von Cornelis de Witt herumzeigte.

Nach dem Lynchmord kehrte verblüffend schnell die gewohnte Ruhe in die holländischen Städte zurück. Es war, als hätten sich die gesamte Enttäuschung, Angst und Wut über die Invasion der Franzosen in dem Massaker entladen. Ein Familienmitglied versuchte Maria van Berckel denn auch mit dem Gedanken zu trösten, es sei denkbar, „dass ihre Körper zur Versöhnung beigetragen" hätten. An der Stelle des Verbrechens steht heute ein Denkmal von Johan de Witt mit einem Ausspruch seines englischen Freundes William Temple auf dem Sockel: „Er war ein perfekter Holländer." Der Ratspensionär lebt auch weiter in der Bezeichnung *Jongens van Jan de Witt*. So nennt man im Niederländischen Leute, auf die man sich hundertprozentig verlassen kann.

Da sich die holländische Wasserlinie als unüberwindbar erwies, versuchten Frankreich und England, die Niederlande von der Seeseite aus zu erobern. Das Überleben der Republik hing nun von de Ruyter ab, dessen Marine um mindestens ein Drittel schwächer war als die vereinigten gegnerischen Flotten und deshalb den Beinamen *klein hoopken* (kleine Hoffnung) bekam. Ein einziger Sieg hätte den Verbündeten ausgereicht, um eine Invasion der niederländischen Küste zu beginnen. Doch weil de Ruyters Flotte schneller schießen, wendiger agieren und die Schlachtordnung besser einhalten konnte, wehrte sie die feindliche Übermacht immer wieder ab. Nach jedem Sieg zog sie sich sofort in die „Höhle von de Ruyter", die flachen zeeländischen Küstengewässer, zurück, wohin ihr Engländer und Franzosen nicht zu folgen wagten, weil sie sich zwischen den gefährlichen Sandbänken nicht gut genug auskannten. „Man kann fast sicher sein, dass die Flotte der Generalstaaten ohne de Ruyter 1672 oder 1673 überwältigt worden wäre", meint der britische Marinehistoriker Charles Ralph Boxer, und Winston Churchill schreibt in der Biografie seines Vorfahren Marlborough: „Die Art und Weise, in der de Ruyter die niederländische Flotte operieren ließ, verdient für alle Zeiten uneingeschränkte Bewunderung." Als der große Taktiker 1676 in einem Gefecht gegen die Franzosen vor Sizilien tödlich verwundet wurde, zeigte sich Ludwig XIV. erschüttert und befahl, das Schiff mit dem Leichnam frei passieren zu lassen und ihm an allen französischen Häfen Salut zu schießen.

Grausiges Ende einer glänzenden Karriere. Die verstümmelten Leichen von Johan und Cornelis de Witt am Schafott in Den Haag. Gemälde von Jan de Baen (1633–1702).

Zu diesem Zeitpunkt hatte der Sonnenkönig den Krieg bereits verloren. Seine Truppen waren abgezogen, sein englischer Verbündeter hatte Frieden geschlossen. Die Republik hatte sich erfolgreich gegen einen kombinierten Angriff der beiden stärksten Länder Europas verteidigt. Sie hatte das Katastrophenjahr 1672 überstanden – wenn auch angeschlagen. Der niederländische Handel hatte seinen Zenit überschritten, und wenn die Republik auch ihre politische Unabhängigkeit bewahrt hatte – dem gesellschaftlichen und kulturellen Einfluss von Versailles konnte sie sich nicht entziehen. Die niederländischen Bürger posierten nun in französischem Stil mit schulterlangen Perücken und in pseudorömischen Gewändern vor Säulenkulissen und arkadischen Landschaften. Der Kunstmarkt erholte sich von seinem Zusammenbruch im Katastrophenjahr nicht mehr. Es wird geschätzt, dass die Zahl der Maler um drei Viertel zurückging. Willem van de Velde und sein Sohn wanderten nach London aus und malten fortan Bilder von englischen Siegen. Vermeer ging durch den Krieg bankrott, seit dem Einfall der Franzosen machte er Schulden beim Bäcker. 1675 starb er im Alter von 43 Jahren. Seine Witwe beschrieb sein Ende so: „Während des langen und verheerenden Krieges mit Frankreich war es meinem Mann nicht nur unmöglich, seine Arbeiten zu verkaufen, er war außerdem noch auf den Gemälden anderer Meister sitzen geblieben, mit denen er Handel trieb. Darum wie auch aufgrund der Belastung durch seine Kinder geriet er so sehr in Raserei und Verfall, dass er innerhalb von eineinhalb Tagen krank wurde und starb." Eine Armenstiftung, die bei Todesfällen auf einen kleinen Anteil des Erbes hoffte, machte unter seinem Namen den Vermerk: „Nichts zu holen." Das Goldene Zeitalter ging zu Ende.

In der Politik gab nun Wilhelm III. den Ton an, und er kannte nur ein einziges Ziel: den Sonnenkönig niederzuringen. Als in England 1685 der katholische Jakob II. auf den Thron kam, drohte eine erneute Allianz mit Frankreich. Deshalb entschlossen sich die Staaten von Holland auf Drängen Wilhelms zu einem militärischen Eingreifen. Wilhelm konnte gewisse Ansprüche auf den englischen Thron geltend machen, weil er mit Maria, einer Tochter Jakobs, verheiratet war. Binnen weniger Wochen rüsteten die Niederlande für sieben Millionen Gulden eine Flotte mit 53 Kriegsschiffen, 400 Transportschiffen, 21 000 Soldaten und 5000 Pferden aus. Die Hälfte der Schiffe samt Besatzung wurde allein von Amsterdam finanziert, was noch einmal die überragende Stellung der Handelsmetropole unterstreicht. Ungünstige Wetterverhältnisse oder – je nach Standpunkt – „protestantische Winde" hinderten die englische Flotte am Auslaufen, so dass Wilhelm ungestört landen und auf London marschieren konnte.

Anders als viele spätere Schilderungen englischer Historiker glauben machen wollen, war der Ausgang des Unternehmens zunächst völlig ungewiss, da sich die englische Opposition gegen Jakob kaum rührte. Doch nachdem die ersten Offiziere übergelaufen waren, erlitt Jakob einen Zusammenbruch und bekam zwei Tage Nasenbluten. Wilhelm wurde bei seinem Einzug in London mit Jubel empfangen, die Leute trugen orangefarbene Kleidung und Hüte. Alle englischen Regimenter einschließlich der Palastwache hatten sich zu diesem Zeitpunkt auf seinen Befehl hin aus der Stadt zurückgezogen, zwei Jahre lang wurden alle zentralen Gebäude Londons von niederländischen Soldaten bewacht. Lange bevor das Parlament ihn zum neuen König berief, war Wilhelm Herr über England. Kein anderer Niederländer hat je über eine solche Machtfülle verfügt, und nie haben die Niederlande ihre militärische Stärke eindrucksvoller unter Beweis gestellt. Ausländische Beobachter staunten vor allem darüber, wie ungeheuer schnell und effizient die Invasionsmacht zusammengebracht worden war. Endgültig sicherte sich Wilhelm die Krone mit einem Sieg über Jakob 1690 in Irland. Die protestantischen Oranierorden in Nordirland feiern diese Schlacht an der Boyne bis heute mit Umzügen, bei denen sie orangefarbene Wimpel, Flaggen und Standarten mitführen. Im Hauptquartier der „Großen Oranierloge" in Belfast prangt das Bildnis Wilhelms an der Wand wie das Poster eines Popstars oder Fußballidols.

Wilhelms Thronbesteigung 1689 ist als *Glorious Revolution* in die britische Geschichte eingegangen. Doch für die Niederlande als Großmacht bedeutete sie ironischerweise den Anfang vom Ende. Wilhelm war nun in erster Linie König von England und Gegenspieler Ludwigs XIV. Die Republik wurde Teil einer auch Spanien und das Deutsche Reich umfassenden Länderkoalition gegen den Sonnenkönig. Es begann ein Krieg, der mit fünfjähriger Unterbrechung bis 1713 währte. Die Republik hatte ungeheure Lasten zu tagen. Zu Beginn des 18. Jahrhunderts unterhielt das kleine Land mit noch nicht einmal zwei Millionen Einwohnern eine Armee von 120 000 Soldaten und eine Kriegsflotte mit über 100 Schiffen. Da die Briten aber mittlerweile über eine noch größere Kriegsflotte verfügten, mussten die Niederländer notgedrungen im Fahrwasser ihrer neuen Freunde segeln. Die hohen Steuern zur Finanzierung der Streitkräfte und der nicht enden wollende Krieg erwiesen sich als Gift für den niederländischen Handel. Dazu kamen der nun auch von Staaten wie Schweden, Russland und Preußen betriebene Protektionismus und die schwindende Bedeutung des Amsterdamer Stapelmarktes. Mehr und mehr wurden die Waren ohne Zwischenlagerung direkt von einem Land ins nächste verschifft.

Immer stärker machte sich die Konkurrenz Englands bemerkbar, was sich die Niederländer teilweise selbst zuzuschreiben hatten: Mit Wilhelm von Oranien waren niederländisches Kapital und Fachwissen nach London geflossen. Bei seiner Ankunft 1688 war das englische Finanzsystem zerrüttet, doch in den darauf folgenden Jahren wurde es nach niederländischem Vorbild reformiert; so entstand 1694 die Bank von England. Die Londoner Historikerin Lisa Jardine vertritt in ihrem Buch „Going Dutch: How England Plundered Holland's Glory" die These, dass der Aufbau des Britischen Empire ohne diese Reformen zur Zeit von *King William* nicht möglich gewesen wäre. Selbst die englische Gartenbaukunst blühte demnach erst unter niederländischer Anleitung auf. Doch schon 1702 zerbrach die Personalunion durch den Tod des kinderlosen Wilhelm, und es bestieg mit Queen Anne wieder ein Mitglied des Hauses Stuart den Thron. Als 1713 in Utrecht der Spanische Erbfolgekrieg beendet wurde, sagte ein Franzose zu den Gastgebern: „Wir verhandeln bei euch, über euch – und ohne euch." Die Niederlande konnten nicht mehr mitreden, sie waren finanziell erschöpft und mussten für immer in die zweite Reihe zurücktreten.

Stichwort: Den Haag

Amsterdam ist Hauptstadt, aber nicht Regierungssitz. Die Bonn-Berlin-Frage hat sich in den Niederlanden nie gestellt, denn die Regierung saß schon in Den Haag, als Amsterdams Aufstieg erst so richtig begann. Es war ein Kuriosum, dass sich die Generalstaaten ausgerechnet im „größten Dorf Europas" ansiedelten, einem Ort, der noch nicht einmal Stadtrechte besaß und folglich in den Staaten von Holland gar nicht mitstimmen durfte.

Den Haag heißt „die Hecke" und bedeutete ursprünglich so viel wie „Gehege", womit das Jagdrevier des Grafen von Holland gemeint war. Aus dem Beratergremium des Grafen entwickelten sich die Staaten von Holland. So kommt es, dass Den Haag Regierungssitz wurde.

Der 1280 erbaute *Ridderzaal* ist die Keimzelle der Stadt, der ihn umgebende Gebäudekomplex *Binnenhof* seit mehr als 400 Jahren Sitz der Regierung: ein bescheidener Bau, ein „Innenhof mit einer Pumpe", wie der Schriftsteller Harry Mulisch einmal gesagt hat.

Auch die Königspaläste – die ehemaligen Residenzen der Statthalter – verdienen kaum diesen Namen. Sie liegen schwer auffindbar in engen Straßen oder weggeduckt hinter Bäumen. Der einzige Bau, der etwas hermacht, gehört nicht dem König, sondern den Vereinten Nationen: Es ist der Friedenspalast, Sitz des Internationalen Gerichtshofs. Prachtstraßen fehlen ebenso, denn in Den Haag sind nie Paraden abgehalten worden. Es ist eine Stadt des Understatements – anders als Amsterdam, das sich im Bürgersaal des Rathauses einmal großspurig die ganze Welt zu Füßen gelegt hat.

Es gibt jedoch einen Ort, an dem man Den Haag bei seiner wahren Selbsteinschätzung ertappen kann. Man muss dafür in jenem Saal des Binnenhofs, in dem früher die Staaten von Holland tagten, zur Decke schauen: In äußerst überzeugenden Illusionsbildern erscheint es dort, als würden Menschen durch Öffnungen im Dach in den Saal blicken. Bei näherem Hinsehen verkörpern sie die anderen Mächte: Ein Russe ist dabei, ein Hanseate, ein Spanier, ein Franzose, ein Engländer, ein Türke, ein Perser. Doch hier in der Herzkammer niederländischer Macht ist keiner von ihnen mehr als ein Zaungast.

KAPITEL 3

Am Rande Europas

Das Königreich der Niederlande

Revolution ohne Guillotine. Der Untergang der Republik

Zu Mozarts weniger bekannten Kompositionen gehört das Klavierstück „Lasst uns jubeln Bataver – jetzt erscheint die Oraniersonne". Der zehn Jahre alte Wunderknabe brachte es 1766 vermutlich selbst während eines Festmahls zur Einsetzung des niederländischen Statthalters Wilhelm V. zu Gehör. Wolfgang Amadeus hielt sich von September 1765 an für acht Monate in Den Haag auf. Sein Vater Leopold hatte dem Abstecher in die niederländische Residenzstadt zunächst nur widerstrebend zugestimmt, doch dann gefiel es ihm dort immer besser. Einem Freund schrieb er: „Nun muss ich Ihnen bekennen, dass es mir sehr leid wäre, wenn ich Holland nicht gesehen hätte."

Das höfische Leben in Den Haag war zu dieser Zeit durchaus nicht ohne Glanz. Dabei hatten nach dem Tod des Statthalter-Königs Willhelm III. im Jahre 1702 zunächst die Bürgerregenten wieder die Macht übernommen. Wilhelm war kinderlos gestorben, so dass das Oraniergeschlecht in direkter männlicher Linie erloschen war. Bis 1747 dauerte diese zweite statthalterlose Zeit nach der ersten unter Johan de Witt. Doch mit de Witt hatten die staatsgesinnten Regenten dieser Periode nur noch wenig gemein. Sie liefen gewiss nicht mehr Schlittschuh oder aßen Käse im Freien, sondern fuhren in Kutschen herum und verzehrten in prächtigen Speisezimmern Hummer und Wild. Die *Heren Regenten* sprachen Französisch und waren stets nach der neuesten Pariser Mode gekleidet. Kein Außenstehender wurde mehr zu dieser Herrscherschicht zugelassen. Bei vielen wohlhabenden Bürgern löste dies wachsenden Groll aus – sie pochten auf Teilhabe an der politischen Macht, auf Berücksichtigung ihrer Interessen. Ihre Hoffnungen konzentrierten sich auf die Oranier. Als die Franzosen 1747 Zeeland bedrohten, erhob sich im ganzen Land der Ruf nach einem Statthalter, ähnlich wie im Katastrophenjahr 1672. So fiel Wilhelm IV. aus einer Nebenlinie des Hauses Oranien-Nassau das Amt zu. Er erhielt sogar eine stärkere Position als seine Vorgänger, da er zum Statthalter nicht nur einiger, sondern aller Provinzen und zudem zum Erbstatthalter ernannt wurde. Damit war ausgeschlossen, dass der Posten des Statthalters je wieder unbesetzt bleiben konnte – ein schwerer Schlag für die Staatsgesinnten.

Alle, die erwartet hatten, dass Wilhelm mit den staatsgesinnten Regenten abrechnen würde, sahen sich jedoch betrogen. Der neue Mann an der Spitze erwies sich als konservativ; er arbeitete mit den etablierten Machthabern in den Stadträten zusammen. Enttäuscht wandten sich die Erneuerer von ihm ab. Weder mit Staats- noch mit Prinzgesinnten wollten sie fortan etwas zu tun haben. Als Wilhelm 1751 mit nur 40 Jahren starb, war sein Sohn Wilhelm V. erst drei Jahre alt. Das so entstandene Machtvakuum füllte sein Vormund, Ludwig Ernst von Braunschweig-Wolfenbüttel oder auch „der dicke Ludwig“, wie Friedrich der Große ihn nannte. Dieser in ganz Europa bekannte Feldmarschall war Befehlshaber der niederländischen Armee. Auch nachdem Wilhelm 1766 volljährig geworden war und das Statthalteramt angetreten hatte, zog Ludwig Ernst weiter die Fäden. In einem Geheimvertrag bestimmte ihn der Prinz zu seinem permanenten Berater, der sich allein vor ihm zu verantworten hatte. Ein solches Vorgehen widersprach in den Augen der Staatsgesinnten allen republikanischen Prinzipien.

Unterdessen setzte sich der wirtschaftliche Niedergang fort. Zwar war Amsterdam nach wie vor das Finanzzentrum Europas, das allen Handel treibenden Nationen den Wechselkurs vorschrieb und jedem Krieg führenden Fürsten Kredit geben konnte, zwar brachte der Siebenjährige Krieg von 1756 bis 1763 noch einmal einen vorübergehenden Aufschwung, weil die niederländischen Kaufleute von der neutralen Position ihres Landes profitierten. Doch der jüdische Bankier, VOC-Direktor und Ökonom Isaac de Pinto konstatierte zu eben dieser Zeit, dass das wirtschaftliche Fundament der Republik mit Ausnahme des Ostindienhandels weggebrochen war. Leiden verlor von 1688 bis 1749 die Hälfte seiner Einwohner. Der Naturforscher und Schriftsteller Georg Forster, der mit Kapitän Cook um die Welt gesegelt war, schrieb in seinen „Ansichten von Holland“: „In den hundert Jahren, die seit der Ermordung der beiden großen de Witts verflossen sind, hatten die wiederholten Kriege mit Ludwig XIV. und die unter Wilhelm III. und seinen Nachfolgern so schnell emporwachsende Handelsgröße von England die Einschränkung des holländischen Handels allmählich bewirkt und seinen jetzigen Verfall unmerklich vorbereitet.“ Der Dichter und Philosoph Johann Gottfried von Herder sah es ähnlich: „Die Republik hat viel an Bedeutung in Europa verloren. Die Zeit wird kommen, wenn Holland nur noch ein toter Speicher ist, der all seine Waren verbraucht hat und unfähig ist, sie zu ersetzen.“

Diese Prophezeiung erfüllte sich 1780 mit Ausbruch des vierten Seekriegs gegen England. Die Niederlande hatten als erstes Land der Welt die Unabhängigkeit der Vereinigten Staaten von Amerika anerkannt und damit den Zorn des übermächtigen Nachbarn von jenseits der Nordsee auf sich gezogen. Obwohl die Briten schon an mehreren Fronten gleichzeitig kämpften, legten sie mit Leichtigkeit auch noch den niederländischen Handel lahm und verleibten sich einige Kolonien ein. Die Zeit von Tromp und de Ruyter war lange vorbei, das neueste niederländische Kriegsschiff 25 Jahre alt. „Holland?", fragte Premierminister William Pitt im Unterhaus, „Holland ist nichts."

In dieser Stunde tiefer Demütigung entstand eine neue politische Strömung: die Patrioten. So nannten sie sich, weil sie nach eigener Überzeugung unter lauter eigennützigen Prinz- und Staatsgesinnten die einzigen waren, denen noch das Allgemeinwohl, das Vaterland am Herzen lag. In einem Strom von Pamphleten und Karikaturen prangerten sie den Verfall des Landes und die dafür Verantwortlichen an, allen voran den Statthalter. Er, der als Oberbefehlshaber der Streitkräfte für eine starke Flotte hätte sorgen müssen, hatte das Land „verraten und verkauft". Die einflussreichste dieser Flugschriften wurde in der Nacht vom 26. auf den 27. September 1781 in den Straßen aller wichtigen niederländischen Städte verteilt. Schon der Titel „An das Volk der Niederlande" war revolutionär, denn bis dahin hatte man in erster Linie von Holländern, Friesen, Zeeländern und so weiter gesprochen. Diese Zersplitterung betrachteten die Patrioten jedoch als einen wesentlichen Grund für die Ohnmacht der Regierung.

Der anonyme Autor rief seine Leser in klaren Worten zur Rebellion auf. „Kommt friedlich zusammen und wählt aus Eurer Mitte eine überschaubare Zahl guter, tüchtiger, frommer Männer; wählt gute Patrioten, denen Ihr vertrauen könnt." Diese gewählten Repräsentanten sollten künftig den Rat des Statthalters – die Regierung – bilden. „Sorgt für Freiheit der Presse, denn sie ist die einzige Stütze Eurer nationalen Freiheit", riet die Flugschrift weiter. „Bewaffnet Euch alle, wählt selbst diejenigen, die Euch befehlen müssen, und geht bei allem – genau wie das Volk von Amerika, das keinen Tropfen Blut vergossen hat, bevor es von den Engländern angegriffen wurde – mit Ruhe und Bescheidenheit ans Werk." Das Recht zum Widerstand gegen die Staatsgewalt leitete der Autor vom Prinzip der Volkssouveränität ab: „Das Land gehört Euch allen zusammen, und nicht nur dem Prinzen mit seinen Herren. Die Herren, die über Euch regieren, der Prinz und wer sonst noch Macht im Lande ausübt, tun das nur in Eurem Namen. All ihre Gewalt ist von Euch abgeleitet. Ihr seid die Herren und Meister der Volksgesellschaft, die sich in diesem Landstrich unter dem Namen der Vereinigten Niederlande angesiedelt hat."

Freiheit und Gleichheit, so der Autor, waren unveräußerliche Naturrechte eines jeden Menschen: „Alle Menschen sind frei geboren. Von Natur aus hat der eine dem anderen nichts zu sagen. Der eine Mensch mag zwar durchaus etwas vernünftiger oder stärker oder reicher sein als der andere, doch das gibt denen, die vernünftiger, stärker, reicher sind, nicht das geringste Recht, über die weniger Vernünftigen, weniger Starken, weniger Reichen zu herrschen. Gott, unser aller Vater, hat die Menschen erschaffen, um glücklich zu werden."

Diese Worte entfalteten in den Niederlanden eine ungeheure Wirkung. Ihr Verfasser war Joan Derk van der Capellen tot den Pol (1741–1784), ein Baron aus dem Adel der Provinz Overijssel. Er war beseelt vom Geist der Aufklärung und beeindruckt vom amerikanischen Unabhängigkeitskampf, wobei er gleichzeitig schon auf eine Abschaffung der Sklaverei pochte. Kaum eine Gestalt der niederländischen Geschichte wird bis heute so unterschätzt wie dieser jung gestorbene Revolutionär, der zusammen mit den vielen anderen Patrioten durchaus als Begründer der niederländischen Demokratie gelten kann. Auf seinen Appell hin schlossen sich Bürger überall in den Städten zu bewaffneten Freikorps zusammen. Als diese patriotischen Vereinigungen 1784 in Utrecht, der Hochburg ihrer Bewegung, zusammenkamen, setzten sie sich zum Ziel die Bildung einer „Volksregierung durch Repräsentation mit einer ihr untergeordneten Erbstatthalterschaft des erlauchten Hauses von Oranien". Damit hatten sie zum ersten Mal die Idee der heutigen konstitutionellen Monarchie formuliert.

Die staatsgesinnten Regenten wurden von den Patrioten als Unterdrücker betrachtet. In Utrecht blockierten sie so lange das Rathaus, bis die Regenten ihrer Forderung nach freien Wahlen nachgaben. So konnte 1786 in Utrecht der erste von Bürgern gewählte Stadtrat Europas antreten. John Adams, der spätere zweite Präsident der USA, schrieb darüber an Thomas Jefferson, den späteren dritten Präsidenten: „Wir waren im August in Utrecht bei der zeremoniellen Vereidigung des neuen Magistrats anwesend. In keinem einzigen Fall der alten oder neuen Geschichte hat ein Volk unzweideutiger seine ihm angeborene und unveräußerliche Souveränität zum Ausdruck gebracht." Andere Städte folgten dem Beispiel Utrechts, und so dominierten die Patrioten bald vielerorts die Magistrate und dadurch bald auch die Staaten von Holland. Zielstrebig betrieben sie die Entmachtung des Statthalters. Sie vergraulten seinen wichtigsten Berater, den dicken Ludwig, nahmen Wilhelm V. das Kommando über die Streitkräfte ab und verboten sogar das Tragen von Orange. Selbst Möhren, die von Gemüsehändlern zu auffällig dargeboten wurden, galten als Provokation. Ein Konditor, der nach Meinung der Behörden bei der Zubereitung seiner Torten allzu großzügig mit goldgelbem Safran umgesprungen war, wurde wegen regierungsfeindlicher Umtriebe festgenommen.

Wilhelm V., der sich selbst für überfordert hielt („Der Kopf läuft mir über“), räumte unter diesen Umständen kleinlaut das Feld und wich nach Nimwegen an der deutschen Grenze aus. Er spielte mit dem Gedanken, sich ganz auf das Stammschloss Dillenburg im Westerwald zurückzuziehen. Doch bei solchen Überlegungen hatte er die Rechnung ohne seine Frau gemacht, die resolute Prinzessin Wilhelmine von Preußen. Sie drängte Wilhelm dazu, nach Den Haag zurückzukehren, was dieser aber ablehnte. Deshalb nahm sie die Sache selbst in die Hand. Am 28. Juni 1787 rollten zwei sechsspännige Kutschen durch die holländischen Kuhweiden. Jeder, der sie sah, schaute ihnen noch lange nach, denn zwei so stattliche Karossen bekam man auf dem platten Land nicht oft zu sehen. Wilhelmine wollte nach Den Haag fahren und dort die prinzgesinnte Minderheit in den Staaten von Holland dazu bewegen, Wilhelm zur Rückkehr aufzurufen. Zunächst verlief ihre Reise ohne Zwischenfälle, doch um halb vier nachmittags wurde ihr der Weg bei Gouda plötzlich von patriotischen Bürgermilizen versperrt. Sie durfte nicht mehr weiterfahren und wurde von den bewaffneten Männern zu einem Bauernhof eskortiert. Das Ereignis ging als der Zwischenfall von Goejanverwellesluis – so der Zungenbrechername einer benachbarten Schleuse – in die niederländische Geschichte ein, denn es sollte weitreichende Folgen haben.

Als Wilhelmine gegen Abend eine kleine Stärkung einnahm, setzte sich einer der Soldaten – im Zivilleben Schneider – zu ihr an den Tisch, eine grobe Verletzung der Etikette. Die Prinzessin war pikiert, aber keineswegs eingeschüchtert. „Diese Leute kennen weder Ordnung noch Disziplin“, tadelte sie, wobei ihr die Aufpasser allerdings „in keiner Weise gefährlich“ erschienen. In zwei Briefen an die Generalstaaten und die Staaten von Holland bat sie, ihr die Weiterfahrt nach Den Haag zu erlauben. Während die überwiegend prinzgesinnten Generalstaaten dem gerne nachkamen, lehnten die Staaten von Holland ab, und so geschah es. Dies zeigte noch einmal sehr deutlich, wo die Entscheidungsträger der Republik wirklich saßen. Wilhelmine musste unverrichteter Dinge die Rückfahrt antreten.

Die Berichte über ihre „Gefangennahme“ versetzten ganz Europa in helle Aufregung. Das Verhalten der Patrioten wurde als ungeheuerlicher Affront empfunden – noch konnte ja keiner ahnen, dass dies nur ein geradezu lächerliches Vorspiel im Vergleich zu den späteren Vorkommnissen in Paris sein sollte. Wilhelmine beklagte sich bitter bei ihrem Bruder, dem preußischen König Friedrich Wilhelm II., und hatte schließlich Erfolg: Am 13. September 1787 marschierte die preußische Armee in den Niederlanden ein, verjagte die Patrioten und setzte Wilhelm V. wieder in Amt und Würden ein. Zur Verherrlichung dieses Siegs wurde in Berlin das Brandenburger Tor errichtet und zum Teil auch mit niederländischem Geld finanziert.

Nun war Wilhelm wieder Statthalter, allerdings in völliger Abhängigkeit von den Preußen. Die führenden Patrioten flohen nach Frankreich und wurden dort Zeuge der Revolution. Fortan pochten sie bei den schnell wechselnden Revolutionsregierungen auf Unterstützung, zunächst ohne großen Erfolg. Maximilien de Robespierre fragte sie bissig, ob sie sich keine eigene Revolution leisten könnten. Doch schließlich fanden sie Gehör. Anfang Januar 1795 wurden die Niederlande beinahe kampflos von französischen Truppen besetzt. Die Wasserlinie hatte ihnen diesmal nicht helfen können, denn es war so kalt, dass alle Flüsse zugefroren waren. Frankreich ging es dabei um eine Schwächung Großbritanniens, mit dem Wilhelms Regime eng verbunden gewesen war. Der Statthalter versuchte erst gar nicht, Widerstand zu leisten, sondern machte sich wieder einmal als Erster aus dem Staub: Ein Fischer trug den dicken Oranier am Strand von Scheveningen zu einem Boot, so dass er sich – ohne nasse Füße zu bekommen – nach England absetzen konnte. Später zog er sich nach Diez an der Lahn zurück. Er hatte eine so klägliche Figur abgegeben, dass die Rolle der Oranier für immer ausgespielt schien.

Noch bevor in den Niederlanden wieder Tauwetter einsetzte, war die Republik der Vereinigten Provinzen, dieses höchst verwunderliche, erstaunliche Gebilde, nach mehr als zweihundert Jahren von der Landkarte verschwunden. An ihrer Stelle entstand noch im Januar 1795 die *Batavische Republik*. Der Name war abgeleitet von der lateinischen Bezeichnung für das Mündungsgebiet des Rheins, Batavia; die alten Bataver galten in den Niederlanden als freiheitsliebendes Volk, das sich mutig gegen die übermächtigen Römer zur Wehr gesetzt hatte.

Während die ebenfalls besetzten österreichischen Niederlande – das heutige Belgien – einfach dem französischen Staatsgebiet zugeschlagen wurden, blieben die nördlichen Niederlande formell unabhängig. Faktisch aber waren sie nun ein Vasallenstaat Frankreichs. Die Franzosen ließen sich ihre Hilfe für die Patrioten teuer bezahlen: 100 Millionen Gulden sollten die Niederlande für ihre „Befreiung“ aufbringen. Der Besitz des geflohenen Statthalters wurde beschlagnahmt, darunter seine Gemäldegalerie und sein Privatzoo einschließlich der beiden Elefanten Hans und Parkie und einiger Giraffen. All das wanderte nach Frankreich.

Immerhin war die Umwälzung friedlich verlaufen – eine Revolution ohne Guillotine. Die Patrioten erhielten nun die Möglichkeit, ihre Ideen in die Tat umzusetzen. Auf einen Schlag änderte sich die gesamte niederländische Staatsordnung: Erstmals erhielt das Land eine zentralisierte Regierung. Das Statthalteramt, die Provinzialstaaten und die sieben Provinzen selbst wurden abgeschafft. Stattdessen erhielten die Niederlande nach französischem Vorbild eine Einteilung in Departements. Die Generalstaaten wurden durch eine Nationalversammlung ersetzt, die in Wilhelms ehemaligem Ballsaal im Binnenhof tagte. Dieser Saal blieb Sitz des Parlaments, bis es 1992 in einen Neubau umzog.

Stichwort: Prinsjesdag

Jeden dritten Dienstag im September ist in Den Haag *prinsjesdag* (Prinzchentag), die feierliche Eröffnung des Parlaments. König und Königin fahren dann zum Binnenhof. Dort liest der König im Rittersaal die Thronrede vor, in der die Regierung ihre Pläne für das kommende Jahr ankündigt. Das älteste an diesem Zeremoniell ist der Name: *Den prinsjesdag*, den Geburtstag des jeweiligen Prinzen von Oranien, feierten die Prinzgesinnten schon im 17. Jahrhundert. Zur Patriotenzeit machten die Anhänger der Oranier daraus ein richtiges Volksfest, um die Verbundenheit mit Statthalter Wilhelm V. zu bekräftigen.

1814 verlas König Wilhelm I. zum ersten Mal eine Thronrede vor den Generalstaaten und hielt auch schon einen festlichen Umzug ab. Vermutlich hatte er sich dies im englischen Exil bei der jährlichen Eröffnung des Parlaments abgeguckt. Im Grundgesetz von 1848 wurde die Thronrede festgeschrieben, nur fand sie zunächst am dritten Montag im November statt. Da die Haushaltsberatungen aber immer mehr Zeit beanspruchten, wurde sie vorverlegt, und weil calvinistische Abgeordnete die Sonntagsruhe einhielten und deshalb erst montags aus ihren Heimatorten anreisten, ersetzte man den Montag 1887 per Verfassungsänderung durch einen Dienstag. Auf dieses Ereignis ging um 1930 der alte Name *prinsjesdag* über.

Louis Bonaparte, König von Holland. Monarchie von Napoleons Gnaden

Die Nationalversammlung trennte Kirche und Staat, hob die Sonderstellung der Calvinisten auf und gab Katholiken und Juden gleiche Rechte. Außerdem beendete sie die untergeordnete Position später hinzugewonnener Gebiete außerhalb der sieben Provinzen wie Brabant und Limburg im Süden und Drenthe im Osten. Die Folter wurde verboten, der Adel verlor einen Teil seiner Privilegien, eine Verfassung garantierte die Freiheitsrechte der Bürger. Die Mitglieder der Nationalversammlung wurden frei gewählt, allerdings nur indirekt über ein System von Wahlmännern und auch nur von einer kleinen Minderheit der wohlhabenden Bürger. Dennoch waren all dies große Errungenschaften, und die negative Reputation der „Franzosenzeit“ in der niederländischen Geschichtsschreibung besteht deshalb zu Unrecht.

Allerdings zeigte sich nun auch, dass die Patrioten vor allem durch ihre Opposition gegen die alte Ordnung geeint worden waren. Sie zerfielen schnell in verfeindete Fraktionen, die Regierung gestaltete sich chaotisch. Napoleon Bonaparte, der mittlerweile in Frankreich als Kaiser regierte, war nicht bereit, dies hinzunehmen. Er betrachtete die Niederlande nach einem Wort des Freiherrn vom Stein schlicht als „Melkkuh, die nichts zu fressen braucht, jedoch ständig Milch zu geben hat“. Es war ihm vor allem ein Dorn im Auge, dass die Niederländer seine Kontinentalsperre zur wirtschaftlichen Niederringung Großbritanniens unterliefen. Deshalb löste er die Batavische Republik 1806 kurzerhand auf, führte die Monarchie ein und ernannte seinen Bruder Louis gegen dessen Willen zum König. Ausgerechnet als Folge der Französischen Revolution – die sich doch gegen die Monarchie gekehrt hatte – endete in den Niederlanden die republikanische Staatsform.

So wurde also ein Franzose erster König der Niederlande – und seine Frau Hortense de Beauharnais, die Stieftochter Napoleons, erste Königin. „Sei Holländer unter den Holländern, aber vergiss niemals, dass du Franzose bist“, gab Napoleon dem „kleinen Luigi“ – wie die Bonapartes ihn nannten – mit auf den Weg. Der Kaiser sah in ihm nicht mehr als einen Handlanger, und auch Hortense bezeichnete ihn spöttisch als „gekrönten Präfekten“. Aber er selbst war entschlossen, keineswegs als Erfüllungsgehilfe seines neun Jahre älteren Bruders zu agieren. In seiner Antrittsrede versicherte er: „Seien Sie überzeugt, dass ich von dem Augenblick an, in dem ich den Boden des Königreiches betreten habe, Niederländer geworden bin. Jeder Mensch ist ein Spielball seiner Geburt. So war ich einmal Franzose. Nun habe ich das Vaterland gewechselt.“ Schöne Worte, aber anders als man glauben könnte, beherzigte der König sie auch. In sein Regierungskabinett berief er fast nur Niederländer. Alle offiziellen Schriftstücke durften nur noch auf Niederländisch abgefasst werden statt im bis dahin vorherrschenden Französisch. Louis – oder Lodewijk, wie er sich jetzt nannte – machte sich sogleich daran, Niederländisch zu lernen und konnte sich schon bald einigermaßen verständigen, auch wenn er sich einmal statt als *„Koning van Holland“* (König von Holland) als *„Konijn van 'Olland“* vorgestellt haben soll, was dann eher „Kaninchen von Holland“ geheißen hätte.

Nach einiger Zeit verlegte Louis seinen Regierungssitz von Den Haag nach Amsterdam und machte die größte Stadt auch zur Hauptstadt. Das Amsterdamer Rathaus, Symbol der alten Republik der Vereinigten Provinzen, wurde zum Königlichen Palast umfunktioniert. Um sein Reich kennenzulernen, unternahm Louis trotz starker Arthritis zahlreiche Reisen, auch in die ärmeren Provinzen im Osten. Dabei sah man ihn keineswegs nur huldvoll aus der Kutsche winken. Oft stieg er aus und hielt einen Plausch mit seinen Untertanen. Gleichzeitig nahm er nichts weniger in Angriff als eine Rundumerneuerung von Staat und Gesellschaft. Das durch die jahrhundertelange Eigenständigkeit von Städten und Provinzen geprägte Land sollte endlich eine nationale Einheit werden. So wurde die bis dahin je nach Region sehr unterschiedliche Rechtsprechung vereinheitlicht. Die unter Louis zustande gebrachte Rechtsreform bildet in wesentlichen Teilen noch heute die Grundlage des niederländischen Rechtsstaats. Erstmals erschienen ein Bürgerliches Gesetzbuch auf der Grundlage des Code Napoleon, ein Handelsgesetzbuch, ein Strafgesetzbuch sowie eine Zivil- und Strafprozessordnung. Das Strafrecht wurde liberaler, der Strafvollzug humaner. Louis wollte sogar die Todesstrafe abschaffen, scheiterte aber am Widerstand von Parlament und Staatsrat.* Oft jedoch begnadigte er zum Tode Verurteilte und erreichte im Übrigen, dass Hinrichtungen nicht mehr öffentlich vorgenommen wurden. Nach der Folter verschwanden Deportationen, Zwangsarbeit und Pranger. Zum ersten Mal wurde bei der Festsetzung des Strafmaßes ein Unterschied zwischen Erwachsenen und Jugendlichen gemacht.

Hollands erster König. Louis Bonaparte, der Bruder Napoleons. Gemälde von Charles Howard Hodges, 1809.

Damit nicht genug. König Louis führte die Schulpflicht ein, ließ Kirchen für die Katholiken räumen, baute Kinderheime, Hospitäler und Armenhäuser, ja er stiftete in Amsterdam sogar eine Königliche Apotheke, die Bedürftige kostenlos mit Medikamenten versorgte. So etwas gab es nirgendwo sonst in Europa. Zur Finanzierung sparte Louis bei den Militärausgaben, was seinem großen Bruder in Paris gar nicht gefiel. Nebenher gründete er die Königliche Biblio-

* Die Todesstrafe wurde schließlich 1870 abgeschafft.

thek, das niederländische Nationalarchiv und das erste öffentliche Kunstmuseum in Amsterdam, aus dem später das Rijksmuseum hervorging, die niederländische Kulturinstitution schlechthin. Zudem begründete Louis den ersten niederländischen Ritterorden zur Ehrung verdienstvoller Bürger, der sich bald großer Beliebtheit erfreute.

Endgültig aber gewann er die Herzen seiner Untertanen mit seiner Anteilnahme und Hilfe im Katastrophenfall. Nach Ausbruch einer geheimnisvollen Seuche in Brabant besuchte er ohne Scheu die Kranken und stellte großzügig Medikamente zur Verfügung, so dass die Seuche binnen einiger Wochen bezwungen wurde. Bei einem Deichbruch packte er selbst bei den Reparaturarbeiten mit an; auf dem Rückweg war seine Kutsche vom Wasser umspült. Als durch die Explosion eines Pulverschiffs im Zentrum von Leiden 150 Menschen getötet und etwa 2000 verletzt wurden, eilte er sofort zum Unglücksort und ließ seine Leibgarde unter den Trümmern nach Überlebenden suchen. Die Verletzten ließ er in seinem Palast Huis ten Bosch unterbringen und von seinem Hofchirurgen versorgen. Der König begründete auch den ersten Katastrophenfonds der niederländischen Geschichte: 10 000 Gulden zahlte er selbst ein, und bald war der für die damalige Zeit ungeheure Betrag von einer Million Gulden zusammengekommen. Nun begannen die Niederländer ihren König „Lodewijk den Guten" oder „Vater der Unglücklichen" zu nennen. Als er einige Zeit später in einer Rede vor einer Volksmenge der Hoffnung Ausdruck gab, sein Volk könne irgendwann vergessen, dass er nicht in den Niederlanden geboren sei, trat ein alter Mann vor und sagte: „Das haben wir seit Leiden schon vergessen."

In Frankreich allerdings erregte er gerade damit das Misstrauen – und vielleicht auch die Eifersucht – seiner Familie. „Der arme Luigi hat sich zum Holländer gemacht und ist überhaupt kein Franzose mehr", beschwerte sich seine Mutter. Napoleon selbst überhäufte ihn in einem fort mit Vorwürfen, ganz besonders aber nach der Gründung des Notfonds für die Geschädigten der Explosionskatastrophe in Leiden: „Nichts ist so schlecht wie eine Sammlung, die in Eurem Auftrag in Eurem Reich gehalten wird", schrieb er ihm. „Ein König befiehlt und bittet um nichts; es wird von ihm erwartet, der Ursprung aller Macht zu sein und es nicht nötig zu haben, seine Zuflucht zu anderleuts Portemonnaie nehmen zu müssen." Zur Raserei aber trieb Louis seinen kaiserlichen Bruder mit seinem Widerstand gegen die Kontinentalsperre. „Holland ist eine englische Provinz geworden", hielt ihm Napoleon vor. Das war maßlos übertrieben, aber womit er Recht hatte, war, dass Louis den verbotenen Handel mit den Briten stillschweigend zuließ, um sein Land vor dem völligen Ruin zu bewahren. Sämtliche Kolonialwaren wie Kaffee und Zucker waren nur noch über Großbritannien zu beziehen, das inzwischen alle niederländischen Kolonien in Ostindien erobert hatte und seit der Schlacht von Trafalgar unumschränkter Herrscher über die Meere war. „Man könnte glauben, diese unselige Gütersperre sei gar nicht gegen das uns feindliche England, sondern ausdrücklich gegen mein Königreich ersonnen worden." Als Napoleon diesen Brief las, stieß er nur ein abfälliges „Bah!" hervor und bemerkte: „Mein Bruder, der König von Holland, hat sich mal wieder etwas von seinen um ihren Morgenkaffee besorgten Mijnheren eintrichtern lassen."

Gerade einmal drei Jahre nach der Inthronisierung seines Bruders beschloss Napoleon schon wieder die Auflösung des Königreichs. In einem Brief an den französischen Außenminister schrieb er, Großbritannien könne nur „durch eine rigorose Handelssperre in die Knie gezwungen werden. Dabei kann Holland nicht behilflich sein. Es verfügt über keine Flotte mehr und hat zu Lande nur ein paar schlechte Regimenter, zudem verweigert es die Teilnahme an der Blockade. Unter diesen Umständen kann Holland nicht fortbestehen. Es muss an Frankreich angeschlossen werden, wie es auch seiner natürlichen Lage entspricht. Hier münden Maas, Schelde und Rhein, die großen Adern des Kaiserreichs – Holland ist nichts anderes als ein Anschwemmungsgebiet französischer Flüsse!" Ehe Napoleon die Annexion vollzog, dankte Louis ab. Als Napoleon im selben Jahr die Niederlande besuchte, wurde ihm ein eisiger Empfang zuteil. Sein Bruder Jérôme, der ihn begleitete, stellte fest: „Alle Welt trauert darüber, dass der frühere Souverän hier nicht mehr regiert."

Ganze Generationen niederländischer Historiker haben Louis Napoleon später als kränkelnden Versager abgetan, doch in Wahrheit war er nicht nur der erste, sondern auch der beste König der Niederlande. Nach seinem Verzicht reiste er zunächst nach Bad Teplitz in Böhmen und zog zufällig direkt neben einem anderen prominenten Kurgast ein: Johann Wolfgang von Goethe. Die beiden verbrachten in den folgenden Wochen viel Zeit miteinander. Der Dichter war hingerissen. „Ludwig ist die geborene Güte und Leutseligkeit, so wie sein Bruder Napoleon die geborene Macht und Gewalt ist", berichtete er. Der König von Holland, wie er ihn weiterhin nannte, sei „einer der sanftmütigsten, friedlichsten Charaktere, die ich im Lauf meines Lebens kennengelernt habe. Wie es einem so zart und empfindlich gestimmten Wesen gelingen konnte, den schweren Kampf zwischen Holland und seinem eisernen Bruder durchzukämpfen, ohne dass das Gewebe seiner Nerven zerriss und er selber zugrunde ging, ist mir immer noch ein Rätsel. Von dem Augenblick an, wo Napoleon von der Schelde, von dem Rheine, von der Maas nur noch wie von den Adern des großen französischen Staatskörpers sprach und das Blut, was die tapferen Vorfahren unter Philipp dem Zweiten, um Holländer zu sein, verspritzt hatten, gar nicht weiter in Anschlag brachte, blieb ihm nichts anderes übrig, als einen Thron zu verlassen, den er nicht länger glaubte auch nur mit einiger Würde behaupten zu können."

Für die Niederländer waren die Franzosen nunmehr Besatzer. Der völlige wirtschaftliche Verfall des Landes durch die Kontinentalsperre und die Zwangsaushebung von vielen tausend Soldaten für Napoleons nie enden wollende Feldzüge hatten grimmige Verbitterung zur Folge. Später, auf St. Helena, sollte Napoleon einsehen: „Ich hätte Holland nicht annektieren sollen. Das hat viel zu meinem Sturz beigetragen." Noch ehe dieser Sturz besiegelt war, riefen einige namhafte Prinzgesinnte 1813 den Prinzen von Oranien zurück. Bei ihm handelte es sich nicht mehr um Wilhelm V., der mittlerweile in Deutschland gestorben war, sondern um dessen Sohn Wilhelm Friedrich. Eigentlich war dieser Wendehals keineswegs geeignet für eine nationale Wiedererweckung, denn sein einziges Interesse war bis dahin gewesen, von Napoleon eine möglichst hohe Abfindung für den beschlagnahmten Oranierbesitz loszueisen. Der Kaiser hatte ihn alsdann mit nicht gerade klingenden Titeln wie Fürst von Fulda und Graf von Dortmund abgespeist. Jetzt aber erkannte Wilhelm Friedrich sogleich seine Chance und ging aus England kommend prompt am Strand von Scheveningen an Land, wo sein Vater 18 Jahre zuvor das Feld geräumt hatte. Das Land, das er betrat, war allerdings nicht mehr das, was er einmal verlassen hatte. Die Niederlande waren zu einer staatlichen Einheit geworden, die politische Macht hatte sich von den Rathäusern auf die Zentralregierung verlagert. Die Bürger von Amsterdam erhielten ihr prachtvolles Rathaus nie mehr zurück, auch wenn die Regierung bald wieder in Den Haag saß. Der Königliche Palast am Damplatz steht deshalb heute fast das ganze Jahr über leer. Der Schriftsteller Wolfgang Koeppen hat ihn einmal treffend als ein „unbewohntes Haus" beschrieben, „vier Reihen leerer Fenster, in der Nacht eine tote, lichtlose Front". Wenn sich die Niederländer damals entschieden hätten, *Koning Lodewijk* zurückzuholen – was viele vorgezogen hätten –, dann würde in dem Palast vielleicht heute ein Bonaparte residieren.

Ungeliebte Verwandte. Die gescheiterte Wiedervereinigung

1847 bereiste der berühmte dänische Märchendichter Hans Christian Andersen die Niederlande. „Auf den mit Ziegeln gepflasterten Chausseen, glatt und rein wie der Fußboden in einer Melkstube, rollte der Postwagen dahin", beschrieb er seinen ersten Eindruck. „Häuser und Dörfer boten ein Bild des Wohlstandes und der Reinlichkeit. In der Festung Deventer war gerade Markt, hier wimmelte es von Menschen in kleidsamen Trachten, auf dem Markt standen Waffelbuden. Glockenspiele erklangen von den Kirchtürmen, überall wehte die holländische Flagge." In Amsterdam prägte sich ihm der Anblick einer Schifferfamilie auf ihrem Boot ein: „Die Frau stand am Ruder, der Mann saß mit seiner langen Pfeife und starrte in die Luft." Weiter ging es nach Haarlem. Auf der Fahrt sah Andersen, wie das Haarlemmermeer, das größte holländische Binnengewässer, von dampfbetriebenen Pumpen langsam trockengelegt wurde. Im Kurhaus von Scheveningen plauderte er mit niederländischen Freunden über Literatur. „Fischerboote lagen entlang der Küste, die Musik ertönte, das Meer rollte – es war ein herrlicher Abend."

Rotterdam war die letzte Station. Zum ersten Mal hatte Andersen das Gefühl, in eine pulsierende Stadt zu kommen. „Alles schien hier Handel und Wandel zu sein. Eines der ältesten holländischen Dampfschiffe, eine wahre Dampfschnecke, die *Batavia*, stach am nächsten Morgen in See, ich nahm auf ihr einen Platz. Eine Menge Auswanderer nach Amerika füllte das Deck, die Kinder spielten überaus vergnügt. Es war Ebbe, und es vergingen volle acht Stunden, bevor wir in die Nordsee hinauskamen. Das flache Holland schien tiefer und tiefer in das graugelbe Meer zu versinken."

Andersen hatte ein stilles, malerisches Land vorgefunden, in dem sich die Industrialisierung erst allmählich bemerkbar machte. Ihm, dem Dichter, hatte das gefallen – aber er war die Ausnahme. Typischer war das Urteil zweier Franzosen: „Dieses Land ist ein still stehendes, schlafendes Land. Man kommt aus einem Museum und sieht dasselbe Haus, dieselbe Gracht, die man gerade auf einem Gemälde von Pieter de Hooch gesehen hat."

Dabei hatte sich auf dem Wiener Kongress alles noch so vielversprechend angelassen. Auf der Konferenz zur Neuordnung Europas 1814/15 hatte vor allem der Prinz von Oranien das große Los gezogen. Man einigte sich nicht nur darauf, ihm die Königswürde zu verleihen, er erhielt auch noch die ehemals spanischen, dann österreichischen, dann französischen Niederlande dazu. Außerdem regierte er fortan in Personalunion das selbstständige Großherzogtum Luxemburg. Gleichzeitig gaben die Briten die meisten der von ihnen eroberten niederländischen Kolonien – Java und die Gewürzinseln – zurück. Die Großmächte wollten damit einen Pufferstaat schaffen, der zu stark war, um bei nächstbester Gelegenheit wieder von Frankreich überrollt zu werden. So erlebten die Niederlande also fast 250 Jahre nach Beginn des Aufstands gegen Spanien ihre Wiedervereinigung. Wie zu habsburgischer Zeit gehörten sie nun wieder zusammen, nunmehr allerdings nicht in einem lockeren Verbund weitgehend autonomer Provinzen, sondern in einem zentralistisch geführten Nationalstaat.

Am 21. September 1815 legte König Wilhelm I. – ehemals Prinz Wilhelm Friedrich – in Brüssel den Eid auf eine neue Verfassung ab und eröffnete die erste Versammlung des nun in zwei Kammern unterteilten Parlaments, das sich wieder als Generalstaaten bezeichnete. In seiner Antrittsrede erinnerte der König an die gemeinsame Vergangenheit der nördlichen und südlichen Niederlande. Die Teilung des Landes sollte für immer ungeschehen gemacht werden. Doch schon am ersten Tag beging Wilhelm einen Fehler: Zwar ließ er zur Feier des Tages nach altem Brauch Münzen unter der Brüsseler Bevölkerung ausstreuen, doch statt Gold- und Silber- waren es lediglich Kupfermünzen. Schon hatte der sparsame Calvinist aus dem Norden bei den Katholiken im Süden seinen Spitznamen weg: Den Kupferkönig nannten sie ihn.

Wilhelm war ein ehrgeiziger Mann. Auf dem Wiener Kongress hatte er versucht, sein Königreich gleich auch noch auf das deutsche Rheinland bis hinunter zur Mosel und zum Stammsitz Dillenburg auszudehnen. Das war zwar nicht gelungen, gleichwohl betrachtete er sich nun als Führer einer europäischen Mittelmacht. Die Südniederländer hatten jedoch von Anfang an große Vorbehalte: Sie waren Katholiken und fühlten sich von ihrem calvinistischen König ganz und gar nicht repräsentiert. Ein anderes Problem war die Sprache; in den südlichen Landesteilen wurde Französisch gesprochen. Um das Land zusammenzuschweißen, bevorzugte Wilhelm einseitig die niederländische Sprache und versuchte, alle französischen Einflüsse zurückzudrängen. Damit erzeugte er viel böses Blut. Dazu kam die völlig entgegengesetzte Wirtschaftsstruktur der beiden Landesteile. Der Norden war ein verarmter Handelsstaat, der Süden die am stärksten industrialisierte Region auf dem europäischen Festland. Die reichen Kohlevorkommen wurden bereits nach englischem Vorbild mit dampfbetriebenen Maschinen gefördert, in Wallonien standen die ersten Kokshochöfen des Kontinents. Deshalb war der Süden mittlerweile auch wohlhabender als der Norden und dichter bevölkert: Den nunmehr 2,3 Millionen Nordniederländern standen fast 4 Millionen Südniederländer gegenüber.

Wilhelm förderte die Industrie des Südens und bemühte sich gleichzeitig darum, den Norden durch das Anlegen großer Schifffahrtskanäle und die Gründung von Dampfschifffahrtsgesellschaften zu modernisieren. Seine Wirtschaftspolitik konnte sich sehen lassen, doch alle Erfolge machte er durch seinen autoritären Regierungsstil wieder zunichte. Wilhelm herrschte noch wie ein aufgeklärter absolutistischer Fürst, gestützt auf einige wenige Minister, die wie er aus dem Norden stammten. Besonders wenn es um heikle Religionsfragen ging, ließ der Calvinist jedes Fingerspitzengefühl vermissen. So bestand er auf dem Recht der Bischofsernennung, breitete das staatliche Schulwesen auf Kosten der Konfessionsschulen aus und versuchte schließlich sogar, die katholische Priesterausbildung durch die Gründung eines verpflichtenden Zentralkollegiums in Löwen unter seine Aufsicht zu bringen. Die Folge war, dass die weitaus meisten angehenden Priester nicht mehr in Löwen studierten, sondern in Köln.

Es war schließlich eine Opernarie, die in Brüssel die Revolution auslöste. Bei einer Aufführung der Oper *La muette de Portici* über einen Volksaufstand in Neapel begann es am 25. August 1830 zu brodeln. Vor allem die Arie *Amour sacré de la Patrie* mit dem Text „Heilige Liebe für das Vaterland, gib uns unseren Mut und Stolz zurück" erhitzte die Gemüter. Die Zuhörer hielt es nicht länger auf ihren Stühlen. Häuser ranghoher Regierungsvertreter wurden geplündert, der Ruf nach Pressefreiheit und mehr Mitbestimmung für den Süden erklang. Als der König daraufhin Truppen schickte und die Unruhen blutig niederschlagen ließ, erklärten sich die Südniederländer für unabhängig – und bezeichneten sich fortan als Belgier. Die niederländischen Truppen konnten die Lage nicht mehr unter Kontrolle bringen. Der einzige Offizier, der nachhaltigen Eindruck machte, war Jan Carel van Speijk, der sich in aussichtsloser Lage mit seinem Kanonenboot in die Luft sprengte; heute würde man das als Selbstmordanschlag bezeichnen. Da Märtyrer für die nationale Sache in den Niederlanden Seltenheitswert haben, hatte eine anatomische Zeichnung seines blutigen Rumpfklumpens lange Zeit einen Ehrenplatz im Niederländischen Schifffahrtsmuseum in Amsterdam inne. Speijks Opfermut konnte allerdings auch nichts mehr daran ändern, dass die Großmächte den neuen Staat auf einer eilig einberufenen Konferenz in London offiziell anerkannten. Damit war das Königreich der Niederlande 15 Jahre nach der Wiedervereinigung wieder in zwei Staaten zerfallen. Wilhelm wollte dies zwar noch lange nicht wahrhaben und zog weiter gegen die abtrünnigen Untertanen zu Felde, womit er sein Land an den Rand des Ruins brachte. Doch Großbritannien und Frankreich zwangen ihn schließlich zum Einlenken. 1840 dankte Wilhelm verbittert zugunsten seines Sohnes Wilhelm II. ab und zog sich mit seiner Geliebten Henriette d'Oultremont, ausgerechnet eine katholische Belgierin, nach Berlin zurück, wo er sie 1841 heiratete. Bei seinem Tod 1843 belief sich sein Privatvermögen auf etwa 30 Millionen Gulden, was ziemlich genau der Höhe der niederländischen Staatsschuld entsprach.

Die Jahre nach der Loslösung Belgiens markieren einen Tiefpunkt in der niederländischen Geschichte. Die einstige Weltmacht musste sich nun endgültig damit abfinden, zum Kleinstaat herabgesunken zu sein. Und damit nicht genug, das Land wirkte rückständig. Zwar besaß es immerhin wieder die viertgrößte Handelsflotte der Welt, doch nur zögerlich entstanden zum Beispiel die ersten Eisenbahnverbindungen, obwohl der Aufwand in Anbetracht der geringen Entfernungen doch vergleichsweise überschaubar gewesen wäre. Es herrschte jedoch lange die Meinung vor, die vielen Kanäle reichten als Verkehrswege aus. Zwar dauerte eine Bootsfahrt natürlich länger als eine Zugfahrt, aber was machte das schon? Heinrich Heine wird – fälschlich – der Ausspruch zugeschrieben, wenn morgen Weltuntergang wäre, ginge er nach Holland, denn da passiere alles fünfzig Jahre später.

Vor allem in Deutschland wurden die Niederlande zu dieser Zeit geradezu verhöhnt. Das hing auch damit zusammen, dass das flache, bis in den letzten Winkel kultivierte Land nun so gar nicht dem Idealbild der Romantiker entsprach. Der schweizerische Soziologe Ernest Zahn erläutert: „Tulpenbeete, Gartenhäuschen, Windmühlen, Holzpantoffeln, Käse, Butter, chinesisches Porzellan, die Kanäle und die auf ihnen dahinziehenden Schleppkähne: das ist das Milieu des Philisters, eine Welt ohne schneebedeckte Berge, rauschende Flüsse, dichte Eichen- und Tannenwälder, kurz: ohne allgewaltige Natur. Dass an der niederländischen Küste das Meer und die Winde toben, die Fischer auf hoher See und die Verteidiger der Deiche beständig gegen die Naturgewalten ankämpfen müssen, ist aus diesem Bild weggelassen, weil es nicht hineinpasst."

Die Niederlande waren in den Augen der Dichter und Denker ein Land des Spießbürgertums. „Man muss ein Holländer sein, um mit einer Tulpe zu sympathisieren", schrieb Goethe, „und dann ist auch die Sympathie dieser Wassermänner sehr phlegmatisch." Schon Immanuel Kant hatte 1764 in seinen „Beobachtungen über das Gefühl des Schönen und Erhabenen" ausgeführt: „Der Holländer ist von einer ordentlichen und emsigen Gemüthsart, und indem er lediglich auf das Nützliche sieht, so hat er wenig Gefühl für dasjenige, was im feineren Verstande schön und erhaben ist." Herder sprach den Niederländern jeden Sinn für Poesie ab, der Shakespeare-Übersetzer August Wilhelm Schlegel ekelte sich nach eigenem Bekunden vor niederländischen Büchern. „Der Esel kommt mir vor wie ein Pferd ins Holländische übersetzt", spottete Georg Christoph Lichtenberg. Bei anderen ist gar von „bogenförmigen Fischmäulern" und „glockenspielartig wackelnden Hinterbacken" die Rede. Der Schriftsteller Ludolf Wienbarg befand: „Ihre Sprache ist versumpft und in Gurgellauten ausgeartet, ihr Geist ist nur der feuchte Niederschlag des Deutschen mehr." Schon ließen sich auch die ersten Stimmen vernehmen, wonach die Niederlande heim ins Reich müssten, zu ihren „treuesten Nachbarn und ältesten Brüdern, den Deutschen", wie es Ernst Moritz Arndt, Mitglied der Frankfurter Nationalversammlung, ausdrückte. Der Turnvater Friedrich Ludwig Jahn und später der Historiker Heinrich von Treitschke waren ähnlicher Meinung. Sie alle verwiesen darauf, dass die Niederlande bis zum Westfälischen Frieden formal zum Heiligen Römischen Reich Deutscher Nation gehört hatten. Und so wie Napoleon die Niederlande kurzerhand zum Mündungsgebiet französischer

Flüsse erklärt hatte, war nun von der „Anschwemmung eines deutschen Flusses“ die Rede.

„Wir sind Niederländer und keine Deutschen“, stellte dagegen 1837 der Leidener Professor Johan Rudolf Thorbecke (1798–1872) klar und verwies dabei unter anderem auf das Goldene Zeitalter. Die Tatsache, dass es „neben uns am deutschen Himmel hell geworden ist“, bedeutete nach seiner Überzeugung noch lange nicht, dass sich die Niederländer als eigenständige Nation aufgeben mussten. Allerdings räumte er ein, die Niederländer seien so denkfaul, so bequem, so mittelmäßig geworden, dass sie ihre Unabhängigkeit selbst aufs Spiel setzten. Gerade weil Thorbecke die staatliche Unabhängigkeit der Niederlande erhalten wollte, kritisierte er seine Landsleute mit besonderer Schärfe. „In Frankreich, in Belgien, ja in Deutschland und Großbritannien erwacht neues Leben. Wir aber sind ein altes Wrack, das auf seine Erneuerung oder aber Zerlegung durch eine fremde Hand zu warten scheint.“ Als er dies schrieb, ahnte man noch nicht, dass es Thorbecke selbst sein sollte, der Staat und Gesellschaft neues Leben einhauchen würde.

Stichwort: Fahrrad

Man sollte es Niederländern gegenüber nicht zu häufig erwähnen, aber der Erfinder des Fahrrads war ein Deutscher. Zumindest entwickelte Karl Friedrich Christian Ludwig Freiherr Drais von Sauerbronn (1785–1851) den Vorläufer des Fahrrads, eine zweirädrige Laufmaschine, die den heutigen Laufrädern für Kinder glich. In den Niederlanden wurde das Fahrrad erst um 1900 wirklich populär. Anfangs gab es viel Widerstand. So wurde behauptet, Frauen könnten vom Fahrradfahren unfruchtbar werden. 1885 wurde in Utrecht der erste Fahrradweg angelegt. Schnell zu fahren, war verboten. Ein Fahrradfahrer aus Amsterdam, der die von Pferden gezogene Straßenbahn überholte, musste ein Bußgeld wegen überhöhter Geschwindigkeit zahlen. Zu Beginn des 20. Jahrhunderts wurde das ganze Land mit Radwegen überzogen. Auch währen des Ersten Weltkriegs, von dem die neutralen Niederlande verschont blieben, ging das weiter. Das Fahrrad wurde dadurch das Symbol für Frieden und Besonnenheit.

Heute haben die Niederlande die höchste Fahrraddichte der Welt. Das *fiets* – woher der Name kommt, ist unklar – ist nicht nur ein Verkehrsmittel, sondern auch ein Symbol für das Streben nach einer egalitären Gesellschaft. Niederländische Ministerpräsidenten treten immer mal wieder in die Pedale, um ihre Volkstümlichkeit unter Beweis zu stellen.

Das freiste Volk der Welt. Der Weg zur parlamentarischen Demokratie

Thorbecke, der Begründer des parlamentarischen Systems in den Niederlanden, der große Reformer und Staatsmann, ist auf das Engste mit der deutschen Romantik verknüpft, so dass es doppelt überrascht, wie wenig Aufmerksamkeit er im deutschen Sprachraum bis heute erfahren hat. Seine Familie war deutscher Herkunft, sie stammte aus dem Ort Borgholzhausen bei Osnabrück. Einige Zeit nach dem Westfälischen Frieden hatten die Thorbeckes ein Handelskontor in Zwolle in der niederländischen Provinz Overijssel eröffnet und es zu einem Umschlagplatz für Kolonialwaren aus Amsterdam ausgebaut. Ihre Verbindungen nach Deutschland kamen ihnen dabei sehr zustatten. Im Zuge des allgemeinen Niedergangs gegen Ende des 18. Jahrhunderts geriet jedoch auch diese Kaufmannsfamilie in Verfall. Der 1798 geborene Johan Rudolf Thorbecke wuchs deshalb in eher kleinbürgerlichen Verhältnissen auf. Er war ein ernster, unsicherer Junge, der größere Gruppen mied und sich am liebsten in Büchern vergrub. Sein besonderes Interesse galt der Philosophie – die in den Niederlanden geradezu verpönt war. Die Kaufleute meinten, dass Philosophie keinen praktischen Nutzen habe, und die Prediger waren davon überzeugt, dass sie vom rechten Pfad der christlichen Lehre wegführe. Thorbeckes akademische Begabung fiel jedoch auf, so dass er als 22-Jähriger mit einem Stipendium in Göttingen studieren konnte.

Eine neue Welt tat sich vor ihm auf. Er traf den Philosophen Friedrich Wilhelm Joseph von Schelling, den Literaturhistoriker August Wilhelm Schlegel und schließlich auch Goethe. In der Münchener Oper überwältigte ihn die Musik Mozarts, in Dresden berauschte er sich an der Kunst der italienischen Renaissance-Maler. Außerdem verliebte er sich dort in Dorothea Tieck, die Tochter des Dichters Ludwig Tieck. Das künstlerisch-intellektuelle Klima dieser Familie schlug ihn ganz in seinen Bann. Thorbecke hatte das Gefühl, endlich dort angelangt zu sein, wo er immer hingehört hatte. Während eines kurzen Besuchs in der Heimat schrieb er nach Deutschland: „Hier in meinem Vaterlande versteht Niemand den Mittelpunkt meines Wesens." Er strebte nun eine Professur in Deutschland an. Um sich dafür zu empfehlen, veröffentlichte er 1824 ein geschichtsphilosophisches Werk mit dem Titel „Über das Wesen und den organischen Charakter der Geschichte". Für seine eher praktisch denkenden Landsleute waren seine Gedankengänge nicht mehr nachvollziehbar, wie ihm durchaus bewusst war: „Es ist nicht unmöglich, dass man bei der Lektüre dieses kleinen Aufsatzes in den Niederlanden zu dem Schluss kommen könnte, dass ich jetzt einen Platz im Irrenhaus verdiene."

1825 wurde Thorbecke jedoch überraschend als Professor an die neu gegründete Universität Gent berufen, so dass er seinem Land doch erhalten blieb. Später wechselte er nach Leiden. Von vielen wurde er nun als Deutscher betrachtet, das heißt als theoretisierender, abgehobener Gelehrter. Auch seine Distanziertheit empfand man als deutsch. Thorbeckes Ton konnte sarkastisch sein, seine Kritik war schneidend. Nur die engste Familie wusste, dass er auch eine andere Seite hatte. Zuhause schrieb der stocksteife Professor poetische Liebesbriefe nach Deutschland. 1836 heiratete er die 19 Jahre jüngere Henriette Solger, Tochter eines Philosophen. Die Verbindung war überaus glücklich. Thorbecke kultivierte sein Familienleben, so wie er es im Biedermeier-Deutschland erlebt hatte, wo sich das Bürgertum in dieser Zeit der Unterdrückung ins Private zurückzog. „Das einzige reine Glück erfährt man in der Harmonie des häuslichen Kreises", war auch Thorbeckes Überzeugung. Doch während er einerseits nach deutschem Vorbild das Familiäre überhöhte, trat er andererseits in der Öffentlichkeit mit immer größerem Nachdruck für eine Liberalisierung und Demokratisierung des politischen Systems ein. Anders als in Deutschland musste er dabei nicht befürchten, als potenzieller Umstürzler verfolgt und bestraft zu werden.

Thorbecke stand politisch in der Tradition der Patrioten und plädierte für eine Direktwahl des Parlaments und die Entmachtung des Königs. Nur so könnten die Niederlande erneuert werden und Anschluss an die moderne Zeit finden, argumentierte er. Seine Vorschläge wurden durchaus diskutiert, die oranientreuen Honoratioren, die im Parlament den Ton angaben, dachten aber nicht daran, sie in die Tat umzusetzen. Dann aber kam das Revolutionsjahr 1848. Überall in Europa brodelte es – nur nicht in den Niederlanden. Wie groß war deshalb das Erstaunen, als König Wilhelm II. eines Tages verkündete, die Zeit für eine neue Verfassung sei gekommen. Den verdutzten Botschaftern vertraute er an, er sei in einer einzigen Nacht vom Konservativen zum Liberalen geworden. Möglicherweise hing dies damit zusammen, dass er schwer herzkrank war und revolutionäre Umtriebe wie in Paris, Berlin oder Wien von vornherein vermeiden wollte. Zudem war er aufgrund seiner homosexuellen Affären – die in Parlamantarierkreisen bekannt waren – erpressbar.

Thorbecke nutzte seine Chance. Binnen einer Woche schrieb er eine der modernsten Verfassungen Europas. Sie bildet bis heute die Grundlage des niederländischen Staatswesens. Nicht nur Religions- und Meinungsfreiheit wurden garantiert, sondern auch Presse-, Versammlungs- und Schulfreiheit. Die Kompetenzen des Königs wurden drastisch eingeschränkt. Nicht mehr ihm, sondern dem Parlament waren die Minister Verantwortung schuldig. Die Sitzungen des Parlaments waren von nun an öffentlich. Seine Abgeordneten wurden ebenso wie die der Provinzialparlamente und Stadträte nicht mehr indirekt, sondern direkt gewählt. Das Wahlrecht allerdings besaßen vorerst nur die finanzkräftigsten Steuerzahler, etwa zehn Prozent der männlichen Bevölkerung. Es sollte noch bis 1917 dauern, ehe das allgemeine Wahlrecht für Männer und zwei Jahre später auch das für Frauen eingeführt wurde.

Die erste Parlamentswahl nach der Verabschiedung von Thorbeckes *grondwet* brachte den liberal gesinnten Kräften eine deutliche Mehrheit, so dass dem neuen König Wilhelm III. nach seiner Thronbesteigung 1849 nichts anderes übrig blieb, als eine Regierung unter dem von ihm verabscheuten *professortje* zu berufen. Thorbecke führte bis zu seinem Tod 1872 insgesamt drei Regierungen, die viele wegweisende Reformen ausführten. In einer seiner letzten Notizen schrieb er: „Als kleines umtriebiges und nicht herrschsüchtiges Volk müssen und können wir in einem monarchisch-konstitutionellen System das freiste Volk der Welt sein. Wie viel bleibt Frankreich und Preußen, ja selbst England noch zu tun, um das Maß an Freiheit und Entwicklung zu erreichen, das uns zuteil geworden ist." Dank Thorbecke hatten die Niederländer ihre Krise überwunden. „Die Vorstellung von den Niederlanden als ‚freistem Volk der Welt' wurde das gängige nationale Selbstbild, das den bescheidenen Status einer kleinen Macht erträglich machte", analysiert Thorbeckes Biograf Jan Drentje, einer der besten Kenner dieser Periode niederländischer Geschichte.

Thorbecke gehörte noch keiner Partei im klassischen Sinne an. Er war zwar ein überzeugter Liberaler und arbeitete mit vielen Gleichgesinnten zusammen, aber diese waren nicht organisiert. Es war der calvinistische Prediger Abraham Kuyper (1837–1920), der 1878 die erste wirkliche Partei gründete, die Antirevolutionäre Partei (ARP). Der Name richtete sich gegen die in Kuypers Augen gottlose Französische Revolution mit all ihren Folgen. Die ARP hat die niederländische Politik über Generationen hinweg entscheidend geprägt. Die anderen großen Parteien, die sich in den nächsten Jahren und Jahrzehnten bildeten, waren die Liberale Union (später Liberale Staatspartei), die Sozialdemokratische Arbeiterpartei (SDAP) und die Römisch-Katholische Staatspartei (RKSP). Die Katholiken wurden im Laufe der Zeit dank großer Kinderzahl immer stärker, bis 1947 fast 40 Prozent der Niederländer katholisch waren. Vor allem Katholiken und Calvinisten besaßen nicht nur ihre eigene Partei, sondern auch eigene Schulen und Hochschulen, Gewerkschaften, Sportvereine, Krankenhäuser und Zeitungen. In etwas geringerem Maße galt dies auch für die in der SDAP organisierten Arbeiter, deren Kampflieder an protestantische Psalmen und deren Aufmärsche an katholische Prozessionen erinnerten. Von der Wiege bis zur Bahre konnte man sein Leben so fast ausschließlich mit Glaubensbrüdern und Gesinnungsgenossen verbringen.

Deutschland kannte einen ähnlichen Partikularismus, aber in den Niederlanden war er noch extremer. Man lebte so sehr in seiner eigenen Welt, dass im Rückblick zuweilen von einer freiwilligen Apartheid gesprochen wird. Das Phänomen wird in den Niederlanden als *Versäulung* bezeichnet, wobei über die Zahl der Säulen bis heute gestritten wird. Erst in den 1960er-Jahren lösten sich diese geschlossenen weltanschaulichen Gruppen langsam auf, doch noch immer kennzeichnen sie zum Beispiel das öffentlich-rechtliche Fernsehen. Die Programme der drei nichtkommerziellen Kanäle werden – einmalig in Europa – von Zuschauervereinen gestaltet, die nach wie vor diese gesellschaftlichen Strömungen repräsentieren. Da gibt es dann zum Beispiel die Katholische Rundfunkanstalt KRO, den Evangelischen Rundfunk EO und die sozialdemokratisch ausgerichtete Vereinigung der Arbeiterradio-Amateure (VARA), die alle abwechselnd auf denselben Kanälen senden.

Während sich die Niederlande langsam, aber sicher zu einer Demokratie wandelten, schien der Fortbestand der Monarchie in der zweiten Hälfte des 19. Jahrhunderts zunehmend ungewiss. Wilhelm III. war ein psychisch labiler, unbeherrschter Rüpel mit dem Beinamen „König Gorilla". Mitunter verhielt er sich tatsächlich wie ein wild gewordener Affe. Es konnte vorkommen, dass er bei einem Diner seinen Oberkörper frei machte und vor allen Gästen die Muskeln spielen ließ und sich auf die Brust trommelte. Der Ansehensverlust, den die Monarchie durch Wilhelm III. erlitt, trug mit dazu bei, dass Thorbecke und andere liberale Reformer die Möglichkeiten des neuen Grundgesetzes voll ausschöpfen konnten. Erst unter seiner Tochter Wilhelmina (1880–1962) entwickelte sich die Oranier-Monarchie zu einer allgemein anerkannten Institution, die das nationale Selbstbild der Niederländer bis heute prägt.

Porträt: Vincent van Gogh

Genialer Selbstzerstörer

Vincent van Gogh (1853–1890) gilt als der verkannte Künstler schlechthin, da er zeitlebens nur einige wenige Bilder verkaufte. Doch van Gogh malte nur während der letzten zehn Jahre seines Lebens, und fast alle Werke, die heute jeder kennt, entstanden in den drei Jahren vor seinem Tod. Wäre er nicht nur 37 Jahre alt geworden, sondern 63 Jahre wie Rembrandt, wäre er als angesehener Künstler gestorben.

Der Mann mit dem roten Bart und dem Strohhut war ein getriebener Mensch, der den Leuten Angst machte, schon lange bevor er sich ein Stück seines Ohrs abschnitt und es ins Bordell trug. „Man hat eine ähnliche Scheu, mich ins Haus zu nehmen, wie man sich scheuen würde, einen großen zottigen Hund im Hause zu haben", schrieb er an seinen Bruder Theo, den treuen Förderer. In seinem

Wohnort Nuenen sah er sich solchen Anfeindungen ausgesetzt, dass er nach Frankreich ging. Aber auch in Arles in der Provence beantragten die Bürger vier Jahre später, ihn wegen „Gemeingefährlichkeit" festzusetzen.
Wohl kein anderer Künstler hat in so kurzer Zeit so viele Meisterwerke geschaffen wie van Gogh in der leuchtenden Sommerlandschaft des Südens: 350 Werke in 400 Tagen. Er malte lodernde Zypressen und umflutete Sterne, wogende Berge und flimmernde Himmel. An Theo schrieb er, wenn jemand sage, die Bilder seien zu rasch gemalt, solle er antworten, „sie hätten zu rasch hingesehen". Nachts im Traum sah er einen Marmorbau, „wo meine unglücklichen Bilder versammelt waren. Es wimmelte von Menschen, die sich schubsten und rempelten." Was damals über seinem armseligen Bett hing, wurde im 20. Jahrhundert zum Stolz der bedeutendsten Museen und finanzkräftigsten Sammler. Zum Teil hat dies wohl auch etwas mit dem abgeschnittenen Ohr zu tun, dem Wahnsinn, dem Selbstmord – und damit, dass der belesene Pfarrerssohn sein Werk mit einem laufenden Kommentar versah: In Hunderten Briefen an Theo analysierte er sein Werk, die Kunstszene, aber auch seine Gemütsverfassung. Keinem anderen Maler kann man so tief in die Seele blicken.
Welche Krankheit ihn schließlich in die Irrenanstalt brachte und mit in den Suizid trieb, ist nie mit Sicherheit geklärt worden. Vieles spricht für epileptische Anfälle. Andere glauben, dass er sich unter dem Sonnenball von Arles in gewisser Weise zu Tode malte, dass ihn das große Farbtosen am Ende überwältigte, seine Nerven zerrüttete. Er selbst sprach davon, dass er arbeiten müsse „bis zur seelischen Vernichtung". Seit er sich im Weizenfeld mit Raben – einem seiner letzten Motive – eine Kugel in die Brust schoss, ist er in jedem Fall der Prototyp des genialen Selbstzerstörers geworden.

Der Smaragdgürtel.
Das niederländische Kolonialreich

Wer die Niederlande zu klein und zu eng fand, der konnte im 19. Jahrhundert jederzeit einen weißen Dampfer besteigen und sich in eine andere Welt verabschieden, die gleichwohl Teil des Königreichs war: Niederländisch-Indien, heute Indonesien und mit mehr als einer Viertelmilliarde Einwohner die größte Nation nach China, Indien und den USA. Für das Reich der vierzehntausend Inseln, der Vulkanberge und Reisterassen hatten die Niederländer viele schöne Namen: Sie nannten es Insulinde, den Smaragdgürtel, *Tropisch Nederland* oder einfach „Unser Indien". Noch heute hat jede größere Stadt in den Niederlanden ihre *indische buurt*, ihr indisches Viertel, in dem jeder Straßenname an Schmetterlingsnetz und Tropenhelm denken lässt: Java und Bali, Sumatra und Lombok, Celebes und Borneo. Noch vor wenigen Jahren konnte man die letzten Kolonialholländer in nostalgischen Haager Lokalen über *Tempo Doeloe** erzählen hören, die versunkene Zeit, zu der man von Java als dem herrlichsten Juwel in der Krone der Niederlande zu sprechen pflegte. Die alten Herren mit den Sumatra-Zigarren schwelgten in Erinnerungen an jenen Moment in der Abenddämmerung, wenn die Diener auf der Veranda die große Reistafel auftrugen, die Eidechsen über die Wände kletterten und aus dem nahen Urwald das Konzert der Grillen, Frösche und Flughunde ertönte. Spät in der Nacht fuhren die Gäste dann im fahlen Mondschein durch die Pflanzungen zurück. Der Regen hatte die schmalen Wege überflutet, ringsum spritzte das Wasser auf, und in den Scheinwerfern des Autos erblickte man die phosphoreszierenden Augen der Nachtschwalben. *Tempo Doeloe*.

„Indien", so schreibt der Soziologe und Kolonialhistoriker J. A. A. van Doorn, „war der Niederländer größtes Abenteuer." Ein Menschenleben reichte nicht aus, um jede Insel wenigstens einmal zu betreten. Die Kolonie war 25 Mal so groß wie das Mutterland oder wie es eine imperialistische Broschüre von 1914 ausdrückte: so groß wie die Niederlande, Belgien, Deutschland, Österreich, die Schweiz, Großbritannien, Frankreich, Italien, Spanien, Portugal und Dänemark zusammen. Auf die Landkarte Europas übertragen, hätte Niederländisch-Indien von Portugal bis zum Ural und von der Nordspitze Dänemarks bis nach Neapel gereicht. Ein Archipel von kontinentalen Maßen – beherrscht von einem europäischen Kleinstaat. 1930 lebten in Niederländisch-Indien 60 Millionen Menschen; die Zahl der Niederländer betrug kaum mehr als 200 000 oder 0,33 Prozent der Bevölkerung. Wie war es möglich, dass so wenige so viele beherrschen konnten? Durch Geschick und Unterdrückung. Allein in der Gegend von Surabaya an der Nordostspitze Javas wurde die Bevölkerung in den Jahren 1861 und 1862 mit insgesamt 76 152 Stockschlägen gezüchtigt – die niederländischen Kolonialbeamten führten da sehr genau Strichlisten. Dasselbe Land, das sich ohne Brüche zu einer freiheitlichen Demokratie entwickelte und in Europa für die unbedingte Achtung staatlicher Souveränität und die Stärkung des Völkerrechts eintrat, errichtete in seiner Kolonie einen – wie es van Doorn formuliert – „preußischen Polizeistaat". Ebenso wie die Briten in Indien bedienten sich die Niederländer dabei der einheimischen Fürsten. Sie beließen die alten Herren in Amt und Würden, wofür diese die Politik ihrer neuen Überherren umzusetzen hatten. In erster Linie hieß das: Sie mussten Tribut eintreiben.

Lange war die Herrschaft der Niederländer nur Mittel zum Zweck gewesen. Der Vereinigten Ostindischen Compagnie ging es keineswegs um den Aufbau eines Kolonialreiches, sondern allein um Profit; jeder Feldzug war für sie ein Kostenfaktor, der die Dividenden schmälerte. Doch um ihr Handels-

* Sprich: Tempo Dulu

monopol durchzusetzen, musste sie zwangsläufig immer mehr aufsässige Fürstentümer unterwerfen, bis sie außer den Gewürzinseln – den Molukken – auch Java kontrollierte, obwohl sie dies so nie angestrebt hatte. Aufgrund von Korruption und zunehmender Konkurrenz durch Briten und Franzosen ging die Compagnie 1799 bankrott, und der niederländische Staat übernahm ihre Besitzungen. Wer zu dieser Zeit in den Osten zog, der hatte nur ein Ziel: schnell reich zu werden. Die erfolgreichsten Glücksritter führten ein Leben wie ein Sultan. Ein gewisser Nicolaus Engelhard, Gouverneur der javanischen Nordküste zu Beginn des 19. Jahrhunderts, hatte außer einer Reihe von Haus- und Leibsklaven 212 Bedienstete zu seiner Verfügung, darunter allein zwei Lampenanzünder. Der Regierungsbeamte Andries de Wilde kaufte 1813 ein Gebiet mit etwa 20 000 Einwohnern auf, die fortan für ihn Landgüter und Straßen anlegen mussten. Manches deutet darauf hin, dass er sich auch einen kleinen Harem zulegte. 1823 wurde de Wilde jedoch gezwungen, seine Ländereien an die Regierung zurückzuverkaufen: Der Zugriff des Staates verstärkte sich. Von 1825 bis 1830 schlug die Regierung den letzten großen Aufstand auf Java nieder; schätzungsweise 200 000 Menschen kamen dabei um. Bis heute ist dies nicht wirklich ins niederländische Bewusstsein durchgedrungen. Geert Mak, einer der profiliertesten Autoren des Landes, berichtete 2008 in einem Gespräch mit der „Zeit“, dass auch er lange nichts davon gewusst habe: „Das habe ich erst vor ein paar Jahren erfahren. Zufällig. Und nicht glauben wollen. So etwas gehörte nicht zum Lehrstoff der niederländischen Geschichte, auch nicht zu unserem Selbstbild.“

Unmittelbar nach dem Java-Krieg führte Generalgouverneur Johannes van den Bosch das berüchtigte *cultuurstelsel* – Kultivierungssystem – ein. Es verpflichtete jeden Bauern, auf einem Fünftel seines Bodens Produkte für die Regierung anzubauen – Zuckerrohr, Indigo, im Tiefland Tabak, im Hochland Kaffee und Tee – und darauf auch ein Fünftel seiner Arbeitszeit zu verwenden. Mit den Einnahmen aus dem Verkauf dieser Kolonialwaren wurde der hochverschuldete niederländische Staat nach der Abspaltung Belgiens saniert. Um 1850 kam fast jeder dritte Gulden in der Staatskasse von den Schatzinseln im Indischen Ozean. Für die javanischen Bauern hatte das *cultuurstelsel* zum Teil katastrophale Folgen. Da die einheimischen Fürsten gleichfalls von ihnen versorgt werden wollten, blieb ihnen oft nicht genug Land und Arbeitszeit für den Reisanbau. So kam es in einem der fruchtbarsten Gebiete der Erde zu Hungersnöten. „Klar wie selten lässt sich hier die Frage nach der Ausbeutung durch Kolonialherrschaft beantworten“, urteilt der Historiker Wolfgang Reinhard in seiner „Geschichte der europäischen Expansion“. Gerade auch Thorbecke hat sich der Abschaffung des *cultuurstelsel* unter Hinweis auf seinen enormen

Weiße Herren in den Tropen. Niederländer posieren auf Sumatra mit einheimischen Bediensteten vor einem erlegten Tiger. Fotografie vom Beginn des 20. Jahrhunderts.

finanziellen Nutzen hartnäckig widersetzt. Kolonialminister Jean Crétien Baud konterte Kritik an der Ausbeutung der Bevölkerung mit dem lakonischen Hinweis: „Wir sind die Herrscher, sie die Beherrschten."

Nach und nach brachten die Niederlande immer mehr Inseln in ihre Gewalt und behaupteten sich auf dem Höhepunkt des Imperialismus als drittgrößte Kolonialmacht der Welt. Den erbittertsten Widerstand leistete „Javas finstere Schwester", Sumatra, in dessen unerforschter Dschungelwelt außer Elefanten, Tigern, Krokodilen und Orang-Utans auch noch Menschenfresser hausten. Vor allem aber blühte auf Sumatra das Sultanat Atjeh (heute meist Aceh geschrieben), das mehr als die Hälfte des weltweiten Pfefferbedarfs abdeckte. Der Atjeh-Krieg zog sich mit Unterbrechungen über Jahrzehnte hin und nahm noch einmal an Vehemenz zu, nachdem der Tabakpflanzer Aeilko Zijlker große Ölvorkommen entdeckt hatte – sein allererstes Bohrloch mitten im Dschungel ist bis heute erhalten. Bald war Den Haag Sitz eines Unternehmens mit dem für jeden Ausländer unaussprechlichen Namen *Koninklijke Nederlandsche Maatschappij tot Exploitatie van Petroleumbronnen in Nederlandsch-Indië*. 1907 sollte diese Gesellschaft einen kleineren britischen Konkurrenten übernehmen, der ursprünglich Muschelkästen hergestellt hatte und davon seinen Namen ableitete. Die so entstandene *Royal Dutch Shell* wurde einer der größten Ölkonzerne der Welt. 1898 bot sie ihren ganzen politischen Einfluss auf, um den

Widerstand der Guerillakämpfer in Atjeh ein für allemal zu brechen. Diese Aufgabe erledigte bis 1904 der neue Gouverneur von Atjeh, Johannes Benedictus van Heutsz. Er ließ die Bevölkerung ganzer Dörfer abschlachten, darunter Tausende Frauen und Kinder. Zur Belohnung wurde er prompt zum Generalgouverneur ernannt und erhielt nach seinem Staatsbegräbnis ein für niederländische Verhältnisse gewaltiges Denkmal in Amsterdam. Mit ähnlicher Grausamkeit schlugen die Niederländer auf anderen Inseln zu. Der spätere Ministerpräsident Hendrikus Colijn schrieb als junger Kolonialoffizier nach einer solchen Strafaktion an seine Frau: „Ich habe neun Frauen und drei Kinder, die um Gnade baten, zusammensetzen und totschießen lassen müssen. Es war eine unangenehme Arbeit, aber es ging nicht anders."

Eine Tragödie besonderer Art spielte sich 1906 auf Bali ab: Als der Raja von Badung, ein aufständischer Fürst, die Aussichtslosigkeit seiner Lage erkannte, entschloss er sich mit seinem Gefolge zu massenhaftem Selbstmord. Festlich gekleidet und mit all ihrem Schmuck ausgestattet, schritten er und seine Krieger mit ihren Frauen auf die niederländischen Soldaten zu, die daraufhin das Feuer eröffneten. Ein niederländischer Augenzeuge berichtete: „Zu den ersten, die fielen, gehörte der Raja. Nun spielte sich eine der grausigsten Szenen ab, die man sich vorstellen kann. Während jene, die verschont blieben, den Angriff fortsetzten und das schnelle Schießen unsererseits zur Selbstverteidigung notwendig blieb, sah man Leichtverletzte, die Schwerverletzten den Todesstoß versetzten. Frauen hielten ihre Brüste hin, um niedergemacht zu werden, oder bekamen den Gnadenstoß zwischen die Schultern, und wenn diejenigen, die ihn gaben, durch unser Feuer umgelegt worden waren, standen da wieder andere – Männer und Frauen – um das blutige Werk fortzusetzen." Allein in Atjeh kamen mindestens 60 000 Menschen um, etwa zehn Prozent der Bevölkerung.

Den von Niederländern begangenen Gräueltaten stehen auch einige Verdienste gegenüber. Die Kolonialherren schafften Sklaverei und Witwenverbrennung, Kannibalismus und Piraterie ab. Die Bevölkerungszahl nahm sprunghaft zu, was von den Fürsprechern des Kolonialsystems stets als Beweis für seine segensreiche Wirkung gewertet wurde. Indem die Niederländer unter ihrer Herrschaft Gebiete vereinten, die bis dahin wenig miteinander zu tun gehabt hatten, legten sie die Grundlage für das spätere Indonesien. Ohne die niederländische Kolonialzeit würde der heutige Vielvölkerstaat Indonesien nicht existieren, ja der Kolonialismus-Experte Wim van den Doel geht so weit zu sagen, van Heutsz könne als Begründer des modernen indonesischen Staates gelten.

Um 1900 begann sich bei den Niederländern die Einsicht durchzusetzen, dass auch die Kolonie selbst von ihrer Anwesenheit profitieren müsse. In ihrer – von der Regierung verfassten – Thronrede erklärte Königin Wilhelmina

1901, „dass die Niederlande gegenüber der Bevölkerung dieser Gebiete eine sittliche Sendung zu erfüllen haben“. Die Fremdherrschaft wurde nun nicht mehr mit ihrem Nutzen für die Niederländer, sondern mit ihrem Nutzen für die Einheimischen gerechtfertigt. „Ethische Politik“ nannte man das. Die Niederländer gründeten Schulen und Museen, restaurierten von 1907 bis 1911 den Borobudur, die größte buddhistische Tempelanlage der Welt, und erforschten die letzten weißen Flecke auf Borneo und Neuguinea. Der niederländische Anthropologe Eugène Dubois entdeckte 1891 den Java-Menschen, Reste eines Vorläufers des Homo sapiens. Schon kamen die ersten Touristen nach Bali, schon erging die Warnung, die Ursprünglichkeit der Inselwelt sei bedroht von der Moderne, dem „Summen des Radios, dem Schnarren des Grammophons und dem Einfluss der mehr und mehr überhandnehmenden Zeitungen“. Allzu plumpe Erhebung über den *inlander*, den Einheimischen, berührte jetzt peinlich. So war es dem berühmten Schriftsteller Louis Couperus 1921 unangenehm, sich von acht Trägern in einer Sänfte durch den Urwald schleppen zu lassen: „Ich versuche meine sozialen Skrupel zu bekämpfen, die aus der neuzeitlichen Idee von der Gleichberechtigung aller Menschen herzuleiten sind“, schildert er in seinem Reisebericht. „Allein diese Kerle bleiben heiter, als wollten sie meine Skrupel hinweglachen, während sie ruckweise – so dass mein Magen in Aufruhr gerät – die engen Pfade emporklimmen, von denen aus die Schluchten vor meinen hinabstarrenden Augen in die Tiefe stürzen.“ Aber obschon die „Kulis“ lachen, obschon Couperus noch immer von Bediensteten auf leisen Sohlen umschwärmt wird so wie fünfzig Jahre früher in seiner Jugend in Batavia, am Ende seiner Reise ist er doch davon überzeugt: „Die Autonomie dieses Inselreiches ist nur noch eine Frage der Zeit.“

Tage, die Geschichte machten

26. Februar 1856

Ein Beamter klagt an – Protest gegen koloniale Ausbeutung

Rangkas Betung, Provinz Lebak, im Westen Javas. Unruhig geht der Kolonialbeamte Eduard Douwes Dekker vor seinem bambusgedeckten Holzhaus auf und ab. Es ist ein wichtiger Tag für ihn – er erwartet seinen Vorgesetzten Brest van Kempen, um eine heikle Angelegenheit mit ihm zu besprechen: Er will einen der mächtigen Landesfürsten beim niederländischen Generalgouverneur anklagen.

Immer wieder schaut der hagere, etwa 35 Jahre alte Mann den Dorfweg hinauf, holt seine Taschenuhr hervor, steckt sie zurück in die Weste. Schließlich sieht er am Ende des Weges eine Pferdekutsche auftauchen, eingehüllt in eine Staubwolke. Zehn

Minuten später steht das völlig verdreckte Gefährt vor Dekkers weiß gestrichener Veranda. Wie von Geisterhand öffnet sich der Deckel eines Lederkoffers, der an der Rückseite des Wagens befestigt ist, und drei dunkelhäutige Bedienstete zwängen sich heraus. Sie laufen zur Wagentür und öffnen sie. Langsam kommt ein Herr im khakifarbenen Anzug zum Vorschein. Vorsichtig rückt er seinen Tropenhelm zurecht, nimmt von einem der Diener seinen Gehstock entgegen.

„Willkommen Herr van Kempen!", sagte Dekker und streckt die Hand aus. „Wie war die Reise?" Der blasse van Kempen seufzt tief. „So eine Fahrt über Land kostet ein Jahr des Lebens." Er spricht sehr langsam, sehr schleppend. „Bitte nehmen Sie doch auf der Veranda Platz!" Dekker führt seinen Gast zu einigen Korbsesseln. „Ich hatte gar nicht zu hoffen gewagt, Sie so schnell wiederzusehen", sagt dieser mit leicht vorwurfsvollem Unterton. „Meine vielfältigen Verpflichtungen zwingen mich im Grunde dazu, das Reisen auf alle Fälle von äußerster Wichtigkeit zu beschränken." – „Dies ist ein solcher Fall", versichert Dekker. „Zigarre?" er klappt eine kleine Holzkiste auf. „Wie ich Ihnen ja schon in meinem Brief schrieb, beschuldige ich den Fürsten von Lebak, den Regenten Raden Adipatti Karta Nata Negara, des Machtmissbrauchs und der ungesetzlichen Verfügung über die Arbeit seiner Untergebenen." – „... diese hier ist gut", murmelt van Kempen, während er an einer Zigarre riecht. „Entschuldigung, was sagten Sie, verehrter Herr Dekker?" – „Der Regent zwingt die Bevölkerung, ohne Bezahlung für ihn zu arbeiten!" Van Kempen zündet sich seine Zigarre an. „Jaja, das ist ein weit verbreitetes Übel", nickt er. „Aber das ist hier seit jeher so gewesen." – „Ich weiß", erwidert Dekker. „Nichts ist alltäglicher, als dass Hunderte von Familien von weit her aufgerufen werden, um unentgeltlich Felder zu bearbeiten, die dem Regenten gehören. Nichts ist gewöhnlicher als das unentgeltliche Herausgeben von Nahrungsmitteln für die Hofhaltung des Regenten. Der Javaner ist freigiebig, vor allem da, wo es darum geht, einen Beweis für seine Verbundenheit mit seinem Haupt zu liefern, dem Nachfahren desjenigen, dem schon seine Väter gehorchten ..." – „... und eben dieses kommt uns sehr zupass", wirft van Kempen ein. „Es leben in Niederländisch-Indien zwanzig Millionen Einheimische und einige zehntausend Niederländer. Wie sollten wir unsere Herrschaft über solche Menschenmassen aufrechterhalten, wenn wir uns nicht auf die Autorität der Landesfürsten stützen könnten? Glauben Sie mir, ich würd' hier gerade so gern wie Sie unseren hohen ethischen Prinzipien Geltung verschaffen, doch ist dies schlechterdings nicht möglich. Es überstiege unsere Kräfte." – „Doch dieser Regent hier treibt es gar zu schlimm!" Dekkers Stimme klingt beschwörend: „Er ist arm, doch dabei sind die Regenten von Bandung und Tjandjur Mitglieder des Geschlechts, von dem er das Oberhaupt ist. Kommt einer dieser Neffen mit großem Gefolge bei unserem Regenten zu Besuch, so muss er standesgemäß empfangen werden. Und wenn die Kasse leer ist, nimmt der Regent der Bevölkerung ab, was er nur will. Gerade nun ist es wieder soweit – denn der Regent von Tjandjur hat sich angesagt, mit hundert Begleitern. Um diese Schar angemessen zu beköstigen, wird die Bevölkerung hungern müssen." – „Dennoch kann ich es nicht billigen, dass Sie eine offizielle Untersuchung gegen den Regenten einleiten wollen. Was für Beweise haben Sie?" – „Ich habe Zeugen, die beschwören können, dass sie aufgefordert wurden, ihre Felder zu verlassen, um für den Regenten zu schuften." – „Wer sind sie?" – „Das kann ich jetzt nicht sagen, denn würden ihre Namen bekannt, würde der Regent sie entweder bestechen oder umbringen lassen." Van Kempen macht eine wegwerfende Handbewegung: „Die würden am Ende doch nicht gegen ihren Herrscher aussagen, sondern zitternd vor ihm zu Boden fallen. Gerade diesem Raden Adipatti schreiben sie übernatürliche Kräfte zu. Sie fürchten und verehren ihn wie einen Gott. Und dann denken Sie doch einmal daran, welchen Ärger wir wegen dieser Sache mit dem Generalgouverneur bekommen könnten. Wir sollen doch vor allem dafür sorgen, dass es hier ruhig bleibt ..."

Dekker schaut seinen Vorgesetzten abschätzig an. „Ich habe die größte Hochachtung vor Ihnen, doch diese Haltung, die man wohl die Haltung der Kolonialbeamten schlechthin nennen könnte, ist mir fremd." – „Das ist wohl wahr", sagt van Kempen mit unbewegter Miene. „Man kennt Sie als Exzentriker und Unruhestifter." – „Ich habe einen Eid darauf geleistet, die einheimische Bevölkerung vor Ausbeutung und Unterdrückung zu schützen", verteidigt sich Dekker. „Soll ich schweigen, wenn der arme Javaner durch doppelte Obrigkeit gepeitscht wird – durch die Regenten und durch uns? Denn wir zwingen ihn, auf seinen Feldern europäische Marktprodukte statt Reis anzubauen, für unsere Kaffeemühlen zu schuften, bis er vor Hunger umkommt! Hungersnot auf dem gesegneten, fruchtbaren Java! Vor wenigen Jahren sind ganze Distrikte durch Hunger ausgestorben. Mütter boten ihre Kinder zum Kauf für Speisen. Mütter haben ihre Kinder gegessen ..." – „Verehrter Dekker, beruhigen Sie sich!" Van Kempen winkt einen Diener herbei, der einen zierlichen Sonnenschirm für ihn aufspannt. „Unsere Volksvertretung in Den Haag hat sich der Sache doch angenommen, und der damalige Generalgouverneur hat Befehle erteilt, dass die Ausweitung der Kaffeeplantagen auf Kosten der Reisfelder fortan nicht wieder bis zur Hungersnot fortgesetzt werden soll." Dekker springt auf: „Hungersnot wird auch künftig die Folge dieser Maßnahmen sein! Doch fröhlich wehen zu Batavia, Samarang und Surabaja die Flaggen der Schiffe, die beladen werden mit Ernten, die Holland reich machen!" Van Kempen drückt seine Zigarre aus. Dann sagt er ruhig: „Wenn Sie das alles so schrecklich finden – warum sind Sie überhaupt in die Dienste des Königs getreten?" – „Ich werde meine Stellung aufgeben, wenn der Generalgouverneur nicht bereit ist, die Machenschaften des Regenten aufzudecken." Van Kempen erhebt sich: „Ich bitte Sie in Ihrem Interesse: Nehmen Sie Vernunft an und drohen Sie dem Herrn Generalgouverneur nicht. Ein solcher Schritt könnte das Ende Ihrer Laufbahn bedeuten."

Brest van Kempen sollte Recht behalten. Der Generalgouverneur lehnte es ab, Dekkers Vorwürfen nachzugehen, und dieser kehrte daraufhin verbittert in die Niederlande zurück, irrte einige Jahre durch Europa, machte Spielschulden. Schließlich schrieb er 1859 in nur vier Wochen den Roman „Max Havelaar oder die Kaffeeversteigerungen der Niederländischen Handelsgesellschaft". Darin schilderte er das Unrecht des Kolonialsystems am Beispiel seiner Auseinandersetzung mit dem Regenten von Lebak und seinen Vorgesetzten. Er selbst trat – stark idealisiert – als Max Havelaar auf, Brest van Kempen wurde zum korrupten Slijmering (deutsch: Schleimerich). 1860 veröffentlichte er das Werk unter dem Pseudonym Multatuli (lateinisch: „Ich habe viel ertragen.") Die Zitate oben im Text sind großenteils wörtlich daraus übernommen. Zwar schätzte Dekker selbst die politische Wirkung seines Buches gering ein, doch es hat gewiss seinen Teil dazu beigetragen, dass der erzwungene Anbau von Kolonialprodukten zehn Jahre später abgeschafft wurde. Dekker starb 1887 in Nieder-Ingelheim bei Mainz, wo ihm ein reicher Bewunderer eine Villa geschenkt hatte. Sein „Max Havelaar" gilt als bedeutendster Beitrag zur niederländischen Literatur des 19. Jahrhunderts. Der Name des Romanhelden ist vielen Niederländern heute aber auch aus dem Supermarkt geläufig: Dort weist das Max-Havelaar-Siegel Kaffee, Schokolade und andere Produkte aus, für die den Erzeugern in Entwicklungsländern ein ehrlicher Preis gezahlt worden ist.

Städte auf dem Meeresgrund. Die Zuiderzee-Werke

Viele Jahrhunderte haben die Fischerfrauen der Insel Schokland jeden Freitag an der Hafeneinfahrt auf die Rückkehr ihrer Männer gewartet. Die alten hölzernen Hafenstege gibt es noch immer, aber sie stehen heute nicht mehr im Wasser, sondern auf einer Wiese, und dazwischen grasen Kühe. Soweit man blickt, erstrecken sich Felder und Weiden. Nur aus dem Flugzeug kann man noch erkennen, dass Schokland einmal eine Insel war. Im Schachbrettmuster der genau abgezirkelten Landbauflächen des Nordostpolders wirken die krummen Umrisse des einstigen Eilands wie ein versehentlich einbetoniertes Hosenbein. Das Meer hat sich in Land verwandelt, aus der Zuiderzee ist das kleinere IJsselmeer geworden. Und Schokland, die Insel, der das Wasser abgegraben wurde, darf sich seit 1995 zum Weltkulturerbe zählen.

„Die Unsterblichen haben die Erde geschaffen, aber die Holländer das Wunder ihres dem Meer abgerungenen Landes", hat einmal ein Schotte gesagt. Seit mindestens zweitausend Jahren ist der Kampf der Niederländer gegen das Wasser belegt. Als es den römischen Landeskundler Plinius einmal ins Mündungsgebiet des Rheins verschlug, erinnerten ihn die Bewohner an Schiffbrüchige. Ohne Dünen, Deiche und Flutwehre stünde heute mehr als die Hälfte des Landes unter Wasser. Jeder Hügel heißt hier *hooge berg* (hoher Berg).

Im Mittelalter haben die Niederländer viel Land an das Meer verloren, aber danach haben sie sich noch mehr zurückgeholt. Der Kampf gegen die Elemente wurde geführt von den *waterschappen* (ein deutsches Wort dafür gibt es nicht, am ehesten kann man vielleicht Deichgenossenschaften sagen), die gern als Keimzellen niederländischer Demokratie und Konsenskultur betrachtet wer-

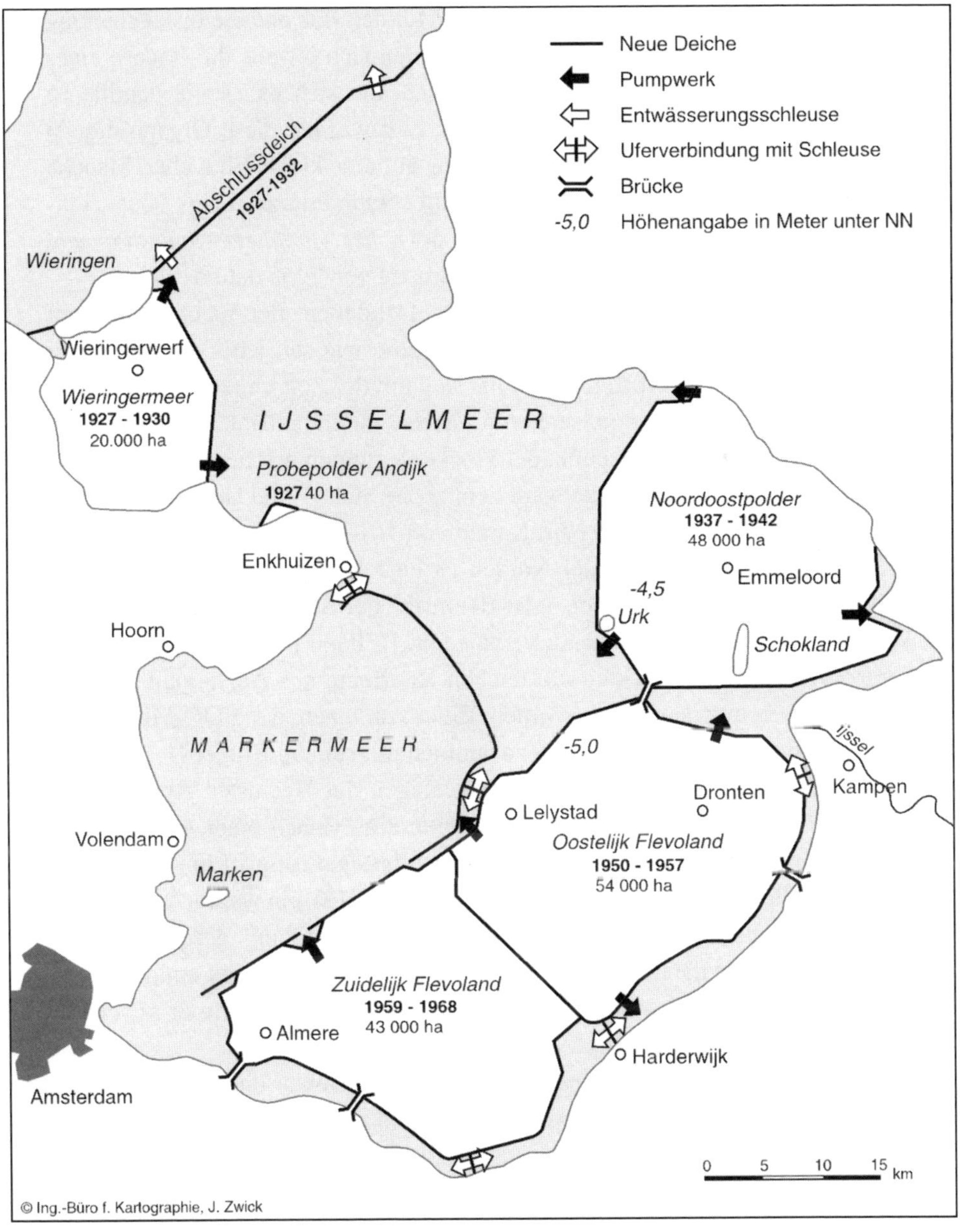

Land aus dem Meer. Die Zuiderzee-Werke mit dem Abschlussdeich und den Poldern im IJsselmeer. Im Noordoostpolder die ehemalige Insel Schokland.

den. In diesen anfangs sehr lokalen Gremien für den Bau und die Instandhaltung von Deichen, Kanälen und Schleusen stimmten sich jeweils die Bauern eines Landstrichs ab. Jeder, der genug Land besaß, um sich und seine Familie zu ernähren, hatte Stimmrecht. Im Laufe der Zeit wurden diese Organisationen allerdings immer größer, und die Macht ging auf eine kleine Elite über. Manche *waterschappen* bestehen seit dem Mittelalter ununterbrochen bis heute, teilweise unter kaum verändertem Namen, etwa *het Hoogheemraadschap van Rijnland*, dessen früheste Aufgabenbeschreibung von 1255 datiert.

„Das herrische Meer vom Ufer auszuschließen, der feuchten Breiten Grenzen zu verengen", wie es im „Faust" heißt, war seit jeher das Bestreben der Niederländer. Der Küstenverlauf hat sich mit der Zeit immer wieder verändert. Manche Ortschaften versanken im Meer, andere entstanden auf neu gewonnenem Land. Ein Höhepunkt der Trockenlegungen war der Beginn des 17. Jahrhunderts: Die Niederlande waren ein neuer Staat – und sie schufen neues Land. Die Provinz Holland ist auf Karten von 1610 noch durchlöchert wie ein Schweizer Käse, vor allem der Norden ist eine einzige Seenplatte. 40 Jahre später haben sich all diese Seen – der Beemster, der Schermer, der Purmer, der Wormer – in Polder, in Neuland, verwandelt. Holland hat sich um ein Drittel vergrößert. Dahinter steckten die reichen Kaufleute aus Amsterdam, die ihr Geld gewinnbringend anlegen wollten. Einer von ihnen, der VOC-Mitbegründer Dirck van Os, investierte 1609 zusammen mit seinem Bruder Hendrik fast eine Viertelmillion Gulden in das Trockenlegen des Beemster. Auch Regierungschef Johan van Oldenbarneveldt zahlte ein. Manch einer meinte zwar, diese Veränderung der Schöpfung sei ein unzulässiger Eingriff in Gottes Plan, doch der Deichgraf Andries Vierlingh (ca. 1507–1579), ein wahrer Wasserbauphilosoph, hatte bereits eine theologische Rechtfertigung gefunden: „Die Schaffung von Neuland liegt allein in Gottes Hand, denn er gibt einigen Menschen den nötigen Verstand und die Kraft dazu", argumentierte er in seinem *Tractaet van Dyckagie* (Traktat des Deichbaus).

Der Beemster war mit einer Größe von 7000 Hektar ein überaus ehrgeiziges Unterfangen für eine Trockenlegung. Rund um den See wurde ein Deich mit Windmühlen und einem Abflusskanal errichtet. Die Mühlen trieben Schöpfräder an, die das Wasser aus dem See über den Deich in den Kanal schaufelten. Von dort wurde es in die Zuiderzee abgeleitet. 1612 konnten die Prinzen Moritz und Friedrich Heinrich von Oranien in einem Festzelt eine Feier abhalten und das neue Land freigeben. Die Investoren erzielten Renditen von bis zu 300 Prozent.

Heute gehört auch der Beemster zum Unesco-Weltkulturerbe. Der Polder hat sein ursprüngliches Aussehen behalten: Er ist streng geometrisch in gleich große Rechtecke eingeteilt. In einem anderen Land wäre in einer solchen Landschaft ein Schloss gebaut worden, und alle Wege hätten auf dieses Machtzentrum zugeführt. Doch in den holländischen Poldern gibt es keine Schlösser; es ist eine Landschaft ohne Mittelpunkt, weil die Republik ein Staat ohne König war. So spiegelt die Landschaft die Gesellschaft.

Beteiligt an den Trockenlegungen dieser Zeit war – wenn auch nicht in dem von ihm behaupteten Umfang – ein Mann mit dem passenden Namen Jan Adriaenszoon Leeghwater (1575–1650), was übersetzt so viel wie Leerwasser bedeutet. Ursprünglich war er als *Wasserkünstler* über die Jahrmärkte gezogen und hatte sich in einer Art Taucherglocke versenken lassen. Unter Wasser pflegte er angeblich einen Psalm aus der Bibel abzuschreiben und ein paar Birnen zu essen; nach einer guten Stunde tauchte er wieder auf. 1606 lernte er bei einer solchen Vorführung in Amsterdam Dirck van Os kennen, der wohl dafür sorgte, dass Leeghwater bei der Trockenlegung des Beemster den Bau und das Aufstellen der Windmühlen überwachte. Der fertige Polder war eine Attraktion auch für ausländische Besucher, und so kam es, dass Leeghwaters Erfahrung bald auch in Nordfriesland und in Frankreich gefragt war.

1641 veröffentlichte Leeghwater einen Plan zur Einpolderung des Haarlemmermeers, des größten holländischen Binnensees. „160 tüchtige, achteckige Windmühlen, deren jede an die 5600 Gulden kosten“ würde, wollte er dafür haben – das aber fanden selbst die Pfeffersäcke von Amsterdam unbezahlbar. Mehr als zweihundert Jahre vergingen, ehe Leeghwaters Plan tatsächlich umgesetzt wurde, nun allerdings nicht mehr mit Windmühlen, sondern mit dampfbetriebenen Pumpanlagen. Auf dem so entstandenen Land liegt heute vier Meter unter dem Meeresspiegel – der internationale Flughafen Schiphol. Der Name bedeutet möglicherweise so viel wie Schiffshölle.

Ebenfalls bereits aus dem Goldenen Zeitalter datierte die Idee für eine Abriegelung und anschließende Eindeichung der Zuiderzee. Ursprünglich eine Seen- und Sumpflandschaft, war diese „Südsee“ im Mittelalter durch den Einbruch der Nordsee bei großen Sturmfluten entstanden. Im 19. Jahrhundert wurde der Gedanke einer Rückverwandlung der Meeresbucht in ein Binnengewässer wieder aufgegriffen. Der Ingenieur Cornelis Lely (1854–1929) entwickelte von 1886 bis 1891 einen detaillierten Plan für den Bau eines riesigen Deichs, der die Zuiderzee vom Wattenmeer abschließen sollte. Ein Teil des so entstandenen Sees sollte dann eingepoldert werden, um zusätzliche Landbaufläche zu gewinnen. Trotz gigantischer Kosten in Höhe von geschätzten 190 Millionen Gulden schien die Verwirklichung des Plans in greifbare Nähe zu rücken, als Lely bald darauf Minister für Wasserwirtschaft wurde und eine Staatskommission das Projekt befürwortete. In den darauf folgenden Jahrzehnten wurde es jedoch immer wieder verschoben – bis 1916 in einer Sturmnacht die Deiche an der Zuiderzee brachen und Dutzende Menschen ertranken. Lelys Abschlussdeich hätte das Unglück verhindern können. Zur selben Zeit wurden aufgrund britischer Blockadepolitik im Ersten Weltkrieg Nahrungs- und Futtermittel knapp. „Von welch unschätzbarem Wert wären nun 200 000 Hektar fruchtbaren Bodens zusätzlich?“, fragte Lely in einem Zeitungsbeitrag. 1918 stimmte das Parlament endlich zu. 27 Jahre hatte Lely für seinen Plan werben müssen, nun endlich sah er Land. Es dauerte aber noch bis 1927, ehe der erste Sand für den Abschlussdeich angeschüttet wurde.

Noch nie zuvor hatten die Niederländer einen Deich von solchen Ausmaßen und noch dazu mitten durchs Meer gebaut. Projektleiter Frans de Blocq van Kuffeler kommandierte eine Armee von 5000 Arbeitern und eine Armada von 500 Sandbarken, Schleppern, Schwimmkränen und Baggerschiffen. Zunächst entstand auf halber Strecke des geplanten Dammverlaufs eine künstliche Sandinsel, auf der alles benötigte Material gelagert wurde. Abends legte dort die Bauflotte an, und mit ihr kamen die Arbeiter, um in verdreckten Baracken zu übernachten. Sie schufteten in sechswöchigen Schichten von zwölf Stunden für nicht einmal zehn Gulden am Tag. Der Dammbau begann an sechs Stellen zugleich. Nachdem Reisiggeflechte als Fundierungsmatten abgesenkt worden waren, griffen triefende Schaufeln Tag für Tag, Jahr für Jahr nach Sand, Lehm und Steinen in den Containern schwankender Barken und schütteten all das ins Meer. Zunächst stiegen einzelne Hügelkuppen aus den Wellen, dann verbanden sie sich zu dunkelbraunen Linien, die aufeinander zuwuchsen. Mal zerstörten Unwetter einen Teil des Damms, dann zerfraß der Holzwurm die Reisiggeflechte. Je mehr es voranging, desto schwieriger wurde die Arbeit, denn in den verbliebenen Öffnungen der Nordseebucht entwickelten sich durch den Wechsel der Gezeiten reißende Strömungen, die im Boden immer tiefere Priele ausgruben. Um weitere Ausschürfungen zu verhindern, ließ de Blocq van Kuffeler viele Tonnen Basaltstein versenken.

Am 28. Mai 1932 war es schließlich soweit. Um 13.02 Uhr klatschte der letzte Klumpen ins Wasser. Schiffssirenen tuteten, Hüte und Mützen flogen in die Luft, das Wilhelmus erklang. Die Öffnung war geschlossen – aus der Zuiderzee das IJsselmeer geworden, der See der IJssel, denn *meer* ist das niederländische Wort für See (wohingegen das Meer *zee* heißt). In fünf Jahren war ein 30 Kilometer langer Damm entstanden, der Nordholland mit Friesland verband und der Nordsee einen Riegel vorschob. Einer konnte dieses Werk nicht mehr bewundern: Cornelis Lely war 1929 im Alter von 74 Jahren gestorben. Als „Bezwinger der Zuiderzee“ ging er in die Geschichte ein. Rund 400 Kilometer Küstenlinie, die bis dahin die Zuiderzee begrenzten, waren nun vor Sturmfluten geschützt. Aber nicht jeder hatte Grund zum Jubeln: Sobald die Nachricht von der Fertigstellung des Abschlussdeichs die Fischer von Volendam bis Harderwijk erreichte, gingen dort die Flaggen auf Halbmast. In den nächsten Jahren warfen sich noch ganze Heringsschwärme auf den Deich, um in die Bucht zu gelangen, die sich nun zu einem der größten Süßwasserreservoirs Europas entwickelte.

Im IJsselmeer wurden Polder angelegt, die am Ende eine ganz neue Provinz mit heute 400 000 Einwohnern bildeten: Flevoland. Auf dem ehemaligen Meeresgrund erschuf der Staat eine Welt aus der Retorte, eine Landschaft im rechten Winkel, die genauso abstrakt wirkt wie ein Bild von Piet Mondrian. Die Provinzhauptstadt erhielt den Namen Lelystad – eine solche Ehre ist keinem anderen Niederländer zuteil geworden. Mit ihren Plattdächern und schnurgeraden Straßen in der windzerzausten Ebene ist die Stadt ein Monument der 60er-Jahre. Die nächste Stadt – Almere – war schon wieder das Produkt einer anderen Zeit: Nun entwarfen die Planer einen scheinbar gewachsenen Ort mit schmalen Gassen, Grachten und Giebelhäusern und orientierten sich bei jeder Erweiterung an der Entwicklungsgeschichte niederländischer Kolonistenstädte in Nordamerika.

Sigmund Freud rühmte die Trockenlegung der Zuiderzee als „Kulturarbeit", doch Joseph Beuys stellte Ende der 70er-Jahre die These auf, dass durch die großen Einpolderungen das berühmte „holländische Licht" verschwunden sei. Es habe seine Helligkeit eingebüßt. Beuys sah die frühere Zuiderzee beziehungsweise das noch nicht eingepolderte IJsselmeer als das Auge von Holland, einen riesigen, Licht reflektierenden Spiegel. Je kleiner die reflektierende Oberfläche, desto dunkler das Licht. Indem die Niederländer die Wasserfläche stark verringerten, machten sie ihr Land blind, meinte der Künstler.

Mittlerweile ist in Flevoland aber auch etwas entstanden, das dem großen Bäumepflanzer Beuys wohl gefallen hätte: Zwischen Lelystad und Almere breitet sich eine neue Wildnis aus, die Oostvaardersplassen. Sie zählen zu den ökologisch wertvollsten Feuchtgebieten Europas. Ursprünglich sollten dort Industrie und Landwirtschaft angesiedelt werden, doch das Gebiet wurde einfach nicht richtig trocken. Heute sind die 5500 Hektar Marschland ein menschengemachtes Naturparadies. Wildpferde galoppieren über die Polder-Savanne, urtümliche Rinder grasen auf einer Lichtung, und über dem Wasser kreist ein Seeadler. Nur die am Horizont vorbeigleitenden gelben Waggons der Niederländischen Eisenbahn erinnern daran, dass diese Wildnis ringsherum von der Zivilisation umgeben ist.

Inzwischen denken die Niederländer auch daran, dem Meer freiwillig Land zurückzugeben. „Entpoldern" heißt das Schlagwort. In Zeeland sollen dadurch Naturgebiete geschaffen werden, in denen Ebbe und Flut wieder freies Spiel haben. Doch die Bevölkerung bleibt misstrauisch. Deiche, Dämme und Polder sind als Denkmäler des niederländischen Nationalcharakters beschrieben worden – schmucklos und egalitär. „Die Deiche sind vielleicht der einzige wirklich geheiligte Teil des Landes", schreibt der Historiker Willem Frijhoff. „Wer die Deiche angreift, greift das Leben an." In Zeeland haben viele bis auf den heutigen Tag ein Ruderboot im Garten liegen. Die schreckliche Februarflut von 1953 hat sich tief ins kollektive Bewusstsein eingegraben. „Bewölkt mit Regen, ab und zu starker Wind", meldete damals der Wetterbericht. Kein Grund zur Beunruhigung. Doch in der Nacht zum 1. Februar zog ein Orkan auf. Um drei Uhr morgens brachen in Zeeland die Deiche. Als es hell wurde, waren fast acht Prozent des niederländischen Staatsgebiets überflutet. 1853 Tote waren zu beklagen, 72 000 Menschen mussten in Sicherheit gebracht werden.

Aus Amerika kam der Rat, die Provinz einfach abzuschreiben. Doch das wäre in niederländischen Augen Landesverrat gleichgekommen. Bis zum Herbst wurden mit Sandsäcken, Betonklötzen und einem alten Schiff die Löcher in den Deichen gestopft. Das war ein Anfang. Um eine neue Katastrophe zu verhindern, beschloss die Regierung ein beispielloses Küstenschutzprojekt: die Delta-Werke. In den nächsten Jahrzehnten panzerten die Niederlande ihre Flanke. Alle Meeresarme in Zeeland wurden durch Dämme und Wehre abgeriegelt. In der

Schutzschild gegen die steigende See. Das Sturmflutwehr in der Oosterschelde.

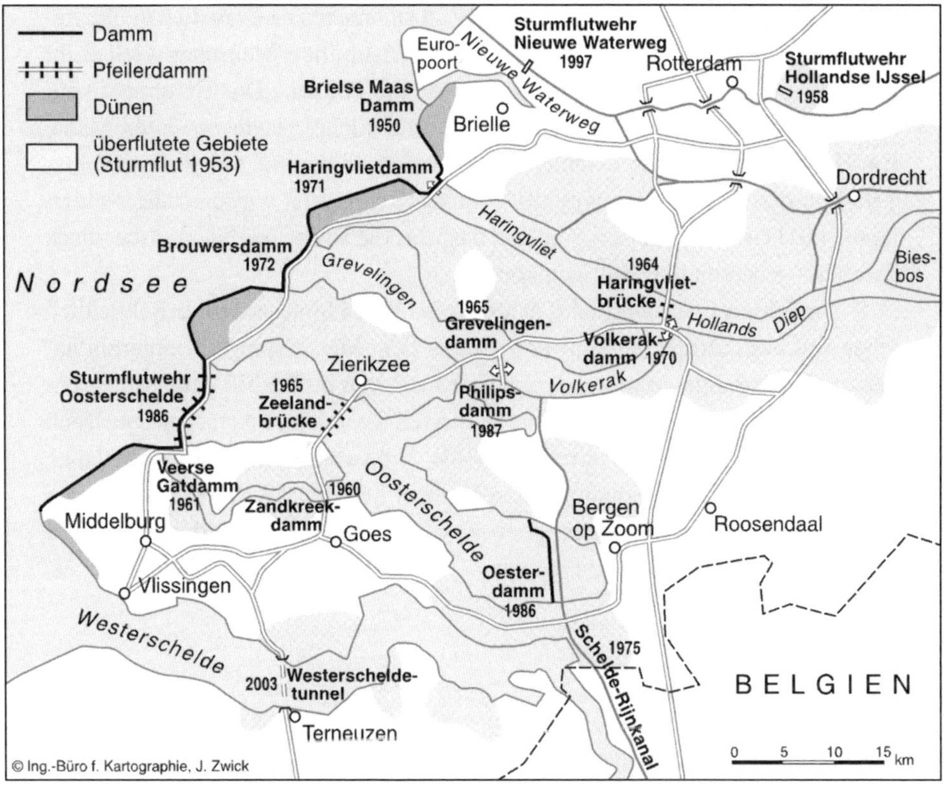

Ein Panzer aus Dämmen und Wehren. Das Deltaprojekt, die Abriegelung der zeeländischen Meeresarme nach der großen Sturmflut von 1953.

Oosterschelde entstand in den 80er-Jahren mit Milliardenaufwand ein technisches Wunderwerk, ein Orkanschild mit 63 beweglichen Panzertoren, die sich bei einem heraufziehenden Sturm per Knopfdruck schließen lassen und selbst einer Flut mit 16 Meter hohen Wellen trotzen können. Im Ernstfall klappt dieser Harnisch einfach zu, doch im Normalfall steht der Meeresarm, ein wichtiger Laichplatz für Kabeljau, Seezunge und Hering, weiter in Verbindung mit der Nordsee. Bei der Eröffnung 1986 sagte die Wasserbauministerin Neelie Kroes, dass die Astronauten im Weltraum neben der Chinesischen Mauer nun einen zweiten Fixpunkt hätten: das „achte Weltwunder“ in der Oosterschelde. „Wir haben das Meer gezähmt“, verkündete sie.

Doch vor bösen Überraschungen sind die Flachlandbewohner nicht gefeit. 1995 wurde in den Kirchen wieder für die Deiche gebetet. Diesmal kam die Flut nicht von Westen, sondern aus dem Osten. Hochwasser verwandelte die Maas in einen reißenden Strom, zwischen Maastricht und Venlo hieß es „Land unter“.

Als bei Nimwegen auch die Deiche der Waal zu brechen drohten, ließ die Regierung ganze Landstriche evakuieren. Eine Viertelmillion Menschen verließ ihr Zuhause, in den Geisterstädten patrouillierte die Polizei. „Das IJsselmeer können wir trockenlegen – aber ein paar Dörfer nicht“, sagte ein alter Mann. Ein Hochwasser-Experte mahnte: „In einer Zeit, in der wir durch das Hubble-Teleskop die Grenzen des Weltalls erkunden, vergessen wir, dass die Niederländer nur Gäste des Wassers sind und dass uns die Kräfte der Natur – statistisch gesehen – jederzeit überwältigen können.“

Die Klimaerwärmung wird teuer für das Reich hinterm Deich. Schließlich leben fast zwei Drittel der Einwohner unter dem Meeresspiegel. Immerhin haben die Niederlande – anders als mancher Inselstaat im Pazifik – die Mittel, um sich hinter höheren Deichen und verbreiterten Stränden zu verschanzen. Doch die Anstrengungen der Wasserbaubehörde Rijkswaterstaat überzeugen lange nicht jeden. Der Zimmermann Johan Huibers hat eine 60 Meter lange Arche gebaut, weil ihm im Traum prophezeit wurde, dass die Niederlande in einer schrecklichen Flut untergehen werden.

Stichwort: Windmühle

Schon im Mittelalter setzten die Niederländer Schaufelradmühlen zur Entwässerung ein. Nur mit Windkraft konnten sich weite Landesteile überhaupt über Wasser halten. Über Wellen und Räder wurde die Windkraft der Flügel auf Schöpfräder oder Pumpen übertragen, die das sumpfige Küstenland unterhalb des Meeresspiegels ständig entwässerten. Dabei drehte sich zunächst noch das ganze Mühlenhaus mit dem Wind, worunter die Standfestigkeit litt. Im 16. Jahrhundert kam dann die klassische Holländermühle auf, bei der lediglich das Dach in den Wind gedreht wurde. Während der Industrialisierung wurden die Mühlen durch dampfgetriebene Schöpfwerke ersetzt. Von etwa 10 000 Mühlen sind im 21. Jahrhundert nicht einmal 1000 übrig geblieben. Und viele dieser nationalen Wahrzeichen lassen die Flügel hängen – wegen Windmangels. Zwar bläst es an der Nordsee wie eh und je, doch ausgerechnet die Mühlen bekommen zu wenig davon mit, weil Hochhäuser, Lärmschutzwände und künstlich angepflanzte Wäldchen im Weg stehen. Da hakt es dann bald im Getriebe, und die Mühlen werden flügellahm.

Besuch aus Deutschland. Der unheimliche Nachbar

Die vergoldete Uhr zeigt kurz vor fünf, der Tisch ist gedeckt. Neben einem der weißen Porzellanteller mit Blumenmotiven liegt die Spezialgabel für den Hausherrn bereit, dessen linker Arm von Geburt an verkürzt ist: In den Zinken links außen ist eine Klinge eingearbeitet, so dass die Gabel auch zum Schneiden benutzt werden kann. Ein Gong ertönt – doch nicht, um zum Essen zu rufen. Es ist das Zeichen, dass Haus Doorn für heute seine Türen schließt. Die Besucher verlassen das Museum, die Lichter erlöschen. Der Exilsitz des letzten deutschen Kaisers liegt wieder im Dunkeln.

In keinem anderen Gebäude hat Wilhelm II. so viel seiner Lebenszeit verbracht wie in Haus Doorn bei Utrecht. Er bewohnte es von 1919 bis zu seinem Tode am 4. Juni 1941. Seine sterblichen Überreste liegen in einem kleinen Mausoleum im Schlosspark, wenige Meter von den Gräbern seiner fünf Hunde entfernt. Eine Störung seiner Totenruhe ist nicht zu befürchten: In seinem Testament hat er verfügt, dass er erst dann in deutsche Erde umgebettet werden darf, wenn Deutschland wieder eine Monarchie geworden ist.

Die Niederlande waren der naheliegende Zufluchtsort, als Wilhelm am 9. November 1918 in seinem Hauptquartier im belgischen Spa vor vollendete Tatsachen gestellt wurde. „Kaiser und Kronprinz haben abgedankt, Prinz Max ist Reichsverweser, Ebert Reichskanzler." Dieses Telegramm hatte Wilhelms letzter Kanzler, Prinz Max von Baden, eigenmächtig in alle Welt geschickt. Mit einem Schlag war Wilhelm nur noch Privatmann – und in keiner beneidenswerten Lage. Er befand sich in Belgien, einem Land, das die Deutschen vier Jahre besetzt, unterdrückt und verwüstet hatten. Briten und Franzosen betrachteten ihn als Inbegriff des mörderischen Teutonen und Hauptkriegsverbrecher. In Deutschland vollzog sich gerade eine Revolution, womöglich gar eine kommunistische. Wilhelm schien nur noch die Wahl zu haben, gelyncht, gehängt oder eingekerkert zu werden. Doch halt – einen Ausweg gab es noch: nach Norden, ins Königreich der Niederlande, das während des Krieges neutral geblieben war, in das Land, das seit jeher politisch Verfolgte aufnahm. Am nächsten Morgen stand er als Asylsuchender auf einem Dorfbahnhof. Belgier liefen zusammen und beschimpften ihn. Endlich fuhr der Zug ein und brachte ihn in Sicherheit. Tags darauf, am 11. November, traf er mit Zimmermädchen, Kammerdiener, Butler und Friseur im niederländischen Amerongen ein und bestellte erst einmal „eine Tasse richtig guten englischen Tees".

Die Aufregung war aber noch nicht vorbei. Die Alliierten forderten Wilhelms Auslieferung. Doch Königin Wilhelmina lehnte ab, und die niederländische Regierung gestand dem Flüchtling dauerhaftes Asyl zu, sofern er keine Scherereien machte. Das bedeutete unter anderem, dass er sein Anwesen nicht verlassen durfte. Faktisch war er für den Rest seines Lebens ein Gefangener, wenn auch unter luxuriösen Umständen. 1919 kaufte er der Baronin van Heemstra – der Großmutter von Audrey Hepburn – das schmucklose Schlösschen Haus Doorn ab. Vor seinem Einzug ließ er gründlich umbauen: Neue Toiletten, Warmwasser- und Stromleitungen wurden installiert, für die herzkranke Kaiserin Auguste folgte ein Aufzug. Während Wilhelms deutsche Besitzungen in den folgenden Jahrzehnten verfielen, beschlagnahmt und ausgeräumt, zerbombt und gesprengt wurden, blieb sein letztes Heim mitsamt Einrichtung unversehrt. Obwohl das Gebäude zu Beginn der 1990er-Jahre mit Millionenaufwand restauriert wurde, macht alles den Eindruck, als wäre es beim Tod des Kaisers eingefroren. Im Schlafzimmer hängt noch der Morgenrock; im Aschenbecher mufft eine seiner Zigarren; die Schränke sind gefüllt mit des Kaisers alten Kleidern. Als hätte Wilhelm eben erst darin geblättert, liegt auf dem Schreibtisch die Zeitschrift „Wild und Hund". Schlossführer Jelle Waistra, einer von über hundert ehrenamtlichen Helfern des Museums, ist sicher: „Selbst der Kaiser würde nicht erkennen, dass ein paar Jährchen vergangen sind!"

Nur die Bäume im Schlosspark stehen wieder etwas dichter. Hier hatte sich Wilhelm Tag ein, Tag aus als Holzfäller ausgelebt. Schon in Amerongen war er von der „Hackeritis" befallen worden. Am 30. Oktober 1919 notierte die Hausherrin Gräfin Elisabeth Bentinck: „Der Kaiser sägt heute den 11 000. Baum." Zwei Wochen später waren es schon 12 000. Splitter solcher „Jubiläumsbäume" wurden signiert hinter Glas ausgestellt. Sie gehören heute zu den Kuriositäten von Haus Doorn. Die Ausstattung stammt überwiegend aus dem Berliner Stadtschloss, Schloss Bellevue und dem Neuen Palais in Potsdam. In fünf Zügen mit insgesamt 59 Waggons rollten alle Schätze des Kaisers in die Niederlande. „Die Krone fiel – wer wird denn weinen? Das ganze Geld kam nachgerollt", spottete Kurt Tucholsky. In einer Ecke von Haus Doorn stehen noch Koffer mit Aufschriften wie „Toilettenleuchter" oder „Gepäckstück Ihrer Majestät der Kaiserin". All das versuchte der Kaiser auf engstem Raum unterzubringen – die Beletage sollte etwas vom Glanz der Berliner Hofhaltung widerspiegeln. Dicht aneinandergedrängt stehen Sessel, Sofas, Tische, Schränke, Vasen, Uhren. Dem Kaiser, der auf seinen deutschen Besitztümern etwa 3500 Bedienstete beschäftigt hatte, fiel es sichtlich schwer, sich bei der Auswahl der Möbel für seinen abgespeckten Exil-Hofstaat von 20 Personen zu beschränken. In seinen Privatgemächern in der zweiten Etage lassen zahllose Schlachtenbilder gerade noch Platz für ein Erzeugnis deutscher Präzisionsarbeit –

noch immer tickt unverdrossen des Kaisers Kuckucksuhr. Wenn Wilhelm am Nachmittag seine Korrespondenz erledigte, dann tat er dies im Pferdesattel – der allerdings wenig martialisch auf ein Podest vor seinem Schreibtisch geschraubt war.

Viele Bilder erinnern an die jahrhundertealten Beziehungen zwischen den Hohenzollern und den Oraniern. Sie täuschen darüber hinweg, dass der Exil-Kaiser von Königin Wilhelmina als eine Art Fahnenflüchtiger geschnitten wurde. Ein guter Herrscher verlässt sein Land nicht, fand Wilhelmina. Ihre Tochter, die spätere Königin Juliana, und deren Gemahl Prinz Bernhard haben dem schrulligen Verwandten immerhin einen Höflichkeitsbesuch abgestattet. Eine solche Visite konnte zur Qual werden, denn im Rauchsalon erging sich der Hausherr jeden Abend in stundenlangen Vorträgen über die Weltpolitik. Während den Zuhörern langsam die Augen zufielen und der Zigarrenqualm immer dichter wurde, wetterte der gefallene Herrscher gegen Juden, Bolschewisten, Liberale, Freimaurer, Franzosen, Engländer und Amerikaner. Je älter er wurde, desto abstruser gerieten die mit knarrender Stimme vorgetragenen Monologe. Schließlich vertrat er allen Ernstes die Überzeugung, sein Sturz sei Satanswerk gewesen.

Für die Niederländer verkörperte der Kaiser alles, was ihnen an Deutschland unheimlich war: Nationalistische Schwärmerei und autoritäre Regierung,

Der kaiserliche Asylant. Die niederländische Kronprinzessin Juliana besucht den ehemaligen Kaiser Wilhelm II. auf seinem Exilsitz Haus Doorn. Fotografie aus den 30er-Jahren.

Großmannssucht und Militarismus. Das niederländische Königreich und das deutsche Kaiserreich waren zwei grundverschiedene Staaten. Schon kurz nach der Reichsgründung 1871 hatte Thorbecke – der große Deutschlandfreund – davor gewarnt, dass der Staat Bismarcks eine Bedrohung für andere Länder darstelle, da er nur das Recht des Stärkeren anerkenne. Die Einführung der allgemeinen Wehrpflicht nach preußischem Vorbild wies Thorbecke ab, weil er dadurch eine Militarisierung der Gesellschaft befürchtete. Umgekehrt stießen die freiheitlichen Niederlande bei konservativen Deutschen auf wenig Gegenliebe. „Das ganze constitutionelle Parteiwesen, an sich schon bedenklich, ist in Niederland chinesisch verzopft und japanisch verquickt", bemängelte 1867 die preußische „Kreuz-Zeitung". „Der Liberalismus bimmelt wie ein Glockenspiel seine Walzer ab." Man könne nur hoffen, „dass sich das niederländische Volk bald besinnen, dass es begreifen wird, wie es nur im engsten Anschluss an Preußen den wertvollen Rest seiner National-Eigentümlichkeiten retten kann". Auf einen solchen Anschluss aber konnten die meisten Niederländer gut verzichten. Man bewunderte zwar das deutsche Geistesleben, die Wissenschaft, die Philosophie, die Literatur, die Musik, doch blickte vor allem der westliche Teil des Landes – Holland – nicht nach Osten, sondern in die entgegengesetzte Richtung. Der Schriftsteller Harry Mulisch hat es so ausgedrückt: „Belgien, Frankreich und Deutschland stehen mit dem Gesicht zum europäischen Festland und mit dem Rücken zum Meer, aber Holland steht mit dem Gesicht zum Meer und mit dem Rücken zu Europa."

Die wirtschaftliche Verflechtung beider Länder wurde gleichwohl immer enger. Für die Niederlande begann um 1890 ein Vierteljahrhundert des Aufschwungs und Wohlstands. Sie profitierten dabei sehr direkt von der schnellen Industrialisierung in Deutschland. So entwickelte sich Rotterdam – *die* Aufsteigerstadt in den Niederlanden des 19. Jahrhunderts – zum Seehafen des Ruhrgebiets. Kurz vor dem Ersten Weltkrieg lief fast ein Drittel des gesamten deutschen In- und Exports über die Niederlande. Daraus ergaben sich vielerlei Beziehungen. So heiratete die Essener Industriellentochter Helene Müller 1888 einen Angestellten ihres Vaters in Rotterdam, Anton Kröller. Das Ehepaar machte außerordentlich gute Geschäfte und investierte einen Teil seines Vermögens in moderne Kunst; Helenes Lieblingsmaler war Vincent van Gogh. 1909 erwarben sie ein großes Landgut in dem Heidegebiet Hoge Veluwe bei Arnheim und ließen dort den Architekten Hendrik Petrus Berlage das Jagdschloss St. Hubertus bauen. 1937, zwei Jahre vor ihrem Tod, übertrug Helene ihre Kunstsammlung dem niederländischen Staat, der dafür ein Museum errichtete. Es ist das mitten in der stillen Heidelandschaft gelegene Kröller-Müller-Museum.

Die Jahre um 1900, die Gründerzeit der Niederlande, brachten viele Unternehmerpersönlichkeiten hervor. Henri Deterding war der Ölprinz, der Royal Dutch Shell an die Weltspitze führte und von einem Sowjettribunal in Moskau zum ärgsten Feind des Kommunismus nach Winston Churchill erklärt wurde. Ein niederländischer Verwandter von Karl Marx, Frederik Philips, gründete 1891 in Eindhoven zusammen mit seinem Sohn Gerard eine Glühbirnenfabrik: Es war die Geburtsstunde eines der größten Elektronikkonzerne. Die beiden Margarinefabrikanten Anton Jurgens und Samuel van den Bergh legten die Grundlage für einen anderen Weltkonzern, der später so unterschiedliche Marken wie Axe (Parfum) und Domestos (Sanitärreiniger), Magnum (Eis) und Signal (Zahnpasta) vertrieb – Unilever. Der tollkühne Anthony Fokker baute 1911 eine Kiste mit Tragflächen aus Leinentuch und Bambusrohren, rot lackiertem Holzpropeller und Gummireifen wie von einem Mountain Bike und flog mit dieser „Spinne" – man traute seinen Augen nicht – über die St. Bavo-Kirche von Haarlem. Nur wenige Jahre später konstruierte Fokker die roten Dreidecker für Baron Manfred von Richthofen, vorübergehend war er der größte Flugzeugproduzent der Welt. Albert Plesman wiederum war sich als erster Direktor der 1919 gegründeten Königlichen Luftfahrt-Gesellschaft für die Niederlande und ihre Kolonien – kurz KLM – nicht zu schade, stecken gebliebene Maschinen aus der bei Regen völlig aufgeweichten Flugwiese von Schiphol zu ziehen. Die Passagiere wurden in solchen Fällen vom Piloten über die Wiese getragen, damit sie ihre Schuhe nicht ruinierten. Der englische KLM-Pilot Hinchliffe blieb den Fluggästen noch aus einem anderen Grund in Erinnerung: Er war einäugig.

Auch manche Deutsche machten in den Niederlanden Karriere, zum Beispiel Katholiken, die Bismarcks Kulturkampf entkommen wollten. Zu ihnen gehörte Anton Dreesmann, der 1887 mit einem niederländischen Partner die Kaufhauskette Vroom & Dreesmann begründete. Die aus Westfalen stammenden Brüder Clemens und August Brenninkmeijer – abgekürzt C. & A. Brenninkmeijer – eröffneten 1861 im Städtchen Sneek in Friesland einen kleinen Textilhandel; daraus entwickelte sich eine Kaufhauskette mit Filialen von Mexiko bis China. Genauso geht das 1869 in Rotterdam entstandene Peek & Cloppenburg auf zwei deutsche Emigranten zurück.

Trotz aller Wirtschaftskontakte wurde das säbelrasselnde Wilhelminische Deutschland zunehmend als Gefahr wahrgenommen. Die Niederlande wagten es jedoch nicht, ein Bündnis mit Großbritannien zu schließen, weil sie befürchteten, damit erst recht eine deutsche Invasion zu provozieren. Umgekehrt kam aber auch eine Allianz mit Deutschland nicht in Frage, da dies eine Brüskierung der Briten bedeutet hätte. Womöglich wäre Niederländisch-Indien dann bei nächste Gelegenheit dem Britischen Empire einverleibt worden. Ein strikter

Neutralitätskurs erschien als die einzig mögliche Option. In dieser Rolle profilierten sich die Niederländer 1899 und 1907 als Gastgeber der Haager Friedenskonferenzen, die das moderne Kriegs- und Völkerrecht begründeten. 1913 wurde in Den Haag der imposante Friedenspalast eröffnet, in dem fortan alle Konflikte zwischen Staaten von einem Schiedsgericht friedlich beigelegt werden sollten. Viele Nationen stifteten Teile der Ausstattung: Italien den Marmor für die Fußböden, Brasilien die Wandvertäfelung und Deutschland – nun was wohl? Den hohen schmiedeeisernen Zaun.

Nur ein Jahr später gingen in Europa die Lichter aus. Während Belgien von den Deutschen überrannt wurde, blieben die Niederlande verschont. Dies hatte aber eher praktische Gründe: Über die neutralen niederländischen Häfen konnten die Deutschen die britische Seeblockade unterlaufen. 1915 kam die Hälfte aller Lebensmittelimporte über die Niederlande nach Deutschland. Es mag auch mitgespielt haben, dass der Kaiser – der dank niederländischer Vorfahren den Titel des Prinzen von Oranien führte – ein Faible für das kleine Königreich hatte. Als die Niederlande 1917 zwei deutsche U-Boote beschlagnahmten, die sich versehentlich in ihre Hoheitsgewässer verirrt hatten und daraufhin doch noch eine militärische Konfrontation drohte, schrieb Wilhelm II. an den Rand eines amtlichen Berichts: „Holland ist in Ruhe zu lassen."

Dann kam 1918. Meuternde Matrosen der kaiserlichen Marine gaben das Signal zur Revolution, Arbeiter- und Soldatenräte übernahmen die Macht, und die Monarchie brach zusammen. Dies strahlte auch auf die Niederlande ab. Pieter Jelles Troelstra, Mitbegründer und Führer der Sozialdemokratischen Arbeiter-Partei (SDAP), die von der deutschen SPD auch finanziell unterstützt wurde, wollte es den Genossen im Osten gleichtun und eine sozialistische Revolution vollbringen. Am 12. November, drei Tage, nachdem der SPD-Politiker Philipp Scheidemann in Berlin die Republik ausgerufen hatte, hielt Troelstra dem Parlament in Den Haag vor: „Ihr System, meine Herren, ist langsam morsch geworden und verrottet." Die Arbeiterklasse erhebe weitreichende Forderungen, zumal sie nun sehe, „wie in den uns umringenden Staaten ihre Klasse die Führung ergriffen hat". Ein liberaler Abgeordneter entgegnete Troelstra: „Wenn nun überall im Ausland – oder zumindest im Osten – Revolution gemacht wird, warum sollte diese dann in Zevenaar (an der deutschen Grenze) aufhören? Darauf antworte ich: Aus dem einfachen Grund, weil Zevenaar in den Niederlanden liegt und nicht in Deutschland. Unser Volk will frei sein, unser Volk fühlt sich demokratisch."

Und nicht nur das, auch die Königin besaß großen Rückhalt in der Bevölkerung, wie monarchistische Kundgebungen in den nächsten Tagen bewiesen. Auch nach Einführung des allgemeinen Wahlrechts konnte die SDAP nie mehr als ein

Fünftel bis ein Viertel der Stimmen auf sich vereinigen. Vielen Arbeitern war ihre Konfession wichtiger als ihre Klasse, und deshalb wählten sie protestantische oder katholische Parteien. Schon wenige Tage nach seinem Revolutionsaufruf im Parlament musste Troelstra zerknirscht zugeben, dass er die Stimmung falsch eingeschätzt hatte. Typisch niederländisch war, dass danach niemand versuchte, ihn wegen Hochverrats anzuklagen, nein, sein Revolutionsversuch ging als „Troelstras Irrtum" in die Geschichtsbücher ein. Auch seine Gegner sprachen dem Sozialistenführer nicht ab, dass er nur das Beste für sein Land gewollt hatte, und am Ende bekam er sogar noch ein schönes Denkmal in Utrecht. Es ist ein besonders plastisches Beispiel für das Bedürfnis der Niederländer, Konflikte möglichst schnell beizulegen und ideologische Gegensätze herunterzuspielen.

Porträt: Mata Hari

Opfer ihrer eigenen Legende

Was für ein Leben, was für ein Ende! Aber was für ein Anfang: Nicht auf Java, nicht in Indien, noch nicht einmal in Paris wird Mata Hari (1876–1917) geboren, sondern in Leeuwarden, dem Hauptstädtchen der Provinz Friesland. Erst einmal ist das „Wunder des Ostens" ein ganz normales *Fries meisje* – und heißt auch so: Margaretha Geertruida Zelle, Tochter eines Hutmachers, mittelmäßige Schülerin, Offiziersfrau in Niederländisch-Indien, das sind die ersten Stationen ihres Lebens. Nach der Scheidung steht sie mit fast 30 Jahren vor dem Nichts. Aber dann geht sie nach Paris. Mit falschem Diadem, Seidentüchern um die Hüften und metallenen Platten auf den Brüsten tanzt sie auf einem Teppich zu sphärischen Klängen – und lässt die Hüllen fallen. Das Publikum ist begeistert. Niemand zweifelt daran, dass sie ihre Tanzkunst in buddhistischen Tempeln erlernt hat. Niemand bemerkt, dass sie einmal über ihre javanische, ein andermal über ihre indische Herkunft erzählt. Mata Hari – Auge des Tages – ist die neue Medusa, die Femme fatale mit erotischer Macht über die Männerwelt. Mata Hari, das „Wunder des Ostens".

Bald hat sie den Striptease nicht mehr nötig. Sie tanzt in Wien und an der Mailänder Scala. Sie besitzt zehn Rennpferde. Die Großen der Welt beten sie an. In dicke Erinnerungsalben klebt sie Artikel und Fotos ein und kommentiert alles in schnörkeliger Tintenschrift. Nur einmal schreibt sie mit Bleistift, im August 1914: „Krieg, Theater geschlossen, aus Berlin abgereist!" Ihre Welt bricht zusammen.

Sie lässt sich als Spionin engagieren, zuerst von den Deutschen, dann von den Franzosen. Es geht ihr ums Geld, wirklich etwas herausbekommen und verraten will sie wohl gar nicht. 1917 wird sie in Paris verhaftet und über Monate verhört. Warum hat sie so viel Kontakt zu Deutschen? „Ich bin Staatsbürgerin eines neutralen Landes." Warum hat sie mit Franzosen, Belgiern, Italienern, Engländern, Russen, Iren und sogar Deutschen geschlafen? „Ich finde es interessant, die Nationen zu vergleichen." Na schön, aber was wollte sie mit der unsichtbaren Tinte in ihrer Reisetasche? „Das ist

eine Lotion, die man sich zuführt, um einer Schwangerschaft vorzubeugen."
Man glaubt ihr nicht, schließlich ist sie die Frau ohne Moral. Das französische Gericht verurteilt sie zum Tode. Zwei Polizeifotos von vorn und im Profil sind die letzten Bilder des Titelseiten-Stars. Durch tiefen Schlamm watet Mata Hari zur Hinrichtungsstätte. Sich festbinden zu lassen, lehnt sie ab, eine Augenbinde will sie nicht. Sie stirbt Auge in Auge mit dem Exekutionskommando.

Kein Grund zur Sorge. Die 30er-Jahre

Die Einwohnerzahl der Niederlande wuchs in der ersten Hälfte des 20. Jahrhunderts von fünf auf zehn Millionen. Weder davor noch danach hat sich die Bevölkerung binnen 50 Jahren verdoppelt. Entsprechend fühlten sich die Niederlande auch keineswegs als ein beliebiges kleines Land wie Dänemark, die Schweiz oder Portugal, sondern als *best of the rest*, als wichtigstes Land nach den Großmächten. In Deutschland sprach man anerkennend vom „steinreichen Holland“. Dieser schon vor dem Ersten Weltkrieg bestehende Eindruck verfestigte sich noch dadurch, dass viele Niederländer während der Währungskrise über die Grenze fuhren und mit ihrem harten Gulden die Regale leer kauften. Junge Frauen aus dem Ruhrgebiet oder dem Rheinland, die ein geregeltes Einkommen suchten, gingen oft als Dienstmädchen nach Holland. Aber nicht nur die Wirtschaft blühte, auch in der Kunst gaben Niederländer in den 20er-Jahren wichtige Impulse. *Heel Holland is Dada*, ganz Holland ist Dada, hieß der selbstironische Schlachtruf, mit dem der aus Hannover stammende Maler Kurt Schwitters und seine niederländischen Künstlerfreunde Nelly und Theo van Doesburg und Vilmos Huszar 1923 durch das Land zogen und die braven Kulturbürger schockten. Es war eine Zeit des Umbruchs und Neuanfangs, wofür besonders die Künstlergruppe *De Stijl* stand, die durch radikale Abstraktion eine universale Bildsprache schaffen wollte. Einer ihrer bekanntesten Vertreter war der Architekt und Designer Gerrit Rietveld. Er sagte der Plüsch- und Fransenliebe seiner Zeitgenossen den Kampf an, indem er sich bei seinen Möbelstücken auf Primärfarben und klare Formen beschränkte. Mit einem 1924 am Stadtrand von Utrecht erbauten Haus, dessen Bauelemente nur locker zusammengefügt schienen, wollte er die Grenze zwischen Architektur und Landschaft, zwischen Innen und Außen aufheben.

Auch die von *De Stijl* beeinflussten Maler experimentierten mit geometrischen Grundelementen und Farbflächen. Piet Mondrian (1872–1944) malte um 1900 noch klassische Landschaftsbilder, doch auf der Suche nach der Grundform, der Wahrheit der Dinge, brach er mit dem Naturalismus und begann zu abstrahieren: Die Äste eines Baumes wurden zu einfachen Linien, Strand und Meer im Ferienort Domburg in Zeeland zu einer gelben und einer blauen Fläche. Schließlich meinte ein Freund: „Piet ist verrückt geworden, er malt nur noch Schachbretter!“ Der strenge, schmallippige Herr mit straff zurückgekämmtem Haar und stets tadelloser Kleidung benötigte viele Wochen, um eine dieser scheinbar schlichten Rechteck-Kompositionen fertigzustellen. Vor einigen Jahren hat eine Untersuchung des University College in London ergeben, dass fast jeder – auch wenn er sich gar nicht für Kunst interessiert – einen echten Mondrian von einer nur leicht veränderten Version unterscheiden kann. Bei der Fälschung stimmen plötzlich Proportionen und Farbabstimmung nicht mehr; Mondrian muss demnach ein untrügliches Gespür für das perfekte Bild gehabt haben.

Viel bekannter als Mondrian war jedoch ein anderer Niederländer, dessen Name heute außerhalb seines Landes vergessen ist: Hendrikus Colijn (1869–1944), Führer der Anti-Revolutionären Partei (ARP) und Ministerpräsident von 1925 bis 1926 sowie von 1933 bis 1939. Der grauhaarige, zigarrerauchende Haudegen war eine Vaterfigur, ein Patriarch mit durchaus autoritären Zügen, der sich auf Wahlkampfplakaten gern als Steuermann in bewegter See darstellen ließ. Er verkörperte Stabilität und Selbstvertrauen und trug dadurch seinen Teil dazu bei, dass die Wähler auch in der Weltwirtschaftskrise nicht zu Kommunisten oder Faschisten überliefen – sie hatten ihren starken Mann ja bereits.

Mehr noch als der Demokratie blieben die Niederländer dabei ihrer jeweiligen Säule treu. In einem Land, in dem die meisten so genau wussten, wo sie hingehörten, in dem es so wenig Entwurzelte gab, hatten es Extremisten von vornherein schwerer als in Deutschland. Dem Wasserbauingenieur Anton Mussert, der 1931 die *Nationaal-Socialistische Beweging* (NSB) gründete, fehlte zudem das Charisma, um einen von ihm gelenkten Führerstaat als glaubwürdige Alternative zum parlamentarischen System darstellen zu können. „Ich glaube, dass dieser Colijn doch viel mehr für dieses Fach gemacht ist als ich“, soll er selbst einmal zugegeben haben. 1935 holte Musserts NSB immerhin fast acht Prozent der Stimmen, doch 1939 halbierte sie sich wieder. Der Grund dafür war, dass sich Mussert zuletzt stärker auf die wesentlich radikalere NSDAP ausgerichtet hatte, womit er viele Wähler abschreckte.

Bei der „Machtergreifung“ in Deutschland spielte ein Niederländer eine bis heute nicht restlos aufgeklärte, aber letztlich folgenschwere Rolle: Marinus van der Lubbe, ein schwärmerischer Kommunist, zündete am 27. Februar 1933 den Reichstag an; jedenfalls wurde er in dem brennenden Parlamentsgebäude festgenommen. Seine Begründung: „Ich wollte den deutschen Arbeitern ein Vorbild geben; sie sollten endlich ihr Rechte durchdrücken.“ Er erreichte das Gegenteil – der Brand lieferte Hitler den Vorwand, die anderen Parteien endgültig auszuschalten. Der 24 Jahre alte van der Lubbe wurde 1934 hingerichtet. 2007 hob die Bundesanwaltschaft das Urteil gegen ihn auf, weil es auf nationalsozialistischem Unrecht beruhte.

Die Errichtung der nationalsozialistischen Diktatur setzte einen Flüchtlingsstrom auch in die Niederlande in Gang. Für die Einreise musste man zunächst einen gültigen Pass vorlegen und, für viele schon ein unüberwindliches Hindernis, finanzielle Unabhängigkeit nachweisen. 1934 verschärfte die Regierung die Asylpolitik noch mehr. Zwar galt weiterhin der Grundsatz, dass ein Flüchtling geduldet wurde, wenn er bei einer Rückkehr in sein Heimatland um sein Leben fürchten musste, doch die Behörden legten diese Klausel immer restriktiver aus. Tausende Juden wurden abgewiesen. Von den 50 000 Asylanträgen, die zum Beispiel nach den Novemberpogromen von 1938 eingingen, wurden nur etwa 7000 zugelassen. Noch Ende November 1938 gab eine Gruppe niederländischer Intellektueller eine Broschüre mit dem Titel „Die geschlossene Grenze" heraus, in der sie zahlreiche erschütternde Fallbeispiele schilderten. Demnach war eine Jüdin, die nach zwölftägigem Fußmarsch die Niederlande erreicht hatte, wieder zurückgeschickt worden, weil sie keinen gültigen Pass vorlegen konnte. Ein jüdischer Waisenjunge, dessen Kinderheim in der Pogromnacht zerstört worden war, erhielt keine Einreiseerlaubnis, obwohl seine niederländische Tante für ihn bürgen wollte. „Ein Mann, verlobt mit einer in England wohnhaften Frau, die für ihn ebendort bereits eine Stelle gefunden hatte, wurde trotz langwieriger Verhandlungen mit dem Justizministerium nach Deutschland ausgewiesen. Er hatte solche Angst vor dem Schicksal, das ihm dort drohte, dass er beim niederländischen Zollamt um einen Revolver nachsuchte, um sich umzubringen." Auch ein alter Rabbi, der einen gültigen Pass hatte, eine Bahnfahrkarte zum Fährhafen Vlissingen und ein Ticket für die Schiffsreise nach London, fand keine Gnade vor den Augen der niederländischen Beamten. „Der Mann, der um zehn Uhr morgens mit dem Zug eingetroffen war, durfte auf niederländischem Boden nicht auf die telegraphisch angefragte Bestätigung seiner Aussicht auf eine Arbeitsstelle in England warten, sondern wurde nach einigen Stunden Aufenthalt unerbittlich über die Grenze abgeschoben", hieß es in der Broschüre. „Bei seiner Ausweisung versicherte er unter Anrufung Gottes, dass die Rückkehr nach Deutschland für ihn den Tod bedeutete."

Was ein einzelner Mensch vermochte, wenn er nur entschlossen genug war, bewies in dieser Zeit die resolute Amsterdamerin Truus Wijsmuller-Meijer (1896–1978), genannt Tante Truus. Auf eigene Faust schleuste sie Tausende von jüdischen Kindern aus Deutschland und Österreich nach England und Amerika. Um ihre Kindertransporte zu organisieren, sprach sie sogar bei Adolf Eichmann vor, als dieser die „Zentralstelle für jüdische Auswanderung" in Wien leitete.

Der angehende Völkermordexperte empfing sie in einem prachtvollen Saal auf einem Podest sitzend, mit einem Schäferhund zur Seite, richtete eine Lampe auf sie und befahl ihr, ihm ihre Hände zu zeigen und auch die Schuhe auszuziehen, den Rock anzuheben und etwas herumzugehen. Sie wusste zwar nicht, was diese bizarre Prozedur bedeuten sollte, dachte sich aber: „Es ist für einen guten Zweck." SS-Ideologen wie Eichmann bildeten sich ein, von Fingern und Zehen auf rassische Abstammung schließen zu können. „Unglaublich, so reinarisch und dann so verrückt", lautete sein Urteil, als sie sich wieder gesetzt hatte. Aber die Kinder bekam sie. Wijsmuller verabschiedete sich mit den Worten: „Wenn Sie mal in Amsterdam sind, kommen Sie auf eine Tasse Kaffee vorbei." Sie war sich nie zu schade, mit den von ihr verachteten Schergen des Regimes umzugehen, sie erduldete auch alle Schikanen der Gestapo, wenn sie nur wieder ein paar hundert Kinder in Sicherheit bringen konnte.

Am 15. Dezember 1938 schlossen die Niederlande ihre Grenzen ganz. Da immer noch illegale Flüchtlinge ins Land strömten ordnete die Regierung die Einrichtung eines Zwangslagers an. Man entschied sich für ein Gelände in einer einsamen Heidelandschaft bei Arnheim, doch sobald dies bekannt wurde, kam Protest auf. Auch Königin Wilhelmina, deren Sommerschloss Het Loo zwölf Kilometer entfernt lag, tat ihr Missfallen kund und ließ dem Innenminister ausrichten, „dass es Höchstderselben angenehmer gewesen wäre, wenn das Gelände wesentlich weiter von Het Loo entfernt gelegen hätte". Die Regierung sah sich sofort anderswo um. Diesmal wählte sie ein Grundstück in der dünn besiedelten Provinz Drenthe an der deutschen Grenze namens Westerbork; im Oktober 1939 trafen die ersten Insassen ein.

Insgesamt nahmen die Niederlande von 1933 bis 1939 schätzungsweise 20 000 bis 30 000 deutsche und osteuropäische Juden auf. Die meisten von ihnen gingen nach Amsterdam, wo die Straßenbahnlinie 24 von der Bevölkerung bald in „Berlin-Express" umgetauft wurde. Die Stadt, schon so lange Zielpunkt der Verfolgten, war in jenen Jahren auch einer der wichtigsten Zufluchtsorte für deutsche Literaten. Klaus Mann schrieb dort seinen „Mephisto". SPD-Politiker brachten den Nachlass von Karl Marx und Friedrich Engels nach Amsterdam, wo er heute im Internationalen Institut für Sozialgeschichte aufbewahrt wird.

Als Hitler 1936 im entmilitarisierten Rheinland einrückte, standen erstmals seit 1918 wieder deutsche Soldaten an der niederländischen Grenze. In einer Radioansprache appellierte Colijn an seine beunruhigten Landsleute: „Ich bitte die Hörer denn auch darum, wenn sie jetzt bald ihre Lagerstätten aufsuchen, ebenso ruhig schlafen zu gehen wie sie dies auch an anderen Abenden tun." Die Niederländer klammerten sich an die Hoffnung, dass sie ja neutral waren und deshalb mit all dem nichts zu tun hatten. Gleichwohl sollten die Streitkräfte für den Ernstfall gerüstet sein. Das bedeutete: Sie sollten das Land zumindest einige Wochen lang gegen einen Angreifer verteidigen können. In dieser Zeit sollte sich die Regierung schnell mit anderen Ländern verbünden und den Angreifer mit deren Hilfe schließlich zurückdrängen. Um die Schlagkraft des niederländischen Militärs war es jedoch nicht gut bestellt. Ganze Bataillone bewegten sich auf Fahrrädern. Populär war der Witz: „Hitler will sich von den Niederlanden Panzer leihen. Daraufhin wird er gefragt: ‚Wie viele wollen Sie? Einen, zwei oder alle drei?‘“ Die Wahrheit war noch deprimierender: Das niederländische Heer verfügte über gar keinen Panzer. Der einzige, den es besessen hatte, war vor laufender Kamera in einem Gewässer versenkt worden, um zu demonstrieren, dass man die holländische Wasserlinie auch mit modernster Waffentechnik nicht überwinden konnte.

Als Colijn 1937 Winston Churchill besuchte, brüstete er sich auf dessen Landsitz bei London damit, er könne jederzeit in Den Haag anrufen und dort einen bestimmten Knopf drücken lassen, woraufhin sich die Schleusen öffnen und die westlichen Provinzen in eine uneinnehmbare Wasserfestung verwandelt werden würden. Dieselbe Strategie, mit der die Niederländer im 17. Jahrhundert den Sonnenkönig aufgehalten hatten, sollte nun auch gegen Hitler helfen. „Das war Unsinn“, kommentierte Churchill in seinen Kriegserinnerungen kurz und bündig.

Ganz so naiv war allerdings selbst die Regierung in Den Haag nicht. Als die internationalen Spannungen immer mehr zunahmen, beschloss das Kabinett Colijn den Aufbau einer eigenen Luftwaffe. Von 1937 bis 1940 wurden mehr als 200 Kampfflugzeuge bestellt. Ein schwerer Schlag für die Verteidigungsfähigkeit des Landes war jedoch, dass Colijn ausgerechnet drei Wochen vor Beginn des Zweiten Weltkriegs von dem weltfremden Dirk Jan de Geer (1870–1960) abgelöst wurde. Trotz der angespannten Lage fuhr de Geer erst einmal nach Deutschland in Urlaub. Als er zurückgerufen wurde, fragte er im Zug einen deutschen Reisenden, ob es denn wirklich so ernst sei, wie die Zeitungen schrieben. Seine Naivität erstaunt umso mehr, als die niederländische Regierung in Berlin über eine erstklassige Quelle verfügte, die über Hitlers geheimste Planungen informiert war: Generalmajor Hans Oster, einer der entschlossensten deutschen Widerstandskämpfer, der als enger Mitarbeiter und Vertrauter des gleichfalls zum Widerstand gehörenden Abwehrchefs Wilhelm Canaris die Entscheidungsprozesse auf höchster Ebene kannte. Oster weihte den Militärattaché Bert Sas aus der niederländischen Botschaft in Berlin laufend ein. So konnte Sas die Haager Regierung vorab über den bevorstehenden Überfall auf Polen unterrichten. Bald erfuhr er von Oster, dass neben Belgien auch die Niederlande besetzt werden sollten. Im Ersten Weltkrieg hatten die deutschen Streitkräfte wertvolle Zeit dadurch verloren, dass sie bei ihrem Vorstoß nach Frankreich einen Bogen um die weit nach Belgien hineinragende niederländische Provinz Limburg gemacht hatten. Hitler wollte dies nicht wiederholen. Außerdem befürchtete er, dass die Briten in den Niederlanden einen Brückenkopf bilden und von dort aus das Ruhrgebiet, die Waffenschmiede des Reiches, bedrohen könnten. Ministerpräsident de Geer glaubte Sas jedoch nicht, zumal Hitler den Zeitpunkt des Angriffs immer wieder verschob und Sas seine Voraussagen entsprechend häufig widerrufen musste. War es nicht viel wahrscheinlicher, dass Sas von den Deutschen ganz gezielt mit Falschinformationen versorgt wurde, um die niederländische Regierung dazu zu verleiten, ihre Neutralität aufzugeben und den Deutschen damit einen guten Vorwand für einen Einmarsch zu liefern? Als Sas einmal meldete, dass die Deutschen bei ihrem Angriff auf die Niederlande viele Fallschirmjäger einsetzen wollten, hielt man ihm spöttisch entgegen: „Die fangen wir mit Heugabeln." Auch Ex-Premier Colijn, an den sich Sas in seiner Verzweiflung wandte, meinte nur, dass „der Herr Sas wohl die Nerven verloren hat". Zur Königin wurde er nicht vorgelassen.

Das monatelange Zusammenspiel zwischen dem deutschen Geheimdienstoffizier und dem niederländischen Militärattaché übertraf an Dramatik und Wagemut jeden Spionagethriller. Mehrmals mussten sie befürchten, enttarnt zu werden. Am 9. November 1939 etwa verschleppten Gestapo-Männer, die sich als Widerstandskämpfer ausgegeben hatten, zwei Agenten des britischen Geheimdienstes aus der niederländischen Grenzstadt Venlo nach Düsseldorf. Dabei erschossen sie einen engen Mitarbeiter von Sas, der die Briten begleitet hatte. Von der Verbindung zu Sas erfuhr die Gestapo aus den Verhören aber nichts. Vier Tage nach diesem Venloer Zwischenfall verkündete de Geer in feierlichem Ton über den Rundfunk: „Der Regierung ist zu Ohren gekommen, dass in den letzten Tagen Gerüchte über eine akute Gefahr für unser Land in Umlauf gewesen sind. Ich will Ihnen kurz eben sagen, dass es dafür keinerlei Grund gibt." Erst als Sas im April die Besetzung Dänemarks und Norwegens richtig voraussagte, dämmerte es der Regierung. Am Abend des 9. Mai rief er zum letzten Mal in Den Haag an und meldete: „Ich bin Sas aus Berlin. Ich habe nur noch eins zu sagen: Morgen bei Anbruch des Tages. Haltet euch wacker!" Kurz vorher hatte ihm Oster mitgeteilt, dass der Invasionsbeschluss nun unwiderruflich war. Er riet dem Niederländer dringend, seine Regierung zur Sprengung der strategisch wichtigen Maasbrücken zu bewegen – natürlich unterblieb dies – und verabschiedete sich mit den Worten: „Mein lieber Freund, nun ist es endgültig aus. Das Schwein ist abgefahren zur Westfront. Hoffentlich sehen wir uns nach dem Krieg wieder." Dieser Wunsch sollte nicht in Erfüllung gehen. Einen Tag nach dem gescheiterten Hitler-Attentat vom 20. Juli wurde Oster verhaftet und am 9. April 1945 kurz vor der Befreiung des Konzentrationslagers Flossenbürg zusammen mit Admiral Canaris und Dietrich Bonhoeffer hingerichtet.

KAPITEL 4

Holland unter Hitler

Krieg und Besatzung

Fünf Tage im Mai. Die deutsche Invasion

In der Nacht zum 10. Mai 1940 glitt ein merkwürdiger Zug durch Deutschland. Er fuhr nach keinem Fahrplan, und die in der sternenklaren Nacht matt schimmernden Waggons, die von gleich zwei Dampflokomotiven gezogen wurden, wirkten ungewöhnlich lang und massiv. Der Zug hatte Berlin am späten Abend Richtung Hamburg verlassen, doch um kurz nach Mitternacht wechselte er plötzlich die Richtung und fuhr nach Südwesten. Vier Stunden später hielt er in einem kleinen Bahnhof. Einige der Passagiere blickten nach draußen, aber sie sahen kein Ortsschild; in diesem Bahnhof gab es keins, nur Hinweise und Zeichen der Wehrmacht. Kein Unbeteiligter war Zeuge, als sich nun die Türen öffneten und dem Zug Adolf Hitler entstieg. „Meine Herren", eröffnete er seinem Stab, „soeben ist die Offensive gegen die Westmächte eingeleitet worden."

Von seinem „Felsennest" in der Eifel aus genoss der Diktator in den nächsten Wochen die Entfaltung seines größten Triumphs: den Sieg über Frankreich, das Zurückdrängen der Briten – und nebenbei die Eroberung Luxemburgs, Belgiens und der Niederlande. Als er in jenen Morgenstunden mit seinem gepanzerten Sonderzug im Bahnhof von Euskirchen eintraf, hatte der Überfall schon begonnen. In der Nacht hatte man in der Nähe der deutschen Grenze Motorengedröhn und Explosionen vernommen. Der niederländische Rundfunk meldete: „Hunderte vom fremden Flugzeugen unbekannter Nationalität passieren die Ostgrenze unseres Landes in westlicher Richtung." Dann konnte man plötzlich nicht mehr mit Maastricht telefonieren. Um kurz vor vier wollte der Nachtredakteur des „Algemeen Handelsblad" in Amsterdam nach seiner Schicht gerade den Fahrradstand aufschließen, „als plötzlich die Stille der schlafenden Stadt durch dicht über den Häusern fliegende Flugzeuge und unmittelbar darauf durch das weiter entfernte, gedämpfte Geräusch von Explosionen und Kanonenfeuer gestört wurde. Was zu sehen war, ließ keinen Zweifel aufkommen. Auf Schiphol wüteten enorme Brände. Der ganze Himmel war erfüllt von Gewalt." Zur selben Zeit schreckte in

Amsterdam auch der junge jüdische Journalist Lou de Jong aus dem Schlaf. Seine Frau sagte sofort: „Es ist Krieg." Krieg auf eigenem Boden – das hatte es in den Niederlanden seit dem Katastrophenjahr 1672 nicht mehr gegeben.*

In diesen frühen Morgenstunden des 10. Mai 1940 vernichteten die deutschen Jagdflugzeuge den größeren Teil der niederländischen Luftwaffe. Sie bombardierten Rollfelder, Fliegerhallen, Flakstellungen und militärische Unterkünfte und schalteten dabei die meisten der noch am Boden stehenden Maschinen aus. Im Gefolge der deutschen Bomber und Jagdflugzeuge folgten Transportmaschinen, aus denen ganze Kompanien von Fallschirmjägern absprangen. Es war die erste große Luftlandeoperation überhaupt, und Hitler selbst hatte sie geplant. Sein Blitzkrieg aus der Luft konzentrierte sich auf zwei Ziele: Den Haag und die Brücken im Rheindelta südlich von Rotterdam. In Den Haag sollten die deutschen Soldaten im Handstreich die Königin und das Kabinett gefangen setzen und die Niederlande somit ihrer Führung berauben. Zunächst hatte die Überrumpelung auch Erfolg: Die Deutschen eroberten die Flugplätze rund um Den Haag und ließen durch direkten Beschuss die Fenster im Palast Huis ten Bosch, dem Wohnsitz von Königin Wilhelmina, erzittern. Doch Hitler, der seinen Generälen erklärt hatte, „die Widerstandskraft Hollands sei nur sehr gering einzuschätzen", hatte sich die Sache gar zu einfach vorgestellt. Rund um Den Haag waren zahlreiche Luftabwehrgeschütze stationiert, und auch die wenigen niederländischen Kampfflugzeuge, die noch rechtzeitig vor der Bombardierung hatten aufsteigen können, erwiesen sich als gefährliche Gegner. Die deutschen Maschinen wurden massenweise abgeschossen – insgesamt büßte die Luftwaffe 328 Flugzeuge ein. Allein von den 430 Transportmaschinen des Luftlandekorps gingen 220 verloren. Statt der geplanten 10 000 konnten nur etwa 3000 deutsche Soldaten abgesetzt werden, die bald zurückgeschlagen wurden. Hitlers Luftoffensive gegen Den Haag war auf ein Fiasko hinausgelaufen.

Der Vorstoß gegen die Brücken im Raum Rotterdam verlief dagegen erfolgreich. Im ersten Tageslicht erkannten die Rotterdamer zu ihrem großen Erstaunen deutsche Wasserflugzeuge im Hafen. Die damit gelandeten Truppen brachten die Maasbrücken der Stadt unter ihre Kontrolle, während Fallschirmjäger die Brücken bei Dordrecht und die Moerdijkbrücken über den Flussarm Hollands Diep besetzten. Die niederländischen Soldaten waren teilweise noch im Schlafanzug. Die Brücken hatten große strategische Bedeutung, weil sie eines der wenigen Einfalltore in die sogenannte *Festung Holland* waren, das von Flüssen, Kanälen und Meer umschlossene Herz des Landes mit dem Regierungszentrum Den Haag. Die deutschen Soldaten hatten den Befehl, die Brücken bis

* Die Scharmützel beim Einzug der Preußen 1787 und der Franzosen 1795 zählten nicht.

zum Eintreffen der Bodentruppen zu halten. Im Morgengrauen waren die ersten Panzerverbände über die niederländische Grenze gerollt.

Ein strahlender Frühlingstag brach an. In London wurde Winston Churchill an diesem Freitagmorgen durch das Telefon auf seinem Nachttisch geweckt. Es war der Tag, an dem er zum Premierminister, zum Nachfolger des glücklosen Neville Chamberlain, ernannt werden sollte. Doch ein Tag des Triumphs würde es nicht werden, denn als Churchill nun zum Hörer griff, erfuhr er: „Die Deutschen sind in Holland einmarschiert." Eine Stunde später wusste er, dass auch Belgien sowie die französischen Luftwaffenstützpunkte angegriffen wurden. Gegen Mittag wurde der eilends eingeflogene niederländische Außenminister Eelco Nicolaas van Kleffens zusammen mit Kolonialminister Charles Welter bei ihm vorstellig. Churchill erinnerte sich später, dass sie „mitgenommen und erschöpft" wirkten und „Entsetzen aus ihren Augen sprach". Hilfe konnte er ihnen nicht bieten. Es wäre Selbstmord, so erläuterte er, das in Frankreich stationierte britische Expeditionskorps gegen die Deutschen vorrücken zu lassen. Anschließend schenkte er seinen Gästen und sich selbst ein großes Glas Cognac ein. Den Niederländern war nun klar, dass sie allein standen.

In Berlin wurden der niederländische und der belgische Botschafter zu Außenminister Joachim von Ribbentrop in die Wilhelmstraße einbestellt. Er eröffnete ihnen, dass deutsche Truppen unterwegs seien, um die Neutralität ihrer Länder vor einem unmittelbar bevorstehenden Angriff der Briten und Franzosen zu schützen. Ihre Regierungen wurden ultimativ zur Einstellung jeglichen Widerstands aufgefordert; andernfalls hätten sie allein die Konsequenzen zu verantworten. Hitler erweckte in einem Befehl für die Wehrmacht vom selben Tag sogar den Eindruck, Franzosen und Briten hätten als Erste angegriffen: „Nun ist das eingetroffen, was wir schon seit vielen Monaten immer als eine drohende Gefahr vor uns sahen", verkündete er. „England und Frankreich versuchen, unter Anwendung eines gigantischen Ablenkungsmanövers im Südosten Europas über Holland und Belgien zum Ruhrgebiet vorzustoßen. Soldaten der Westfront! Damit ist die Stunde nun für euch gekommen. Der heute beginnende Kampf entscheidet das Schicksal der deutschen Nation für die nächsten tausend Jahre."

Die niederländische Bevölkerung war fassungslos. „Deutscher Angriff auf die Niederlande, Belgien und Luxemburg", titelte „De Telegraaf" in seiner Abendausgabe. Darunter eine Proklamation der Königin, die mit einem „flammenden Protest" auf die „beispiellose Schändung" der niederländischen Neutralität reagierte. In dieser Nacht wurde die Straßenbeleuchtung in den Städten zum Schutz vor Bombenangriffen nicht eingeschaltet. Erstmals blieb es finster. Am nächsten Tag – Samstag, 11. Mai – rückte das 10. Armeekorps, unterstützt von der SS-Leibstandarte „Adolf Hitler“ und der SS-Standarte „Der Führer“, auf die niederländische Hauptverteidigungslinie vor. Diese sogenannte Grebbelinie verlief vom nördlichen Rheinarm, dem Nederrijn, bis zum IJsselmeer und lag in einem Gebiet, das großräumig unter Wasser gesetzt werden konnte. Die Stellungen der niederländischen Truppen waren jedoch unzureichend ausgebaut und veraltet, die Soldaten selbst ungeübt. Schon am 11. Mai wurden die Vorposten von den Deutschen erobert. Tags darauf wurde die Linie durchbrochen, und zur selben Zeit rollten die ersten deutschen Panzer über die unbeschädigten Moerdijkbrücken südlich von Rotterdam. Am frühen Morgen des 13. Mai meldete der Oberkommandierende der niederländischen Streitkräfte, General Henri Winkelman, in einer Audienz bei Königin Wilhelmina, dass der völlige militärische Zusammenbruch nur noch eine Frage von Stunden sei.

In ihrer Verzweiflung klingelte Wilhelmina den britischen König George VI. im Buckingham-Palast aus dem Bett und beschwor ihn, Luftunterstützung für die niederländischen Bodentruppen zu senden. „Bertie“ versprach, sein Bestes zu tun, doch nichts geschah. Mehrere Minister drängten die Königin mittlerweile, Den Haag zu verlassen, und sie willigte ein. So begann eine Reise, die noch am Abend desselben Tages in London enden sollte. Die Umstände und Motive dieser Flucht sind bis heute umstritten, und die Beurteilungen gehen weit auseinander. Nanda van der Zee, eine Historikerin, die mit der Rolle der Niederländer während der deutschen Besatzungszeit hart ins Gericht geht, hat das Verhalten der Königin als Landesverrat bezeichnet, da sie damit die noch immer kämpfenden Streitkräfte demoralisierte. Nach dem niederländischen Grundgesetz war eine Verlegung des Regierungssitzes an einen Ort außerhalb des Königreiches nicht möglich. Der spätere Reichskommissar für die besetzten Niederlande, Arthur Seyß-Inquart, wusste diesen Umstand sehr wohl zu nutzen. Er hob ausdrücklich hervor, dass die Flucht ein Verstoß gegen die Verfassung und die Exilregierung damit illegal sei.

Außer Zweifel steht, dass die Bevölkerung das Ausweichen von Königin und Regierung als große Enttäuschung erlebte. Noch am 9. Mai, einen Tag vor der Invasion, hatte man in der Zeitung „Het Nieuws van de Dag“ lesen können, dass die königliche Familie ein Angebot, im Falle eines deutschen Angriffs nach New York zu gehen, entrüstet abgelehnt hatte. Kronprinzessin Juliana wurde mit den Worten zitiert: „Unser Platz ist hier in den Niederlanden, ob nun Gefahr droht oder nicht. Wir werden niemals unseren Posten verlassen.“ Kaiser Wilhelm II. war von Wilhelmina im Exil stets mit Missachtung gestraft worden, weil sie es nach eigenem Bekunden unbegreiflich fand, dass sich ein Monarch in einem brenzligen Moment in Sicherheit brachte. Nun tat sie genau dasselbe. Die Erklärungen, die sie dafür nach dem Krieg gegeben hat, sind widersprüchlich. Dem Kriegshistoriker Lou de Jong sagte sie in einem Interview: „Es hatte keinen Sinn, mich als Gefangene nach Berlin führen zu lassen und von meinem Volk getrennt zu sein." Mal sprach sie davon, sie habe nur kurz nach England gehen wollen, „um Hilfe zu holen", dann wieder beteuerte sie, der Schritt sei nötig gewesen, um die Interessen der Niederlande und ihrer vorerst noch nicht besetzten Kolonien im Lager der Alliierten vertreten zu können. „Ich wusste, dass alles, was ich tat, falsch war. Blieb ich, so war das falsch. Setzte ich mich ab, so war das ebenfalls falsch. Es bedeutete eine große Schmach, die Heimat auf diese Weise verlassen zu müssen. Mir war auch klar, dass die Leute es falsch verstehen würden." Aber hatte sich Wilhelm von Oranien dem Zugriff des Herzogs von Alba nicht auch entzogen?

Der Leidener Geschichtsprofessor Cees Fasseur, der 1998 und 2001 eine zweibändige Biografie der Königin vorgelegt hat, verteidigt die Flucht. Tatsächlich sollte sich Wilhelmina im Exil dank ihrer über Radio Oranje gesendeten Reden zur Stimme des Widerstands, zur Mutter des Vaterlandes entwickeln. „Dienstag und Mittwoch sprach unsere geliebte Königin", heißt es an einer Stelle im Tagebuch der Anne Frank. Churchill soll Wilhelmina als den „einzigen Mann in der niederländischen Regierung" bezeichnet haben, und so ist der Kampf gegen *Adolfje en de moffen* (s. S. 227) auch ihre *finest hour* gewesen. Diese Rolle hätte sie als Gefangene niemals spielen können. Es war deshalb letztlich richtig, dass sie Den Haag am Morgen des 13. Mai mit einem kleinen Koffer verließ und sich, begleitet von einer Militäreskorte, zum Hafen von Hoek van Holland begab.

Nach Erkenntnissen von Fasseur plante sie zunächst nur, per Schiff nach Zeeland zu fahren, wo mittlerweile die ersten französischen Truppen zur Verstärkung eingetroffen waren. In Hoek van Holland lag ein Zerstörer der Royal Navy. Es kostete die kleine Gesellschaft einige Mühe, den Kapitän davon zu überzeugen, dass da wirklich eine Königin vor ihm stand, die sich einschiffen wollte. Einmal auf See, machte er deutlich, dass seine Befehle es keineswegs zuließen, einen Zwischenstopp in Zeeland einzulegen. Mit einem pelzgefütterten Soldatenhelm in der Hand kam Wilhelmina am Abend im Londoner Bahnhof Liverpool Street an und begab sich in den Buckingham-Palast. König George VI. hielt in seinem Tagebuch fest, Wilhelmina beteuere, ihr Land nicht freiwillig verlassen zu haben. „Sie war verständlicherweise sehr aufgewühlt und hatte keine Kleidung mitgebracht." Der einzige Lichtblick: Ihre Tochter Juliana, Schwiegersohn Bernhard und die beiden Enkelkinder Beatrix und Irene waren ebenfalls wohlbehalten eingetroffen. Ein gepanzerter Wagen der niederländischen Zentralbank hatte sie am Vorabend vom Palast Noordeinde im Stadtzentrum von Den Haag zur Hafenstadt IJmuiden gebracht, wo ein britisches Kriegsschiff auf sie wartete. Während der Autofahrt über kleinere Straßen am Rande der Dünen hielt Juliana die neun Monate alte Irene im Arm, ein Kindermädchen hatte die zwei

Jahre alte Beatrix auf dem Schoß, und Prinz Bernhard – der seine junge Familie auf Wilhelminas ausdrücklichen Befehl hin begleitete – war für alle Fälle mit einer Maschinenpistole bewaffnet. Ein Sicherheitsbeamter auf dem Beifahrersitz umklammerte einen Pappkarton mit den Familienjuwelen.

Auf einem weiteren Kriegsschiff verließ am Morgen des 14. Mai das Kabinett de Geer die umkämpften Niederlande. De Geer war mit keiner einzigen Rede an die Öffentlichkeit getreten und jeden Abend wie nach einem beendeten Dienst nach Hause gegangen. Der Mann, auf dem nun alle Verantwortung lastete, war General Winkelman.

Der 63 Jahre alte Berufsmilitär aus Maastricht war erschüttert darüber, wie schnell die Grebbelinie gefallen war. Seine Hoffnung, die Wehrmacht mehrere Wochen aufhalten zu können, hatte sich als Träumerei entpuppt. Hitler aber war ebenso wenig zufrieden. Er hatte gerade einmal zwei Tage für den Feldzug gegen die Niederlande eingeplant, und nun war bereits der fünfte Tag angebrochen. Deshalb verlor er zusehends die Geduld und befahl: „Politische wie militärische Gründe erfordern, diesen Widerstand in Kürze zu brechen." Die 9. Panzerdivision war mittlerweile in Rotterdam-Süd eingetroffen und bereit, in die Festung Holland vorzustoßen. Um ihr den Weg zu bahnen, sollte die Luftwaffe die niederländischen Stellungen im Norden der Stadt bombardieren. Generalleutnant Schmidt, der in Rotterdam den Befehl führte, sprach von einem „kurzen, wuchtigen Bombenschlag". Keinesfalls wünschte er eine Verwüstung der Stadt, da dies das Vorrücken der Panzer behindern würde. Doch im Luftwaffenführungsstab bevorzugte man eine „Radikallösung". Schmidt erhielt den Befehl: „Widerstand in Rotterdam ist mit allen Mitteln zu brechen, nötigenfalls ist Vernichtung der Stadt zu bedrohen und durchzuführen." So stiegen an diesem 14. Mai um 11.45 Uhr 90 zweimotorige Mittelstreckenbomber von den Flugplätzen Münster, Delmenhorst und Quakenbrück auf. 54 wurden von Oberst Wilhelm Lackner befehligt, 36 von Oberstleutnant Otto Höhne. Ihr Ziel war Rotterdam. Um 13.20 Uhr würden sie die Stadt erreichen.

Dort waren mittlerweile Verhandlungen im Gange. Schmidt hatte der Gegenseite ein Ultimatum für die Übergabe von Rotterdam gestellt und weisungsgemäß „die völlige Vernichtung der Stadt" angedroht. Obwohl die Niederländer nicht sofort darauf eingingen, zeigten sie sich gesprächsbereit. Um 12 Uhr gab Schmidt deshalb über Funk durch: „Bombenangriff Rotterdam wegen Übergabeverhandlungen aufgeschoben." Die Bomber waren jedoch schon in der Luft und konnten über Funk nicht mehr erreicht werden. Pünktlich um 13.20 Uhr tauchten sie über Rotterdam auf. „Um Himmels willen, das gibt eine Katastrophe!", rief Schmidt und ließ sofort rote Leuchtkugeln abschießen – das verabredete Zeichen dafür, dass der Angriff abgeblasen wurde. Obwohl Oberstleutnant Höhne nur

„zwei kümmerliche rote Leuchtpatronen statt des erwarteten Leuchtfeuers" ausmachte, gab er seinen aus südlicher Richtung kommenden Flugzeugen sofort das Stopp-Zeichen für den Bombenabwurf – es kam nur für die vorderen drei Maschinen zu spät. Doch die 54 Flugzeuge von Oberst Lackner, die sich von Osten näherten, bemerkten die Leuchtkugeln nicht und warfen ihre Bomben ab. Sozusagen während der Mittagspause ging der Stadtkern von Rotterdam in Flammen auf. Etwa 800 Menschen starben. Jeder Überlebende behielt ein anderes Bild im Kopf: eine Kinderhand, die aus dem Schutt herausragte; ein Toter am Fenster; ein Reh aus dem Tierpark, das in Panik durch die Ruinen lief. Die „Times" berichtete der Welt von 30 000 Opfern; Rotterdam wurde zusammen mit Warschau und Coventry zum Paradebeispiel für einen gnadenlosen Luftkrieg, der in furchtbarer Weise auf Deutschland zurückwirken sollte. Da der Feind drohte, mit anderen Städten ebenso zu verfahren, erkannte General Winkelman, dass Weiterkämpfen nur sinnloses Leid verursachen würde, und kapitulierte. Ausgenommen war zunächst Zeeland, da er den dort eingetroffenen französischen Truppen Zeit zum Rückzug geben wollte. Am 17. Mai bombardierten die Deutschen deshalb auch noch die Provinzhauptstadt Middelburg – jene Stadt, die Albrecht Dürer ganz besonders bewundert hatte. In wenigen Augenblicken fiel die lückenlos erhaltene Altstadt aus dem Goldenen Zeitalter in Trümmer.

Das war einmal Rotterdam. Das bombardierte Stadtzentrum nach Beseitigung der Trümmer.

Damit war der Krieg zu Ende. Etwa 2200 niederländische Soldaten waren gefallen – viel zu wenige, wie Ex-Premier Colijn fand, der die Kapitulation deshalb auch nicht für vertretbar hielt. Gleichzeitig verurteilte er „die schändliche Flucht der Regierung". So wie er dachten viele. Man munkelte von Verrat in den eigenen Reihen, von einer fünften Kolonne, die den tapfer kämpfenden Soldaten in den Rücken gefallen sei – doch das alles gab es nur in der Fantasie eines Volkes, das kollektiv unter Schock stand. In Wahrheit hatten die niederländischen Streitkräfte gegen die übermächtige Wehrmacht einfach keine Chance gehabt, und das wäre auch bei verstärkten Rüstungsanstrengungen vor dem Krieg nicht viel anders gewesen.

250 Menschen nahmen sich in jenen Maitagen das Leben, unter ihnen der große Förderer deutscher Exilliteraten, Menno ter Braak. Andere konnten noch im letzten Moment über die Nordsee nach England fliehen. Truus Wijsmuller-Meijer, die unermüdliche Lebensretterin, machte sich noch am 14. Mai mit fünf Bussen voll jüdischer Flüchtlingskinder auf nach IJmuiden. Als sie dort ankam, war schon kein Durchkommen mehr und alles gesperrt. Doch Tante Truus ließ sich nicht abschütteln; sie lief einem Bekannten in die Arme, der sie zum Marinekommandanten brachte, und der gab ihr die Erlaubnis, bis zum Kai vorzufahren. Abends um zehn vor acht lief das Schiff *Bodegraven* mit den Kindern nach England aus. „Ich stand da und winkte dem Schiff nach", schrieb sie in ihren Erinnerungen.

Nicht alle hatten so viel Glück. An Bord der *Bodegraven* befand sich auch Jacques Goudstikker, einer der erfolgreichsten Kunsthändler Europas. Da ihm in England die Einreise verweigert wurde, hatte er keine andere Wahl, als mit seiner Frau und seinem kleinen Sohn auf dem Schiff zu bleiben und nach Südamerika weiterzufahren. Als er in der ersten Nacht an Deck frische Luft schnappen wollte, fiel er in einen Laderaum und brach sich das Genick. In seiner Brusttasche trug er ein kleines schwarzes Notizbuch mit der Auflistung der 1113 Gemälde, die er in seiner Kunsthandlung in Amsterdam zurückgelassen hatte. In alphabetischer Reihenfolge standen dort Namen wie Cranach, van Gogh, Goya, Rembrandt, Rubens und Tizian. Die wertvollsten Werke sicherte sich einige Wochen später Hermann Göring zu einem Spottpreis. Ein Teil davon gelangte nach dem Krieg in den Besitz des niederländischen Staates; die Spitzenwerke wurden unter den großen Museen des Landes verteilt. Nach einem Aufsehen erregenden Rechtsstreit erklärte sich die niederländische Regierung 2006 dazu bereit, die meisten dieser Bilder an Goudstikkers Erbin Marei von Saher zurückzugeben – es war eine der größten Rückerstattungen von Beutekunst.

Anders als etwa in Frankreich und Belgien richtete Hitler in den Niederlanden keine Militär-, sondern eine Zivilregierung ein. Vermutlich hatte dies damit zu tun, dass die Niederländer nach der nationalsozialistischen

Eine Nummer zu groß. Arthur Seyß-Inquart, Reichskommissar für die besetzten Niederlande, mit den Insignien von Königin Wilhelmina. Sein Schleppenträger ist der niederländische Naziführer Anton Mussert. Zeitgenössische Karikatur von Leo Jordaan.

Rassentheorie ähnlich wie die Norweger ein germanisches Brudervolk waren. Sie sollten, wie SS-Führer Heinrich Himmler es ausdrückte, „mit fester und doch sehr weicher Hand" in die deutsche „Volksgemeinschaft" eingegliedert werden. Für die Niederlande war dies eine verhängnisvolle Entscheidung, denn anders als bei einer Militärverwaltung rückten so keine Generäle, sondern Parteileute – radikale Nationalsozialisten – an die Spitze des Landes.

Per Führererlass ernannte Hitler einen seiner Paladine aus Österreich, Arthur Seyß-Inquart, zum Reichskommissar für die besetzten Niederlande. Der 47 Jahre alte Jurist hatte zwei Jahre zuvor eine maßgebliche Rolle beim „Anschluss" Österreichs gespielt. Er war kein Hetzer wie Goebbels und kein Großmaul wie Göring, sondern ein Schreibtischtäter mit der Kultiviertheit eines Wiener Kaffeehausbesuchers. Hinter guten Umgangsformen und humanistischer Bildung verbarg sich jedoch ein zu allem entschlossener Fanatiker, der sich als „Vollstrecker des Willens des Führers und damit der Geschichte" begriff. Am 29. Mai wurde er im Rittersaal in Den Haag, wo die Königin immer ihre Thronreden gehalten hatte, in sein Amt eingeführt; er war unmittelbar Hitler unterstellt. Die Niederlande befanden sich nun in der Gewalt des furchtbarsten aller Staaten.

Porträt: Prinz Bernhard

Eine Karriere in den Niederlanden

Kronprinzessin Juliana war eine liebenswerte Frau, aber in den Augen hochadeliger Machos nicht besonders attraktiv. Das führte dazu, dass Königin Wilhelmina sie wie Sauerbier auf dem Heiratsmarkt der europäischen Aristokratie anpreisen musste. Im Laufe der Zeit wurden die Anforderungen an den künftigen Gemahl immer weiter abgesenkt, so dass schließlich sogar jemand aus Nazi-Deutschland infrage kam: Prinz Bernhard zur Lippe-Biesterfeld (1911–2004), Mitglied der SA, dann der SS und auch der NSDAP. Ein opportunistischer Nazi-Mitläufer mit wenig Geld, aber großen Ansprüchen. Immerhin sah er gut aus und hatte ein Talent dafür, den Mann von Welt zu spielen. Juliana verliebte sich sofort in ihn. Der deutsche Prinz, der plötzlich im Skiurlaub in den österreichischen Alpen vor ihr stand, kam als Erlösung.

Nach der Besetzung der Niederlande und der Flucht ins britische Exil legte Bernhard alles Deutsche ab – bis auf seinen sprichwörtlichen Prinz-Bernhard-Akzent. Bei der Royal Air Force ließ er sich zum Piloten ausbilden, doch ist er wohl nur ein einziges Mal in Nordfrankreich über feindlichem Gebiet gewesen. Gleichwohl umgab ihn nach 1945 die Aura des Widerstandshelden, und dies verhalf ihm zu einer beachtlichen Machtposition. US-Präsident John F. Kennedy hielt ihn fälschlicherweise für einen offiziellen Regierungsvertreter, der Schah von Persien akzeptierte zeitweise keinen anderen Gesprächspartner von niederländischer Seite als ihn. Im Dienste der niederländischen Exportwirtschaft schmückte er Evita Perón mit dem Großkreuz im Orden von Oranien-Nassau und ging – ungeachtet seiner Funktion als Präsident des World Wildlife Fund (WWF) – mit dem rumänischen Diktator Nicolae Ceaușescu auf Bärenjagd. All dies führte dazu, dass sich der Lebemann mit ausgeprägtem Sinn für die schönen Dinge des Lebens als unantastbar betrachtete. Die Regierungschefs kamen und gingen, „ZKH" – *Zijne Koninklijke Hoogheid* – blieb. 1976 kam der tiefe Fall, als bekannt wurde, dass Bernhard Bestechungsgelder des amerikanischen Flugzeugfabrikanten Lockheed angenommen hatte. Ausgerechnet der linke Ministerpräsident Joop den Uyl rettete damals die Monarchie, indem er eine zweite Schmiergeldaffäre Bernhards geheim hielt und ihn so vor strafrechtlicher Verfolgung bewahrte. Bei einer Anklageerhebung hätte Königin Juliana abgedankt, und Beatrix hätte als Nachfolgerin nicht zur Verfügung gestanden. Allerdings musste Bernhard seine Ämter und Uniformen abgeben, und sein Staatsporträt wurde aus allen niederländischen Kasernen entfernt. Selbst nach seinem Tod war er noch einmal für einen Skandal gut, als er in einem posthum veröffentlichten Interview die Existenz zweier unehelicher Töchter enthüllte. Der betont nüchterne, distanzierte Stil von Königin Beatrix gilt auch als Reaktion auf die Eskapaden ihres schillernden Vaters.

Die unwilligen Arier.
Widerstand und Kollaboration

Die deutschen Besatzer verfolgten in den Niederlanden im Wesentlichen drei Ziele. Erstens wollten sie die Bevölkerung für die nationalsozialistische Sache gewinnen, zweitens die Wirtschaft und die Arbeitskraft der Niederländer für die deutsche Kriegsanstrengung nutzen und drittens die niederländischen Juden vernichten. Das erste Ziel haben sie nicht erreicht, das zweite in erheblichem Umfang, das dritte nahezu vollständig.

Seyß-Inquart war zunächst darauf bedacht, Provokationen zu vermeiden. Alle Kriegsgefangenen wurden freigelassen. Hitler selbst sprach von einer „großzügigen Behandlung der besetzten Niederlande“. In den Nürnberger Prozessen hat Seyß-Inquart seinen anfänglichen Auftrag mit den Worten umrissen: „Ich hatte die zivile Verwaltung zu führen und in deren Rahmen die Interessen des Reiches wahrzunehmen. Ich habe aber auch einen politischen Auftrag bekommen, nämlich bei Aufrechterhaltung der Unabhängigkeit der Niederlande danach zu trachten, dass dieselben aus ihrer englandfreundlichen Einstellung eine deutschlandfreundliche Einstellung einnehmen mit einer besonders engen wirtschaftlichen Verflechtung.“

Von Unabhängigkeit konnte dabei von Anfang an keine Rede sein. Auch die Niederländer hatten nun dem Führer zu folgen, daran ließ Seyß-Inquart keinen Zweifel. Aber das Regime erlegte sich zunächst Zurückhaltung auf. Zwar durfte das Parlament nicht mehr zusammentreten, doch die Parteien blieben bestehen, wenn sie auch keine Bedeutung mehr hatten. Die niederländische Nazipartei NSB wurde ignoriert. „Keine Spur irgendeines Wohlwollens bei den deutschen Behörden, keine Erklärungen, keine Radiorede, nichts“, notierte Mussert enttäuscht in sein Tagebuch. Auf die Frage des Bürgermeisters von Den Haag, welches Schicksal die Juden erwarte, antwortete ein deutscher Offizier: „Für die Deutschen gibt es in den Niederlanden keine Judenfrage.“

Seyß-Inquart führte die Regierung mit vier sogenannten Generalkommissaren, von denen vor allem Hanns Albin Rauter (1895–1949) – ebenfalls ein Österreicher – mit großer Machtfülle ausgestattet war: Als Höherer SS- und Polizeiführer Nordwest repräsentierte er Heinrich Himmler und trug Sorge dafür, dass dessen Maschine zur Menschenvernichtung in den Niederlanden besonders reibungslos funktionierte. Mehr noch als Seyß-Inquart wurde er für die Niederländer später zum Gesicht des nationalsozialistischen Terrors. Im Übrigen verzichtete Seyß-Inquart weitgehend auf personelle Änderungen. So blieb die gesamte Verwaltungsspitze der Ministerien vorerst unangetastet, was für die Besatzer große Vorteile mit sich brachte: Das Land wurde ebenso effizient geführt wie zuvor, der Übergang zur neuen Regierung vollzog sich geräuschlos.

Die Bevölkerung reagierte auf all das erleichtert. Das Leben würde schon irgendwie weitergehen, und was half alles Klagen? Schon nach wenigen Tagen lagen in manchen Restaurants zweisprachige Menükarten auf dem Tisch, und ein Pommes-frites-Verkäufer in Den Haag pries seine Ware für deutsche Kunden als „Bratkartoffeln" an. Ministerpräsident de Geer ermahnte am 20. Mai 1940 alle niederländischen Staatsbeamten in einer Rundfunkrede aus dem Londoner Exil zum Gehorsam: „Ihre Pflicht besteht derzeit darin, nach Möglichkeit mit den deutschen Autoritäten zusammenzuarbeiten und dadurch der Bevölkerung so viel wie möglich zu helfen. Auf der anderen Seite hat die Bevölkerung die Pflicht, den Behörden dadurch zu helfen, dass sie sich ruhig und geordnet verhält und jede Haltung unterlässt, durch die die normalen Verhältnisse gestört werden." Dies war gleichsam ein Kollaborationsaufruf von höchster Stelle. De Geer selbst kehrte später freiwillig in die besetzten Niederlande zurück. So wie er dachten in dieser Anfangszeit wohl die meisten: Man musste sich arrangieren, zumal nach dem Blitzsieg über Frankreich festzustehen schien, dass Hitler den Krieg gewonnen hatte und die Deutschen auf Dauer im Land bleiben würden.

Diese Ansicht vertrat auch Colijn, der die Hitler-Regierung noch am Tag der Invasion in einem Zeitungskommentar als „gottloses Machtregime" angegriffen hatte. Nun erklärte er in einer politischen Denkschrift mit dem Titel „Auf der Grenze zweier Welten": „Die alles dominierende Tatsache ist, dass das europäische Festland – falls nicht ein echtes Wunder geschieht – künftig von Deutschland geführt werden wird." Weiterer Widerstand sei nicht nur zwecklos, sondern auch illegal, denn: „Die deutsche Besatzungsmacht verkörpert zurzeit in den Niederlanden die gesetzliche Obrigkeit." Die Niederländer täten gut daran, den Tatsachen ins Auge zu schauen, das Unvermeidliche zu akzeptieren und sich im Rahmen der gegebenen Möglichkeiten um ein Höchstmaß an Freiheit und Selbstbestimmung zu bemühen.

Um eben das zu erreichen, gründeten ein Polizeipräsident, ein Professor und ein Politiker im Juli 1940 die Niederländische Union. Sie sollte alle politischen Strömungen und Interessengruppen des Landes bündeln und die Versäulung überwinden. Die Niederländer sollten ein Volk von Gleichgesinnten werden. Mit dem Besatzer wollte die Niederländische Union loyal zusammenarbeiten, dabei aber die Eigenständigkeit der Niederländer bewahren – sie sollten nicht einfach in einem großdeutschen Reich aufgehen. Damit entsprach die Union scheinbar einem weit verbreiteten Wunsch, denn binnen eines Jahres gewann sie 800 000 Mitglieder. Seyß-Inquart ließ dies zunächst alles geschehen, weil er hoffte, die Union als Instrument zur Nazifizierung nutzen zu können. Dies war allerdings ein Irrtum. Es zeigte sich bald, dass die Union vor allem ein Sammelbecken von Besatzungsgegnern war, die durch ihre Mitgliedschaft gegen die Deutschen und die NSB Stellung beziehen wollten. Der deutsche Sicherheitsdienst registrierte: „Der Kern der Niederländischen Union bildet sich immer klarer als anti-deutsch und pro-englisch heraus."

Und der Rest der damals neun Millionen Niederländer – wie reagierte der? Ein kleiner Teil diente sich den neuen Herren an. Die Mitgliederzahl des NSB stieg von 30 000 auf 80 000. Etwa 30 000 Niederländer meldeten sich zur Waffen-SS, 22 000 bis 23 000 davon kämpften auch tatsächlich für die Freiwilligenorganisation. Es sieht ganz danach aus, dass die Niederlande damit im Verhältnis zur Bevölkerungszahl die meisten SS-Männer aller besetzten Länder geliefert haben. Schätzungsweise 7000 davon sind an der Front getötet worden, „was bedeutet, dass mehr Niederländer im deutschen Feldgrau gefallen sind als im alliierten Khaki", schreibt Sytze van der Zee in seiner Studie „Für Führer, Volk und Vaterland".

Auf der anderen Seite bildeten sich schon unmittelbar nach dem Einfall der Deutschen erste Widerstandsgruppen. So begann der Gobelin-Restaurator Bernard IJzerdraat mit der Verbreitung des Flugblatts „Der Geuse von 1940" und sagte schon am 18. Mai sehr treffend voraus: „Wir wissen, was uns bevorsteht, unsere Vorräte, unsere Nahrungsmittel, Kleidung, Schuhwerk werden abgeholt werden. Unsere jungen Männer werden gezwungen werden, für den Eroberer irgendwo anders zu arbeiten. Wir bekommen gewiss bald einen neuen Alba mit einem Blutrat und der Inquisition. Aber die ‚Geusenaktion' wird uns allmählich organisieren und einmal werden wir, genauso wie im 80-jährigen Krieg, unsere Freiheit wiedererringen. Mut und Vertrauen! Unser Land wird kein Teil Deutschlands werden!" Andere brachten ihre Gesinnung verdeckter zum Ausdruck, indem sie sich Streichhölzer mit orangefarbenem Kopf ins Knopfloch steckten, orangefarbene Blumen ins Fenster stellten oder mit Möhren im Fahrradanhänger unterwegs waren. Ein Rotterdamer Straßenbahnschaffner kündigte einen Halt in der verwüsteten Innenstadt als „Hermann-Göring-Werke" an. Nach der ersten Bombardierung von Köln war auf einem Zaun in Haarlem zu lesen: „Rotterdam-Köln 1:1".

Die Zahl der organisierten Widerstandskämpfer nahm im Laufe der Besatzungszeit stark zu. In den ersten beiden Jahren waren es vermutlich nur einige hundert. Von 1942 an erhielten sie jedoch regen Zulauf, weil die Besatzer immer rücksichtloser auftraten und sich gleichzeitig die deutsche Niederlage abzuzeichnen begann, so dass der Kampf nicht mehr aussichtslos schien. Für 1943 schätzt der Historiker Lou de Jong die Zahl der Widerstandskämpfer auf einige tausend, für die Periode unmittelbar nach der Landung in der Normandie auf 25 000 und für die letzten Monate der Besatzung auf 45 000. In den meisten Veröffentlichungen wird die Zahl von 25 000 übernommen – das wären dann etwa 0,25 Prozent der Bevölkerung gewesen. In Frankreich und Belgien waren es mehr, etwa 1 Prozent. Unverhältnismäßig stark vertreten waren im niederländischen Widerstand das äußerste linke und rechte Spektrum der Parteienlandschaft, die Kommunisten und die strengen Calvinisten. Ein Gestapochef bezeichnete die calvinistische Kirche als die größte illegale Organisation des Landes.

Die übergroße Mehrheit der Niederländer bestand jedoch weder aus Kollaborateuren noch aus Widerstandskämpfern, sondern aus Menschen, die das Besatzungsregime zwar innerlich ablehnten, aber versuchten, ihr Leben so normal wie möglich weiterzuführen. Das war immerhin ein eklatanter Unterschied zu Deutschland, wo sich Hitler gerade im Jahr 1940 großer Zustimmung erfreute. Seyß-Inquart musste bald einsehen, dass die Niederländer Volksgenossen wider Willen bleiben würden. Ein erstes Schlüsselerlebnis war der sogenannte Nelkentag am 21. Juni 1940, der Geburtstag Prinz Bernhards. Bernhard – der nun mit den Briten kämpfte – war dafür bekannt, dass er immer eine Nelke am Revers seiner Jacke trug. An diesem Tag machten es ihm viele Niederländer nach und steckten sich ebenfalls eine Nelke ins Knopfloch. Im verlassenen Königsschloss in Den Haag wurde ein Gratulationsregister ausgelegt. Als General Winkelman sich dort eintrug, wurde ihm spontaner Jubel zuteil, und das Wilhelmus erklang. Die Deutschen waren entsetzt. Winkelman wurde als Kriegsgefangener nach Deutschland gebracht, der Bürgermeister von Den Haag seines Amtes enthoben und Seyß-Inquart zu Hitler zitiert. Für die niederländischen Zeitungen war jede Erwähnung von Mitgliedern des Königshauses künftig tabu.

Mehr als ein halbes Jahr blieb es ruhig, dann kam der Februar 1941. Schon einige Wochen lang hatte die WA – eine Art SA der Nazipartei NSB – Café-, Restaurant- und Kinobetreiber in Amsterdam unter Druck gesetzt, Schilder mit der Aufschrift „Juden nicht erwünscht" ins Fenster zu stellen. Wenn dies nicht sofort geschah, wurde die Einrichtung zertrümmert. Die Polizei konnte nicht einschreiten, da die WA unter dem Schutz der deutschen Soldaten operierte. Juden, die es noch wagten, die Straßenbahn zu benutzen, wurden von den niederländischen Nationalsozialisten verprügelt. Im Judenviertel formierte sich daraufhin Widerstand: Um sich gegen die Nazis verteidigen zu können, entstanden Trupps, die ihre Mitglieder unter anderem aus der jüdischen Boxerschule Maccabi rekrutierten. Wilde Schlägereien folgten. Am 11. Februar wurde dabei ein WA-Mann schwer verletzt, drei Tage später starb er. Nach weiteren Zusammenstößen schrieb der für Sicherheit zuständige Generalkommissar Rauter an

Himmler, dass in Amsterdam ein Exempel statuiert werden müsse. In Abstimmung mit Seyß-Inquart beschlossen Himmler und Rauter, 425 Juden festzunehmen und ins KZ zu schicken.

Am 22. und 23. Februar, einem Wochenende, gingen die Besatzer und ihre niederländischen Helfer im Judenviertel in der Amsterdamer Altstadt auf Menschenjagd. Willkürlich holten sie junge Männer aus ihren Wohnungen oder stießen sie vom Fahrrad herunter. Vätern wurden ihre schreienden Kleinkinder aus den Armen gerissen, Frauen wurde mit Erschießung gedroht, wenn sie ihre Männer nicht gehen ließen. Abgerichtete Hunde gingen auf Männer los, die schon wehrlos am Boden lagen. Die Festgenommenen mussten sich auf einem zentralen Platz hinhocken und die Hände hochhalten. Wenn jemand müde wurde und sich mit einem Knie abstützte oder die Arme sinken ließ, traf ihn ein Schlag mit einem Gewehrkolben.

Solche Szenen hatte man in Amsterdam noch nie gesehen – die Bevölkerung war schockiert. Noch am 23. Februar traf sich der Müllmann Piet Nak, ein Mitglied der verbotenen kommunistischen Partei CPN, mit einigen Gleichgesinnten und sprach mit ihnen über die Idee, aus Protest gegen die Razzien einen Generalstreik zu organisieren. Lou Jansen, einer der Parteiführer, formulierte den Streikaufruf. Am nächsten Vormittag, einem Montag, fuhren Piet Nak und sein Freund Willem Kraan mit dem Fahrrad alle zuverlässigen Sympathisanten ab und forderten sie auf, am Abend zum Noordermarkt im Arbeiterviertel Jordaan zu kommen. Ihr Aufruf stieß nicht auf taube Ohren: Schon am späten Nachmittag war der kleine Platz gefüllt mit 250 Menschen. „Als wir klein waren, haben wir mit unseren jüdischen Freunden und Freundinnen zusammen in einer Straße und auf einer Treppe gespielt“, beschwor Piet Nak seine Zuhörer. „Wir können dies nicht dulden. Amsterdam muss stillgelegt werden.“

In der Nacht versuchten alle CPN-Leute, die Arbeiterschaft zu mobilisieren. „Protestiert gegen die abscheulichen Judenverfolgungen!“, hieß die handgeschriebene Überschrift eines Flugblatts. „Organisiert in allen Betrieben den Proteststreik! Kämpft einig gegen diesen Terror! Verlangt die unverzügliche Freilassung der verhafteten Juden! Seid solidarisch mit dem schwer getroffenen jüdischen Teil der arbeitenden Bevölkerung! Entzieht die jüdischen Kinder der Nazi-Gewalt, nehmt sie in euren Familien auf! Macht euch die enorme Kraft klar, die euer einmütiges Handeln haben kann! Diese ist viele Male stärker als die deutsche Militärbesatzung! Ihr habt bei eurem Widerstand ohne Zweifel einen großen Teil der deutschen Arbeitersoldaten auf eurer Seite! Streikt!!! Streikt!!! Streikt!!! Legt die gesamte Amsterdamer Wirtschaft einen Tag still, die Werften, die Fabriken, die Ateliers, die Büros und Banken, Stadtbetriebe und Arbeitsbeschaffungen! Dann wird die deutsche Besatzung nachgeben müssen!“

Am nächsten Morgen fuhren die Straßenbahnen nicht, und viele Arbeiter aus Betrieben in Amsterdam-Nord zogen zusammen in die Innenstadt, wo sich auf den Plätzen große Menschenmengen versammelten. „Weg mit den Judenpogromen!", riefen sie, und vor der Deutschen Schule von Amsterdam war der Reim zu hören: „A, B, C, D, E, F, G – weg mit den Moffen und dem NSB!" Die Geschäfte schlossen, auf der Straße herrschte eine Stimmung wie auf einer Kirmes. Überall Jubel, überall Lachen. Junge Männer hoben Frauen in die Luft, die Internationale und andere sozialistische Kampflieder ertönten. „Menschen, die sich noch nie zuvor gesehen hatten, fielen sich auf der Straße in die Arme", notierte ein Tagebuchschreiber.

Die Amsterdamer hatten das Gefühl, die Naziherrschaft abgeschüttelt und sich selbst befreit zu haben, zumal als sich das Gerücht verbreitete, der Streik habe auf Rotterdam und sogar Antwerpen übergegriffen. Richtig war, dass in einigen Nachbarstädten wie Haarlem und Hilversum die Arbeit niedergelegt wurde. Als es dem Direktor der Amsterdamer Straßenbahngesellschaft im Laufe des Vormittags gelang, doch wieder einige Bahnen fahren zu lassen, kamen sie nicht weit: Streikende Schaffner setzten sich auf die Schienen. Zwei deutsche Soldaten, die gerade vorbeikamen, fragten: „Was ist denn hier los?" – „*Staking*!", war die Antwort, und als sie das nicht verstanden: „Streik, Generalstreik!" Verdutzt erwiderte einer der Soldaten: „Was? Streik? Gibt's nicht im Dritten Reich!" Aber sie irrten sich – einmal hat es ihn im besetzten Europa gegeben, an diesem 25. Februar 1941 in Amsterdam. Einen Streik der Bevölkerung aus Protest gegen die Judenverfolgung!

Noch am selben Tag marschierten zwei SS-Totenkopf-Regimenter in die Stadt ein. Rauter forderte ein rücksichtsloses Durchgreifen der Polizei und ließ den Beginn der Sperrstunde von Mitternacht auf halb acht vorverlegen. Der Bürgermeister von Amsterdam drohte allen streikenden Beamten mit Entlassung. Am nächsten Morgen fuhren in den Straßenbahnen Polizisten mit. Auf Arbeiter, die immer noch streikten, wurde ohne Warnung geschossen. In den darauffolgenden Tagen nahmen die Deutschen – unterstützt von niederländischen Polizisten – alle Streikführer fest, derer sie habhaft werden konnten. Drei von ihnen wurden zusammen mit Bernard IJzerdraat und vierzehn Mitgliedern seiner Geusengruppe am 13. März auf der *Waalsdorpervlakte* in den Dünen bei Den Haag hingerichtet. Jan Campert (1902–1943), ein anderer Widerstandskämpfer, schrieb darüber ein berühmt gewordenes Gedicht, das ihre Gedanken kurz vor der Erschießung wiedergibt, *Het lied der achttien doden* (das Lied der achtzehn Toten).

Zur Strafe für den Streik musste Amsterdam 15 Millionen Gulden an die Deutschen zahlen. Die Juden, gegen deren Festnahme sich die Aktion gerichtet hatte, wurden alle ins KZ Mauthausen in Österreich deportiert und ermordet.

Einige Historiker haben deshalb die Auffassung vertreten, der Februarstreik habe nur noch mehr Leid verursacht. Man kann jedoch eine Widerstandstat gegen das Naziregime nicht nach ihrem praktischen Nutzen beurteilen. Anfang 1941, als Hitler fast das gesamte europäische Festland beherrschte, war jeder offene Widerstand aus der Bevölkerung zum Scheitern verurteilt, und immer musste man befürchten, dass die Nazis dafür furchtbare Vergeltung üben würden. Das ändert nichts daran, dass ein solcher Widerstand moralisch geboten war. Königin Wilhelmina hat der Stadt Amsterdam dafür nach dem Krieg das Motto „Heldenhaft, entschlossen, barmherzig" verliehen.

Im Untergrund. Überleben in der Illegalität

Der Februarstreik 1941 zeigte den Besatzern sehr deutlich, dass es ihnen nicht gelungen war, die Unterstützung der Bevölkerung zu gewinnen. Als Hitler von dem Streik erfuhr, schleuderte er nach Angaben des Himmler-Vertrauten Felix Kersten vor Wut ein Glas Limonade auf den Boden und schrie, er werde „die Holländer" alle in den Osten verschleppen lassen. Tatsächlich soll danach kurzzeitig die Zwangsumsiedlung fast der gesamten niederländischen Bevölkerung nach Polen erwogen worden sein. Kersten zufolge verschob Hitler das Vorhaben schließlich auf die Zeit nach dem Endsieg – er hatte zunächst andere Prioritäten.

Seyß-Inquart gab nach dem Februarstreik seine vergleichsweise vorsichtige Linie auf und griff zu radikaleren Mitteln. Er verbot außer dem NSB alle Parteien, auch die Niederländische Union, löste die Generalstaaten, Provinzialparlamente und Stadträte auf und fasste die Gewerkschaften in einer „Niederländischen Arbeitsfront" zusammen. Tausende von Organisationen mussten schließen, von den Pfadfindern bis zum Arbeitersportverein. Künstler hatten sich in der Kunstkammer anzumelden, Bauern im Landstand und Ärzte in der Ärztekammer. Besonders erfolgreich waren diese Zwangsmaßnahmen jedoch nicht. So wurden von den insgesamt 6500 niederländischen Ärzten nur etwa 1000 Mitglied der Kammer. Die anderen teilten mit, dass sie ihren Beruf nicht länger ausüben wollten, und entfernten das Arztschild von ihren Praxen. Inoffiziell machten sie jedoch einfach weiter. So distanzierten sich die Ärzte vom Naziregime, ohne ihre Existenzgrundlage oder gar ihr Leben aufs Spiel zu setzen.

Die Zeitungen wurden von 1941 an noch strenger zensiert, wodurch sich eine blühende Untergrundpresse mit einer Gesamtauflage von 450 000 Exemplaren entwickelte. Die Zeitungen waren ein Spiegel der weiterhin bestehenden

Versäulung: Jede gesellschaftliche Gruppe griff auch auf ihre eigene Untergrundzeitung zurück. So lasen die Calvinisten „Trouw“ und die Sozialisten „Het Parool“ – noch heute erscheinen diese beiden Blätter als Tageszeitungen. Viele, die bis dahin noch versucht hatten, sich mit dem neuen Regime anzufreunden, erkannten nun, dass sie seine Bösartigkeit bei weitem unterschätzt hatten. Zu ihnen gehörte Colijn, der sich von seiner Schrift „Auf der Grenze zweier Welten“ distanzierte und mit seinen Getreuen aus der Antirevolutionären Partei den Aufbau einer Untergrundorganisation einleitete. Bei geheimen Versammlungen rief Colijn zum aktiven Widerstand gegen die Deutschen auf, wobei er seine Festnahme beinahe täglich erwartete. Am 30. Juni 1941 war es so weit: Vor seiner Villa im vornehmen Statenkwartier von Den Haag hielten Wagen des Sicherheitsdienstes und der Ordnungspolizei, und Colijn erfuhr, dass er interniert werden würde. Als er nach draußen kam, hatte sich eine Menschenmenge versammelt, die einen Psalmvers anstimmte – ein bewegenderes Zeichen der Dankbarkeit lässt sich für den reformierten Politiker nicht denken. Über Valkenburg bei Maastricht wurde Colijn nach Berlin und schließlich nach Ilmenau in Thüringen verschleppt; dort starb der *grand old man* der niederländischen Politik im September 1944 mit 75 Jahren an einem Herzinfarkt. Vor dem Hotel, in dem er untergebracht war, steht seit 2006 ein Gedenkstein.

Der neue harte Kurs von Seyß-Inquart entsprach der allgemeinen Radikalisierung des Nazi-Regimes nach dem Überfall auf die Sowjetunion im Juni 1941. Hitler äußerte sich mehrfach erleichtert darüber, von Stund an „keine Politik mehr“ betreiben zu müssen, sondern sich ganz dem „brutalen Kampf ums Überleben“ widmen zu können. Die besetzten Länder wurden dafür noch stärker in den Dienst der deutschen Kriegsindustrie gestellt und ausgebeutet. „Ob die Herren Holländer Germanen sind oder nicht, ist mir dabei völlig gleichgültig“, verkündete Göring. Im Laufe des Jahres 1942 verschlechterte sich die Versorgungslage spürbar. Kleidung, Schuhe und Seife wurden knapp, die Niederlande verarmten. An der Küste rissen die Deutschen ganze Stadtteile ab, um Platz für ihren Atlantikwall gegen eine mögliche Invasion der Briten und Amerikaner zu schaffen – Hunderttausende mussten in Notunterkünfte ausweichen oder bei Verwandten einziehen. Mehrere niederländische Städte wurden durch irrtümliche Bombardements der Alliierten verwüstet. So starben bei einem Angriff auf Nimwegen 1944 ebenso viele Menschen wie vier Jahre zuvor in Rotterdam; amerikanische Piloten hatten die Stadt an der deutschen Grenze mit Kleve verwechselt.

Ganz besonders verhasst machten sich die Besatzer mit der Beschlagnahmung einiger 10 000 Fahrräder. Noch im Halbfinale der Fußballeuropameisterschaft 1988 in Hamburg zwischen den Niederlanden und Deutschland entfalteten Oranje-Fans ein Spruchband mit der Aufschrift „Oma, ich habe dein Fahrrad gefunden“. Die Memoiren des Showmasters Rudi Carrell (s. S. 253) tragen den Titel „Gib mir mein Fahrrad wieder“ (1979).

Viel einschneidender war die Verpflichtung Hunderttausender Niederländer zur Zwangsarbeit in Deutschland. In den Fabriken mussten sie die Männer ersetzen, die an der Ostfront kämpften. Immer mehr Menschen gerieten nun sehr direkt ins Visier der Besatzer. „Die tägliche Routine, an der man in den ersten Kriegsjahren nicht ohne Erfolg festzuhalten versucht hatte, schwand dahin, nicht zuletzt durch die sich weiter verschlechternden Lebensbedingungen“, analysiert der Historiker Friso Wielenga. „Mehr als zuvor musste man Stellung beziehen, und das bedeutete, dass die Entscheidung zwischen Kollaboration und Widerstand ab 1943 stärker in den Vordergrund trat.“ So weigerten sich nun fast 90 Prozent der annähernd 15 000 niederländischen Studenten, eine Loyalitätserklärung für die Deutschen zu unterzeichnen. Die Katholische Universität Nimwegen entschied sich unter dem Vorsitz von Erzbischof Johannes de Jong sogar vorsorglich zur Schließung. In Hirtenbriefen, die im Gottesdienst verlesen wurden, ermahnten die Bischöfe alle Gläubigen, sich an keinerlei Unrechtstaten der Besatzer zu beteiligen.

Im April 1943 erging an alle Niederländer, die im Mai 1940 Soldaten gewesen waren, der Aufruf, sich zum Abtransport nach Deutschland zu melden: Als Kriegsgefangene sollten sie dort Zwangsarbeit verrichten. Dies betraf so viele Menschen und wurde als so ungeheuerlich empfunden, dass es abermals zum Streik kam. Diesmal breitete er sich von der Grenzstadt Hengelo fast über das ganze Land aus, ohne dass die Bewegung koordiniert wurde. Es ging alles ganz schnell: Sitzstreik bei Philips, leere Schulen in Friesland, stillgelegte Kohlenminen in Limburg. So war die Lage am 30. April 1943, und obwohl Seyß-Inquart und Rauter die Todesstrafe für alle Streikenden androhten, veränderte sich am 1. Mai wenig. Die Deutschen fuhren Streikbetriebe ab und forderten von den Fabrikanten Listen mit den Namen der Streikenden. Als ihnen diese verweigert wurden, griffen sie in vielen Orten willkürlich Streikende heraus und verurteilten sie im Schnellverfahren zum Tode. Achtzig Todesurteile wurden vollstreckt, ungefähr hundert Menschen auf der Straße von Waffen-SS und Ordnungspolizei kurzerhand erschossen, mehr als vierhundert schwer verletzt. Angesichts dieses Terrors ebbte die Streikwelle ab. Die Untergrundzeitung „Het Parool“ schrieb kurz danach: „Es waren Augenblicke, in denen wir tiefer und freier atmeten als wir es seit Jahren getan haben. Für einige Momente war die Angstpsychose durchbrochen, und wir fühlten uns nicht mehr als Untertanen einer Schreckensherrschaft, sondern als mutige, befreite Menschen, plötzlich vorangetrieben durch eine unsichtbare Verbindung miteinander.“

Viele der zur Zwangsarbeit aufgerufenen Männer entzogen sich dem Zugriff der Deutschen, indem sie sich versteckten oder eine andere Identität annahmen. Ein neues Leben unter falschem Namen zu beginnen oder einfach in der Masse abzutauchen, war jedoch überaus schwierig, da die Niederländer stets einen Personalausweis bei sich tragen mussten und dieser Ausweis der fälschungssicherste in ganz Europa war – sicherer sogar als die deutsche Kennkarte.

Menschenjagd.
Deutsche Soldaten treiben am 22. Februar 1941 in Amsterdam einen jüdischen Mann vor sich her.

Dass dies so war, verdankten die Besatzer einem einzelnen Mann: Jacobus Lambertus Lentz (1894–1964). Dieser eifrige und ehrgeizige Haager Beamte war 1936 zum Chef des Einwohnermeldewesens aufgestiegen und hatte sich von da an für eine Ausweispflicht und einen entsprechenden Personalausweis eingesetzt. Die Regierung hatte dies jedoch mit der Begründung abgelehnt, dass dies der freiheitlichen Tradition des Landes zuwider laufen würde. Die Machtübernahme der Deutschen eröffnete Lentz neue Möglichkeiten. Er entwarf einen Ausweis mit Foto, Fingerabdruck, Wasserzeichen und Beschriftung mit Spezialtinte, wie ihn selbst die Nazis noch nicht gesehen hatten. Bis Ende 1941 war die Einführung dieses Ausweises abgeschlossen. Die Besatzer kontrollierten von nun an regelmäßig Passanten auf der Straße oder Reisende in Zügen. Wer sich nicht ausweisen konnte, wurde sofort festgenommen. Vermutlich sind den Häschern so Tausende von Untergetauchten ins Netz gegangen. Lou de Jong, der nach dem Krieg eine 14-bändige Geschichte der Besatzungszeit vorgelegt hat, urteilt, dass kein niederländischer Kollaborateur den Deutschen einen größeren Dienst erwiesen habe als Lentz. Dabei war dieser noch nicht einmal ein nationalsozialistischer Überzeugungstäter. Nach allem, was man weiß, ging es ihm einfach um bürokratische Perfektion; die Folgen seines Tuns interessierten ihn nicht. Nach dem Krieg wurde er zu drei Jahren Gefängnis verurteilt.

Trotz aller Schwierigkeiten stieg die Zahl der Untergetauchten auf etwa 300 000. Zur Unterbringung und Versorgung dieser Menschen entstand die *Landelijke Organisatie voor Hulp aan Onderduikers* (Landesweite Organisation für

Hilfe für Untergetauchte), abgekürzt LO, die auf mehr als zehntausend Helfer bauen konnte. Rollkommandos überfielen für sie immer wieder Einwohnermeldeämter, Zuteilungsstellen und andere Einrichtungen, um den Untergrund mit Lebensmittelkarten, Ausweisen, Stempeln, Siegeln und anderen Utensilien zur Fälschung offizieller Papiere zu versorgen. An diesen Fälschungen beteiligten sich Hunderte von Betrieben wie Druckereien und Stempelfabriken. All das kostete Millionen. Woher kam das Geld? Einen Teil davon brachten die katholische und die protestantischen Kirchen mit Kollekten auf, doch noch wichtiger war der Aufbau einer Untergrundorganisation, wie es sie im besetzten Europa kein zweites Mal gegeben hat: Der *Nationale Steunfonds* (Nationaler Unterstützungsfonds /NSF) war mit nichts anderem beschäftigt, als Geld für den Widerstand und die Untergetauchten zu sammeln. Er nahm Kredite bei Banken und Versicherungsgesellschaften auf und versprach, sie nach dem Krieg zurückzuzahlen. Die Bürgschaft dafür übernahm die niederländische Exilregierung.

Für diese aufwändigen Geschäfte konnte sich der Fonds schließlich auf fast 2000 Mitarbeiter stützen, darunter Bankiers, Geschäftsleute und Steuerinspektoren. Um Verrat zu erschweren, kannten sich alle nur unter Decknamen. Hinter den Namen Van Tuyl, Onkel Piet oder *de Olieman* (der Ölmann) verbarg sich der Kopf der Organisation, der Bankier Walraven van Hall, der eine Zeit lang an der Wall Street in New York gearbeitet hatte. Dieser „Ministerpräsident der besetzten Niederlande", wie er respektvoll genannt wurde, muss ein Alleskönner mit großem Charisma gewesen sein: Er gewann Leute unterschiedlichster Couleur für den Fonds, improvisierte, organisierte und machte, was auch nicht unwichtig war, in der schwierigsten Lage noch Witze. Um an Geld zu kommen, unternahm er gar den größten Bankraub der niederländischen Geschichte. Dabei ging es um die Schatzbriefe, die in den Safes der Niederländischen Bank ruhten. Von diesen Belegen über Staatsanleihen ließen van Hall und sein Bruder Gijs in einer ihrer Fälscherwerkstätten exakte Kopien anfertigen. Der Oberkassierer der Bank – ebenfalls ein Helfer des Fonds – tauschte die echten Schatzbriefe gegen die Fälschungen aus. Der Verkauf der Originaldokumente an mehrere Banken erbrachte einen Erlös von 50 Millionen Gulden.

Van Hall hätte vielleicht das Zeug dazu gehabt, nach dem Krieg auch Ministerpräsident der nicht mehr besetzten Niederlande zu werden. Doch nur drei Monate vor der Befreiung ging er den Deutschen durch einen Verräter doch noch ins Netz. Er wurde mehrfach verhört, und als er schließlich seinen Hut und seine Jacke abgeben musste, wusste er, dass dies das Ende war. Der Abschied von seiner Frau und seinen Kindern falle ihm unendlich schwer, gestand er einem Mitgefangenen. Am selben Abend wurde er erschossen, gerade 39 Jahre alt.

Porträt: Johannes Heesters

Eine Karriere in Deutschland

Wenn nach dem Krieg in Deutschland und in den Niederlanden über Johannes Heesters (1903–2011) gesprochen wurde, dann konnte man den Eindruck bekommen, es ginge um zwei verschiedene Menschen. In Deutschland war Heesters ein Star, der Charmeur im Frack mit dem angenehm weichen Akzent: „Ich knupfte manche ssarte Bande …" In den Niederlanden dagegen galt er als Unperson, als Nazi-Sänger und Kriegsverbrecher. „Heesters-SS! Heesters-SS", skandierte das Publikum 1964 bei seinem letzten Auftritt in Amsterdam.

Der Kaufmannssohn, Jahrgang 1903, glänzte seit 1921 zunächst als Schauspieler in Shakespeare-Rollen und kam erst dann zur Operette. Über Wien erreichte er 1935 Berlin, wo die Gagen höher waren. Wie Jürgen Trimborn in seiner 2003 erschienenen Heesters-Biografie herausgearbeitet hat, war kein anderes Theater- oder Musikgenre so stark durch die NS-Diktatur verändert worden wie das Operettenmetier. Viele Stücke wurden verboten und die populärsten Sänger vertrieben, so dass Heesters in eine Lücke stieß. Nur dadurch konnte er binnen kürzester Zeit zum deutschen Operettenkönig aufsteigen. Seine Paraderolle war der Danilo aus der „Lustigen Witwe", Hitlers Lieblingsoperette. Der Diktator besuchte gleich mehrere Vorstellungen hintereinander, und anschließend kopierte er Heesters vor dem Spiegel. „Herr Heesters, Sie sind der beste Danilo, den ich je in meinem Leben gesehen habe", lobte er ihn im Beisein von Göring und Goebbels.

Es war jedoch vor allem ein von der SS angeordneter Besuch im Konzentrationslager Dachau, der ihm nach dem Krieg harte Vorwürfe einbrachte. Zusammen mit anderen Mitgliedern seines Münchener Ensembles wurde er 1941 von dem berüchtigten Lagerkommandanten Alex Bernhard Piorkowski herumgeführt, eine Kapelle aus polnischen Häftlingen musste für sie aufspielen. Viele glauben, dass er im Anschluss daran vor den Wachmannschaften aufgetreten ist – welchen Zweck sollte der Besuch sonst gehabt haben? Er selbst hat das jedoch immer bestritten. Den Besuch selbst bedauerte er mit klaren Worten: „Ich schämte mich, und ich habe bis heute nicht aufgehört, mich zu schämen."

Als ihm 2008 im Alter von 104 Jahren ein lang ersehnter Auftritt in seiner Geburtsstadt Amersfoort vergönnt war, gab es in den Niederlanden einmal mehr Proteste. Aber es kamen auch erstmals wieder Fans, und als „Jopie" den Abend sehr spät mit den Worten beschloss, sein junges Publikum müsse nun wohl ins Bett, da waren die Demonstranten vor dem Theater längst abgezogen.

Amsterdam, Westerbork, Auschwitz. Die Ermordung der Juden

Amsterdam 1942. Im Jüdischen Gymnasium hat sich die gesamte Lehrerschaft versammelt, um die Beste dieses Abiturjahrgangs zu beglückwünschen, Liza Cahn. Der Rektor übergibt ihr das Zeugnis und hält eine Rede. Dann wird sie mit freundlichen Worten entlassen. Aber das junge Mädchen bleibt noch stehen. Ob sie etwas fragen dürfe? Aber gewiss doch, um was es denn gehe. Nun, sie hat einen Aufruf zum Arbeitseinsatz in Deutschland erhalten. Deshalb die Bitte, ihr zu sagen, was da zu tun ist. Die Lehrer, die sonst immer alles wissen, bleiben stumm. Schließlich bringt einer hervor: „Nicht gehen, Liza, nicht gehen!“ Aber was dann? Die Herren schweigen. Blicken auf den Tisch. Wagen nicht, hochzuschauen und ihr in die Augen zu sehen. So geht Liza Cahn fort, ohne eine Antwort erhalten zu haben. Und da sie keinen anderen Ausweg weiß, meldet sie sich zusammen mit ihrer Schwester wie befohlen zum Arbeitseinsatz. Ein paar Tage nach ihrer Ankunft in Auschwitz werden beide vergast.

Etwa 140 000 Juden lebten in den Niederlanden beim Einmarsch der Deutschen, 102 000 davon sind ermordet worden. Das sind 73 Prozent, ein weitaus größerer Anteil als zum Beispiel in Belgien (40 Prozent) oder in Frankreich (25 Prozent). Wie ist das zu erklären?

Im Vergleich zu den meisten anderen Ländern Europas war Antisemitismus in den Niederlanden kaum verbreitet. Die Juden waren allem Anschein nach integriert – wobei zu bedenken ist, dass sich die niederländische Gesellschaft ja gerade nicht durch einen regen Austausch der weltanschaulichen Gruppen auszeichnete, sondern durch die Versäulung: Jede Gruppe blieb nach Möglichkeit für sich. Die Juden fühlten sich möglicherweise sicherer, als sie es waren. Toleranz und Gleichgültigkeit liegen oft nahe beieinander, und was die niederländischen Juden betrifft, so muss man im Rückblick wohl sagen: Sie störten nicht, aber sie interessierten auch nicht. Diese Haltung hatte jedenfalls die große Mehrheit der Bevölkerung.

Von *den* Juden zu sprechen, ist im Übrigen irreführend, denn sie bildeten keineswegs eine homogene Gruppe. Es gab eine kleine, reiche Elite und eine Arbeiterklasse, die sich im Amsterdamer Judenviertel konzentrierte, dort, wo einst Rembrandt und Spinoza gewohnt hatten. Max Liebermann hat die Betriebsamkeit der Gassen und Stiegen während des Wochenmarktes skizziert, und der rasende Reporter Egon Erwin Kisch hat diesen Markt 1934 beschrieben: „Um Gemüse und Eier und Obst, um ‚Koscher Planten-Margarine‘*, um Fisch und Geflügel und Fleisch, alles ‚Onder Rabinaal Toezicht‘**, kreisen Handel und Wandel auf dem rechtwinklig geknickten Waterloo-Plein. Nur der Sabbath gibt Ruhe. Am Freitagnachmittag bricht Israel seine Zelte ab, die Pfosten, Plachen, Kisten und die unverkauft gebliebene Ware werden entweder auf Handkarren fortgeschafft, wobei schwarzlockige, magere Knaben die Wagenhunde sind, oder fahren auf dem Wasserweg von dannen.“

* Koschere Pflanzen-Margarine
** Unter Aufsicht des Rabbiners

Unmittelbar nach der Machtübernahme der Deutschen gingen einige niederländische Institutionen in vorauseilendem Gehorsam selbst gegen die Juden vor. Ausgerechnet der liberal orientierte Radiosender AVRO entließ alle jüdischen Mitarbeiter. Die beiden größten Orchester des Landes, das Concertgebouworkest in Amsterdam und das Residentieorkest in Den Haag, setzten ihre jüdischen Geiger nach hinten und strichen Werke der beiden bekanntesten jüdischen Komponisten Mendelssohn und Mahler aus dem Programm. Die Deutschen selbst regten sich zu dieser Zeit noch kaum. Es dauerte bis September 1940, ehe Seyß-Inquart alle Beamten und anderen Personen im Dienst der Obrigkeit zum Ausfüllen eines Ariernachweises verpflichtete. So sollten die Juden in den Amtsstuben erkannt und entlassen werden.

Dieses Vorgehen wäre natürlich nicht möglich gewesen, wenn sich alle geweigert hätten, den Nachweis auszufüllen. Die Zahl derer, die das taten, war jedoch gering, um nicht zu sagen sehr gering. Sie lag im ganzen Land bei etwa zehn. Auch die siebzehn Mitglieder des höchsten niederländischen Gerichts, des *Hoge Raad*, entschlossen sich mit zwölf gegen fünf Stimmen, den Nachweis auszufüllen, obwohl er dem Grundgesetz doch offenkundig widersprach. Die anschließende Entlassung aller jüdischen Staatsdiener erregte ebenso wenig Aufsehen. Eine rühmliche Ausnahme bildete der Leidener Jura-Professor Rudolph Cleveringa, der in einem Vortrag gegen die Entlassung seines Lehrmeisters Eduard Maurits Meijers und anderer jüdischer Dozenten protestierte. Nachdem er ausführlich Meijers' Verdienste geschildert hatte, prangerte er ganz offen die Besatzungsmacht an. Das reichte den Deutschen, um die gesamte Universität zu schließen. Cleveringa kam in Haft.

Im Dezember wurden alle jüdischen Mitglieder der Stadträte und Provinzialparlamente ihres Amtes enthoben. Kein einziger nicht jüdischer Abgeordneter zeigte sich solidarisch und trat ebenfalls zurück. Von Januar 1941 an durften Juden keine Kinos mehr besuchen, von Februar an kein Studium mehr aufnehmen. Auch alle Ärzte, Apotheker, Hebammen, Anwälte und Makler mussten nun Ariernachweise ausfüllen. Dann erging eine Anweisung, die den späteren Massenmord entscheidend vorbereitete: Alle Juden mussten sich beim Einwohnermeldeamt registrieren lassen – und sie gehorchten. Es sind vielleicht ein Dutzend Fälle bekannt, in denen sich Juden geweigert haben, alle anderen taten, wie ihnen befohlen wurde. Warum nur? Der britische Holocaust-Forscher Bob Moore, der mit seiner Studie „Victims and Survivors. The Nazi Persecution of the Jews in the Netherlands 1940–1945" ein neues Standardwerk zu diesem komplexen Thema verfasst hat, gibt folgende Antwort: „Viele Betroffene argumentierten, dass ihre Namen und Adressen bei den örtlichen Einwohnermeldeämtern oder in der Verwaltung der Synagogen, zu denen sie gehörten, doch schon bekannt waren. Es war nur Zeitverschwendung, sich nicht registrieren zu lassen, und außerdem konnten Verweigerer leicht aufgespürt und bestraft werden. Auf Verweigerung stand eine Gefängnisstrafe von bis zu fünf Jahren."

Die Einwohnermeldeämter waren mit solchem Eifer bei der Sache, dass die Deutschen in einem offiziellen Bericht anerkennend feststellten: „Es hat keinen einzigen Fall gegeben, in dem auch nur die Vermutung aufkam, dass eine örtliche Stelle die Behandlung der Anmeldungen verzögerte oder die Ausführung der Verordnung sabotierte." Der Februarstreik bewies, dass nicht alle so willfährig waren, aber nach seiner Niederschlagung regte sich erst mal kein offener Widerstand mehr.

Mittlerweile hatten die Deutschen die Gründung eines Jüdischen Rates erzwungen. Die beiden Vorsitzenden, der Hochschullehrer Professor David Cohen und der Industrielle Abraham Asscher, betrachteten diese Organisation als jüdische Interessenvertretung, die mit den Deutschen zusammenarbeitete, „um Schlimmeres zu verhindern", wie eine oft verwendete Formel lautete. Doch die Deutschen hatten etwas ganz anderes im Sinn. Sie benutzten den Rat als Instrument, um die Juden dazu zu bringen, sich selbst ans Messer zu liefern. Es war ein raffinierter, ein teuflischer Plan – und er hat aus Sicht der Täter ausgezeichnet funktioniert. Von Anfang an verstanden es die Deutschen, den Eindruck zu erwecken, dass Gehorsam belohnt werden würde. Die tonangebenden Männer des Rates klammerten sich an die Hoffnung, dass dies wirklich so sein würde. Und so unterrichteten sie die Juden im „Joodsche Weekblad" selbst über die neuesten Befehle der Besatzer und verlangten deren strikte Befolgung. Juden durften nun auch keine Strände, Schwimmbäder, Parks, Museen und Theater mehr besuchen. Jüdische Unternehmen wurden konfisziert und die entlassenen Beschäftigten verpflichtet, sich zum Dienst in Arbeitslagern zu melden. Der Jüdische Rat versicherte: „Es geht um normale Arbeitsbeschaffung in den normalen niederländischen Arbeitslagern unter der normalen niederländischen Führung."

Das stimmte auch – aber nur vorerst. Spätestens seit Juni 1941 hätten Cohen und Asscher wissen müssen, dass sie auf keine Zusage der Deutschen vertrauen konnten. Es war vermutlich der Haager Judenreferent Klaus Barbie, der spätere „Schlächter von Lyon", der Cohen in jenem Monat um die Adressen von zweihundert Schülern – Flüchtlingen aus Deutschland – bat, die bei Amsterdamer Familien untergekommen waren. Er behauptete, sie in ein niederländisches Arbeitslager zurückbringen zu wollen, in dem sie sich vorher schon aufgehalten hatten. Tatsächlich gab der Rat die Adressenliste heraus, woraufhin die Deutschen alle Schüler, die nicht im letzten Moment untertauchten, aufgriffen und als Vergeltung für Bombenanschläge des niederländischen Widerstands im KZ Mauthausen umbrachten. Der Jüdische Rat erwog aufgrund dieser Täuschung kurzzeitig seine Auflösung, doch setzte sich Cohen mit der Ansicht durch, dass die Juden dann den letzten Rest an Einfluss freiwillig aufgeben würden.

Im April 1942 bestimmte Rauter, dass alle Juden nur noch mit Judenstern auf die Straße durften. Der später bekannt gewordene Romanautor Jan de Hartog schilderte, wie ihm Anfang Mai ein etwa 15 Jahre altes Mädchen auffiel, das am Geländer der Amsterdamer Klappbrücke *Magere Brug* stand und weinte: „Sie trug einen dunklen Mantel. Links war in Brusthöhe ein großer, nagelneuer gelber Stern aufgenäht mit dem Wort ‚Jude' in schwarzen pseudohebräischen Buchstaben darauf. Es war offenkundig, dass das Mädchen den Stern zum ersten Mal trug und dass dies der Grund war, warum es dort stand und in aller Öffentlichkeit weinte. Ich weiß nicht, was es mit dem Anblick dieses weinenden Mädchens mit dem gelben Stern auf der Brücke auf sich hatte, aber er hat mir mehr als jede Protestaktion und jedes Untergrundmanifest klargemacht, was unseren jüdischen Landsleuten angetan wurde." Einige nicht jüdische Niederländer waren mutig genug, sich selbst einen Judenstern anzuheften. Andere zogen als Zeichen des Respekts ihren Hut, wenn sie einem Juden auf der Straße begegneten.

Die Deportationen begannen im Sommer 1942. Tausende erhielten nun den Befehl, sich zum Abtransport in ein Arbeitslager einzufinden. Sie standen damit vor der Entscheidung, zu gehorchen oder unterzutauchen. Der Jüdische Rat mahnte dringend dazu, den Anweisungen der Deutschen Folge zu leisten, da andere Juden sonst dafür bestraft werden würden. Da die Deutschen bald auch zu Razzien übergingen, empfahl der Rat außerdem, die gepackten Koffer griffbereit an die Tür zu stellen. Aus Briefen und Tagebüchern ist bekannt, dass viele Juden tatsächlich glaubten, sie würden in den Osten verfrachtet, um dort als Zwangsarbeiter zu schuften. Seltsam war allerdings, dass die Deutschen auch jüdische Kinder- und Altenheime räumten und ebenso Sanatorien und eine psychiatrische Klinik. Selbst zwei Jahre alte Waisenkinder mussten mit. Als sich der Jüdische Rat die Frage erlaubte, wie man eine Frau von 93 Jahren am Arbeitseinsatz zu beteiligen gedenke, antwortete der Leiter der Zentralstelle für jüdische Auswanderung, Ferdinand aus der Fünten: „Sie kann Windeln waschen."

Gegen die Deportationen hat in den Niederlanden eine Instanz laut und deutlich protestiert: die katholische Bischofskonferenz. Sie verschickte im Juli 1942 einen Hirtenbrief, der in allen Kirchen verlesen wurde und in dem sie ihr „Entsetzen" über die Verschleppung der Juden zum Ausdruck brachte. Das Vor-

Holocaust. Das neun Jahre alte Sinti-Mädchen Settela Steinbach schaut am 19. Mai 1944 im Durchgangslager Westerbork aus dem Deportationszug nach Auschwitz. Drei Monate später wurde es vergast. Aufnahme aus einem Film von Rudolf Breslauer.

gehen widerspreche „dem tiefsten sittlichen Empfinden des niederländischen Volkes", kritisierten die Bischöfe. Die Besatzer reagierten sofort, indem sie gezielt katholisch getaufte Juden verhafteten und ohne jede Verzögerung in die Gaskammern schickten. Eines ihrer Opfer war die später heilig gesprochene Ordensschwester Edith Stein, die aus ihrem Kölner Heimatkonvent in ein Kloster in Echt in der Provinz Limburg gewechselt war. Die Erfahrung in den Niederlanden soll dazu beigetragen haben, dass Papst Pius XII. die Judenverfolgung nicht öffentlich anprangerte. Sie unterstreicht in jedem Fall das schreckliche Dilemma angesichts eines zum Morden so entschlossenen Gegners. Schweigen oder Stellung beziehen – eines erschien so falsch wie das andere.

Ende 1942 waren schon 40 000 Juden aus den Niederlanden verschwunden. Die meisten versuchten erst gar nicht, den Menschenjägern zu entkommen. Für viele war es das Wichtigste, mit ihrer Familie zusammenzubleiben, sie wollten zum Beispiel ihre Eltern nicht im Stich lassen. Manche hatten Skrupel, sich bei Nichtjuden zu verstecken und diese dadurch zu gefährden. So ist der Fall eines asthmatischen Mannes bekannt, der einen Unterschlupf ablehnte, weil er fürchtete, sein Husten könne seine Beschützer verraten; seine Rücksichtnahme kostete ihn das Leben. Die meisten Juden waren zudem einfach ganz normale Bürger, die noch nie mit dem Gesetz in Konflikt gekommen waren und den

Gedanken an ein Leben in der Illegalität zutiefst abstoßend fanden. „Ich habe nichts Falsches getan", sagte eine aus Deutschland emigrierte Jüdin. „Also warum sollte ich untertauchen?" So wie Tausende von Leidensgenossen durchblickte sie nicht, dass der Staat selbst zum Vollstrecker des Bösen geworden war. Anne Frank dagegen schrieb: „Wir nehmen an, dass die meisten ermordet werden. Der englische Sender spricht von Vergasung. Vielleicht ist das noch die schnellste Methode zu sterben."

Insgesamt sind etwa 25 000 Juden untergetaucht, wovon ein Drittel aufgespürt wurde. Gut 16 000 haben überlebt. In den unterschiedlichsten Verstecken warteten sie auf das Ende der Besatzungszeit, auf Dachböden, in Kellern oder Hinterzimmern, über Cafés und selbst in Häusern, die von Deutschen bewohnt wurden. Einige lebten sogar in Wäldern oder Heidegebieten, versorgt von einigen Eingeweihten in der nächstgelegenen Siedlung. Oft war nur Platz für die Kinder, dann hieß es für die Eltern Abschiednehmen. „Ich habe bei den Eltern Kinder weggeholt von neun Tagen, sechzehn Tagen, drei, sechs und neun Monaten, einem Jahr und zwei und drei und vier Jahren", erzählte der Bauer Hannes Bogaard, der mit seinem Vater und seinen Brüdern Dutzende von Kindern versteckte. „Kannst du dir vorstellen, wie das für die Eltern gewesen ist, jemandem, den sie noch nie gesehen hatten, von dem sie nichts wissen, noch nicht einmal den Namen, ihr Kind oder ihre Kinder mitzugeben? Ich habe eine Familie gehabt mit sieben Kindern. Das war viel schlimmer, dieses Leid, als die ganze Gefahr, die damit verbunden war."

Auch Truus Wijsmuller-Meijer hat mehrmals Babys von ihren Müttern abgeholt und zu Pflegeeltern gebracht; eine Mutter nahm ihr den Säugling mitten auf einem Bahnsteig noch einmal ab, um sich dann doch von ihm zu trennen. Das monate-, manchmal jahrelange Ausharren und Nichtstun in teils winzigen Verstecken ging natürlich mit einer enormen psychischen Belastung einher. Ein zehnjähriger Junge, der ein halbes Jahr allein in einem Zimmer verbringen musste, verlor seine Sprache.

Außer dem Weg in den Untergrund gab es nur noch eine andere Möglichkeit, der Deportation zu entgehen: Man konnte vom Jüdischen Rat als unentbehrlich eingestuft werden. In einem solchen Fall erhielt man einen Stempel, der besagte: „Inhaber dieses Ausweises ist bis auf weiteres vom Arbeitseinsatz freigestellt." Jeden Tag bildeten sich vor dem Büro des Jüdischen Rates in Amsterdam lange Reihen von Menschen, die den Vorstand davon überzeugen wollten, dass gerade sie noch unbedingt gebraucht würden. Die Männer an der Spitze des Rates entschieden, wer blieb und wer nicht.

Die Freistellung galt aber eben nur „bis auf weiteres". Bald durfte der Rat nur noch 14 000 statt wie zuvor 17 500 Stempel vergeben, und im Mai 1943 teilte Ferdinand aus der Fünten mit, dass diese Zahl noch weiter, und zwar um die Hälfte, reduziert werden müsse. Falls man sich weigere, werde er selbst willkürlich nach Anfangsbuchstaben auswählen. Cohen und Asscher fügten sich auch diesmal und gingen erneut die Karteikästen durch. Ein Junge, der aussortierte Karten von einem Zimmer ins andere brachte, entdeckte darunter seine eigene. Juden selektierten Juden, so weit hatten es die Nazis gebracht. Cohen hat später beteuert: „Mir war es um das übergeordnete Interesse der Sache zu tun." Worin dieses übergeordnete Interesse noch bestehen sollte, vermochte er allerdings nicht zu erklären. Als Letzter wurde auch Cohen selbst deportiert.

Einige tausend Juden sind von Deutschen gerettet worden. Hans Calmeyer, ein Jurist aus Osnabrück, war unter Seyß-Inquart in Den Haag zuständig für die Auslegung der nationalsozialistischen Rassengesetze, das heißt er bestimmte im Zweifelsfall, wer Volljude, Halbjude, Vierteljude oder Arier war. Er nutzte diese Funktion, um möglichst viele Menschen vor der Deportation zu bewahren. Nach Recherchen der israelischen Holocaust-Gedenkstätte Jad Vaschem waren es mindestens 3000, vielleicht noch viel mehr. Auch als Oberhenker wie Rauter Verdacht schöpften und ihm „Abstammungsschwindel" vorwarfen, machte er weiter. Zur Wahrheit gehört allerdings auch, dass er nicht alle Anträge auf Abstammungsprüfung positiv beschied – das wäre aufgefallen. In einem Drittel der insgesamt 5700 Fälle entschieden er und seine Mitarbeiter gegen die Antragsteller – und schickten sie damit ins Gas. War Calmeyer damit ein Mörder? Oder doch ein Held? Oder beides? „Viel zu wenig habe ich getan", warf er sich selbst nach dem Krieg vor, „ich war kein Held". Zwanzig Jahre nach seinem Tod wurde er 1992 von Jad Vaschem als „Gerechter unter den Völkern" geehrt.

Ein Retter anderer Art war Alfons Zündler, nach den Worten einer aus Frankfurt stammenden Jüdin der „netteste SS-Mann, den es gibt". Sein Einsatzort war die *Hollandsche Schouwburg*, ein leer stehendes Theater in Amsterdam, in dem sich die Juden zum Abtransport bereithalten mussten. Zündler tat gar nicht mal so viel, aber für die betroffenen Menschen war es das alles Entscheidende. Schon dadurch, dass er sich an der Sammelstelle absichtlich verzählte, dass er im entscheidenden Moment wegsah, ermöglichte er vielen die Flucht. „Wenn wir Menschen aus der *Schouwburg* schmuggelten, trat er einfach einen Schritt zurück", berichtete ein Mann aus dem Widerstand. Vor allem Kinder ließ er immer wieder entkommen. 1943 wurde er wegen „Judenbegünstigung" zum Tode verurteilt, was dann aber in eine Haftstrafe umgewandelt wurde. Als er 1996 in München starb, erwiesen ihm auch einige Überlebende des Holocaust die letzte Ehre.

Andere Deutsche, die sich widersetzten, sind namenlos geblieben. Truus Wijsmuller-Meijer, der Schutzengel so vieler Kinder, berichtete in ihren

Memoiren: „Diese ganze Arbeit hätte ich natürlich nicht leisten können, wenn nicht auch unter den Deutschen Menschen gewesen wären, die innerhalb der Möglichkeiten, die ihnen noch gegeben waren, mitarbeiten wollten. Deutsche Offiziere haben mehr als einmal im Zug nach und aus Paris meinen Koffer in ihre Obhut genommen, wenn es eine Kontrolle gab*; sie haben mich nie gefragt, warum sie das tun mussten. Es gab auch einen deutschen Richter, der mir geholfen hat, und einen deutschen Grafen und die Leute vom deutschen Roten Kreuz – und sogar meine alten Freunde von der Gestapo in Emmerich: Die waren nach Amsterdam gekommen, und ich traf sie auf der Kalverstraat. Einer von ihnen rief: ‚Nein, ist das möglich, das ist doch die verrückte Frau Wijsmuller.' Tja, da stand ich ganz schön dumm da, aber eben dieser Mann hat mir Stempel gegeben, als ich jüdische Kinder schmuggeln wollte." Wijsmuller-Meijer erzählt auch von einem Militärfahrer, der 1942 im Bahnhof von Roosendaal schrie: „Ich will nicht mehr, ich will nicht zurück, ich will nicht immer Kinder ins Gaszimmer treiben, lassen Sie mich hier und machen Sie das selbst!" Er meinte Wagen, in die Auspuffgase geleitet wurden; einige wenige davon reichten aus, um Zehntausende umzubringen, „ohne dass Mängel an den Fahrzeugen auftraten", wie es in einem offiziellen Bericht hieß. Der junge Militärfahrer wurde sofort hinter den Bahnhof geführt und erschossen.

Im Mai 1943 erreichten die Deportationen ihren Höhepunkt. „Zahllose Freunde und Bekannte sind weg zu einem schrecklichen Ziel", schrieb Anne Frank. Jede Nacht lauschten die noch nicht aufgegriffenen Juden auf das gefürchtete Geräusch eines vorfahrenden Militärwagens; dann wussten sie, dass die Häscher da waren. In vielen Fällen waren dies keine Deutschen, sondern die Männer in den wohlvertrauten Uniformen der Amsterdamer Polizei, die wenige Jahre zuvor noch jeden Juden vor Unrecht geschützt hätten. Hochzufrieden schrieb Rauter an Himmler: „Die neuen Hundertschaften der holländischen Polizei machen sich in der Judenfrage ausgezeichnet und verhaften Tag und Nacht zu Hunderten die Juden." Himmler schrieb „sehr gut" über den Brief. Der Chef des Sicherheitsdienstes in Amsterdam, Willy Lages, erklärte nach dem Krieg, ohne die Mithilfe der niederländischen Polizisten hätten sie nicht einmal zehn Prozent der Juden verhaften können.

Viele *onderduikers* wurden wie Anne Frank von anderen Niederländern verraten; es gab eine Prämie von 7,50 Gulden. Als sehr zuverlässig erwies sich aus deutscher Sicht auch die niederländische Eisenbahn mit ihren allzeit pünktlichen Transportzügen. Obwohl die Untergrundpresse immer wieder warnte, Ziel eines jeden Zuges sei die Schlachtbank, verrichteten die Bahnbeamten

* Sie schmuggelte oft große Summen Geld und gefälschte Dokumente.

gehorsam ihren Dienst. „Alte, Kinder, Babys, schwangere Frauen, Kranke ... alles, alles geht mit in den Zug zum Tod", wusste Anne Frank. Zug um Zug rollte gen Osten – nach Westerbork, in jenes Lager, das die niederländische Regierung vor dem Krieg für illegale jüdische Flüchtlinge aus Deutschland angelegt hatte. Seyß-Inquart hatte es zum „polizeilichen Judendurchgangslager" mit Wachtürmen, Stacheldraht und Wohnbaracken ausbauen lassen. „Westerbork war das letzte Stückchen Niederlande vor dem Abgrund", schreibt der Historiker Bart van der Boom. Der Aufenthalt war alles andere als angenehm, aber kein Insasse zweifelte daran, dass er es dort besser hatte als am unbekannten Zielpunkt des „Arbeitseinsatzes". In Westerbork durfte man Bücher und Zeitungen lesen, die Kinder gingen zur Schule, es gab Gottesdienste, Fußballspiele und sogar Kabarettabende, bei denen Lagerkommandant Albert Konrad Gemmeker in der ersten Reihe saß. Die Organisation des Lagerlebens überließ Gemmeker großenteils den Juden selbst – aber nicht den niederländischen, sondern den deutschen, die schon am längsten dort lebten. Der jüdische Verwaltungschef Kurt Schlesinger bestimmte, wer bleiben durfte und wer auf Transport ging. Wenn Schlesinger hereinkam, verbeugten sich die Anwesenden und schlugen die Hacken zusammen.

Mitten in diesem unvorstellbaren Elend entstanden zwei große literarische Zeugnisse des Lagerlebens: die Briefe von Etty Hillesum (1914–1943) und das Tagebuch von Philip Mechanicus (1889–1944). Beide haben sich gekannt, beide sind in Auschwitz ermordet worden. Hillesum, die dem Leid mit Selbstlosigkeit und Nächstenliebe begegnete, berichtet, wie ein dreijähriger Junge versehentlich eine Scheibe einschlug und daraufhin schluchzte: „Ooooh, jetzt komme ich in die 51er (das Gefängnis), und dann muss ich allein auf Straftransport." Eine Mutter hörte sie zu ihrem Kind sagen: „Und wenn du jetzt nicht lieb deinen Pudding aufisst, musst du ohne Mami auf Transport."

Jeden Dienstagmorgen vor Sonnenaufgang ertönte die Dampfpfeife des Zuges, alle Lichter gingen an, und der Barackenälteste erschien, der „Engel des Todes". Es herrschte jedes Mal Grabesstille, wenn er die Namen derjenigen nannte, die sich zum Abtransport einfinden mussten. Für sie hieß es dann, schnell ihre Habseligkeiten zusammenzuraffen: warme Decken, Schuhe, Kleidung, Proviant, das liebste Kinderspielzeug. Die anderen, die noch einmal davongekommen waren, konnten sie wenig später über die Lagerstraße, den *Boulevard des Misères*, zum Zug hasten sehen. „Gütiger Himmel, gehen diese Türen wirklich alle zu?", fragte die junge Journalistin Etty Hillesum in ihrem Lagertagebuch. „Ja, sie gehen alle zu. Die Türen schließen sich über die zusammengepferchten, zurückgedrängten Menschenmassen in den Güterwagen. Durch die schmalen Öffnungen am oberen Rand sieht man Köpfe und Hände, die später winken, wenn der Zug losfährt. Die Pfeife stößt einen gellenden Schrei aus, ein Zug mit tausendzwanzig Juden verlässt Holland." Genau 103 Züge sind auf diese Weise aus Westerbork abgefahren. Ihre Zielbahnhöfe waren Bergen-Belsen und Theresienstadt, Sobibor und in den meisten Fällen Auschwitz. Bereits Ende 1943 wurde Amsterdam von den Deutschen als „judenrein" betrachtet.

Warum nun also haben es die Deutschen in den Niederlanden geschafft, so viel mehr Juden zu deportieren und zu ermorden? Die Konzentration im Amsterdamer Judenviertel spielte ihnen in die Hände. Noch mehr profitierten sie von der Folgsamkeit und Effizienz der niederländischen Behörden – Verwaltung, Polizei, Eisenbahn. Der niederländische Widerstand blieb nach dem niedergeschlagenen Februarstreik lange Zeit sehr schwach. Sein Erstarken im Jahr 1943 kam für die Juden zu spät. Neuere Studien wie die aufwändige vergleichende Untersuchung des Autorenteams Pim Griffioen und Ron Zeller sehen die wichtigste Ursache jedoch in den Strukturen des deutschen Besatzungsregimes: Die deutsche Polizei und die SS mit Rauter an der Spitze verfügten in den Niederlanden über eine sehr starke Machtposition und konnten deshalb ungehindert durchgreifen. In Belgien und Frankreich dagegen wurde die Verfolgung der Juden durch Kompetenzkämpfe zwischen der Militärregierung und der SS erschwert. In Frankreich kam noch das Vichy-Regime als Machtfaktor dazu. Auch wenn dieses mit den Deutschen kollaborierte, so hatten Gestapo und SS dort doch keinen so uneingeschränkten Zugriff wie in den Niederlanden. Dies ist kein Freispruch für die niederländischen Behörden – sie waren nur allzu oft tüchtige Vollstrecker –, aber geleitet wurden die Deportationen hier eben von Deutschen, die direkt dem obersten Organisator des Holocaust, dem Reichsführer-SS und Polizeichef Heinrich Himmler, unterstanden. Als außerordentlich erfolgreich in ihrem Sinne erwies sich die nach dem Februarstreik entwickelte Strategie des verdeckten Vorgehens mithilfe des irregeleiteten Jüdischen Rats. Je stiller und listiger die Deutschen agierten, desto rascher füllten sich die Deportationszüge. All dies hat dazu beigetragen, dass Adolf Eichmann befriedigt feststellen konnte: „In Holland lief ja alles wie am Schnürchen."

Tage, die Geschichte machten

4. August 1944

Als das Tagebuch abbricht – Anne Frank wird entdeckt

Rrrrrr ... peng! Das war der Wecker. Und Auguste van Pels, die ihn mit einem gezielten Schlag außer Gefecht gesetzt hat. Es ist Viertel vor sieben. Aufstehzeit im Hinterhaus. Die Dielen knarren – Hermann van Pels ist als Erster auf den Beinen, um das

Badezimmer zu belegen. Anne hört, wie die Badezimmertür auf- und zugeht. Aber sie rührt sich noch nicht, denn sie ist nicht allein. Bei ihr im Zimmer schläft auch noch ein 55 Jahre alter Zahnarzt aus Gießen, Fritz Pfeffer, der Mann mit der Hornbrille und der bis zur Brust hochgezogenen Hose. In ihrem Tagebuch nennt sie ihn nur Herrn Dussel. Nachts wälzt er sich geräuschvoll im Bett hin und her und gibt Schmatzgeräusche von sich, tagsüber hält er ihr Predigten – selbst darüber, wie sie das Kartoffelschälmesser zu halten hat. Widerworte duldet er nicht. „Wenn jemand Seiner Hoheit widerspricht, dann kommt er schlecht weg", hat sie in ihr Tagebuch geschrieben. „Ich glaube, bei Albert Dussel zu Hause ist alles, was er sagt, Gesetz. Aber Anne Frank passt solches ganz und gar nicht!"

Viertel nach sieben. Die Badezimmertür knarrt wieder, das heißt, dass Herr van Pels jetzt fertig ist. Als nächstes geht Pfeffer. Endlich ist Anne allein. Sie schläft auf einem Sofa, das sie am Fußende um einen Stuhl verlängert hat. Die Wand hat sie mit ausgeschnittenen Zeitungsbildern verziert. Greta Garbo ist dabei, Heinz Rühmann mit Zigarre und die britische Kronprinzessin Elisabeth. So, jetzt steht sie auf und zieht die Stoffbahnen weg, die die Fenster verdunkeln. Ein Blick nach draußen – es ist ein schöner Sommermorgen. Wenn sie doch nur einmal wieder rauskönnte – „Rad fahren, tanzen, pfeifen, die Welt sehen, mich jung fühlen, wissen, dass ich frei bin". Mehr als zwei Jahre ist sie jetzt nicht mehr draußen gewesen, mehr als zwei Jahre lebt sie schon im Anbau des verwinkelten Backsteinhauses Prinsengracht 263 in Amsterdam. Acht Menschen und eine Katze auf knapp 50 Quadratmetern. Der stickigen Stubenluft kann sie nur entkommen, wenn sie sich auf dem Speicher unter die geöffnete Dachluke setzt. Das ist ihr Lieblingsplatz. Sie sieht ein Stück Himmel, die Möwen und den Turm der Westerkerk, hört seinen vertrauten Glockenschlag und die Glockenspiele. Sie lauscht auf die Geräusche einer unerreichbaren Welt. Durch das geschlossene Dachbodenfenster zur anderen Seite fällt ihr Blick auf die alte Kastanie im Hof; wenn die Sonne scheint, glitzert der Tau in den Ästen.

Jetzt aber muss sie sich beeilen. Schnell den Nachttopf ausgießen, der ihr immer so peinlich ist, „denn es plätschert in die Dose wie ein Bach von einem Berg". Und alles hört dieser Pfeffer mit. Nun noch die Haare kämmen. Die Untergetauchten versuchen soweit wie möglich, ein geregeltes Leben zu führen. Das heißt: Zu festen Zeiten aufstehen, essen, arbeiten und sich ausruhen. Doch es ist ein Leben in ständiger Heimlichkeit. Denn in der Gewürzhandlung im Vorderhaus arbeiten tagsüber Leute, die nicht alle eingeweiht sind, nicht alle wissen, dass sich über ihren Köpfen acht Juden vor den Deutschen verstecken. Wenn es auf halb neun zugeht, wird Annes Mutter nervös, denn um diese Zeit haben die Arbeiter des Gewürzhandels im Lager zu tun, und das befindet sich im ersten Stock auf gleicher Höhe mit ihrem Versteck. „Still Otto", zischt sie dann ihrem Mann zu. „Es ist halb neun. Komm jetzt her, du kannst kein Wasser mehr laufen lassen. Geh leise!" Anne, die jeden Tag Beruhigungspillen schluckt, denkt oft: „Einmal richtig und laut zu lachen, das würde mehr helfen als zehn Baldriantabletten."

Um neun Uhr treffen auch die Büroangestellten ein – im Vorderhaus ertönen Stimmen, Telefonklingeln und Schreibmaschinenklappern. Die Gewürzmühle rattert. Nun müssen die Untergetauchten nicht mehr ganz so leise sein und können sich ein einfaches Frühstück gönnen. Kurz kommt jemand die Hinterhaustreppe hinauf – das ist Miep Gies, ihre unerschrockene Helferin. Auch an diesem Freitagvormittag will sie ein paar Worte mit ihren Freunden wechseln und die Wunschliste für Lebensmittel und andere Dinge des täglichen Bedarfs abholen. Sie kann allerdings nur kurze Zeit bleiben, da die Lagerarbeiter sonst Verdacht schöpfen könnten. Anne bedrängt sie mit mehreren Fragen auf einmal und bittet sie inständig, doch ein bisschen mit ihr zu plaudern. Miep Gies verspricht ihr, zu einem ausführlichen Schwatz zu bleiben, wenn sie am Nachmittag die Lebensmittel heraufbringt. „Bis dahin musst du dich gedulden", sagt sie und verschwindet dann erst mal.

Nun beginnt die vormittägliche Stillarbeit. Annes Vater zieht sich mit dem 17-jährigen Peter van Pels in einen winzigen Nebenraum zurück, um ihm mit gedämpfter Stimme Englischunterricht zu erteilen. Mit Peter hat Anne im April ihren ersten Kuss ausgetauscht. „Wirklich ein tolles Gefühl." Auch das Schreiben verschafft ihr Erleichterung und Ablenkung. Wenn sie an dem alten Küchentisch am Fenster sitzt und in ihr mit kariertem Stoff eingebundenes Poesiealbum schreibt, ist sie so konzentriert, dass sie noch nicht einmal bemerkt, wenn zum Beispiel Miep Gies zu Besuch bekommt. „Mit Schreiben werde ich alles los", sagt die 15-Jährige. Sie spielt mit dem Gedanken, ihr Tagebuch nach dem Krieg unter dem Titel „Das Hinterhaus" zu veröffentlichen. Auf die Idee dazu hat sie ein Minister der niederländischen Exilregierung gebracht, der die Bevölkerung über Radio Oranje dazu aufgefordert hat, Tagebücher und Briefe aufzubewahren, um damit nach Kriegsende zur Geschichtsschreibung beizutragen. „Im Ernst, es muss ungefähr zehn Jahre nach dem Krieg schon seltsam erscheinen, wenn erzählt wird, wie wir Juden hier gelebt, gegessen und gesprochen haben", glaubt sie.

Und lange kann es nicht mehr dauern, bis alles vorbei ist. Auf einer Wandkarte hält Annes Vater den Vormarsch der Alliierten seit der Landung in der Normandie fest. Ihre Schwester Margot meint, dass sie vielleicht schon im Oktober wieder zur Schule gehen können, Königin Wilhelmina hat im Radio von „baldiger Befreiung" gesprochen. Und am 21. Juli erreichte das Hinterhaus eine besonders ermutigende Nachricht: „Nun werde ich hoffnungsvoll, nun endlich geht es gut. Ja, wirklich, es geht gut! Tolle Berichte!", hat Anne geschrieben. „Ein Mordanschlag auf Hitler ist ausgeübt worden, und nun mal nicht durch jüdische Kommunisten oder englische Kapitalisten, sondern durch einen hochgermanischen deutschen General." Hitler hat zwar „mit ein paar Schrammen" überlebt, aber nun glaubt sogar die stets vorsichtige Anne, dass es nicht mehr lange dauern wird. Und für die Zeit, die dann kommt, hat sie große Pläne: „Ich würde gern ein Jahr nach Paris und ein Jahr nach London gehen, um Sprachen zu lernen und Kunstgeschichte studieren. Ich male mir immer schöne Kleider und interessante Menschen aus. Ich will etwas sehen und erleben in der Welt." Und sie ist überzeugt: „Wenn Gott mich am Leben lässt, werde ich mehr erreichen, als Mutter je erreicht hat. Ich werde nicht unbedeutend bleiben, ich werde in der Welt und für die Menschen arbeiten."

Plötzlich Schritte auf der Treppe. Es ist halb elf. Wer kann das sein? Um diese Zeit kommt eigentlich niemand. Alles erstarrt. Man hört jetzt, wie unten das drehbare Bücherregal mit den Aktenordnern bewegt wird, das den Zugang zum Hinterhaus verdeckt. Anne hat diesen Moment schon ein-

Der Weg zu Anne Frank. Hinter diesem Drehschrank lag das Hinterhaus, in dem sich das jüdische Mädchen zusammen mit sieben anderen Menschen mehr als zwei Jahre vor den Deutschen versteckte.

mal erlebt – an Ostern, nachdem jemand unten eingebrochen hatte und die Polizei ins Haus kam. „Acht Herzen hämmerten. Schritte auf unserer Treppe, dann Gerüttel am Drehschrank. Dieser Moment ist unbeschreiblich. ‚Jetzt sind wir verloren', sagte ich und sah uns schon alle noch in derselben Nacht von der Gestapo mitgenommen." Damals ist es gut gegangen, die Schritte entfernten sich, aber jetzt ertönen Stimmen, und schwere Stiefel poltern die Treppe hinauf. Als Erstes sehen die Untergetauchten Victor Kugler, einen Mitarbeiter und Vertrauten von Otto Frank, der vorübergehend die Leitung des Geschäfts übernommen hat. „Gestapo", raunt er ihnen zu. Dicht hinter ihm kommen Männer mit Pistolen und einer in Uniform, der Uniform des deutschen Sicherheitsdienstes SD. Edith Frank sieht sie zuerst. „Hände hoch!", ruft ein niederländischer Polizist. Ein anderer holt Anne und Margot aus einem angrenzenden Zimmer und befiehlt ihnen, sich mit den Händen über dem Kopf dazuzustellen. Margot weint, aber lautlos. Anne hat sich diesen Moment oft ausgemalt. Abends im Bett sah sie sich allein in einem Kerker ohne Vater und Mutter. „Manchmal irre ich auf der Straße herum, oder unser Hinterhaus steht in Brand, oder sie kommen uns nachts holen, und ich lege mich vor Verzweiflung unters Bett. Ich sehe alles so, als würde ich es am eigenen Leib erleben. Und dann noch das Gefühl, das alles könnte sofort passieren!" Jetzt, da es wirklich passiert, wirkt sie versteinert.

Ihr Vater und Peter werden nach Waffen abgesucht. Den Befehl führt der SD-Mann; er spricht Deutsch mit österreichischem Akzent. „Wo ist Ihr Geld? Wo sind Ihre Wertsachen?", fragt er. Otto Frank zeigt auf einen Wandschrank, der SD-Mann geht hin und holt eine große Kassette heraus. Dann schaut er sich um und greift sich die Aktentasche, die Anne von ihrem Vater bekommen hat, um dort persönliche Dinge aufzubewahren. Der SD-Mann öffnet sie und dreht sie um, so dass der ganze Inhalt herausfällt, Hefte, Blätter und ... das Tagebuch. Der Mann achtet nicht darauf, er braucht die Tasche nur, um dort die Wertsachen aus der Kassette zu verstauen. „Los, fertig machen! Beeilung! In fünf Minuten sind alle abmarschbereit!" Die acht Festgenommenen dürfen kurz ein paar Sachen packen. Sie haben für den Ernstfall Rucksäcke bereitstehen, schon seit zwei Jahren.

Der SD-Mann geht auf und ab. „Wem gehört diese Truhe?", fragt er. Offenbar hat er die Aufschrift bemerkt: „Leutnant d. Res.

Otto Frank". „Mir", hört Anne ihren Vater sagen – sie waren ja selbst einmal Deutsche. „Aber warum haben Sie sich dann nicht gemeldet?", fragt der Österreicher. „Sie wären doch nach Theresienstadt gekommen." Er meint das Vorzeigelager der Nazis. Wie lange sie schon hier versteckt sind, will er wissen. „Zwei Jahre und einen Monat." Otto Frank zeigt ihm die Bleistiftstriche an der Wand, die markieren, wie viel Anne und Margot in dieser Zeit gewachsen sind. Einen kurzen Moment ist der Mann still, dann sagt er: „Sie können sich Zeit lassen" und geht nach unten. Als die vier Franks, die drei van Pels und Herr Pfeffer ihre Sachen zusammenhaben, steigen sie zusammen mit Victor Kugler und den Polizisten die steile Treppe hinunter und treten zum ersten Mal seit mehr als zwei Jahren auf die Straße. Die Sonne. Die Bäume. Die rotbraunen Backsteinhäuser. Das Wasser der Prinsengracht.

Im nächsten Augenblick werden sie in einen bereitstehenden Lieferwagen gedrängt. Finsternis umgibt sie. Die Reise durch die Nacht beginnt.

Das bittere Ende.
Arnheim und die Folgen

Am 17. September 1944 war die Orgel der Londoner Westminster-Kathedrale plötzlich nicht mehr zu hören. Ein ohrenbetäubendes Dröhnen drang an diesem Sonntag von draußen in die Kirche. Die Gläubigen eilten hinaus und blickten staunend zum wolkenlosen Himmel auf: In endlosen Formationen flogen Tausende von alliierten Transportmaschinen über die Dächer der Hauptstadt hinweg. Was die Londoner da sahen, war der Auftakt zur größten Luftlandeoperation der Geschichte. Binnen weniger Tage wollte der britische Feldmarschall Bernard Montgomery einen Brückenkopf in den noch immer von den Deutschen besetzten Niederlanden bilden, über den Rhein ins Ruhrgebiet vorstoßen und Nazi-Deutschland bis Jahresende in die Knie zwingen.

An der „Operation Market Garden" waren insgesamt 35 000 Soldaten beteiligt, die in 4700 Flugzeugen zum Einsatzort gebracht wurden. „Man hätte aussteigen und auf den Tragflächen zu Fuß nach Holland gehen können", staunte ein Offizier. Die Soldaten hatten die Aufgabe, zwischen der belgischen Grenze und dem rund 100 Kilometer entfernten Arnheim eine Reihe von Brücken über Maas, Waal und Niederrhein zu erobern. So sollte ein Korridor entstehen, über den die alliierten Bodentruppen mit Panzern und schweren Geschützen nachrücken sollten. Entscheidend war dabei, die Rheinbrücke in Arnheim unbeschädigt in die Hand zu bekommen, um einen schnellen Vorstoß zu den Industrieanlagen des Ruhrgebiets zu gewährleisten. Was die Soldaten in den Flugzeugen nicht wussten: In der militärischen Führung bestanden Zweifel an der Ausführbarkeit des Plans. Die vorderste Gruppe von Fallschirmjägern würde in

Arnheim sehr lange aushalten müsse, ehe die Bodentruppen zu ihrer Unterstützung eintreffen würden. Dazu kamen beunruhigende Meldungen aus dem niederländischen Untergrund: Widerstandskämpfer hatten bemerkt, dass die Deutschen bei Arnheim ihre Truppen verstärkten. Prinz Bernhard leitete die Berichte an Montgomery weiter, der sich sein ehrgeiziges Vorhaben jedoch nicht zerreden lassen wollte. Die deutsche Armee sei am Ende, behauptete er. Ernsthaften Widerstand werde es nicht geben.

Die Befreiung der Niederlande war nicht das eigentliche Ziel der Invasion, sollte im Zuge der Operation jedoch ebenfalls bewerkstelligt werden. Die Bevölkerung war überzeugt, dass das Ende des Krieges unmittelbar bevorstand. Im Juni waren die Alliierten in der Normandie gelandet und am 25. August in Paris eingezogen. Dann kam jener September, den der Kriegshistoriker Lou de Jong den „vielleicht ereignisreichsten und dramatischsten Monat unserer ganzen Geschichte" genannt hat. Am 3. wurde Brüssel befreit, am 4. Antwerpen, und am selben Tag verkündete Radio Oranje: „Die Stunde der Befreiung hat geschlagen." Der nächste Tag wurde als *Dolle Dinsdag*, als Toller Dienstag, bekannt. NSB-Mitglieder und deutsche Soldaten ergriffen massenhaft die Flucht, an den Zufahrtsstraßen nach Amsterdam und Den Haag versammelten sich Menschenmengen mit Flaggen und Blumen, um die Befreier zu empfangen.

Erst am nächsten Tag zeigte sich, dass dies voreilig gewesen war. Die Versorgungslinien für die alliierten Truppen wurden immer länger, und deshalb gab es Probleme mit dem Nachschub. Es dauerte noch mehr als eine Woche, bis sie die südlichste niederländische Stadt, Maastricht, erreichten. Doch als die Niederländer an jenem Sonntag, dem 17. September, die gewaltige Flugzeugformation am Himmel erkannten, sahen sie ihre Hoffnungen bestätigt. Ein Lehrer in Arnheim beobachtete, wie über der ausgedehnten Heidelandschaft *Veluwe* zahllose „Paras" aus den Maschinen absprangen: „Es war ein fantastischer Anblick, wie sich diese farbigen Zwiebeln eine nach der anderen entfalteten und langsam nach unten schwebten." Ein deutscher Leutnant dachte zunächst, er sähe Schneeflocken, aber dann sagte er sich: „Im September fällt kein Schnee! Das müssen Fallschirmjäger sein."

Die Soldaten der 1. Britischen Luftlandedivision erblickten unter sich das Braunrot der Heide, Wäldchen, Höfe und Felder, schmale Wege und im Hintergrund die Silhouette der Stadt mit ihrem massigen Kirchturm. „Alles sah so friedlich aus", erinnerte sich später ein Major. „Kein Anzeichen von Kampf oder Krieg. Und kein Feind zu sehen." Der schottische Generalmajor Roy Urquhart, der auf der Renkumer Heide gelandet war, empfand es genauso: „Es war unglaublich still, unwirklich geradezu." Dieser Eindruck verstärkte sich noch, als aus dem Wald die freundlich lächelnden Patienten einer psychiatrischen Klinik hervorkamen, die nach einem Luftangriff durch die Gegend irrten. Doch all das war trügerisch. Verborgen unter Netzen in Khaki und Grün oder versteckt in Zugdepots und Garagen, warteten zwei SS-Panzerdivisionen.

Als die britische Vorhut unter Captain John Frost an diesem strahlenden Nachmittag auf Arnheim zumarschierte, wurde sie überall von begeisterten Menschen, teils mit orangefarbenen Krawatten und Schärpen, empfangen. Kaffee und Butterbrote wurden gereicht, einige der Soldaten ließen sich zum Tee einladen. Die Briten achteten sogar darauf, nicht auf die Blumenbeete in den Vorgärten zu treten. Diese Bedachtsamkeit war einer der schwerwiegendsten Fehler bei der Operation; der Überraschungseffekt wurde dadurch verspielt und kostbare Zeit vertan. In der Abenddämmerung erreichten sie das Zentrum der Stadt und erblickten zum ersten Mal die mächtige Stahlkonstruktion der Arnheimer Rheinbrücke. Die repräsentativen Bürgerhäuser an der Nordseite der Brücke wurden von ihnen beschlagnahmt. Zu ihrem Schrecken stellten die Briten fest, dass die Deutschen starke Verbände am Südufer des Rheins zusammengezogen hatten.

Noch in der Nacht begann der Kampf um die Brücke. Die Stahlbögen wurden vom Schein brennender Militärfahrzeuge beleuchtet. Ein immer lauter werdendes Brummen und Rattern kündigte die deutschen Panzerverbände an, gegen die die leicht ausgerüsteten Fallschirmjäger keine Chance hatten. Frosts Männer waren bald von allen Seiten eingekreist. Die Schlacht um Arnheim entwickelte sich zu einem Kampf um jede einzelne Straße, jedes Haus und jedes Zimmer. Während sich die Stadt in ein Ruinenfeld mit Granattrichtern und rauchgeschwärzten Baumstümpfen verwandelte, bewiesen viele Einwohner erstaunlichen Mut, indem sie im Morgengrauen auf die Straße schlichen, um Verwundete in die Keller zu tragen – egal ob es Zivilisten, alliierte oder deutsche Soldaten waren. Ein britischer Soldat, der durch Granatsplitter vorübergehend erblindet war, wurde von einem acht Jahre alten Mädchen kreuz und quer durch die verwüstete Stadt und an den Scharfschützen vorbei bis zum Rest seiner Einheit gelotst.

Im wohlhabenden Vorort Oosterbeek hatte ein Arzt an der Tür des weißen Hauses von Kate ter Horst geklingelt und sie gefragt, ob er wohl ihren Fahrradschuppen und das Waschhaus in einen kleinen Rotkreuzposten umwandeln könne. Er brauche nicht viel, versicherte er. Am ersten Tag wurde nur ein einzelner Soldat wegen einer Fußverletzung behandelt. Am zweiten Tag begannen sich die Räume zu füllen, und als Frau ter Horst am dritten Tag aus dem Keller kam, wohin sie sich mit ihren fünf Kindern zurückgezogen hatte, erkannte sie ihr Haus nicht mehr wieder: „Der lange Korridor ist gefüllt mit Verwundeten, sie liegen Seite an Seite. Verwundete im Speisezimmer, in der Bibliothek, im Wintergarten, im Seitenkorridor und sogar unter der Treppe. Und in der Toilette. Es gibt keine freie Ecke mehr. Unsere Zimmer sind unerkennbar, weil die Möbel aus den Fenstern geworfen worden sind, um Platz für die Verwundeten zu machen.“ Frost hatte zu diesem Zeitpunkt schon aufgegeben und befand sich in deutscher Kriegsgefangenschaft. Am 25. September erhielt General Urquhart den Rückzugsbefehl – Operation Market Garden war gescheitert. Von den 10 000 Mann der Division kehrten nur 2000 zurück. Arnheim und die gesamte Umgebung waren zerstört. Der egozentrische Montgomery mochte die Niederlage gleichwohl nicht einräumen und sprach von einem „90-prozentigen Erfolg“, was Prinz Bernhard zu dem sarkastischen Kommentar veranlasste, den Luxus eines weiteren Erfolges von Montgomery könne sein Land sich nicht leisten.

Das Desaster von Arnheim führte dazu, dass der westliche Teil der Niederlande noch fast acht Monate auf seine Befreiung warten musste. Der Blick der Alliierten war nun auf Deutschland gerichtet, die Niederlande hatten für sie keine Priorität mehr und blieben geteilt: Der Süden und später auch der Osten waren befreit, den Westen kontrollierten weiter die Deutschen. Hitler gab den Befehl, dass die Festung Holland unbedingt gehalten werden müsse, vor allem weil er von dort seine V2-Raketen auf London abschießen konnte. Um den Transport der Raketen und anderer Militärgüter zu erschweren, hatten die Alliierten die niederländische Exilregierung gebeten, alle Eisenbahner in den Niederlanden zum Streik aufzurufen. Dies geschah an genau jenem Sonntag, als Operation Market Garden begann. Nach dem Scheitern blies die Exilregierung den Streik nicht wieder ab. Doch darunter litten weniger die Deutschen, die nun ihre eigenen Züge einsetzten, als vielmehr die Niederländer. Seyß-Inquart rächte sich mit einem Einfuhrstopp für Benzin und Lebensmittel – schnell schwanden die Vorräte.

Gleichzeitig demontierten die Deutschen Industrie- und Hafenanlagen und schafften alles Brauchbare nach Osten. Ein Beamter des Reichswirtschaftsministeriums stellte im November auf einer Inspektionsfahrt fest: „Der Westen des Landes, mit den großen Städten Amsterdam, Rotterdam, Den Haag und Utrecht, ist ökonomisch tot. Es ist ein Gebiet, das leergeräumt wird.“ Die Lage verschärfte sich auch, weil der niederländische Widerstand angesichts der unvermeidlichen deutschen Niederlage immer offensiver auftrat, worauf die Deutschen mit noch härterer Vergeltung reagierten. Als zum Beispiel in der Nacht zum 1. Oktober ein Militärfahrzeug beschossen und dabei ein Offizier getötet wurde, trieben die Deutschen auf Befehl des Wehrmachtsgenerals Friedrich Christiansen im nächstgelegenen Ort Putten fast die gesamte männliche Bevölkerung zusammen und schickten sie ins KZ; fast alle kamen um. Betrachtet man die gesamte Besatzungszeit, so war die Zahl der Sabotageakte und Anschläge im Vergleich zu anderen Ländern jedoch gering.

Der Winter kam in diesem Jahr früher als sonst und er war außergewöhnlich lang, nass und kalt – dieser *Hungerwinter* 1944/45. In den Städten des Westens, in denen etwa die Hälfte der insgesamt neun Millionen Niederländer wohnte, waren die Kohlevorräte erschöpft, da aus den Minen in Limburg kein Nachschub mehr kam. In Amsterdam wurde alles Holz aus den leer stehenden Wohnungen des Judenviertels geholt, so dass die wenigen Überlebenden nach dem Krieg vor Ruinen standen. Die Leute fällten Bäume und hackten Parkbänke und Holzbrücken klein. Noch schlimmer als die Kälte war der Hunger. Die Menschen aßen schließlich Tulpenzwiebeln, nachdem Ärzte sie dazu ermuntert hatten. Schätzungsweise 20 000 Menschen sind an den Folgen dieser Hungersnot gestorben. Und die Alliierten ließen auf sich warten. Frankfurt und Köln, ja selbst Hamburg und München wurden eher befreit als Amsterdam und Den Haag. Erst am 5. Mai 1945 kapitulierten die Deutschen; es war Prinz Bernhard, der bei dieser Gelegenheit im Hotel „De Wereld“ in Wageningen bei Arnheim die Niederlande vertrat. Der Krieg hatte schätzungsweise 210 000 Niederländer das Leben gekostet.

Stichwort: Mof

Mof, das niederländische Schimpfwort für Deutsche, entstammt keineswegs erst der Besatzungszeit. Schon zu Beginn des 17. Jahrhunderts wurde es häufig verwendet. Man bezeichnete damit die vielen deutschen Hollandgänger, die jene Arbeiten verrichteten, die sonst keiner machen wollte: Torf ausstechen, Gras mähen, Deiche aufschütten oder gegen die Spanier kämpfen. Die Habenichtse aus dem Osten galten als plump und dumm, aber gleichzeitig geschickt im Ausnutzen der niederländischen Armenfürsorge.

Gern erzählte man sich die Geschichte, dass einige Moffen das Spiegelbild des Mondes in einem Kanal für einen Emmentaler Käse hielten und prompt ins Wasser plumpsten. In populären Theaterstücken – *Moffenpossen* – erschienen sie als *Robbert Leverworst* (Robert Leberwurst), *Hans Yzerfresser* (Hans Eisenfresser) oder *Baron de Ossekop* (Baron Ochsenkopf). Diese Figuren sprachen immer Niederländisch mit deutschem Akzent. Aber auch Prinz Moritz von Oranien (1567–1625), der erste Mann im Staate, wurde von seinen Gegnern als Mof abgetan, weil er in Dillenburg geboren und aufgewachsen war. Abgeleitet ist das Wort möglicherweise vom rheinischen *Muff*, mit dem deutsche Soldaten einen Nörgler oder Eigenbrötler bedachten. Andere Schimpfnamen für Deutsche waren *knoeten*, *poepen*, *pikmaaiers* oder *spekvreters*. Heute wird der Begriff kaum noch verwendet.

Die Guten und die Bösen. Die Niederländer und der Zweite Weltkrieg

Unbändige Freude herrschte, als die alliierten Soldaten einzogen und Königin Wilhelmina heimkehrte. Aber es spielten sich auch unschöne Szenen ab: Frauen, die sich mit deutschen Soldaten eingelassen hatten, wurden als *moffenmeiden* an den Pranger gestellt und gedemütigt, Kollaborateure und NSB-Mitglieder gefoltert und ohne Verteidigung abgeurteilt. Es gab ein großes Bedürfnis nach Vergeltung, nach Rache. Durch eine besonders scharfe Abgrenzung gegenüber den Nazis und *moffen* verdrängte mancher wohl auch eigene Schuldgefühle. In den ersten Jahrzehnten nach dem Krieg sah man die Besatzungszeit schwarz-weiß: Es hatte *goede* (gute) und *foute* (böse) Niederländer gegeben, und natürlich war man selbst bei den guten gewesen. Prinz Bernhard bemerkte spöttisch: „Vor dem 5. Mai 1945 gab es nicht so arg viele Widerstandskämpfer, nach dem 5. Mai waren es auf einen Schlag ein paar Millionen."

Ebenso wie in Deutschland und Großbritannien nahm das Interesse am Zweiten Weltkrieg im Laufe der Jahre nicht ab, sondern zu. Immer mehr Bücher, Dokumentationen und Spielfilme entstanden. Allein Lou de Jongs 26 Kilogramm schweres Lebenswerk „Het Koninkrijk der Nederlanden in de Tweede Wereldoorlog" zählt 16 000 Seiten – neun für jeden Tag des Krieges. Es erschienen Bücher mit Kochrezepten aus dem Krieg, nachgedruckte Zeitungen aus allen fünf Besatzungsjahren und Anleitungen zum Bau eines Kochherds, wie man ihn während des Hungerwinters benutzt hatte. Noch 1995 konnte man zum 50. Jahrestag des Kriegsendes Befreiungswurst und Befreiungsschnaps kaufen und beim Bäcker Marken für eine CD mit Befreiungsliedern sammeln. Auch zahllose niederländische Romane spielen vor dem Hintergrund des Krieges. So wurde der Krieg Teil der niederländischen Identität, vielleicht auch aus dem einfachen Grund, „weil seitdem ja nicht mehr viel passiert ist", wie der Kulturhistoriker Hermann von der Dunk mutmaßte. Der Soziologe Erik van Ree vermutete, dass der „barocke Gedenkkult" von Gleichgültigkeit angesichts heutigen Unrechts ablenken sollte: „Die zunehmende Solidarität mit den Toten spiegelt die fehlende Solidarität mit den Lebenden."

Nur langsam setzte sich die Erkenntnis durch, dass „gut" und „böse" in den seltensten Fällen angemessene Kategorien zur Beschreibung und zum Verständnis des Kriegsgeschehens waren. Königin Beatrix reflektierte dieses Umdenken in ihrer Weihnachtsansprache von 1994: „Der Widerstand war nicht allgemein", betonte sie. „Denn die meisten zogen es vor, so normal wie möglich weiterzuleben – in der Hoffnung, so zu überleben." In einer Rede vor der Knesset, dem israelischen Parlament, sagte sie im darauf folgenden Jahr: „Wir wissen, dass viele unserer Landsleute mutig und manchmal erfolgreich Widerstand geleistet haben, dass sie oft bedrohten Mitmenschen beigestanden und sich selbst dabei in Lebensgefahr begeben haben. Wir wissen aber auch, dass das die Ausnahme war und dass das niederländische Volk die Vernichtung der jüdischen Mitbürger nicht verhindern konnte."

Bereits 1982 hatte Harry Mulisch in seinem Weltbestseller „Das Attentat" ein vielschichtiges Bild der Vergangenheit gezeichnet. Ausgangspunkt des Romans ist ein Anschlag auf einen niederländischen Kollaborateur kurz vor Kriegsende. Die Attentäter aus dem Widerstand nehmen in Kauf, dass die Deutschen aus Rache dafür völlig Unbeteiligte exekutieren. Ein so zum Waisen gewordener Junge will das furchtbare Ereignis zunächst nur vergessen, doch die Verdrängung gelingt nicht. Mit den Jahren eröffnen sich ihm immer neue Facetten des Anschlags, immer tiefere Verstrickungen werden deutlich, bis er schließlich feststellen muss, dass das Kriegserlebnis sein ganzes Leben mitbestimmt hat. Ministerpräsident Ruud Lubbers (Amtszeit 1982 bis1994) hat das Buch einmal an Bundeskanzler Helmut Kohl geschickt und ihm gesagt, wenn er wissen wolle, was der Krieg für die Niederlande bedeutet habe, solle er es lesen; eine Empfehlung, der man sich nur anschließen kann.

Noch weiter ging Tessa de Loo mit „Die Zwillinge" (1993): In einem Kurort treffen sich zwei alte Frauen, kommen miteinander ins Gespräch und stellen fest, dass sie Zwillingsschwestern aus Köln sind. Nach dem frühen Tod ihrer Eltern waren sie noch als Kleinkinder getrennt worden: Anna wuchs auf einem westfälischen Bauernhof auf und heiratete später einen Mann von der Waffen-SS, Lotte kam zum niederländischen Zweig der Familie, der im Krieg Juden versteckte. Sie lehnt Anna ab, weil diese aus dem Land der Täter kommt; selbst will sie von ihrer deutschen Herkunft nichts wissen. „Die blutarme Selbstgerechtigkeit Lottes, die sich für ihre befleckte Schwester zu fein vorkommt, muss auch als verhüllte Kritik an vielen Niederländern gelesen werden, die – trotz Kolonialzeit und Sklavenhandel – ihre Kultur gegenüber der deutschen als die überlegene betrachten und die Kollektivschuld der Nachbarn nur zu gern auf die nächsten Generationen übertragen wollen", urteilte Dirk Schümer in der „Frankfurter Allgemeinen". Der Roman war in den Niederlanden ein großer Publikumserfolg, und nach Beobachtung der Autorin konnten sich viele Leser besser in die deutsche Anna als in die niederländische Lotte einfühlen.

Heute ist die Beschäftigung mit der Vergangenheit in den Niederlanden durchweg von einer nüchternen und selbstkritischen Haltung geprägt. 2020 ging Ministerpräsident Mark Rutte am 75. Jahrestag der Auschwitzbefreiung so weit, für das Handeln der niederländischen Behörden während der Besatzung um Entschuldigung zu bitten. „Zu viele niederländische Funktionäre führten aus, was der Besatzer von ihnen erwartete." Natürlich habe es auch Widerstand gegeben, etwa das kollektive Aufbegehren des Februarstreiks. „Und doch ... doch war es unterm Strich zu wenig. Zu wenig Schutz. Zu wenig Hilfe."

Eine interessante Frage für Historiker ist, wie tief die Zäsur durch den Krieg wirklich gewesen ist. Die Versäulung der niederländischen Gesellschaft war zunächst ungebrochen, in vielerlei Hinsicht lebte man weiter, als wäre nichts geschehen – die 60er-Jahre waren da einschneidender. In der Außenpolitik allerdings gingen die Niederlande neue Wege, denn ihr Versuch, sich als Neutrale aus allem herauszuhalten, war zu offenkundig gescheitert. Den Haag wurde zu einem kleinen, aber festen Pfeiler der NATO. Auch beim europäischen Einigungsprozess waren die Niederländer von Anfang an dabei, allerdings schwebte ihnen – anders als Deutschen und Franzosen – eher keine politische Union vor, sondern eine Wirtschaftsgemeinschaft. Die Idee für den Binnenmarkt stammte – heute weitgehend unbekannt – von dem niederländischen Außenminister Wim Beyen (Amtszeit 1952–1956). Er wollte den exportorientierten niederländischen Konzernen einen Ersatz für den weggefallenen Absatzmarkt Niederländisch-Indien verschaffen. Dessen Verlust war das zweite große Trauma der 40er-Jahre.

KAPITEL 5

Die große Freiheit

Die Niederlande seit 1945

Vertreibung aus dem Paradies. Der Verlust des Kolonialreichs

Mit dem Befreiungstag waren Krieg und Besatzung noch nicht überall im Königreich der Niederlande vorbei. Niederländisch-Indien wurde weiterhin von einer Achsenmacht beherrscht – Japan. Nach dem Angriff auf Pearl Harbor im Dezember 1941 hatte die niederländische Exilregierung dem Kaiserreich den Krieg erklärt. Zwei Monate später besiegten die Japaner in der „Schlacht in der Java-See" eine alliierte Flotte aus niederländischen, britischen, australischen und amerikanischen Schiffen und eroberten danach in nur einer Woche ganz Niederländisch-Indien; am 8. März 1942 kapitulierte die Kolonialregierung.

Die Japaner internierten die Niederländer in Straflagern. Die Lebensbedingungen hingen stark von dem jeweiligen Kommandanten ab, verschlechterten sich aber allgemein in den letzten Monaten des Krieges, als die Gefangenen hungerten und Krankheiten grassierten. Von den insgesamt etwa 170 000 Lagerinsassen kamen 34 000 um, jeder Fünfte. Mörderisch war auch der Bau einer 400 Kilometer langen Eisenbahnlinie, der sogenannten Birma-Bahn, durch tropischen Urwald in Thailand und Birma. Allein dabei starben 3100 Niederländer.

Nachdem die Amerikaner Hiroshima und Nagasaki mit Atombomben zerstört hatten, verkündete Kaiser Hirohito am 15. August 1945 die japanische Kapitulation. Damit war in den Augen der Niederländer nun auch ihr Inselreich befreit, und die rechtmäßigen Herrscher konnten zurückkehren. Dass der indonesische Nationalistenführer Achmed Sukarno nur zwei Tage nach der japanischen Kapitulation die Republik Indonesien ausrief, beeindruckte sie gar nicht. Sukarno hatte mit den Japanern zusammengearbeitet und war nach Ansicht der niederländischen Regierung als Verräter einzustufen. So wurden die Verhältnisse in den Niederlanden einfach auf die Kolonie übertragen: Die Japaner waren die Deutschen, die nach Unabhängigkeit strebenden Nationalisten die Kollaborateure und die Einheimischen die geknechtete Bevölkerung, die ihren Befreier

– die Niederländer – herbeisehnte. Diese Mischung aus Verblendung und Wunschdenken führte geradewegs in einen Krieg, der noch einmal Zehntausende das Leben kosten sollte.

In Wahrheit lagen die Dinge etwas anders. Zwar hatte die indonesische Bevölkerung sehr unter der japanischen Besatzung gelitten – schätzungsweise zweieinhalb Millionen Menschen starben –, doch die Niederländer hätten sich eigentlich noch daran erinnern müssen, wie begeistert die Japaner zunächst empfangen worden waren. Die Indonesier hatten sich sofort von ihren Kolonialherren abgewandt, und wenn sie danach auch erkennen mussten, dass die neuen Herrscher noch viel schlimmer waren als die alten, so hatte dies doch keineswegs dazu geführt, dass sie sich die Niederländer zurückwünschten. Sukarno, den die Kolonialregierung vor dem Krieg erfolgreich kaltgestellt hatte, konnte nun auf breite Unterstützung zählen. Die Japaner hatten ihm als Gegenleistung für seine Kooperation erlaubt, Radioansprachen an die Bevölkerung zu halten, was seine Bekanntheit erheblich gesteigert hatte. Auch über viele andere Veränderungen während der dreieinhalbjährigen Herrschaft der Japaner war sich die Regierung in Den Haag nicht im Klaren. Sie unterschätzte vor allem den Prestigeverlust, den sie 1942 durch den raschen Sieg der Japaner erlitten hatte. Alles Niederländische war danach schnell aus dem indonesischen Alltag verschwunden: Die Japaner verboten die Sprache, rissen Statuen wie die des Eroberers van Heutsz nieder, benannten Straßen um und gaben Batavia seinen ursprünglichen Namen Jakarta zurück. Außerdem stellten die Japaner indonesische Hilfstruppen zusammen, die nach der japanischen Kapitulation ein Machtvakuum füllten.

Die Niederlande setzten alles daran, die Zügel so schnell wie möglich wieder in die Hand zu bekommen. Eine Kriegsflotte mit 100 000 Mann rauschte durch den Suezkanal in den Indischen Ozean. Man fragt sich, woher das ausgeblutete Land so kurz nach dem Zweiten Weltkrieg die Kraft nahm, um dieses größte Expeditionsheer seiner Geschichte auszurüsten. Die Antwort kann nur lauten, dass sich die Niederländer eine Zukunft ohne ihr Imperium schlicht nicht vorstellen konnten. *Indië verloren, rampspoed geboren* (Indien verloren, Unheil geboren), lautete ein allgemein akzeptiertes Sprichwort jener Zeit. Ohne Indien waren die Niederlande nichts weiter als ein Kleinstaat an der Nordsee, ohne Indien würden sie – auch das war oft zu hören – auf den Rang Dänemarks herabsinken.

Mit zwei sogenannten „Polizeiaktionen" versuchten die Niederländer deshalb 1947 und 1948/49, die Kontrolle über die abtrünnige Kolonie wiederzuerlangen. Die Hauptverantwortung für diese Politik lag bei ignoranten Hardlinern wie dem katholischen Politiker Louis Joseph Maria Beel, der von 1946 bis 1948 Ministerpräsident und anschließend Hoher Vertreter der Krone in Indonesien war. Diesem früheren Provinzbeamten, der sich während der Besatzungszeit mutig von den Nazis distanziert hatte und deshalb später in die Regierung geholt worden war, fehlte schlicht der Horizont, um die Entwicklungen in dem fernen Land und die Reaktion der Großmächte richtig einschätzen zu können. Zwar konnten die Niederländer rasch militärische Erfolge erzielen, doch waren dies Pyrrhussiege. Der Weltsicherheitsrat schaltete sich ein und verurteilte das gewaltsame Vorgehen der Haager Regierung. Doch erst als die USA mit dem Entzug der Marshall-Hilfe drohten, gaben die Niederlande nach. Am 27. Dezember 1949 unterzeichnete Königin Juliana – Wilhelmina war 1948 frustriert abgetreten – die Trennungsurkunde und entließ damit neunzig Prozent ihrer Untertanen in die Unabhängigkeit.

Die Rolle als Kolonialmacht war damit ausgespielt, aber der alte Spruch *Indië verloren, rampspoed geboren* erwies sich sehr bald als falsch. Schon 1950 lag das Nationaleinkommen höher als vor dem Zweiten Weltkrieg. Mit großem Erfolg widmeten sich die Niederlande dem Wiederaufbau und sicherten sich einen festen Platz unter den zehn größten Wirtschaftsmächten der Welt. Konzerne wie Shell, Unilever und Philips mischten als *global players* mit. Das Dreieck Amsterdam-Utrecht-Rotterdam wuchs zu einem industriellen Ballungsraum, der *Randstad*, zusammen. Dazu kam 1959 der Fund riesiger Erdgasvorkommen in der Provinz Groningen. 1975 deckten die staatlichen Erdgasvorkommen fast zehn Prozent aller Reichsausgaben.

All dies ermöglichte den Aufbau eines großzügigen Sozialstaats unter Leitung von Willem Drees (1886–1988), genannt „Väterchen Drees“, der von 1945 bis 1948 Sozialminister war und danach zehn Jahre lang der erste sozialdemokratische Ministerpräsident. Noch nie war es so vielen Niederländern so gut gegangen, und unter diesem Eindruck verblasste die Erinnerung an Niederländisch-Indien schnell.

1969 dann ein Aufschrei. Im Fernsehen bekannte der mutige Joop Hueting, der 1947 als 19 Jahre alter Wehrpflichtiger nach Indonesien geschickt worden war: „Ich habe da bei Kriegsverbrechen mitgemacht, ich habe gesehen, wie sie begangen wurden. Dass die Kampongs durchsiebt wurden, wobei niemand die militärische Notwendigkeit davon sah. Dass Verhöre stattfanden, bei denen auf abscheuliche Weise gefoltert wurde.“ Die Regierung sah sich daraufhin gezwungen, eine Untersuchung in Auftrag zu geben. Diese kam zu der beruhigenden Feststellung, dass es lediglich einzelne, isolierte Vorfälle gegeben habe. Die Streitkräfte insgesamt hätten sich „völlig korrekt verhalten“, versicherte Ministerpräsident Piet de Jong.

Als der Schriftsteller Graa Boomsma 1992 in einem Interview sagte, die niederländischen Soldaten in Indonesien seien zwar keine SS-Leute gewesen,

Niederländer als Kriegsverbrecher. Ministerpräsident Louis Joseph Maria Beel und der niederländische Oberbefehlshaber in Indonesien, Simon Spoor, marschieren im Gleichschritt mit Heinrich Himmler und Joseph Goebbels. Karikatur von Wim van Wieringen zu den „Polizeiaktionen" in Indonesien, veröffentlicht 1949 in der linksgerichteten Zeitung „De Vlam".

hätten aber Dinge getan, die mit den Untaten der SS verglichen werden könnten, musste er sich für diese Aussage vor Gericht verantworten – ebenso wie der Journalist, der ihm die Fragen gestellt hatte (der Prozess endete mit Freispruch).

„Die niederländische Gesellschaft scheint an kollektivem Gedächtnisschwund zu leiden", kommentierte die britische Zeitung „The Independent on Sunday" 1994. „Die Hartnäckigkeit, mit der sich die Niederländer weigern, die unangenehmen Teile ihrer eigenen Geschichte zur Kenntnis zu nehmen, äußert sich nicht nur im Belästigen von Schriftstellern und Journalisten." Die Zeitung verwies auf den Fall des Jan Poncke Princen, der 1948 aus Überzeugung zu den Indonesiern übergelaufen war. Obwohl er später als Kritiker des Suharto-Regimes und Verfechter der Menschenrechte in Indonesien international bekannt wurde, sprach sich das niederländische Parlament noch 1994 dagegen aus, ihm ein Visum für einen Familienbesuch auszustellen. Seine Fahnenflucht sei strafrechtlich zwar verjährt, moralisch aber nach wie vor unverzeihlich, hieß es. Aus humanitären Gründen setzte sich der linksliberale Außenminister Hans van Mierlo über das Abgeordnetenvotum hinweg und ordnete Polizeischutz für Princen an. Als Entwicklungsminister Jan Pronk daraufhin 1995 eine breite gesellschaftliche Debatte über die Kolonialvergangenheit anregte, tat Ministerpräsident Wim Kok dies mit den Worten ab, das sei doch alles schon so furchtbar lange her – dies wohlgemerkt im selben Jahr, als die Gedenkfeiern zum 50. Jahrestag des Kriegsendes ein ungekanntes Ausmaß erreichten. Auch verbot Kok Königin Beatrix, sich während eines Staatsbesuchs in Indonesien für die niederländischen Gewalttaten zu entschuldigen, so wie sie dies gern getan hätte. Der Besuch lief auf ein Fiasko hinaus.

Paul Scheffer, einer der einflussreichsten niederländischen Publizisten, stellte 1996 fest: „Trotz aller Zeugnisse für Kriegsverbrechen in den Jahren 1945 bis 1949 ist in den Niederlanden kein allgemein empfundenes Schuld- oder Schamgefühl nachweisbar – bei keiner einzigen Generation. (…) Die Niederlande können nicht weiterhin mit zweierlei Maß messen. Warum hält es fast jeder für einen Fortschritt, wenn Japan endlich zugibt, einen ‚Angriffskrieg' geführt zu haben, während wir es normal finden, über ‚Polizeiaktionen' und ‚Exzesse' in Niederländisch-Indien zu sprechen anstatt über einen ‚Krieg' und über ‚Kriegsverbrechen'? Warum verlangen wir von deutscher Seite, ihr Schuldbewusstsein zum Ausdruck zu bringen, und betrachten uns selbst von der Verpflichtung zu solcher Symbolik ausgenommen?"

Erst im 21. Jahrhundert fanden die Niederlande allmählich zu einer anderen Haltung. 2005 erklärte Außenminister Ben Bot in Jakarta, sein Land habe bei der indonesischen Unabhängigkeitserklärung 1945 „auf der falschen Seite der Geschichte" gestanden. 2020 tat König Willem-Alexander dann endlich das, was seiner Mutter ein Vierteljahrhundert zuvor noch untersagt worden war: Zu Beginn eines Staatsbesuchs entschuldigte er sich im Beisein des indonesischen Präsidenten Joko Widodo. „In der Nachfolge früherer Äußerungen meiner Regierung will ich jetzt hier für Gewaltexzesse auf niederländischer Seite in jenen Jahren mein Bedauern ausdrücken und Entschuldigungen übermitteln." Es war vielsagend, dass sich Willem-Alexander bei der auf Englisch vorgetragenen Rede ausgerechnet bei dem Wort *apologies* verhaspelte. Sinnbildlicher hätte nicht zum Ausdruck gebracht können, wie mühsam sich die Niederlande diese Entschuldigung abgerungen hatten.

2022 wurde schließlich nach fünfjähriger Forschungsarbeit unter Beteiligung von 115 Wissenschaftlern eine umfassende Untersuchung im Auftrag der niederländischen Regierung veröffentlicht. Jetzt erst kam die ganze Wahrheit über den Kolonialkrieg der Jahre 1947 bis 1949 auf den Tisch. Demnach setzte die niederländische Armee strukturell Gewalt und Terror auch gegen die Zivilbevölkerung ein. Dörfer wurden in Brand gesteckt, Gefangene gefoltert, ohne Prozess hingerichtet und in Massengräbern verscharrt, Frauen vergewaltigt und ermordet. Schätzungsweise 100 000 Indonesier wurden getötet, auf niederländischer Seite kamen etwa 5000 Soldaten um. Die Forscher betonen, dass dies keine isolierten Exzesse waren, sondern dass die Streitkräfte extreme Gewalt systematisch als Mittel der Kriegsführung anwandten – voll gedeckt von der militärischen Führung, der Zivilverwaltung, der Justiz und der Politik in Den Haag. 75 Jahre lang wurden diese Verbrechen von höchster Stelle verdrängt und vertuscht. Der flämische Historiker David Van Reybrouck kommentierte, viele europäische Länder hätten lange gebraucht, um sich mit ihrer Kolonialvergangenheit auseinanderzusetzen, „aber in den Niederlanden dauert es wirklich extrem lange". Van Reybrouck, Autor eines Buchs zum indonesischen Unabhängigkeitskrieg („Revolusi"), führt dies zum einen auf die lange sehr starke Stellung der Veteranenverbände zurück, zum anderen auf das geschönte Selbstbild, das bis heute im Schulunterricht vermittelt werde. Die niederländische Geschichte werde dort zu einem Narrativ von Demokratie, Toleranz und Freiheit. „Dann wird es sehr schwierig, auch die dunklen Seiten der Geschichte zur Kenntnis zu nehmen."

Ein Kolonialerbe anderer Art waren die 12 500 Molukker, die nach der Unabhängigkeit Indonesiens in die Niederlande kamen. Sie hatten an der Seite der Kolonialherren gegen die indonesischen Nationalisten gekämpft, weil sie schon vor langer Zeit zum Christentum bekehrt worden waren und sich den Niederländern dadurch verbunden fühlten. Ihr Versuch, eine von Jakarta unabhängige Republik der Süd-Molukken zu gründen, wurde von Sukarno mit Waffengewalt niedergeschlagen. Trotz ihrer Loyalität erwartete sie in den Niederlanden ein kühler Empfang. Die Molukker wurden in abgelegenen Lagern fernab der Städte untergebracht, denn es war beabsichtigt, sie so schnell wie möglich wieder nach Indonesien abzuschieben.

Es gab jedoch keine Rückkehr mehr – auf den Molukken ging der Unabhängigkeitskampf jahrelang erfolglos weiter. Anfang der 70er-Jahre entstand in den Niederlanden eine Bewegung radikaler junger Molukker, die die Haager Regierung durch Terroranschläge zwingen wollte, sich in Indonesien für ihren Wunschtraum einer eigenen Republik einzusetzen. Ihren dramatischen Höhepunkt erreichte die Anschlagsserie 1977, als Terroristen in der Provinz Groningen einen Zug mit 54 Passagieren in ihre Gewalt brachten. Zur gleichen Zeit überfiel eine andere Abteilung eine Grundschule und nahm 105 Kinder und sechs Lehrer als Geiseln. Der sozialdemokratische Ministerpräsident Joop den Uyl, der Gewalt verabscheute, setzte auf eine friedliche Lösung, doch nach 18 Tagen stimmte er schließlich unter großem Druck seiner Minister einer gewaltsamen Beendigung zu. Spezialeinheiten des Militärs stürmten Schule und Zug, zwei Geiseln und sechs Terroristen wurden getötet. Die niederländische Bevölkerung reagierte gelassen auf den Terror, es gab keine Übergriffe auf Molukker. Anet Bleich, die Biografin den Uyls, erklärt dies damit, dass Politiker und Medien in den 70er-Jahren viel zurückhaltender mit dem Thema Terrorismus umgegangen seien als heute. Sie waren sehr darauf bedacht, nicht das zu tun, was die Terroristen wollten – nämlich Angst zu schüren und Panik zu verbreiten. Gleichzeitig gab sich die Politik große Mühe, die Verbitterung unter den Molukkern nicht noch zu verstärken und dadurch neue Gewaltakte zu provozieren. Die

Regierung erwog sogar, Königin Juliana einen Beileidsbrief an die Angehörigen der umgekommenen Terroristen schreiben zu lassen.

Während sich die Niederlande im Fall Indonesiens geradezu an ihren Kolonialbesitz klammerten, konnten sie das südamerikanische Surinam – das sie 1667 von England gegen Nieuw Amsterdam (New York) eingetauscht hatten – gar nicht schnell genug loswerden. Mit einem goldenen Händedruck verabschiedete der erklärte Anti-Imperialist Joop den Uyl den kleinen Urwaldstaat 1975 in die Unabhängigkeit. Schon bald glitt Surinam ins Chaos ab: Das Militär putschte, die Hälfte der Bevölkerung – eine Viertelmillion Menschen – setzte sich in die Niederlande ab. Auch die letzten noch im Königreich verbliebenen Kolonien liegen in der westlichen Hemisphäre, die Niederländischen Antillen. Sie haben vieles, was dem Mutterland fehlt: Berge, Palmen, klares Wasser und vor allem viel Sonne. Doch die sechs Karibikinseln, einst als „goldene Felsen" berühmt, sind für den niederländischen Steuerzahler schon lange ein Verlustgeschäft. Der einzige Wirtschaftszweig von Bedeutung, der Tourismus, reicht nicht aus, um allen Bewohnern eine Existenz zu sichern. Auf die jährlichen Subventionen aus Den Haag wollen die Antillianer bisher denn auch nicht verzichten.

Es wäre falsch, die Kolonialzeit ausschließlich als Belastung für die Niederlande zu sehen. Als die Deutschen in den 50er-Jahren die ersten Gastarbeiter aus Italien bestaunten und sich über die von ihnen verzehrten „Teigwaren" wunderten, waren die Niederländer schon jahrhundertelang mit Besuchern aus viel weiter entfernten Kulturkreisen vertraut. „Überseeische Erfahrungen der Kaufleute und Firmentraditionen haben es den Niederländern ermöglicht, problemlos Anschluss an die Weltwirtschaft in der zweiten Hälfte des 20. Jahrhunderts zu finden", analysierte der Soziologie-Professor Ernest Zahn 1994 in der „Neuen Zürcher Zeitung". Schon in den 80er-Jahren reichte ein Blick auf die niederländische Fußball-Nationalelf, um zu sehen, dass sich das kleine Land hinter den Nordseedünen seinen weiten Horizont bewahrt hatte.

Porträt: Johan Cruyff

Weltstar aus Betondorp

Angela Merkel hat Johan Cruyff einmal als das Idol ihrer Jugend bezeichnet. „Cruyff hat mich beeindruckt", sagte sie. „Ich glaube, ich war auch nicht die Einzige in Europa." Gewiss nicht. Für Franz Beckenbauer war er „der beste Fußballer, den Europa je hervorgebracht hat". In Amerika erschien er als erster Fußballspieler auf der Titelseite des „Time"-Magazins.

„König Johan" wurde 1947 im Schatten des früheren Stadions von Ajax Amsterdam im Außenbezirk Betondorp geboren.

Der Vater war Gemüsehändler, auf seiner Visitenkarte stand: „Hauptlieferant von Ajax." Wenn *Cruyffje* nach der Schule nicht auf dem Bolzplatz trainierte, stellte er zusammen mit dem Ajax-Platzwart die Eckfahnen auf. Mit zehn Jahren wurde der spindeldürre Junge in die Jugendmannschaft aufgenommen, mit 17 spielte er bei den Profis. Er trickste, jonglierte und schoss Tore, die Sportreporter zu Freudentränen rührten. Und das alles mit einem chronisch entzündeten dicken Zeh.
Sein Länderspiel-Debüt gab er 1966. Gleich beim zweiten Spiel verpasste er dem Leipziger Schiedsrichter Rudi Glöckner eine Ohrfeige und wurde in Polizeibegleitung vom Platz gestellt. Seitdem war ihm das rotweiße Ajax-Trikot mit der legendären 14 immer lieber als das Oranje-Hemd. Dennoch stieg er Anfang der 70er-Jahre zum Halbgott der Nationalelf auf. „Ich wagte während des Trainings nicht, ihn zu berühren", erinnerte sich später sein Mitspieler Johan Neeskens. Was ihm besonders imponierte: „Er konnte einen Elfmeter organisieren, indem er sich selbst gegen sein Schienbein trat und zu Boden ging. Jeder fiel darauf rein."
Im WM-Finale 1974 gegen die DFB-Auswahl verloren die Niederländer trotz Cruyff mit 1:2. Über die Enttäuschung von München konnte ihn auch die Wahl zum besten Spieler der WM nicht hinwegtrösten. 1984 beendete er seine aktive Laufbahn und wechselte ins Trainerfach, wo er bald als bestbezahlter Coach überhaupt galt. Später war er nach Beobachtung des englischen Fußball-Autors David Winner „Guru, Pate, Provokateur, Prophet und Verfechter der reinen Lehre in einem". 2015 wurde bei Cruyff Lungenkrebs festgestellt. „Ich habe das Gefühl, dass ich mit 2:0 in Führung liege nach der ersten Halbzeit eines Spiels, das noch nicht zu Ende ist", gab er im Februar 2016 bekannt. Einen Monat später starb er im Alter von 68 Jahren in seinem Wohnort Barcelona.

Crazy Holland. Die experimentelle Gesellschaft

Als John Lennon und Yoko Ono 1969 ihr einwöchiges Happening *Bed Peace* abhielten und von einem Hotelbett aus ihre Friedensbotschaft verkündeten, da war es nur logisch, dass sie dafür Amsterdam auswählten. Amsterdam – das war das Mekka der Hippies und Blumenmädchen, die Stadt, in der alles erlaubt schien: Marihuana-Rauchen im Poptempel „Paradiso", Schlafen unterm Sternenhimmel im Vondelpark, freie Liebe in den Kommunen und bezahlte Liebe in der Altstadt, wo sich die Prostituierten in rot beleuchteten Schaufenstern öffentlich darboten. Amsterdam war das Zentrum einer internationalen Subkultur. Es rumorte im Untergrund, und jeder konnte mitmachen, ganz gleich, woher er kam und wer er war.

Man darf zwar nicht den Fehler machen, Amsterdam mit den Niederlanden zu verwechseln, doch auch im Rest des Landes machten sich in den 60er-Jahren grundlegende gesellschaftliche Veränderungen bemerkbar – bis in die Kasernen, wo sich schließlich jeder Soldat seine Haare so lang wachsen lassen durfte, wie er wollte. Individualisierung und Entkirchlichung ließen die Säulen bröckeln, die Aufteilung in streng getrennte weltanschauliche Gruppen löste sich auf. Auffallend ist, wie bereitwillig die bis dahin unangefochtenen Autoritäten ihre Stellung preisgaben. Während die Studentenrevolution in Frankreich und Deutschland mit Straßenschlachten und Attentaten einherging, kam das niederländische Establishment den Studenten so rasch entgegen, dass sich handfeste Proteste erübrigten. 1970 verabschiedete das Parlament in Den Haag ein Hochschulgesetz, das den Studentenvertretern weitgehende Mitbestimmungsrechte einräumte. Umgekehrt agierten aber auch die Studenten sehr viel friedlicher als in Paris oder Berlin. Selbstironisch bezeichneten sich Amsterdams Aktivisten als *kabouters*, als Heinzelmännchen. Ihr Protest behielt immer eine spielerische Note. Von 1973 bis 1977 stellte die Linke dann schon selbst die Regierung. Das „rote Kabinett" des Joop den Uyl verstand sich als gesellschaftliche Avantgarde und machte Politik nach dem Motto „Die Fantasie an der Macht". Konservative schäumten. Als einige Minister den Uyls 1974 nach dem WM-Finale in München in betont lässiger Kleidung zu einem Galadiner des bayerischen Ministerpräsidenten Alfons Goppel erschienen, zischte Prinz Bernhard ihm zu: „Können Sie diese Kerle nicht rausschmeißen lassen?"

Europaweit bekannt waren die Niederlande zu dieser Zeit für ihr liberales Abtreibungsrecht. Aus Deutschland reisten zeitweise jedes Jahr Tausende von ungewollt schwangeren Frauen mit einem mulmigen Gefühl über die Grenze und meist noch am selben Tag erleichtert wieder zurück. *„Baas in eigen buik"* (Boss im eigenen Bauch), lautete die Parole der feministischen Bewegung Dolle Mina, benannt nach der Frauenrechtskämpferin Wilhelmina Drucker (1847–1925). Die katholische Kirche protestierte, aber sie tat dies ohne die anderswo zu beobachtende Militanz. „In Holland sind sogar die Katholiken lieb zu mir", wunderte sich der Journalist Oswalt Kolle, der in Deutschland als „Aufklärer der Nation" bekannt war. Priester suchten das Gespräch mit ihm und distanzierten sich von den Anfeindungen, denen er zuhause ausgesetzt war. Kolle siedelte schließlich nach Amsterdam um und wurde niederländischer Staatsbürger.

Ein Sehnsuchtsort waren die Niederlande lange auch für homosexuelle Deutsche, die dort schon in den 70er-Jahren ein Maß von Freiheit erfuhren, von dem sie zuhause nur träumen konnten. Der Akzeptanz-Unterschied war frappierend, wie sich zum Beispiel der Entertainer Hape Kerkeling erinnert. Seine Überzeugung ist bis heute: „Die Niederlande sind grundsätzlich liberaler als Deutschland." Als erstes Land weltweit führten die Niederlande 2001 die gleichgeschlechtliche Ehe ein. Drei schwule Paare und ein lesbisches Paar wurden im

Faulenzen für den Frieden. John Lennon und Yoko Ono im März 1969 bei ihrer Bed-In-For-Peace-Aktion im Amsterdam Hilton.

Amsterdamer Rathaus von Bürgermeister Job Cohen getraut.

Eine international umstrittene Vorreiterrolle spielten die Niederlande auf dem Gebiet der Sterbehilfe. Auch hier war die schnelle Säkularisierung ab den 60er-Jahren die Voraussetzung für die nachfolgende Entwicklung. Es gibt heute kaum ein westliches Land mit einem so geringen Anteil an kirchlich gebundenen oder religiös eingestellten Menschen wie die Niederlande. Dies hat aber nicht etwa zur Folge, dass im einstigen „Land der Kaufleute und Prediger" weniger engagiert über ethische Fragen diskutiert wird, im Gegenteil, es geschieht höchstens mit größerer Offenheit. Was die Sterbehilfe betrifft, so wurde die Praxis hier seit den 70er-Jahren durch eine Reihe wegweisender Gerichtsurteile verändert. 2001 verabschiedete das Parlament das *euthanasiewet*, das weltweit erste Gesetz, das unter bestimmten Bedingungen aktive Sterbehilfe zulässt – die Tötung auf Verlangen. Der Arzt verabreicht dem Patienten in solchen Fällen selbst die tödliche Medikamentendosis. Dafür müssen mehrere Voraussetzungen erfüllt sein: So muss der Arzt davon überzeugt sein, dass die Bitte um Sterbehilfe nur von dem Patienten selbst ausgeht und nicht etwa auf Druck der Familie zustande kommt. Zudem muss der Patient ohne Aussicht auf Besserung unerträglich leiden. Der Arzt ist verpflichtet, einen anderen Mediziner hinzuziehen, der überprüft, ob alle Kriterien erfüllt sind. Jeder Fall von Sterbehilfe muss sodann unverzüglich von dem ausführenden Arzt gemeldet werden. Eine Regionale Prüfkommission untersucht, ob er gesetzeskonform gehandelt hat. Nur wenn das der Fall ist, wird er nicht strafrechtlich verfolgt.

Die Zahl der gemeldeten Fälle ist seit der Verabschiedung des Gesetzes kontinuierlich gestiegen. 2020 waren es knapp 7000, das entspricht gut vier Prozent aller in dem Jahr in den Niederlanden gestorbenen Menschen. Die Praxis hat gezeigt, dass niederländische Ärzte im Allgemeinen sehr gewissenhaft mit dem Sterbewunsch von Patienten umgehen. Natürlich gibt es auch Kritik. Der Journalist Gerbert van Loenen weist in seinem auch auf Deutsch erschienenen Buch „Das ist doch kein Leben mehr!" darauf hin, dass es eine zunehmende gesellschaftliche Erwartungshaltung gebe, sein Leben selbstbestimmt, sprich ärztlich assistiert zu beenden, wenn es nach außen hin nicht mehr lebenswert erscheint.

Ein noch bekannteres Beispiel für die niederländische Liberalität ist die Drogenpolitik. Begonnen hat alles mit einer Neufassung des Opium-Gesetzes im Jahr 1976 während der roten Regierung von Joop den Uyl: Erstmals wurden hier Drogen in die Kategorien „hart" und „weich" eingeteilt. Drogen beider Kategorien blieben offiziell verboten, doch der Besitz von bis zu fünf Gramm „weicher" Drogen zum Eigenbedarf sollte von nun an nicht mehr verfolgt werden. Dies ist das legendäre *gedoogbeleid*, die Duldungspolitik, die unter anderem dadurch ermöglicht wird, dass niederländische Staatsanwälte nicht verpflichtet sind, eine Straftat zu verfolgen. Sie können es tun, aber sie müssen es nicht. Im Umgang mit Haschisch setzte sich früh die Erkenntnis durch, dass ein Großteil der Jugend sowieso damit experimentiert und es sich von daher nicht empfiehlt, dieses Verhalten zu kriminalisieren. Die Polizei sollte sich besser auf drängendere Probleme, etwa den Handel mit harten Drogen wie Heroin und Kokain, konzentrieren. Andere Argumente, die angeführt werden, sind: Der Joint verliert den Reiz des Verbotenen, und die Drogenszene lässt sich so in gewissem Maße kontrollieren. „Die Begrenzung der gesundheitlichen Schäden steht bei unserer Drogenpolitik im Vordergrund", sagte Königin Beatrix 1995 in ihrer Thronrede. „Die Fakten zeigen, dass die Ergebnisse dieser Politik den internationalen Vergleich sicher nicht scheuen müssen."

Das *gedoogbeleid* hat eine durch und durch niederländische Einrichtung hervorgebracht: den Coffeeshop. Haschisch-Café wäre der treffendere Name, darf aber nicht verwendet werden, da Werbung für Drogenverkauf verboten ist. Viele Shops erkennt man an der Abbildung einer Cannabispflanze, andere riecht man schon von weitem, wieder andere sehen so einladend aus, dass der bayerische Ministerpräsident Edmund Stoiber während eines Besuchs in Amsterdam einmal fast in einem Coffeeshop Platz genommen hätte. Die Stadt Delfzijl eröffnete 1996 sogar einen kommunalen Coffeeshop, in dem Sozialarbeiter im Auftrag des Stadtrates „garantiert hochwertiges Cannabis" verkauften – die anderen Coffeeshops mussten dafür schließen. Als in den Niederlanden 2008 ebenso wie in anderen EU-Ländern ein Gesetz zum Nichtraucherschutz in Kraft trat und alle Lokale die Raucher in gesonderte Räume verbannen mussten, bedeutete dies für die Coffeeshops, dass dort von Stund an nur noch pures Cannabis geraucht werden durfte. „Tabak geht nicht mehr, Haschisch schon noch", erklärte ein Polizeisprecher den fassungslosen deutschen Medienvertretern.

Es ist vor diesem Hintergrund kein Wunder, dass das kleine Königreich lange das gelobte Land für all jene war, die in Deutschland links von der Mitte standen. „Das fortschrittlichste Land Europas", schwärmte 1993 das Magazin der „Süddeutschen Zeitung". „Fenster ohne Gardinen, schwarzer Libanese im Coffeeshop, bunte Gesichter mit programmatischem Lächeln, braune Mittelstürmer, die Anti-Apartheid-Songs zur Reggae-Gitarre singen, freundliche, verschlungene Körper im Vondel-Park. Haare über Uniformkrägen, das Leben eine Pantomime, die Luft weich wie Gras." Das „Streiflicht" der SZ beschrieb die Niederländer als „ein freundliches, ziviles, wunderliches Volk". Als Beleg dafür wurde unter anderem der Fall eines Niederländers angeführt, der vor Gericht das Recht erwirkt hatte, bei einem Stau auf dem Standstreifen der Autobahn rückwärts zu fahren, weil er unter einer speziellen Stau-Phobie litt, einem sich dann unverzüglich einstellenden Drang, die Toilette aufzusuchen. „Das zeugt von einer Weitherzigkeit, die wir der deutschen Justiz wünschen", schrieb die Zeitung. „Eine Emigration nach Holland wäre zu erwägen." Ein anderes Mal beschäftigte sich das „Streiflicht" mit einer dpa-Meldung, wonach niederländische Bordelle fortan Gütezeichen erwerben konnten: Zu den Voraussetzungen dafür gehörte unter anderem das Vorhandensein einer Betonschere, mit der man im Brandfall einen festgeketteten Kunden umgehend befreien konnte.

Kuriositäten dieser Art scheinen zu bestätigen, was das US-Magazin „Newsweek" 2001 in einer Titelgeschichte über *crazy Holland* feststellte: „Auf Konservative von Österreich bis Texas wirken die Niederlande wie ein modernes Sodom und Gomorra." In Wahrheit jedoch tritt hier keine Sittenlosigkeit zutage, sondern im Gegenteil Ordnungssinn in Verbindung mit Pragmatismus. Prostitution, Drogenkonsum und Sterbehilfe gibt es natürlich auch in anderen Ländern, nur bleibt es dort meist im Dunkel der Illegalität. In den Niederlanden herrscht dagegen die Ansicht vor, dass man Dinge, die doch nicht zu ändern sind, besser akzeptieren und so gut wie möglich regeln kann. Dabei werden gern auch unorthodoxe Herangehensweisen erprobt, um herauszufinden, was sie taugen. Die Voraussetzung dafür ist eine offene, unideologische Haltung. Sie hat sich in den Tagen der Hippies und Blumenkinder herausgebildet und die Niederländer nie mehr verlassen.

Stichwort: ABC der Nachkriegsniederlande

Achtuhrjournal: Die niederländische „Tagesschau". Seriös, verlässlich und ein klein wenig langweilig. Dass das Journal genau so bleibt, wollen einer Studie zufolge selbst diejenigen, die es nicht einschalten.

Bijlmer: Trabantenstadt in Amsterdam, die in den 60er-Jahren als „Stadt der Zukunft" entworfen wurde. Wohnen, Arbeiten, Einkaufen und Erholung sollten säuberlich getrennt werden. Das Experiment ging jedoch schief, weil die Wohnungen als *ongezellig* (siehe G) empfunden wurden. Die Hochhauswaben verkamen zum sozialen Brennpunkt.

Camper: Schon sehr bald nach dem Krieg waren sie eine bekannte Erscheinung auf deutschen Autobahnen: die Camper mit den schwarzen, später gelben Nummernschildern. Zeitweise besaß jeder 14. niederländische Haushalt einen Wohnwagen, in Deutschland nur jeder 35. Der Wohnwagen sprach die Niederländer als eine häusliche Form von Abenteuer an: Man zog in die Welt hinaus und blieb doch in der vertrauten, wohlgeordneten Umgebung.

Doorzonwoning: Wörtlich übersetzt „Durchsonnwohnung". Bezeichnet ein typisches niederländisches Nachkriegsreihenhaus mit großen Fenstern an der Vorder- und Rückseite und ohne Zwischenwände im Erdgeschoss, so dass die Sonne von vorne bis hinten durchscheinen kann.

Elfstädtetour: 200 Kilometer langer Schlittschuhlauf über die zugefrorenen Kanäle der Provinz Friesland, entlang an elf historischen Städtchen. Jeen van den Berg, der Gewinner von 1954: „Man schwebt über Kanäle und Seenplatten, als ob man Flügel hätte." 1963 musste der rechte große Zeh des Teilnehmers Tinus Udding wegen Erfrierungen zweiten Grades amputiert werden. Das schwarz vertrocknete Etwas wurde danach wie eine Reliquie im Eislaufmuseum von Hindeloopen ausgestellt.

Frikandel: Erinnert von der äußeren Erscheinung her an eine faltige Zigarre oder Schlimmeres. Zu ihrem Inhalt kursieren wilde Gerüchte über Kuheuter und Schlachtabfälle. Schmeckt besser als sie aussieht.

Gezelligheid: Zustand kleinbürgerlichen Wohlbehagens, der in seiner vollen Bedeutung und Tiefe Ausländern nicht begreiflich gemacht werden kann. Häufig gekoppelt an eine Tasse Kaffee (siehe K).

Hema: Ur-niederländische Warenhauskette, gegründet 1926 in Amsterdam. Setzte zeitweise zehn Millionen Rauchwürste jährlich und 20 Prozent aller in den Niederlanden verkauften BHs um. Dahinter stand die Idee einer Demokratisierung des Warenhauskonzepts: Arbeiter wagten sich anfangs nicht in die vornehmen Einkaufspaläste, deshalb lockte Hema mit niedrigen Einheitspreisen von 25 und 50 Cent.

Indonesische Reistafel: Wurde von den 300 000 nach dem Krieg in die Niederlande emigrierten Kolonialholländern und Indonesiern eingeführt und entwickelte sich zu einer Art Nationalgericht. Besteht aus bis zu 40 separaten Gerichten, die in kleinen Schüsselchen zu Reis serviert werden.

Jenever: Die Inuits in Grönland sollen mehr als 40 Wörter für Schnee haben, Niederländer haben ähnlich viele Bezeichnungen für Jenever. Darunter *vaderlantje* (Vaterländchen), *ouwe angst* (alte Angst) und *jonge klare* (junger Klarer).

Kopje koffie: Die niederländische Gesellschaft gründet auf der Überzeugung, dass kein Problem so schwerwiegend ist, als dass es nicht bei einer Tasse Kaffee besprochen und vielleicht sogar gelöst werden könnte.

Luns, Joseph: Am längsten amtierender Außenminister der niederländischen Geschichte. Überzeugter Atlantiker, der auf einen Beitritt Großbritanniens zur Europäischen Wirtschaftsgemeinschaft drängte und sich sowohl Charles de Gaulle als auch Konrad Adenauer entgegenstellte. Letzterer grollte: „Ich könnte ihm den Hals umdrehen."

Mansholt, Sicco: „Wir sind ihn glücklicherweise los", seufzte Ministerpräsident Drees, als sein eigensinniger Landwirtschaftsminister 1958 zur neu gegründeten EWG wechselte. Doch weit gefehlt: Als Erfinder und Vollstrecker der Brüsseler Agrarpolitik wurde Mansholt zum wohl mächtigsten Niederländer der 60er-Jahre.

Nederlandse Vereniging voor Seksuele Hervorming (NVSH): Die Sexualreformer bildeten neben dem für technische Verkehrsfragen zuständigen Automobilklub ANWB den größten Verein des Landes mit über 200 000 Mitgliedern in den 60er-Jahren.

Oranjegekte: Obwohl der niederländische Fußball in den 70er-Jahren seinen Höhepunkt erlebte, gab es zu dieser Zeit noch keine Oranjeverrücktheit mit ganzen in Orange dekorierten Straßenzügen. Diese Sitte kam erst nach dem EM-Halbfinalsieg gegen Deutschland 1988 allmählich auf. Das bekannteste Oranjelied „Hup Holland hup" datiert von 1950.

Paradiso: 1968 in einer ehemaligen Amsterdamer Kirche eröffnetes „kosmisches Entspannungszentrum". Gilt als erster Poptempel, in dem während der Konzerte Marihuana geraucht werden durfte.

Quay, Jan de: Katholischer Politiker und Ministerpräsident von 1959 bis 1963. In seiner Amtszeit drohte ein Krieg mit Indonesien um Niederländisch-Neuguinea. 1962 stimmte de Quay zu, das Gebiet nach einer Übergangsphase unter UN-Aufsicht an Indonesien zu übergeben.

Rotterdam: Wurde nach dem Krieg als unholländische Wolkenkratzerstadt wieder aufgebaut. „In Rotterdam wird das Geld verdient, in Amsterdam wird es ausgegeben", sagte man damals.

Sint-Michielsgestel: Lager, in dem die deutschen Besatzer prominente Niederländer gefangen hielten. Der spätere Europapolitiker Max Kohnstamm nannte es „Hitlers Herrengefängnis". Die Haft brachte Literaten wie Simon Vestdijk, Industrielle wie Frits Philips und Politiker wie Jan de Quay zusammen, die heimlich über die niederländische Nachkriegsordnung berieten. Dies hatte zur Folge, dass Katholiken, Protestanten und Sozialisten, die normalerweise auf Distanz bedacht waren, erstmals intensiv miteinander ins Gespräch kamen. Dieses neue Zusammengehörigkeitsgefühl wurde als „Geist von Gestel" prägend für die Nachkriegspolitik.

Tompoes: Ebenso preiswertes wie beliebtes Gebäck aus zwei Schichten Blätterteig und einer sehr dicken Portion Vanillepudding dazwischen. Egal ob Geburtstag, Jubiläum, Königinnentag oder Fußballspiel, die „Ziegelsteine" (wie sie ihrer Form wegen genannt werden) dürfen nicht fehlen. Besonderes Kennzeichen ist ihre knallrote oder -rosa Glasur, die aus gegebenem Anlass auch orange sein kann. Es ist technisch unmöglich, einen Tompoes krümel- oder kleckerfrei zu verzehren.

Uyl, Joop den: Der am weitesten links stehende Regierungschef, den die Niederlande je hatten. Ein Getriebener, der davon überzeugt war, eine bessere Welt schaffen zu können. „Er glaubt nicht mehr an Gott", sagte seine Frau über ihn, „aber schon noch, dass Gott an ihn glaubt." Weil aber kurz nach seinem Amtsantritt 1973 die Ölkrise kam, konnte er seine ehrgeizigen Pläne nicht verwirklichen und wurde stattdessen zum Krisenmanager.

Versäulung: Bezeichnet die um 1960 immer noch intakte Organisation der niederländischen Gesellschaft in weltanschauliche Gruppen. Dies ging so weit, dass katholische Jungen Wildwestgeschichten über „Adlerauge" lasen, der vor dem Kampf immer noch schnell ein Stoßgebet gen Himmel sandte, und ihre reformierten Altersgenossen die Abenteuer von „Peerke", in denen protestantisch gebetet wurde.

Weertje, lekker: Schönes Wetter. Tritt nach niederländischer Auffassung ein, sobald sich *het zonnetje* kurz eben blicken

Ein Wald von Baumhäusern mitten in der Stadt. Die Kubuswohnungen des Architekten Piet Blom im bombardierten Zentrum von Rotterdam, erbaut von 1982 bis 1984.

lässt. Fernsehmeteorologen, wie der früher enorm populäre Erwin Kroll, pflegen im Vergleich zu ihren deutschen Kollegen das Positive herauszustellen: Wenn das Wetter mal nicht schön ist, ist es doch gut für Blumen und Bauern. Und bei Sturm kann man sich „lecker durchwehen" lassen.

Yerseke: Die Austern- und Miesmuschelzüchter von Yerseke bangten in den 60er-Jahren um ihre Existenz, weil der Meeresarm Oosterschelde zum Schutz vor Nordseefluten abgeriegelt werden sollte. Es war einer der ersten Erfolge der sich formierenden Umweltschutzbewegung, dass in den 70er-Jahren die Entscheidung für ein Sturmflutwehr mit beweglichen Toren getroffen wurde.

Zuerst mein Fahrrad zurück: Aufforderung an deutsche Touristen, die nie begriffen, wovon die Rede war: Während der Besatzung waren massenhaft Fahrräder beschlagnahmt worden.

Mit dem Rücken zum Nachbarn. Das Verhältnis zu Deutschland

Frage: Wie öffnet ein Deutscher eine Auster? Antwort: Er klopft dreimal kräftig gegen das Gehäuse und brüllt: Aufmachen! Dieser typische Deutschen-Witz blieb Bundeskanzler Helmut Kohl vermutlich erspart, als er 1995 zu einem informellen „Schnellkursus Holland" nach Den Haag kam. In Gesprächen mit

Politikern, Journalisten, Managern und Wissenschaftlern versuchte er damals zu ergründen, warum das Verhältnis zwischen Deutschen und Niederländern auch 50 Jahre nach Kriegsende immer noch so schwierig war.

Die Niederländer, so sagte man, standen mit dem Rücken zum Nachbarn. Trotz der geografischen Nähe kannten viele das Land nur aus dem Geschichtsunterricht oder aus dem Fernsehen. Im dunklen *Moffrika* hielt man auf der Durchfahrt nach Italien höchstens mal zum Tanken. Den Niederländern erschien manches verdächtig, was in den Augen der Deutschen absolut harmlos war – zum Beispiel die Blechbüchsenarmee der Augsburger Puppenkiste. Das deutsche Kinderprogramm sei doch ziemlich militaristisch, meinte ein Journalist Anfang der 90er-Jahre nach einem kurzen Blick auf die zappelnden Holzköpfe. Deutschfeindlichkeit gehörte in den Niederlanden lange zum guten Ton. „Die Abkehr von den Deutschen ist unsere nationale Variante des Fremdenhasses", kritisierte 1993 in einer mutigen Rede der damalige niederländische Botschafter in Bonn, Pieter van Walsum. Abfällige Bemerkungen über die *oosterburen* – die Nachbarn im Osten – gehörten in bestimmten Kreisen einfach mit dazu. Ein Sportmoderator im Fernsehen meldete: „Zwischendurch mal eben eine gute Nachricht: Das deutsche Daviscup-Team ist rausgeflogen." Noch 2007 warb ein slowakischer Billigflieger in Österreich für seine Verbindung nach Amsterdam mit dem Slogan: „Besuchen Sie ein Land, wo Deutsche noch unbeliebter sind als hier." Das größte Kompliment, das man als Deutscher von einem Niederländer bekommen konnte, war die Versicherung, man sei „ja gar kein richtiger Deutscher". Das hieß, dass man nett war.

Auf der Hand liegt natürlich, dass die Sympathien für Deutschland kurz nach dem Krieg auf dem Nullpunkt angelangt waren. Viele wollten einfach nie mehr Deutsch sprechen und nach Möglichkeit auch nicht mehr hören. „Die Todesurteile, die hier verhängt wurden, die Bekanntmachungen – das war alles auf Deutsch", erläuterte der Schriftsteller Harry Mulisch (1927–2010) in einem Gespräch für dieses Buch. „Und das hat sich natürlich im kollektiven Gedächtnis eingeprägt." Gleichzeitig waren sich die Niederländer darüber im Klaren, dass ihr eigener wirtschaftlicher Wiederaufstieg von einer schnellen Erholung des Nachbarstaates abhing. Noch in seinem Amsterdamer Versteck schrieb der sozialdemokratische Widerstandskämpfer und spätere Ministerpräsident Willem Drees: „Unsere Lage bestimmt uns dazu, ein Bindeglied zu sein zwischen Deutschland und dem überseeischen Verkehr, weshalb wir auch mit Deutschland einen intensiven Warenverkehr pflegen müssen. Die Interessen Europas und insbesondere die unseres eigenen Landes erfordern somit, dass Deutschland wieder aufgebaut und eingebunden wird. Wirtschaftlich eingebunden in der Hoffnung, dass es auch in geistiger Hinsicht wieder integriert wird." Forderungen, das niederländische Staatsgebiet auf Kosten Deutschlands um ein Drittel zu vergrößern, wurden deshalb rasch fallen gelassen, es blieb beim Grenzort Elten, der 1963 nach 14 Jahren aber auch wieder zurückgegeben wurde.

Bereits 1950 war die Bundesrepublik der wichtigste Handelspartner der Niederlande und wenig später auch NATO- und EWG-Partner. Als die Westdeutschen 1953 nach der Flutkatastrophe in Zeeland zehn Millionen Mark Hilfe bereitstellten, äußerte sich der Staatssekretär im Auswärtigen Amt, Walter Hallstein, zuversichtlich, dass dies „in hohem Maße dazu beitragen wird, die letzten kriegsbedingten Ressentiments in den Niederlanden auszuräumen". Eine solche Einschätzung nur acht Jahre nach Kriegsende zeugte von einem gehörigen Maß an Naivität, war jedoch bezeichnend für die deutschen Nachkriegsregierungen. Bei den Versöhnungsbemühungen genossen Länder wie Frankreich, Polen und Israel Priorität – das kleine Holland schien eine vergleichbare Anstrengung nicht wert, das würde sich schon irgendwie finden.

Es dauerte bis 1960, ehe man sich auf einen Ausgleichsvertrag über Schadensersatz und Wiedergutmachung in Höhe von 280 Millionen Mark einigen konnte. In der heißen Phase der Verhandlungen soll der niederländische Außenminister und spätere NATO-Generalsekretär Joseph Luns seinen deutschen Amtskollegen Heinrich von Brentano angeherrscht haben: „Was glauben Sie eigentlich? Sie denken, dass Sie hier gleichberechtigt sitzen, aber da irren Sie sich. Wir sind zu höflich, um es zu sagen, aber Sie sprechen hier als Besiegter mit dem Sieger. Wir sind der Sieger! Was denken Sie!" Als sich Prinzessin Beatrix 1965 mit dem Deutschen Claus von Amsberg verlobte, wollte Luns ihn in „George" umtaufen lassen; schließlich gab man sich mit Claus *van* Amsberg zufrieden.

1969 kam mit Gustav Heinemann erstmals ein Bundespräsident zu einem Staatsbesuch in die Niederlande. Ebenso wie Willy Brandt repräsentierte er für die niederländische Öffentlichkeit den „guten Deutschen" oder auch das „andere Deutschland". In diese Reihe gehörte auch Richard von Weizsäcker, der 1985 als Staatsgast im Königlichen Palast in Amsterdam, dem früheren Rathaus, versicherte: „Wir Deutsche werden die Wunden nicht vergessen, die von Deutschen unseren Nachbarn zugefügt wurden. Wir denken daran, wie das Völkerrecht mit Füßen getreten, Menschen verfolgt, in ihrer Würde verletzt und deportiert wurden, wie viele den Tod fanden." Von Weizsäcker sprach von den Niederlanden als einer „Großmacht des europäischen Geistes, im religiösen, künstlerischen und wissenschaftlichen, ebenso wie im technischen und wirtschaftlichen Sinn". Leider sei dies in Deutschland noch viel zu wenig bekannt. Bis in Weizsäckers Tage wurde das Verhältnis aber dadurch belastet, dass die aufeinanderfolgenden Bundesregierungen – gleich welcher Couleur – bei der niederländischen Regierung in irritierender Weise auf die Freilassung der „Vier von Breda" (später Drei, dann Zwei) drängten. Bei diesen „Kriegsverurteilten", wie sie von deutscher Seite genannt wurden, handelte es sich um Hauptverantwortliche für den Holocaust in den Niederlanden, darunter den Leiter der Zentralstelle für jüdische Auswanderung, Ferdinand aus der Fünten, und den Chef der Sicherheitsdienste in Amsterdam, Willy Lages. Bei einem Staatsbesuch von Königin Juliana in Bonn 1971 zeigten Demonstranten ein Schild mit der Aufschrift „Freiheit für die letzten 3 deutschen Kriegsgefangenen Breda Holland". Es ist mehr als verständlich, dass dies die Haltung vieler Niederländer gegenüber den Deutschen verhärtete.

Die meisten Deutschen verbanden damals mit den Niederlanden kaum mehr als Käse, Holzschuhe, Windmühlen und Tulpen. Dadurch erschien einer der modernsten Industriestaaten der Welt in den Augen seiner Nachbarn als Agrargesellschaft. Die Niederländer verstärkten dieses Klischee allerdings selbst durch die Figur der Frau Antje, die seit 1961 im deutschen Werbefernsehen auftrat. Mit den Jahren brachte sie es – auch dank des von Jazzmusiker Klaus Doldinger komponierten Jingles „Frau Antje bringt Käse aus Holland" – zu einem Bekanntheitsgrad von 90 Prozent. Echt holländisch war an Frau Antje so gut wie nichts: Weder der ungebräuchliche Name noch die Tracht konnten irgendeine Form von Authentizität beanspruchen.

Dass es um das deutsch-niederländische Verhältnis nicht zum Besten bestellt war, blieb dem Großteil der Deutschen verborgen. Viele Touristen nahmen das Land als eine kleinere, verniedlichte Ausgabe Deutschlands wahr. Es sprach dort ja auch jeder Deutsch. Ungerührt bestellten die Tagesgäste aus dem Ruhrgebiet am Strand ihre „Pommes Rotweiß", und wehe, wenn der Würstchenmann dann nicht wusste, dass damit eine Portion Pommes frites mit Ketchup und Mayonnaise gemeint war.

Das Ausmaß der in den Niederlanden bestehenden Ressentiments wurde den Deutschen erst um 1990 klar, vor allem durch einige unschöne Zwischenfälle auf dem Fußballplatz. Die Niederländer hatten es nie verkraftet, dass ihre technisch brillante Cruyff-Elf 1974 im WM-Finale in München der Mannschaft von Franz Beckenbauer unterlegen war. „Manche begannen damals an der Existenz Gottes zu zweifeln", beobachtete der Utrechter Geschichtsprofessor Hermann von der Dunk. 1988 bot sich im Halbfinale der EM in Hamburg eine Gelegenheit zur Revanche. Mit Rinus Michels hatte Oranje sogar wieder denselben Bondscoach wie 14 Jahre zuvor, während Beckenbauer nun die deutsche Mannschaft trainierte, unterstützt von Berti Vogts und Sepp Maier. Als die Elf von Ruud Gullit und Marco van Basten tatsächlich gewann, strömte in den Niederlanden mehr als die Hälfte der Bevölkerung zu Siegesfeiern auf die Straße. Im

Stadion wischte sich Verteidiger Ronald Koeman mit dem getauschten Trikot von Olaf Thon den Hintern ab. Die Fans waren begeistert. „Oh, was sind die Moffen still“, sang die wogende Masse in Orange. Zwei Jahre später folgte bei der WM in Italien der nächste Ausfall, als ausgerechnet der sonst so zurückhaltende Frank Rijkaard Rudi Völler vor laufender Kamera zweimal in den Nacken spuckte. Gewalttätige Fans beider Lager lieferten sich Straßenkämpfe.

Die Wiedervereinigung belebte Ängste vor einer neuen Dominanz Deutschlands. 1990 erschienen zwei Bücher mit Meinungsbeiträgen zum deutschen Einigungsprozess: *„Duitsers!?“* und *„Meningen over ... Duitse Eenheid“*. Positive Stimmen gab es kaum, die meisten bewegten sich zwischen Skepsis und offener Feindseligkeit. „Es ist ein hochmütiges Volk, das mir zuwider ist“, ereiferte sich etwa der Schauspieler und Regisseur Ton Lutz. Die Amsterdamer Stadträtin Annemarie Grewel prophezeite, „dass Kohl nächste Woche damit beginnen wird, Ostpreußen zurückzufordern“. Harry Mulisch war eine der wenigen Gegenstimmen: „Von der heutigen Situation in Deutschland geht für mich überhaupt keine Bedrohung aus“, stellte er klar. „Ich habe keine Einwände gegen die Vereinigung der beiden Teile Deutschlands. Wenn ich Kohl wäre, würde ich da auch Druck machen. (...) Auch die Niederlande haben sich in Indonesien furchtbar benommen.“

1993 veröffentlichte das angesehene Clingendael-Institut für internationale Beziehungen in Den Haag eine Studie, derzufolge die meisten niederländischen Jugendlichen Deutsche für arrogant hielten; fast jeder Zweite stufte sie sogar als kriegslüstern ein. Als in der nordrhein-westfälischen Stadt Solingen fünf Türkinnen durch einen rechtsextremistischen Brandanschlag umkamen, schickten 1,2 Millionen Niederländer vorgedruckte Postkarten ein, auf denen stand: „Ich bin wütend. Solingen, 29. Mai 1993. Fünf unschuldige Frauen sind lebendig verbrannt, nur weil sie Ausländer waren. Mit dieser Postkarte will ich zeigen, dass ich entsetzt bin.“ Ladenketten, Zeitschriftenverlage, die Niederländische Eisenbahn und die Post unterstützten die Aktion, die ursprünglich von zwei DJs ausgegangen war. Am Ende wurden die Postsäcke dem Kanzleramtsminister Friedrich Bohl in Bonn überreicht. Die Kartensammlung war deshalb so erfolgreich, weil sie es den Niederländern erlaubte, ihre vermeintliche Überlegenheit gegenüber den Deutschen herauszustellen und sich gleichzeitig – bei minimalem Aufwand – vorzumachen, ein Zeichen gegen Rassismus zu setzen. Es war das abstoßendste Beispiel für das sprichwörtliche *opgeheven vingertje* – den erhobenen Zeigefinger – der selbsternannten Vorbildnation. Die Zeitung „De Volkskrant“ schrieb 2008 im Rückblick: „Die Aktion passte zu einer selbstgerechten Sichtweise der nationalen Geschichte: Dank einer Tradition der Offenheit und Toleranz waren die Niederlande anderen Ländern überlegen, ganz gewiss Deutschland, wo die dunklen Kräfte des Nationalismus schon wiederholt freies Spiel gehabt hatten."

Es war jedoch, als hätten die 1,2 Millionen Postkartenschreiber den Bogen überspannt. Die neue Regierung des Sozialdemokraten Wim Kok erklärte 1994 die Verbesserung des deutsch-niederländischen Verhältnisses erstmals zu einer wichtigen Aufgabe. Neben Ministerpräsident Kok taten sich dabei vor allem Außenminister Hans van Mierlo und Bildungsminister Jo Ritzen hervor. Ritzen sorgte dafür, dass in den Schulen fortan nicht nur die Zeit des Nationalsozialismus, sondern auch die Geschichte der demokratischen Bundesrepublik behandelt wurde. „Der Unterricht in den Niederlanden ist gut, aber in diesem Fall offenbar nicht gut genug", sagte er. „Man stößt in Witzen und Artikeln leider auf allerlei unreflektierte und beleidigende Äußerungen, die weit über einen unschuldigen Scherz hinausgehen." Es entstanden ein historisch-politisches Deutschland-Institut an der Universität Amsterdam und ein Austauschprogramm für deutsche und niederländische Journalisten. In den Medien wurde allmählich ein anderer Ton angeschlagen, abfällige Bemerkungen über Deutsche waren zunehmend verpönt. In ihrer Weihnachtsansprache von 1994 mahnte auch Königin Beatrix zur Versöhnung mit den Deutschen. Mit Blick auf die bevorstehenden Gedenkfeiern zum 50. Jahrestag des Kriegsendes sagte sie: „Auf Unterdrückung folgt Befreiung, aber auf Befreiung folgt Versöhnung."

Ein Teil des niederländischen Misstrauens schwand einfach dadurch, dass sich das wiedervereinigte Deutschland zunächst eben nicht als wirtschaftliche Übermacht entpuppte, sondern mit großen Problemen zu kämpfen hatte, während der niederländischen Wirtschafts- und Sozialpolitik gerade in der zweiten Hälfte der 90er-Jahre internationale Anerkennung zuteil wurde. Auch ein Drama, das mit dem deutsch-niederländischen Verhältnis gar nichts zu tun hatte, mag sich ausgewirkt haben: 1995 eroberten bosnisch-serbische Truppen die von Muslimen bewohnte Stadt Srebrenica, eine UN-Schutzzone, die von 450 niederländischen Blauhelmsoldaten bewacht wurde. Diese überließen die Stadt jedoch widerstandslos dem General Ratko Mladic. Etwa 8000 muslimische Männer wurden abgeführt und erschossen, Frauen und Kinder deportiert. Es war das schwerste Kriegsverbrechen in Europa seit dem Zweiten Weltkrieg – und das niederländische Kontingent hatte vor aller Welt versagt, sein Kommandant Ton Karremans sogar mit Mladic auf dessen Sieg angestoßen. Diese Erfahrung bewirkte einen gewissen Bewusstseinswandel in dem selbsternannten *gidsland* (Vorreiterland), das den Großen bis dahin immer so gern die Leviten gelesen hatte: Wenn es ernst wurde, war auf Niederländer offenbar auch nicht immer Verlass.

Das Jahr 1995 kann als Wendepunkt im deutsch-niederländischen Verhältnis betrachtet werden, vor allem dank eines zweitägigen Besuchs von Bundeskanzler Helmut Kohl. Seine Rede am 22. Mai vor Studenten der Erasmus-Universität in Rotterdam hinterließ tiefen Eindruck. Kein deutscher Politiker hatte zuvor solche Worte gefunden:

„Ihre Stadt Rotterdam wurde im Mai 1940 das Opfer barbarischer Zerstörung durch deutsche Bombenflugzeuge", sagte Kohl. „Unschuldige Männer, Frauen und Kinder kamen ums Leben. Das Herz der Stadt wurde vernichtet. Dieser Angriff war verbrecherisch, die Besetzung der Niederlande war es, der gesamte von Hitler entfesselte Krieg war es. Ich verstehe sehr gut, dass die Erinnerung an die Zeit vor 50 Jahren, an die deutsche Besetzung Ihres Landes, schmerzlich ist. Ich denke besonders an die Verfolgung und Ermordung der jüdischen Bürger in den Niederlanden. Noch heute wird das Tagebuch der Anne Frank von Millionen Menschen in aller Welt mit Erschütterung gelesen – auch bei uns in Deutschland. Wir wollen dieses Leiden und Sterben, den Schmerz und die Tränen nicht vergessen. Das schulden wir den Opfern. Nur so kann die Erfahrung der damals allgegenwärtigen Unmenschlichkeit einen Sinn ergeben und uns Mahnung sein. Die Erinnerung an die nationalsozialistische Gewaltherrschaft muss weitergegeben werden, um uns gegen die Wiederholung des Bösen stark zu machen. Was geschehen ist, kann niemals ungeschehen gemacht werden. Wir dürfen jedoch nicht Gefangene der Vergangenheit bleiben – sonst hätte die Vergangenheit ja letztlich gesiegt! ... Ich weiß, es gibt in den Niederlanden noch manche Zurückhaltung gegenüber den deutschen Nachbarn, und ich verstehe die Gründe sehr wohl. Umgekehrt gibt es ja auch in Deutschland Unkenntnis über die Niederlande. Es gibt doch aber auch viele gutnachbarliche und freundschaftliche Beziehungen. Darüber sollten wir mehr miteinander sprechen. Vor allem sollten wir offen aufeinander zugehen. An die niederländische Jugend appelliere ich: Kommt zu uns, lernt das Deutschland des Jahres 1995 kennen, macht euch selbst ein Bild von eurem Nachbarn!"

Dieser Aufforderung sind seitdem Millionen Niederländer nachgekommen, und das hat mit dazu beigetragen, dass sich das Bild in den letzten 20 Jahren gewandelt hat. Heute erscheinen in den Niederlanden Buchtitel wie „Warum wir auf einmal die Deutschen lieben" oder „Wir können nicht alle Deutsche sein". Deutschland ist das beliebteste Urlaubsland der Niederländer und Berlin so sehr Sehnsuchtsort der Jugend, dass niederländische Clubs das *Berlijneske uitgaansleven* zu imitieren versuchen. „Da geht alles, und da darf man alles", schwärmt der Betreiber des Utrechter Clubs *Klein Berlijn* von der deutschen Hauptstadt – genau das haben die Deutschen früher über Holland gesagt. Sogar aus dem Fußball verschwand die Gehässigkeit, als die Deutschen jahrelang so spielten wie die Niederländer gerne gespielt hätten: schön und offensiv. Sie seien „Botschafter des Fußballs", lobte Johan Cruyff 2014 nach dem Gewinn des

Weltmeistertitels in Brasilien. Es soll mittlerweile sogar Bayern-München-Fans in Amsterdam geben – was natürlich auch damit zu tun haben könnte, dass dort lange so viele Niederländer aktiv waren. Rudi Völler und Frank Rijkaard hatten sich übrigens schon 1996 versöhnt: Rijkaard besuchte seinen früheren Kontrahenten und entschuldigte sich in aller Form für die Spuck-Szene.

Egal ob Körnerbrötchen oder Leberwurst – vieles typisch Deutsche ist in den Niederlanden heute populär. 2016 war Deutschland Schwerpunktthema der jährlichen niederländischen Buchwoche, und viele neue Übersetzungen sowohl von Klassikern wie von jungen deutschen Autoren erschienen. „Es ist unglaublich, was hier passiert: Wir umarmen die Deutschen“, wunderte sich der Schriftsteller Leon de Winter. „Die Deutschen sind in den Augen der Niederländer ein sehr einnehmendes Volk geworden ...“

Wer die 70er- und 80er-Jahre noch miterlebt hat, kann das alles mitunter kaum glauben. *„Help! Whatever happened to Holland-German animosity?“*, fragte sich 2012 der britische „Guardian“. Ein wesentlicher Grund für den Umschwung ist natürlich, dass die Generation, die die deutsche Besatzung miterlebt hat, allmählich abgetreten ist. Dies kann aber nicht die einzige Erklärung sein, denn auch die Jugendlichen, die sich 1993 in der Clingendael-Studie so negativ geäußert hatten, hatten ja keine persönliche Erinnerung an den Krieg. Viele andere Entwicklungen spielen ebenfalls mit: das kritischere Selbstbild der Niederländer, auch was ihre Rolle in der Besatzungszeit betrifft; das aktive Bemühen der deutschen und niederländischen Politik um Verständigung; das Sommermärchen der Fußball-WM von 2006; die Flüchtlingspolitik von Bundeskanzlerin Angela Merkel. 2021 ergab eine Erhebung des European Council on Foreign Relations, dass sich eine absolute Mehrheit von 58 Prozent der Niederländer Merkel als Präsidentin Europas wünschen würde, der höchste Wert in allen zwölf untersuchten Ländern. Die ebenso fähige wie nüchterne und unprätentiöse Merkel genoss in den Niederlanden beispielloses Ansehen.

Die Ehrlichkeit gebietet es, auch einen anderen, weniger schönen Grund für das Verschwinden des Ressentiments aufzuführen: „Deutschland und die Deutschen sind durch andere Feindbilder abgelöst worden“, analysiert der Schriftsteller Arnon Grunberg und nennt in diesem Zusammenhang unter andere Muslime und „EU-Technokraten“, eine beliebte Zielscheibe der Rechtspopulisten.

Gewiss darf man nicht glauben, dass für die Zukunft nun alle Irritationen ausgeschlossen sind. Ein gewisser Hang zur Abgrenzung ergibt sich fast zwangsläufig aus dem Verhältnis zwischen einem großen und einem kleinen Land mit vielen Gemeinsamkeiten. Der Kleinere hat da immer schnell das Gefühl, an die Wand gedrückt und vereinnahmt zu werden. Sigmund Freud hat in diesem

Zusammenhang vom „Narzissmus der kleinen Differenzen" gesprochen. Aber damit kann man leben.

So sind Deutsche und Niederländer am Ende doch noch ziemlich beste Nachbarn geworden. Seit Neuestem wird sogar die Existenz eines deutschen Humors von den Niederländern anerkannt. „Natürlich haben Deutsche Humor", beteuert der Schriftsteller Thomas Rosenboom. „Aber er ist so subtil, dass wir Niederländer ihn nicht verstehen."

Porträt: Rudi Carrell

Der Lieblingsniederländer der Deutschen

Rudi Carrell (1934–2006), der vielleicht einflussreichste Entertainer des deutschen Fernsehens, lernte die Deutschen zunächst als Besatzer kennen. Als Zehnjähriger trug er in Alkmaar die Widerstandszeitung „Het Parool" aus, seine Eltern versteckten vorübergehend eine Jüdin auf dem Dachboden. Doch im Hungerwinter zeigte ihm ein deutscher Lokführer ein geheimes Koksversteck, weil er Mitleid mit dem Jungen hatte, der ihn an seinen acht Jahre alten Sohn Karl in Berlin erinnerte. Einige Wochen später wurde der Lokführer vor Carrells Augen bei einem britischen Luftangriff getötet: „Ich habe diesen Mann nie vergessen. Vielleicht habe ich später unbewusst für Männer wie ihn Fernsehen in Deutschland gemacht."

Nach dem Krieg ging Carrell – der eigentlich Rudolf Wijbrand Kesselaar hieß – bei seinem Vater, dem Alleinunterhalter Andries Kesselaar, in die Lehre, machte im niederländischen Fernsehen Karriere und kam 1965 nach Deutschland. Dort war Fernsehunterhaltung noch eine Mischung aus buntem Abend und Bildungsbürgerquiz. Der Schlaks mit den vorstehenden Zähnen und dem zerknautschten Gesicht änderte dies von Grund auf. Seine Show „Am laufenden Band" hatte 30 Millionen Zuschauer. Höhepunkt einer jeden Sendung war ein Fließband mit Konsumgütern des täglichen Bedarfs, von denen der Tagessieger mitnehmen durfte, was er sich merken konnte: Ein Toaster, ein Radiorecorder, eine Föhnhaube und der Fragezeichen-Würfel mit Überraschungspreis – es war ein aus heutiger Sicht geradezu rührendes Sinnbild der westdeutschen Konsumgesellschaft.

Anders als Hans-Joachim Kulenkampff oder später Thomas Gottschalk setzte Carrell nicht auf Spontaneität – er war auch nicht schlagfertig und persönlich alles andere als komisch. Vielmehr bereitete er seine Shows bis ins letzte Detail vor. Der besessene Arbeiter und Kettenraucher war immer auf der Suche nach neuen Gags und Show-Ideen und dabei äußerst innovativ. Als Erster setzte er auf Comedy-Formate wie „Rudis Tagesshow", eine Parodie der ARD-Tagesschau, und wurde damit zum Vorbild einer ganzen Generation von Fernsehunterhaltern wie Harald Schmidt und Hape Kerkeling. Carrell war ein Profi durch und durch, und er blieb es bis zuletzt. Schon schwer von seiner Krebserkrankung gezeichnet, nahm er ein halbes Jahr vor seinem Tod den Ehrenpreis der Goldenen Kamera entgegen und witzelte mit heiserer, brüchiger Stimme: „Die Tatsache, dass ich hier heute diesen Ehrenpreis in Empfang nehmen kann, verdanke ich meiner deutschen Krankenversicherung, dem Klinikum Bremen-Ost und der deutschen Pharmaindustrie. (...) Es war eine Ehre, Fernsehen in diesem Land zu machen." Mit Ovationen wurde er vom Publikum verabschiedet.

Porträt: Prinz Claus

Der Lieblingsdeutsche der Niederländer

Die Nachricht schlug 1965 in den Niederlanden wie eine verspätete Kriegsbombe ein: Kronprinzessin Beatrix hatte einen Freund, und dieser Freund war ein ehemaliger deutscher Wehrmachtssoldat! Eine Untersuchung des Historikers Lou de Jong ergab zwar, dass dieser Claus von Amsberg (1926–2002) im Krieg praktisch keinen Schuss abgegeben hatte, aber die Stimmung blieb aufgeheizt. Im Fernsehen musste er sich einem peinlichen Verhör unterziehen: War er vom deutschen Antisemitismus beeinflusst? Hatte er sich schon einmal Filme aus Konzentrationslagern angesehen? Und würde er demnächst beim jährlichen Gedenken ebenso empfinden „wie die guten Niederländer selbst"? Mit gelassenem Ernst gab der junge Mann die korrekten Antworten und hatte damit schon die meisten Kritiker überzeugt, zumal das „Eindhovens Dagblad" auch noch eine „hochintelligente Stirn, empfindsame Nasenflügel und ein energisches Kinn" ausmachte. Am Rande der Hochzeit im wilden Amsterdam kam es allerdings zu Krawallen, neben der Goldenen Kutsche ging eine Rauchbombe hoch.

Zehn Jahre später war der kluge und zurückhaltende Prinz das beliebteste Mitglied der Königsfamilie, ja, er wurde gar zum nettesten Mann des ganzen Landes gewählt. Über alles und jeden durfte man in den Niederlanden Witze machen – nur nicht über Claus. Gerade die Linken hatten den „roten Prinzen" ins Herz geschlossen. Der ehemalige Bonner Diplomat, der einen Teil seiner Jugend in Afrika verbracht hatte, interessierte sich besonders für Entwicklungshilfe und vertrat auf diesem Feld fortschrittliche Positionen. Seine anfängliche Beratertätigkeit für die Regierung musste er zu seinem großen Leidwesen jedoch wieder aufgeben, da sie als zu politisch bewertet wurde. Groß blieb sein Einfluss auf Beatrix, die ihr Amt seit 1980 selbstbewusst und politisch ambitioniert ausfüllte. Claus war der Einzige, der sie notfalls bremsen konnte, dafür reichte schon ein leises *„schatje, schatje"* (Schätzchen, Schätzchen).

1982 erkrankte Claus an einer Depression, was ihn „durch die Hölle gehen" ließ, wie es sein Sohn Willem-Alexander einmal ausgedrückt hat. Immer öfter blieb der Stuhl neben dem Thron von Beatrix leer, und wenn Prinz Claus doch einmal auftrat, war sein Körper stocksteif, sein Gesicht maskenhaft: Die Parkinsonsche Krankheit setzte ihm zu. Doch immer wieder rührte er die Niederländer zu Tränen, zum Beispiel wenn er bei Staatsempfängen oder im Blitzlichtgewitter der Fotografen seine kleine Uralt-Kamera russischer Bauart hervorzog und umständlich sein eigenes Bild knipste. 1987 kam in Amsterdam ein Mann auf ihn zu und sagte zu ihm: „Herr Claus, ich habe bei Ihrer Hochzeit eine Rauchbombe geworfen. Wenn ich gewusst hätte, wer Sie sind, hätte ich es nicht getan. Es tut mir leid."

In der königlichen Grabstätte unterhalb des Marmordenkmals für Wilhelm von Oranien in der Neuen Kirche zu Delft wurde Claus 2002 beigesetzt. Elf Jahre später erklärte Beatrix am Vorabend ihrer Abdankung im Fernsehen: „Womöglich wird die Geschichte erweisen, dass die Wahl dieses Ehemanns meine beste Entscheidung überhaupt gewesen ist."

Selfie mit König.
Kontinuität und Anpassung der Monarchie

Ganz, ganz leise ist es in der Nieuwe Kerk in Amsterdam. Keine Musik, kein Husten, kein Flüstern. Obwohl die Kirche mit über 2000 Menschen gefüllt ist, herrscht um 13.45 Uhr völlige Stille. Gespannte Stille. Und dann hört man plötzlich durch die geöffnete Tür von draußen ein tausendfaches „Aaaaaah!"

Auf Fernsehschirmen, die in der Kirche hängen, können die Anwesenden sehen, was der Grund für die Begeisterung ist: Soeben sind der neue König Willem-Alexander und seine Frau Máxima in der Tür des Königlichen Palastes erschienen, um den kurzen Weg zur Kirche zurückzulegen. Und ihr Anblick ist für viele Zuschauer auf dem Damplatz überwältigend: Der König mit einem langen, hermelinbesetzten Purpurmantel um die Schultern, die Königin in einem tiefblauen Kleid mit funkelndem Diadem im Haar.

Als das Paar die Kirche betritt, lächelt in der ersten Reihe jemand und nickt. Das ist die 75 Jahre alte Beatrix, bis zu diesem Vormittag Königin der Niederlande, nunmehr Prinzessin. Mit einer einzigen Unterschrift hat sie das Zepter an ihren Ältesten weitergereicht.

Eingerahmt von ihren ebenfalls königsblau gekleideten Enkeltöchtern, wirkt sie nun auffallend gelöst. Immer wieder beugt sie sich zu den Mädchen hinunter, tuschelt mit ihnen und lächelt. Das hat man so kaum je gesehen. Es scheint, als wäre eine große Last von ihr abgefallen.

Ein Ruf ertönt: *„De Koning!"* Es ist noch etwas ungewohnt. 123 Jahre Frauenherrschaft gehen an diesem Tag zuende. Unter Fanfaren zieht das Königspaar zu seinen goldenen Stühlen. Alle stehen auf, die Zeremonie beginnt mit der Nationalhymne: „Wilhelmus von Nassawe, bin ich von deutschem Blut ..." Als der letzte Ton verklungen ist, brandet draußen Applaus auf.

Was für ein Unterschied zur Amtseinführung von Beatrix vor 33 Jahren: Damals konnte man in der Kirche den Lärm der Demonstranten und Randalierer hören, die fast die Polizei-Absperrung durchbrochen hätten. Wenn man daran denkt, kann man ermessen, was Beatrix in ihrer Amtszeit für die Stabilisierung der Monarchie getan hat.

Mit fester, tiefer Stimme hält der König die wohl wichtigste Rede, die er bis dahin gehalten hat. Und es ist eine gute Rede, wie hinterher fast alle Kommentatoren sagen werden. Zunächst spricht er über seine Vorgängerin: „Liebe Mutter, auf dich war immer Verlass. Danke für die vielen schönen Jahre, in denen wir dich zur Königin haben durften." Lang anhaltender Beifall, Beatrix' Augen, die von zahllosen Krähenfüßen eingerahmt werden, füllen sich mit Tränen.

Danach spricht der König über sich. „Jeder neue Amtsinhaber ist eine andere Persönlichkeit in einer anderen Zeit", sagt er. Willem-Alexander bewundert seine Mutter, aber er ist anders. Auch darum bezeichnet dieser Tag das Ende und den Beginn einer Ära.

Dann der Höhepunkt der Zeremonie: der Treueeid des Königs auf das Grundgesetz. „Ich schwöre den Völkern des Königreichs, dass ich die Verfassung stets wahren und schützen werde." Wieder sind die Jubelrufe der Volksmenge auf dem Damplatz zu hören. Gekrönt wird der neue Monarch nicht – das hat in den Niederlanden keine Tradition. Die Krone bleibt während der ganzen Zeremonie auf einem mit Pupur überzogenen Tisch liegen.

Nach dem Eid des Königs ist es an den Parlamentariern, ihm zu huldigen. Alle Volksvertreter werden einzeln aufgerufen, um zu geloben, dass sie die Rechte des Königs respektieren werden. Rechtlich bindend ist das nicht – die Politiker könnten eines Tages dennoch beschließen, die Monarchie abzuschaffen.

In einer kurzen Ansprache geht der Senatspräsident auch auf die neue Kronprinzessin Amalia ein. Sie werde sich, wenn sie älter werde, sicher auch deutlich mit ihren Meinungen einbringen. Das neun Jahre alte Mädchen grinst wissend. Kurz darauf gibt es noch einen Comedy-Moment, als die Prinzessin während eines Musikstücks herzhaft gähnen muss.

Einer der Anwesenden verfolgt das Geschehen mit sichtbarer Melancholie. In prächtiger Uniform, aber mittlerweile stark ergraut, sitzt Prinz Charles in der ersten Reihe, wo er vor 33 Jahren schon einmal gesessen hat: bei der Amtseinführung von Beatrix. Beneidet er die Oranier um ihre Tradition der zeitigen Abdankung?

Nun ruft der Senatspräsident: *„Lang leve de Koning!"* Und alle erwidern: „Hurra! Hurra! Hurra!" Hand in Hand schreitet das Königspaar zum Ausgang.

Intakte Monarchie. Willem-Alexander und Máxima.

Das Gesicht des neuen Königs ist ernst, Máxima geht wie auf Eiern oder als müsste sie ein gefülltes Champagnerglas auf dem Kopf balancieren. Man sieht es förmlich: Die Zeremonie hat sie verändert ...

So vollzieht sich am 30. April 2013 der Wechsel von Königin Beatrix zu König Willem-Alexander. Es ist ein glänzender Tag, dessen Höhepunkte in viele Länder übertragen werden. Die immer wieder eingeblendeten Szenen einer jubelnden Volksmenge in Orange vermitteln das Bild eines überaus populären Königshauses. Sicherlich ist das in diesem Moment auch der Fall, und doch sollte man sich nicht täuschen: „Die Niederlande sind gar keine Monarchie."

Das hat kein verbohrter Monarchie-Gegner gesagt, sondern Prinz Claus. „Die Niederlande sind eine Republik mit einem Herrscher in Erbfolge. Die Außenminister haben 1815 auf dem Wiener Kongress beschlossen, dass die Niederlande eine Monarchie werden – wahrscheinlich in der Pause zwischen zwei Walzern." Noch drastischer drückte es der Schriftsteller Harry Mulisch aus: „Die Niederlande sind eine ironische Monarchie. Wenn morgen die ganze königliche Familie an verdorbenen Austern stirbt, so machen sich die Niederlande nicht übermorgen in Mecklenburg-Schwerin oder Sachsen-Coburg-Gotha auf die Suche nach einem Großcousin, um ihn zum König zu krönen, sondern dann ist es zu Ende."

Damit ist gemeint, dass die Niederlande, anders als etwa Großbritannien, keine wirklich alte, gewachsene Monarchie sind. Die Staatsform wurde dem Land von fremden Mächten aufgestülpt und war lange nicht wirklich populär – erst Königin Wilhelmina wurde als Symbol des Widerstands gegen die Nazis zu einer heroischen Gestalt. Umfragen zeigen immer wieder, dass die Institution Monarchie bei den durch und durch demokratischen Niederländern deutlich geringeren Rückhalt genießt als die Protagonisten dieser Institution, also derzeit Willem-Alexander und Máxima. Das bedeutet: Bei einem oder gar mehreren Fehltritten stünde schnell die ganze Staatsform zur Diskussion. Auch wünschen die Niederländer kein Pracht liebendes und schon gar kein kostspieliges oder abgehobenes Königshaus. Informell und unzeremoniell soll es sein, volksnah und preiswert. In angelsächsischen Gefilden spricht man in diesem Zusammenhang spöttisch von der niederländischen *bicycle monarchy*, was darauf zurückgehen soll, dass Königin Juliana während ihrer Regierungszeit von 1948 bis 1980 mitunter Besorgungen per Fahrrad erledigte. Eine schöne Legende – aber mit durchaus richtigem Kern: Juliana (1909–2004) hasste alles höfische Getue und wäre wohl am liebsten eine ganz normale holländische Hausfrau gewesen. Eine ihrer ersten Amtshandlungen war die Abschaffung des Hofzeremoniells. Die Sitte, sich nach einer Audienz bei der Herrscherin rückwärts gehend zu entfernen, bezeichnete sie als „höchst gefährlich". Wenn Gäste aufs Schloss kamen, schenkte sie selbst den Kaffee ein und erkundigte sich: *„Blijft u een boterhammetje meeëten?"* (Bleiben Sie noch auf ein Butterbrot?) Bei anderen gekrönten Häuptern stieß diese „bürgerliche Art" nicht immer auf Gegenliebe. Eine Menge erstaunter Gesichter gab es am Tag nach ihrer Silberhochzeit, als sie die versammelten Monarchen Europas sowie den Schah von Persien zu einer Busfahrt durch die Tulpenfelder einlud. Britische Zeitungen warfen ihr daraufhin Majestätsbeleidigung vor, doch Königin Elisabeth ließ verlauten, „dass sie schon immer vorgehabt hatte, in einem Autobus Platz zu nehmen".

Die Gemütsfrau Juliana war auf liebenswerte Weise unprätentiös und von daher in mancherlei Beziehung eine Idealbesetzung für eine Zeit, in der althergebrachte Autoritäten zunehmend infrage gestellt wurden. Die andere Seite der Medaille war eine gewisse Unprofessionalität, die zu zwei schweren Krisen führte: der sogenannten Greet-Hofmans-Affäre von 1956, als durch eine Titelgeschichte im „Spiegel" bekannt wurde, dass eine Wunderheilerin großen Einfluss auf die Königin ausübte, und die von Prinz Bernhard verursachte Lockheed-Affäre, ein Bestechungsskandal, der beinahe das Ende der niederländischen Monarchie bedeutet hätte (s. S. 197).

Vor diesem Hintergrund legte die neue Königin Beatrix nach dem Amtsverzicht ihrer Mutter 1980 wieder größeren Wert auf Förmlichkeit, Disziplin und Effizienz. Im Gegensatz zu Juliana war es ihr wichtig, mit „Majestät" angesprochen zu werden. Der Stil von Beatrix harmonisierte perfekt mit der *No-Nonsense*-Politik des Christdemokraten Ruud Lubbers, der von 1982 bis 1994 regierte. Anders als man im Ausland glauben mag, bekleidet der niederländische Monarch keineswegs ein rein repräsentatives Amt. Er ist Mitglied der Regierung, wenn auch zugleich unantastbar, das heißt, verantwortlich für sein Reden und Handeln sind der Ministerpräsident und die Minister. Mit öffentlichen Äußerungen muss sich der Monarch deshalb zurückhalten, um seine Regierung nicht in Verlegenheit zu bringen. Wie weit er im Verborgenen wirkt, entzieht sich der Kenntnis der Öffentlichkeit. Man spricht in diesem Zusammenhang von der *black box* der niederländischen Politik oder auch dem Palastgeheimnis. Minister außer Dienst haben hin und wieder durchblicken lassen, dass gerade die ebenso intelligente wie selbstbewusste Beatrix ihre „Anregungen" keineswegs als unverbindlich betrachtete. Allein aufgrund ihrer zuletzt jahrzehntelangen Erfahrung verfügte sie über einen Wissensvorsprung, der zumindest auf Neulinge in der Regierung einschüchternd gewirkt haben muss. Beatrix war für ihre Aktenkenntnis gefürchtet. In Schriftstücken der Ministerien korrigierte sie Rechtschreibfehler. Wenn ihr der Premier oder einer der Minister berichtete, machte sie sich in ihrer ordentlichen Handschrift Notizen und stellte kritische Nachfragen.

Vor allem während der Regierungsbildung verfügte Beatrix über Befugnisse, die weit über die Möglichkeiten ihrer britischen Amtskollegin hinausgingen. Da infolge des niederländischen Verhältniswahlrechts ohne Fünf-Prozent-Hürde keine Partei dominiert und immer mehrere Koalitionen möglich sind, hatte die Königin in der Phase unmittelbar nach einer Wahl ein entscheidendes Wort mitzureden, da es dann an ihr war, einen bestimmten Politiker als *informateur* mit Sondierungsgesprächen zu beauftragen. Staatsrechtler äußerten Bedenken gegen diese weitreichenden Kompetenzen für das nicht gewählte Staatsoberhaupt, und 2012 griff das Parlament schließlich durch: Es entzog der

Königin die Befugnis zur Ernennung eines *informateur* und übernahm die Steuerung der Regierungsbildung selbst. „Das Parlament braucht keinen königlichen Schiedsrichter", erklärte ein Vertreter der Partei D66, die den Änderungsvorschlag eingebracht hatte. „Was sich bisher hinter den verschlossenen Türen des Palastes abspielte, wird künftig in der öffentlichen Arena stattfinden."

Mehrere Parteien – von der linksliberalen D66 bis zur rechtspopulistischen PVV – wollen noch weiter gehen und die Rolle des Monarchen auf eine rein repräsentative beschränken. Wenn es nach ihnen geht, sollen der König oder die Königin nicht mehr Mitglied der Regierung sein und sich völlig aus der Politik heraushalten. Es wäre sozusagen eine Beschränkung auf das Kerngeschäft – Bänder durchschneiden und Schiffe taufen. Schon in ihrer derzeitigen Form erscheint die Monarchie dem Schriftsteller Arnon Grunberg als „wenig mehr als eine von der Verfassung vorgeschriebene Form der darstellenden Künste".

Dennoch hat die Monarchie noch eine wichtige Funktion. Sie steht für Zusammenhalt und Kontinuität, für Tradition und nationale Identität. Königin Beatrix war mehr als drei Jahrzehnte eine der wenigen Konstanten im Leben von Millionen Niederländern. Mochte sich die Welt auch verändern, die Frau, die jedes Jahr am *prinsjesdag* die Thronrede verlas, blieb dieselbe. Beatrix hat dies durch ihre Selbststilisierung noch verstärkt. Ihre Kleidung, ihre extravaganten Hüte und die legendäre wasserfeste Föhnfrisur, die jede Inspektion in einem sturmgepeitschten Überschwemmungsgebiet unbeschadet überstand, führten dazu, dass allein ihre Silhouette ausreichte, um zu signalisieren: Beatrix ist mit uns.

Willem-Alexander hat nicht den politischen Ehrgeiz seiner Mutter, er will in erster Linie verbinden, ermutigen, repräsentieren. Dabei ist er spontaner, wärmer und weniger hoheitsvoll. Könnte man sich an seiner Stelle auch einen Präsidenten vorstellen? Durchaus. Und doch ist es etwas anderes, wenn am Tag nach einem islamistischen Terroranschlag im Nachbarland Belgien ein König zweieinhalb Stunden lang zu Fuß durch ein muslimisch geprägtes Viertel in Den Haag spaziert. Ein König zum Anfassen, ein König für Selfies. „Es ist gut, dass sich der König durch die Anschläge nicht abschrecken lässt", sagte der 26 Jahre alte Salim an jenem kalten Mittwoch im März 2016. „Es ist ein schönes Signal. Man sieht es an den Gesichtern der Menschen."

Stichwort: Koningsdag

Seit 1891 waren die Niederländer daran gewöhnt, *koninginnedag* zu feiern, seit 1949 sogar immer am 30. April. Da war es schon eine Umstellung, dass 2014 der *koningsdag* eingeführt wurde, und dies auch noch an einem anderen Datum: drei Tage eher, am 27. April, dem Geburtstag des neuen Königs Willem-Alexander. Wobei der erste *koningsdag* - um die Sache noch etwas komplizierter zu machen - ausnahmsweise schon am 26. April gefeiert wurde, da er sonst auf einen Sonntag gefallen wäre, was weder Calvinisten noch Einzelhändler schön gefunden hätten. Denn am *koningsdag* ist allerhand los: Es ist ein Nationalfeiertag der niederländischen Art, und deshalb gibt es weder Paraden noch Reden, dafür aber umso mehr Flohmärkte, Straßenfeste, Kirmes und Popkonzerte unter freiem Himmel. Von den Häusergiebeln wehen rotweißblaue Flaggen, und ein Großteil der Untertanen ist in Orange ausstaffiert. Auch die königliche Familie mischt sich dabei unters Volk. Leider ist die Atmosphäre nicht mehr ganz so unbeschwert, seit 2009 ein Mann in Apeldoorn mit seinem Auto in eine Menschenmenge raste und die in einem offenen Bus fahrende Königsfamilie nur knapp verfehlte. Sieben Zuschauer und der Autofahrer starben. Der Täter befand sich offenbar in einer Lebenskrise, einen terroristischen Hintergrund gab es nicht.

Professor Pim und seine Erben. Rechtspopulismus in den Niederlanden

Am 13. Mai 2000 wurde die niederländische Stadt Enschede von Explosionen erschüttert. Die Erde bebte. Riesige Rauchwolken verfinsterten den Himmel, Feuerbälle stiegen auf. Ganze Straßenzüge wurden auf einen Schlag zerstört. 22 Menschen starben, fast 1000 wurden verletzt, hunderte Häuser verwüstet. Am Tag danach stand Königin Beatrix mit aschfahlem Gesicht in der rauchenden Trümmerlandschaft. „Die armen Menschen", sagte sie leise. „Unbegreiflich. Wie war das möglich? Hier müssen doch Fehler gemacht worden sein."

Und was für Fehler. Wie sich herausstellte, hatte mitten in einem Wohnviertel der 150 000-Einwohner-Stadt an der deutschen Grenze eine Feuerwerksfabrik gelegen. Auf dem Gelände lagerten an jenem verhängnisvollen Samstagnachmittag 180 Tonnen hochexplosiven Materials in dünnwandigen Containern unter freiem Himmel. 90 Prozent dieser Raketen, Böller und Feuerräder besaßen eine wesentlich größere Sprengkraft als auf den Etiketten angegeben war. Schutzräume fehlten ebenso wie Blitzableiter, Fluchtwege oder ein Katastrophenplan für die Feuerwehr. Es war eine Bombe vor der Haustüre. Die Ermittlungen brachten Zustände ans Licht, wie man sie vielleicht in Teilen der Dritten Welt erwartet hätte, aber sicher nicht in einem Land der Europäischen Union. Wie konnte es dazu kommen? Es war ein klassischer Fall von *gedoogbeleid*, von niederländischer Duldungspolitik. Obwohl die Stadtverwaltung von vielen Verstößen der Fabrikleitung gegen Auflagen wusste, erlaubte sie ihr im Laufe der Jahre die Lagerung von immer größeren Materialmengen. Anstatt das Risikoun-

Westindienfahrer des 21. Jahrhunderts. Ein Containerschiff im Hafen von Rotterdam. Der Hafen ist einer der wichtigsten Pfeiler der niederländischen Wirtschaft und hat zugleich große Bedeutung für das deutsche Hinterland.

ternehmen in ein Gewerbegebiet zu verlegen und die Einhaltung der Sicherheitsvorschriften zu überwachen, passten die Beamten umgekehrt die Vorschriften der Firmenpraxis an, offenbar um Konflikten von vornherein aus dem Weg zu gehen.

Die Explosionskatastrophe von Enschede machte aller Welt deutlich, dass etwas faul war im Vorzeigestaat. Viele Niederländer waren zu diesem Zeitpunkt bereits zu der Überzeugung gelangt, dass die vielgerühmte Toleranz teilweise nichts anderes war als Schwäche und Inkompetenz. In Teilen der Bevölkerung war ein untergründiger Strom der Unzufriedenheit wahrzunehmen, allen wirtschaftlichen Erfolgen zum Trotz. Ausländische Beobachter standen zunächst vor einem Rätsel, denn sie waren es gewohnt, das kleine Land mit Lob zu überschütten. Ende der 90er-Jahre stieg die Zahl der neu geschaffenen Stellen in den Niederlanden zehnmal schneller als im EU-Durchschnitt, wovon auch viele Deutsche profitierten. So verzehnfachte sich von 1998 bis 2008 die Zahl der Grenzpendler, die in Deutschland wohnten und in den Niederlanden arbeiteten, auf 15 000. Die „International Herald Tribune" sprach vom „Singapur Europas", für den „Economist" war die niederländische Erfolgsstory „fast zu schön, um wahr zu sein". Deutsche Politiker pilgerten in Scharen über die Grenze, um das niederländische Modell – das sogenannte Poldermodell – an Ort und Stelle zu studieren. So unternahm Gerhard Schröder 1998 gleich seine zweite Auslandsreise als Bundeskanzler nach Den Haag. Dort schwärmte er von großen Fenstern ohne Gardinen, von Weltoffenheit und Beschäftigungswunder. „Hier ist man fortgeschrittener, hier ist man weiter. Wir werden uns orientieren an dem, was man hier Poldermodell nennt."

Der Begriff Poldermodell stand vor allem für die Konsenskultur, die in den Niederlanden das Verhältnis zwischen Gewerkschaften und Arbeitgeberverbänden, aber auch zwischen Regierung und Opposition prägte. Die Gewerkschaften begnügten sich seit Anfang der 80er-Jahre mit mäßigen Lohnforderungen, die Arbeitgeber schufen dafür die Voraussetzungen für sozial gut abgesicherte Teilzeitjobs. Konflikte wurden in *achterkamertjes* (Hinterzimmern) endlos erörtert und dann mit einem Kompromiss beigelegt. Streiks oder Reformstaus durch Blockadepolitik wurden dadurch vermieden. Die Arbeitslosenquote sank stetig und war zur Zeit von Schröders Besuch bei 3,5 Prozent angekommen. „Ein Traum", so der Kanzler. Deutschland müsse einfach alles wie Holland machen. Doch da erhob ausgerechnet Ministerpräsident Wim Kok zaghaften Einspruch: „Bitte nicht alles!"

Denn bei genauerer Betrachtung ergab sich ein weniger rosiges Bild. So leistete sich das 16-Millionen-Volk 700 000 chronisch Arbeitsunfähige, die eine üppige Invaliditätsrente bezogen. Natürlich waren diese Menschen nicht wirklich alle arbeitsunfähig. Die Berufsinvalidenversicherung WAO bot den Unternehmen vielmehr eine sozialverträgliche Möglichkeit, sich von Beschäftigten zu trennen. Im Zweifelsfall wurden ihnen chronische Rückenschmerzen oder psychische Probleme bescheinigt. Nur so war die sensationell niedrige Arbeitslosenquote zu erklären. Und was die Konsenskultur anging: Sie ergab sich auch daraus, dass viele Politiker, Wirtschaftsführer, Verbandschefs und Spitzenbeamte zu einem nach außen hin kaum wahrnehmbaren *old boy network* gehörten. Sie kannten sich vielfach schon aus exklusiven Studentenvereinigungen. In der scheinbar so egalitären niederländischen Gesellschaft schob sich bei näherem Hinsehen eine Elite die Posten zu, eine privilegierte Gruppe, deren Mitglieder in mancherlei Hinsicht an die Regenten der Republik erinnerten. Es war nicht völlig unmöglich, in diese Kreise vorzustoßen, aber Außenstehende hatten es ungleich schwerer.

Ausländischen Besuchern entging auch zumeist, dass die viel gerühmte Haushaltssanierung unter Kok ihren Preis gehabt hatte. Die Kliniken führten

Viele Städte auf engem Raum. Die heutigen Niederlande mit ihrer Einteilung in zwölf Provinzen.

nun zum Teil Wartelisten für Operationen. Gefängniszellen waren so knapp, dass Dealer mit weniger als einem Kilogramm Kokain erst gar nicht mehr festgesetzt wurden. Marokkanische Jugendbanden tyrannisierten ganze Stadtviertel, und die Polizei tat wenig. In dieser Hinsicht war die Politik des Duldens nach einem Wort des Publizisten Paul Scheffer schlicht ein „Synonym für das Recht des Stärkeren". Lehrer wurden so schlecht bezahlt, dass teilweise jede dritte Stelle unbesetzt blieb, mit entsprechendem Unterrichtsausfall. Bahnreisende klagten über unpünktliche, überfüllte und schmutzige Züge, während die Autobahnpolizei ständig neue Rekordstaus zu vermelden hatte.

Manche Probleme, die die Bürger bewegten, wurden von den Politikern gar nicht erst angesprochen, in erster Linie alles, was mit Ausländern zu tun hatte. Der Zwang zur *political correctness* war so ausgeprägt, dass man über Ausländerkriminalität oder mangelnde Integration nicht offen diskutierte. Gerade Kok hat sich in seiner achtjährigen Amtszeit von 1994 bis 2002 kaum je zu solchen Fragen geäußert. Der stets etwas unterkühlte Sozialdemokrat, den die Zeitung „De Volkskrant" einmal als den „fleischgewordenen niederländischen Volkscharakter" bezeichnete, konzentrierte sich auf Wirtschafts- und Finanzpolitik und wirkte dabei wie der Vorstandsvorsitzende einer einzigen großen Holland AG. Er ignorierte schlicht, dass die wachsende Zahl von *allochtonen* – so die damals gängige niederländische Bezeichnung für Einwohner fremder Herkunft oder Abstammung – einen Teil der Bevölkerung verunsicherte. *„Nederland is Nederland niet meer"*, die Niederlande seien nicht mehr das, was sie einmal gewesen seien, wurde zur viel gehörten Klage.

Ein anderes Dogma war Europa. Kein Politiker stellte den europäischen Einigungsprozess in Frage. Doch viele Bürger dachten anders: Mit jeder Erweiterung, mit jeder neuen Kompetenz für Brüssel verlor das kleine Königreich in ihren Augen an Bedeutung. In der EU der 25 Mitgliedsstaaten fürchteten viele Niederländer unterzugehen, ein Referendum zur EU-Verfassung sollte 2005 ein klares Nein ergeben. Plötzlich fragte man sich wieder, was es eigentlich bedeutete, Niederländer zu sein. Die allgemeine Begeisterung für die Oranje-Elf samt dem damit einhergehenden Dekorationsrausch erklärt sich ebenso aus dieser Identitätssuche wie die ungebrochene Popularität des Königshauses und ein wiedererwachtes Interesse für die eigene Geschichte. Die Terroranschläge vom 11. September 2001 verstärkten wie in so vielen Ländern das Gefühl der Bedrohung.

„Es gibt von Zeit zu Zeit im holländischen Volk eine Art Kolik", hatte Harry Mulisch, der Kenner der niederländischen Seele, 1992 orakelt. „Auf einmal werden alle hysterisch." Dennoch hat niemand das Phänomen Fortuyn auch nur annähernd vorausgesehen. Dieser Mann widersprach einfach allem, was man bis dahin mit den Niederlanden assoziierte. Das Land war Inbegriff der Stabilität – Fortuyn wirbelte die gesamte Parteienlandschaft durcheinander. Nüchternheit, Zurückhaltung und Solidität galten als Nationaltugenden, aber hier kam ein Exzentriker par excellence, ein offen homosexueller Dandy mit kahl geschorenem Kopf und italienischen Maßanzügen, der sich mit Büsten seiner selbst umringte, zwei Schoßhündchen hielt, einen Chauffeur leistete und von einem Butler bedienen ließ. Die politische Kultur in den Niederlanden war gekennzeichnet von Sachlichkeit und Kompromissbereitschaft, Fortuyn aber war ein Polemiker, der Konflikt statt Konsens forderte. Im Rückblick erscheint sein Auftreten umso unwirklicher, als es sich auf wenige Monate beschränkte, von Ende 2001 bis Mai 2002. In dieser kurzen Zeit aber hat Fortuyn die Niederlande dauerhaft verändert.

Für die meisten kam er 2001 aus dem Nichts, was seine Erlöser-Aura noch verstärkte. Nur eine Minderheit politisch sehr Interessierter wusste etwas mit seinem Namen anzufangen. Pim Fortuyn, Jahrgang 1948, stammte aus einer katholischen Familie, nichts an ihm war protestantisch. Als Kind spielte er Papst; sein Bruder und seine Schwester mussten vor ihm niederknien. Seinen Dienst als Ministrant hat er später mit dem Besuch von Darkrooms in Homosexuellenbars verglichen, beides hatte für ihn mit Selbstdarstellung zu tun. Die Fähigkeit, sich wie ein Schauspieler in Szene zu setzen, war sein größtes Talent. Doch zunächst strebte Fortuyn eine wissenschaftliche Laufbahn an, vorübergehend hatte er einen Lehrstuhl für Soziologie inne. Daneben publizierte „Professor Pim" seine pointierten Meinungen. Zu jedem Thema vertrat er einen meist radikalen Standpunkt, der sich allerdings auch wieder ändern konnte.

Anfangs sympathisierte er mit dem Kommunismus, dann wurde er Mitglied der sozialdemokratischen Partei der Arbeit (PvdA), um anschließend zur rechtsliberalen Volkspartei für Freiheit und Demokratie (VVD) zu wechseln, die ihm aber nach einiger Zeit auch nicht mehr rechts genug war. Einen Namen machte er sich mit seinen Kolumnen in dem Wochenmagazin „Elsevier" und einigen erfolgreichen Büchern. Eines davon trug den Titel „An das Volk der Niederlande" (1992), genauso wie das Pamphlet, mit dem sich Joan Derk van der Capellen tot den Pol 1781 gegen das Establishment seiner Zeit gewandt hatte. Fortuyn stilisierte sich selbst zum Nachfolger des patriotischen Barons. 1997 veröffentlichte er die Streitschrift „Gegen die Islamisierung unserer Kultur" und war damit nach eigener Einschätzung der politischen Debatte um mehrere Jahre voraus.

Im August 2001 kündigte er an, selbst in die Politik gehen zu wollen. In Den Haag regierte zu dieser Zeit seit sieben Jahren das sogenannte lila Kabinett von Wim Kok. Es war im Grunde ein Mitte-Links-Rechts-Kabinett, denn es umfasste die linksliberalen Demokraten '66, die sozialdemokratische PvdA und die VVD, die noch rechts von den oppositionellen Christdemokraten anzusiedeln war. Das Kabinett stand damit in den Augen vieler für die völlige Versachlichung der Politik; jede Partei konnte mit jeder zusammenarbeiten und alle verfolgten ähnliche Ziele: Förderung des Wirtschaftswachstums, Flexibilisierung des Arbeitsmarktes, Verschlankung des Staates, Sanierung des Haushalts. Fortuyn war jedoch der Meinung, dass die Regierung dabei völlig inkompetent vorgegangen war und – bei gleichzeitiger Zunahme der Bürokratie – Gesundheitswesen, Bildungssystem und andere öffentliche Dienste zerrüttet hatte. Möglich geworden sei dies unter anderem dadurch, dass die Regierung nicht mehr von einer ernst zu nehmenden Opposition kontrolliert werde. Fortuyn forderte denn auch ein Ende der Konsenskultur, die er als extrem schädlich betrachtete.

Im November 2001 wurde er Spitzenkandidat der neuen Partei *Leefbaar Nederland* (Lebenswerte Niederlande). Der niederländisch-britische Publizist Ian Buruma hat Fortuyns Gefolgsleute einmal treffend als Neureiche beschrieben, „die ein Vermögen verdient hatten und sich Häuser und Yachten kaufen konnten, aber keine gesellschaftliche Stellung: der ehemalige Diskjockey, der zum Unterhaltungsmogul wurde, Immobilienmakler, Werbeleute, rechte Publizisten und Organisatoren von ‚Events'. Alle wussten, dass sie, egal wie viel Geld sie auch scheffelten, nie zu ‚unseren Leuten' gehören würden."

Bald beherrschte Fortuyn Talkshows und Titelseiten. Endlich ein Politiker, der reden konnte, der keine Fachsprache benutzte und der öffentlich sagte, was man bis dahin höchstens denken durfte: dass mal hart durchgegriffen werden müsse gegen marokkanische Jugendbanden und islamische Hetzprediger; dass die Niederlande voll seien und nicht noch mehr Asylbewerber aufnehmen könnten. Der Islam war für Fortuyn eine „rückständige Kultur", gefährlich und unvereinbar mit den pluralistischen Gesellschaftssystemen des Westens. Ein „kalter Krieg gegen den Islam" war nach seiner Ansicht die einzig richtige Antwort.

Erstmals seit Jahrzehnten wurde im Supermarkt und in der Sportkabine wieder über Politik diskutiert. In einer Art Schockstarre verfolgten die etablierten Politiker Fortuyns Tiraden und den damit einhergehenden Stimmenzuwachs seiner Partei in den Meinungsumfragen; bis zur Parlamentswahl im Mai 2002 war es nicht mehr lange hin. Mit einem solchen Gegner, der sich nicht an die Spielregeln hielt, konnten sie nicht umgehen. Sie verteufelten ihn als Rassisten und Nazi und nannten ihn in einem Atemzug mit Rechtsextremisten wie Jean-Marie le Pen von der französischen Front National und dem Österreicher Jörg Haider. Fortuyn empfand dies als Verleumdung und sah stattdessen Übereinstimmungen mit dem italienischen Ministerpräsidenten Silvio Berlusconi und dem damaligen CDU/CSU-Kanzlerkandidaten Edmund Stoiber. Keiner dieser Vergleiche war zutreffend. Fortuyn war kein von Volk und Vaterland schwafelnder Rassist, aber er war ein Demagoge und Populist. Er nahm Stimmungen aus der Bevölkerung auf, vereinfachte, diffamierte, bot jedoch selbst keine Lösun-

„Stoppt den holländischen Haider." Umringt von Gegendemonstranten, tätschelt Pim Fortuyn im Wahlkampf von 2002 einen jungen Mann.

gen an. Was er als Ministerpräsident tun wollte, blieb nebulös, auch wenn er immer wieder behauptete: „Ich sage, was ich meine, und ich tue, was ich sage." In der Ausländerpolitik, seinem wichtigsten Thema, forderte er eine völlige Schließung der Grenzen für Einwanderer und eine erzwungene Anpassung der schon im Land lebenden Migranten. Die Antwort darauf, wie dies in einem Rechtsstaat vonstatten gehen sollte, wie er Menschen anweisen wollte, ihre Ansichten und Lebensweisen zu ändern, blieb er schuldig. Fortuyn hatte kein wirkliches Programm, noch nicht einmal eine Vision, nur eine nostalgische Sehnsucht nach einem Land, das es so nie gegeben hatte: ein Holland ohne Fremde und Kriminalität, aber gleichzeitig liberal und modern. Der Kulturhistoriker Thomas von der Dunk hat Fortuyn als „hedonistischen Homo mit einer Schwäche für Mutters Teehaube" verspottet.

Seine Wähler, vielfach Unzufriedene und sozial Deklassierte, nahmen diesen Widerspruch jedoch nicht wahr, und viele andere sahen darüber hinweg, weil sie Fortuyn unterhaltsam fanden. Schlagfertig war er, das musste man ihm lassen. Als ihn ein schwulenfeindlicher Imam einmal fragte, ob er überhaupt schon einmal mit Muslimen gesprochen habe, antwortete Fortuyn: „Gesprochen? Ich gehe sogar mit ihnen ins Bett, Herr Imam." Der Polit-Entertainer war auch das Produkt einer Mediengesellschaft, in der mit Tabubrüchen und der Überschreitung von Geschmacksgrenzen viel Geld verdient wurde.

Im Februar 2002 ging Fortuyn mit einigen seiner Äußerungen sogar den Parteifreunden zu weit und wurde als Spitzenkandidat abgesetzt. Er war jedoch nicht mehr zu stoppen. „Ich werde der neue Ministerpräsident, vertu dich da mal nicht!", schwor er. Tags darauf gründete er seine eigene Partei, die Liste Pim Fortuyn (LPF), die *Leefbaar Nederland* in den Meinungsumfragen bald weit hinter sich ließ. Alles drehte sich eben nur um diesen einen charismatischen Mann, der nun das ganze Land in seinen Bann zog. Sein großer Triumph kam bei den Kommunalwahlen am 6. März 2002, als seine Liste in seiner Heimatstadt Rotterdam mit 35 Prozent der Stimmen stärkste Partei wurde. In der einstigen Hochburg der Sozialdemokraten mit einem Migrantenanteil von 40 Prozent spitzten sich viele Probleme besonders zu.

In einer Fernsehdiskussion am Wahlabend verspielten die Vertreter der etablierten Parteien endgültig jede Chance, das Phänomen Fortuyn noch in den Griff zu bekommen. Vor allem Ad Melkert, der als Spitzenkandidat der sozialdemokratischen PvdA dem scheidenden Ministerpräsidenten Kok nachfolgen sollte, verhielt sich wie ein Regent. Ihm war deutlich anzumerken, dass er es eigentlich für unter seiner Würde hielt, sich mit einem Volksverführer wie Fortuyn abzugeben. Das arrogante und gleichzeitig hilflose Auftreten Melkerts und anderer Spitzenkandidaten führte dazu, dass noch mehr Leute Sympathien für den Underdog Fortuyn entwickelten. „Die Politik war in einen Strudel geraten, alles war in Bewegung, die Irrationalität hatte sich der Niederlande bemächtigt", meinte Kok drei Jahre später im Rückblick.

Ausländische Zeitungen schickten nun Sonderkorrespondenten in die Niederlande, um herauszufinden, was in aller Welt in die lockeren, toleranten Holländer gefahren war. Am Morgen des 6. Mai 2002, neun Tage vor der Parlamentswahl, erschien „De Volkskrant" mit der Schlagzeile: „Meinungsumfrage: LPF größte Partei, Pim Premier". Am Nachmittag gab Fortuyn in der Medienstadt Hilversum ein Radio-Interview in einem Studio. „Ich werde alt", versicherte er. „Ich werde 87 Jahre." Obwohl er zahlreiche Morddrohungen erhielt und sich darüber beklagte, dass ihm die Regierung keinen Personenschutz zur Verfügung stellte, glaubte er wohl nicht wirklich daran, dass ihm etwas passieren könnte – in den friedlichen Niederlanden, wo nicht einmal der Ministerpräsident einen Leibwächter hatte, war dies einfach unvorstellbar.

Doch als Fortuyn nach dem Interview über einen Parkplatz zu seinem Jaguar ging, trat ein Mann auf ihn zu und schoss ihn aus kurzer Entfernung fünf Mal in den Kopf und in den Oberkörper. Fortuyn fiel zu Boden und starb wenige Minuten später. Kurz nachdem der Rundfunk den Anschlag gemeldet hatte, wurden in den Niederlanden Millionen Telefonate geführt – die Nachricht verbreitete sich wie ein Lauffeuer. Die Medien sprachen vom ersten politischen Mord seit der Abschlachtung der Brüder de Witt im Katastrophenjahr 1672. In Den Haag musste die Polizei den Binnenhof abriegeln und eine Menge wütender Demonstranten zurückhalten. „Melkert Mörder" und *„Wim, heb je nou je zin?"* (Bist du jetzt zufrieden, Wim?) hießen die Parolen des Tages. Es folgten Trauerbekundungen, wie die Niederlande sie noch nie erlebt hatten. Vor Fortuyns Villa „Palazzo di Pietro" in Rotterdam türmten sich Blumenberge, Tausende zogen am halb geöffneten Sarg des Ermordeten vorbei, Millionen verfolgten am Fernsehschirm die Totenmesse in einer katholischen Kirche vor 800 geladenen Gästen. Der Trauerzug durch Rotterdam erinnerte viele an das Begräbnis von Prinzessin Diana. Fortuyn war zum Märtyrer geworden. Noch zwei Jahre später wurde er vom Fernsehpublikum zum größten Niederländer aller Zeiten gewählt.*

Der direkt nach der Tat festgenommene Mörder war der 32-jährige Umwelt- und Tierschutzaktivist Volkert van der Graaf. Vor Gericht verglich er den schnellen Aufstieg Fortuyns mit dem Erstarken Hitlers in der Endphase der Weimarer Republik. Er betrachtete ihn als eine große Gefahr vor allem für Asylsuchende, Muslime und Arbeitsunfähige. Nach einem psychiatrischen Gutachten war van der Graaf überzeugt, „den Schwachen einen großen Dienst zu erweisen", indem er Fortuyn gewaltsam daran hinderte, der mächtigste Mann des Landes zu werden. Die Psychiater kamen zu dem Schluss, dass van der Graaf zurechnungsfähig war, obwohl er unter Zwangshandlungen litt, die sich in Perfektionismus und einem rigiden moralischen Anspruch äußerten. „Nur in den Niederlanden konnte ein Schwuler mit einer ultrarechten Politik und zwei kleinen Hunden das Establishment erschüttern und von einem Anti-Pelz-Aktivisten erschossen werden", schrieb die britische Zeitung „The Guardian". Van der Graaf wurde zu 18 Jahren Haft verurteilt. 2014 kam er vorzeitig frei.

Unmittelbar nach der Tat befürchteten viele Beobachter, das Land könne in ein politisches Chaos abgleiten. „Fortuyns Tod hat die Niederlande in ihre schwerste innenpolitische Krise seit 1945 gestürzt", urteilte die Zeitung „Het Parool". Kurzzeitig erwog die Regierung eine Verschiebung der Wahl, beließ es dann aber beim 15. Mai, weil die Demokratie vor der Gewalt nicht weichen dürfe. Der Tag brachte eine beispiellose Verschiebung der politischen Kräfteverhältnisse. Die drei Parteien der lila Koalition fielen von insgesamt 63 auf 35 Prozent der Stimmen zurück. Die PvdA halbierte sich fast. Fortuyns LPF wurde mit 17 Prozent zweitstärkste Kraft. Die meisten Stimmen aber bekam überraschend der *Christen Democratisch Appèl* (CDA), der acht Jahre eine unentschlossene Opposition geführt hatte. Während des Fortuyn-Sturms hatten es die

* Auf den nächsten Plätzen kamen Wilhelm von Oranien, Willem Drees, Antoni van Leeuwenhoek, Erasmus von Rotterdam, Johan Cruyff, Michiel de Ruyter, Anne Frank, Rembrandt und Vincent van Gogh.

Christdemokraten jedoch verstanden, sich mit einem Plädoyer für „Normen und Werte“ von der Regierung abzusetzen und gleichzeitig als seriösere Alternative zur LPF zu profilieren. Aus den Koalitionsverhandlungen ging eine Mitte-Rechts-Regierung von CDA, LPF und VVD unter dem Christdemokraten Jan Peter Balkenende (*1956) hervor.

Die Selbstdemontage der LPF in der Regierungsverantwortung vollzog sich noch schneller, als ihre Kritiker erwartet hatten. Die Erben Fortuyns entpuppten sich als Chaostruppe – schon nach drei Monaten zerbrach die Regierung, im Januar 2003 folgten Neuwahlen. Die LPF fiel von 17 auf noch nicht einmal 6 Prozent der Stimmen zurück. Der CDA behauptete sich als stärkste Partei, und die PvdA konnte ihre dramatischen Verluste aus dem Vorjahr fast wettmachen. Auf den ersten Blick hatten die Wahlen damit eine Rückkehr zur Normalität gebracht, zumal die neue Regierung aus Christdemokraten, Rechts- und Linksliberalen wieder von Balkenende geführt wurde, einem unauffälligen, konsensorientierten Politiker. Unter der Oberfläche aber hatten sich die tektonischen Platten der niederländischen Politik und Gesellschaft verschoben: An die Stelle der traditionellen Säulen – katholisch, protestantisch, sozialdemokratisch, liberal – war eine Stimmungsdemokratie sprunghafter Wechselwähler getreten. Die Zeit stabiler Mehrheiten ist seitdem vorbei. Heute haben fünf Parteien jeweils einen Stimmenanteil zwischen 10 und 20 Prozent, dazu kommen noch etwa fünf kleine Parteien deutlich unter 10 Prozent. Innerhalb dieses Spektrums sind von Wahl zu Wahl erhebliche Schwankungen möglich – abhängig von der aktuellen Stimmungslage und der Popularität des jeweiligen Spitzenkandidaten. Die Zersplitterung führt dazu, dass Rechts-Links-Koalitionen in den Niederlanden die Regel geworden sind, also etwa Regierungsbündnisse unter Einschluss der Rechtsliberalen und Sozialdemokraten, die eigentlich entgegengesetzte Strömungen repräsentieren. Dies verstärkt bei frustrierten Bürgern den Eindruck einer austauschbaren Politikerkaste, die im Grunde immer nur die Eliten bedient.

Wenn Fortuyn auch nie regiert hat, so hat er doch bleibende Veränderungen bewirkt. Seine eigene LPF verschwand zwar bald von der Bildfläche, aber der Rechtspopulismus etablierte sich als fester Bestandteil der Politik. Sein Potenzial umfasst etwa 20 Prozent der Wähler. Fortuyns Erbe wurde der bizarre Geert Wilders. Verbissen hetzt der Mann mit den hellblond gefärbten Haaren gegen Muslime, kann sich aber genauso auf Polen oder „Brüsseler Technokraten“ einschießen. Untersuchungen haben gezeigt, dass Wilders' Wähler ihre Zukunft tendenziell pessimistisch einschätzen und Angst vor Veränderungen haben. Viele wohnen in stagnierenden Industriegebieten oder auf dem Land, wo die Jungen wegziehen. Sie fühlen sich als Verlierer. Auf Wilders' Flugblättern steht deshalb nicht nur „Der Islam gehört nicht zu den Niederlanden“, sondern auch „Rente ab 65“, „Mehr Personal in der Pflege“ und „Niedrigere Mieten und Steuern“. Die Mischung aus rechten Parolen und klassisch linken Forderungen betrachten Politologen als sein Erfolgsrezept. Damit er in seiner Partei das alleinige Sagen hat und es nicht zu einer Selbstzerstörung wie im Fall der LPF kommen kann, ist Wilders kurioserweise das einzige Mitglied seiner Partei für die Freiheit (PVV).

Wilders ist in der niederländischen Politik einerseits ein Außenseiter, weil niemand mit ihm koalieren will. Andererseits hat er als fleißiger Twitterer und geübter Provokateur großen Einfluss auf die politische Agenda. Teilweise haben die etablierten Parteien Forderungen der Rechtspopulisten auch selbst übernommen und umgesetzt. So wurde die Abschiebepraxis unter Balkenendes rechtsliberaler Integrationsministerin Rita Verdonk drastisch verschärft. „Regeln sind Regeln“, war Verdonks Credo, sie verfolgte also das genaue Gegenteil der früheren Duldungspolitik.

Die niederländischen Politiker haben lange nach dem richtigen Weg gesucht, mit den Rechtspopulisten umzugehen. Auf die anfängliche Phase offener Verachtung und Ignorierung folgte der Versuch der Einhegung. So ließ sich eine Minderheitsregierung aus Rechtsliberalen und Christdemokraten unter Balkenendes Nachfolger Mark Rutte von 2010 bis 2012 sogar von Wilders’ PVV tolerieren. Es zeigte sich aber, dass eine Zusammenarbeit mit Wilders nicht möglich war, da er für unpopuläre Entscheidungen wie Einsparungen keine Verantwortung übernehmen wollte. Seit diesem Experiment setzte sich tendenziell die Linie durch, dass man die Rechtspopulisten weder dämonisieren noch umgarnen darf. Stattdessen muss man sich deutlich von ihnen abgrenzen und gleichzeitig die inhaltliche Auseinandersetzung suchen. Das ist durchaus eine Herausforderung, denn Wilders ist ein begabter Demagoge und Debattenredner.

In den vergangenen Jahren hat er am rechten Rand des Parteienspektrums allerdings Konkurrenz bekommen: Sein Rivale Thierry Baudet vom Forum für Demokratie (FvD) ist jung (Jahrgang 1983), sieht gut aus und gibt sich kultiviert. So ließ er sich medienwirksam einen Flügel in sein Abgeordnetenbüro in Den Haag liefern und begann seine erste Rede im Parlament auf Lateinisch. Damit sprach der promovierte Rechtsphilosoph anders als Wilders auch junge und gebildete Wähler an. Politisch hat er vieles mit ihm gemeinsam: Er hetzt gegen Marokkaner, den Islam und die EU, allerdings oft weniger plump. Dennoch lässt sich der Mann mit dem treuherzigen Augenaufschlag noch weiter rechts verorten als Wilders, denn sein Weltbild trägt völkische und rassistische Züge. Sein Ideal ist ein „boreales“ – ein nordisches, weißes – Europa. Hier ergeben sich Parallelen zur amerikanischen Alt-Right-Bewegung und zu Identitären, zu denen er engen Kontakt unterhält.

Getragen von einem fragwürdig großen Medieninteresse, erfreute sich Baudet vorübergehend enormer Popularität. 2019 ging sein FvD aus den Wahlen für die Parlamente der niederländischen Provinzen als stärkste politische Kraft des Landes hervor. Als 2020 jedoch offen antisemitische und rassistische Aussagen einiger Parteimitglieder bekannt wurden und sich Baudet davon nicht distanzierte, stürzte FvD in den Umfragen ab. Einige Mitstreiter brachen mit Baudet und gründeten die Partei JA21, die ebenfalls ins Parlament einzog und sich als dritte rechtspopulistische Partei etablierte.

Die Corona-Pandemie führte zu einer weiteren Radikalisierung Baudets. Anders als Wilders – dessen überalterte Wählerschaft eine Erkrankung besonders fürchten musste – profilierte er sich als Widerständler gegen eine angebliche Corona-Diktatur, die er mit dem nationalsozialistischen Terrorregime verglich. Unter dem nunmehr abgelegten Mäntelchen des kulturaffinen Konservativen kam mehr und mehr ein lupenreiner Rechtsextremist und Antidemokrat zum Vorschein. Wie in anderen Ländern nahmen Bedrohungen gegen Politiker während der Pandemie allgemein zu. Noch kann jede Bürgerin und jeder Bürger ohne irgendeine Art von Kontrolle durch den Binnenhof, das Zentrum der niederländischen Demokratie, schlendern, die Abgeordneten und Minister kommen und gehen sehen und sie unter Umständen ansprechen. Es ist aber unsicher, ob sich diese Offenheit in Zukunft durchhalten lässt.

Tage, die Geschichte machten

2. November 2004

Heiliger Krieg auf dem Fahrrad – Theo van Gogh wird ermordet

Ein trüber Herbsttag in Amsterdam. Wie jeden Morgen besteigt Theo van Gogh sein Fahrrad, um von seiner Wohnung zu den Büros seiner Produktionsgesellschaft Column TV in einem anderen Stadtteil zu radeln. Eigentlich sollte man meinen, er wäre zu dick fürs Fahrradfahren. Selbst betrachtet er sich als den hässlichsten Mann der Niederlande und stellt dies auch schon mal unter Beweis, indem er nur mit einer Schweinemaske bekleidet für den Fotografen posiert. Man kennt sein aufgedunsenes Gesicht mit den strubbeligen blonden Haaren und genauso die auf seltsame Weise damit kontrastierende Piepsstimme. Theo van Gogh, ein Urgroßneffe des Malers Vincent van Gogh, ist eine Erscheinung, die man sich einprägt.

Der 47-Jährige ist Filmemacher, als sein Vorbild bezeichnet er den deutschen Regisseur Rainer Werner Fassbinder. Doch prominent geworden ist er vor allem als Interviewer und noch mehr als Provokateur. Dazu gehört in den Niederlanden einiges, denn schon der normale Umgangston ist rau, Höflichkeit gilt schnell als Heuchelei. Aber van Gogh sagt Dinge, die selbst Hartgesottene aufhorchen lassen. Jesus Christus hat er den „fauligen Fisch von Nazareth" genannt, Muslime sind für ihn *geitenneukers* (Ziegenficker). Er hat über „kopulierende gelbe Sterne in der Gaskammer" fantasiert und über den Geruch von Karamel im Todeslager gescherzt: „Heute verbrennen sie nur zuckerkranke Juden." Für seine Fans ist er ein Held der Meinungsfreiheit. Doch so gut er im Austeilen ist, so schlecht kann er einstecken: Wenn es um ihn selbst geht, ist er dünnhäutig. Kritiker verteufelt er, dem Grünen-Politiker Paul Rosenmöller wünscht er, dass sich „die Zellen in seinem Kopf zu einem blühenden Tumor formen" mögen.

An diesem Morgen will van Gogh die erste Fassung eines Dokumentarfilms über den Mord an Pim Fortuyn abnehmen. Er ist ein Bewunderer des „göttlichen Kahlkopfs". Auch er selbst lebt gefährlich, vor allem seit er mit der Islam-Kritikerin Ayaan Hirsi Ali den Kurzfilm „Submission" gedreht hat. Darin werden Korantexte über die Unterwerfung der Frau auf die Haut nackter Frauen projiziert – für viele Muslime eine Provokation. Hirsi Ali ist längst untergetaucht und wird strenger bewacht als die Königin. Van Gogh aber will weiterleben wie bisher. Er sei doch nur der „Klassenclown", sagt er. „Ich fühle mich nicht im Mindesten bedroht."

Auch Mohammed Bouyeri ist an diesem Morgen schon früh mit dem Fahrrad unterwegs, aber für ihn ist es keine alltägliche Fahrt. Bouyeri hat sich auf den Weg gemacht „mit der festen Absicht, zu töten und getötet zu werden". Der 26-Jährige betrachtet es als seine Pflicht, „allen den Kopf abzuschneiden, die Allah und seinen Propheten beleidigen". Eigentlich hat er es auf Hirsi Ali abgesehen, aber die hält sich versteckt. Also will er stattdessen Theo van Gogh umbringen.

Bouyeris Vater ist 1965 aus einer ärmlichen Bergregion Marokkos eingewandert und hat sein Leben lang gearbeitet. Der junge Mohammed wuchs in einem jener Amsterdamer Außenviertel auf, in denen man vergeblich nach Grachtencharme sucht. Doch er war ehrgeizig. Er machte seine mittlere Reife, organisierte Jugendclubs, Koch- und Computerkurse, brachte sich in Stadtteilprojekte ein. Ab und zu rauchte er einen Joint, in die Moschee ging er selten. Allerdings tendierte er schon früh dazu, jeden Misserfolg damit zu erklären, dass seine Umgebung rassistisch sei. Dabei ist er wohl in erster Linie selbst dafür verantwortlich gewesen, dass er seine Ausbildung immer wieder hingeworfen hat. Mit Ablehnung kann er nicht umgehen, neigt dann schnell zur Gewalt. Einmal ist er sogar mit einem Messer auf einen Polizisten losgegangen, hat dafür einige Tage im Gefängnis gesessen.

In dem Maße wie sich seine Aussichten verschlechtert haben, hat er sich dem radikalen Islam zugewandt. Der Krebstod seiner Mutter und die Anschläge vom 11. September scheinen diese Entwicklung beschleunigt zu haben. Seit ihn der Imam in seiner örtlichen Moschee einmal gefragt hat, warum er Zeit habe, fünf Mal am Tag zum Beten zu kommen, ob er denn keine Arbeit habe, verkehrt er nur noch in einer anderen Moschee, die als Radikalentreff bekannt ist. Sein Äußeres hat sich drastisch verändert, er hat jetzt einen – wenn auch spärlichen – Bart und trägt nur noch traditionelle Gewänder und Gebetshut. Seine Freunde wollen auch nichts mehr mit ihm zu tun haben, seit er sich weigert, Frauen die Hand zu geben, Treffen im Stadtteilzentrum mit lauten Anrufen

Allahs unterbricht und Leute beschimpft, die Alkohol trinken. Im Internet schreibt er radikale Aufrufe zum Heiligen Krieg und unterhält Kontakte zur *Hofstadgroep*, einer Gruppe von Islamisten, die Terrorakte vorbereitet. Nun aber hat er sich entschlossen, allein zu handeln. Auf dem Fahrradweg der belebten Linnaeusstraat im Osten Amsterdams erwartet Bouyeri sein Opfer.

Straßenbahnen rattern vorbei, der Autoverkehr staut sich. Mitten in der Rushhour vollzieht sich der Mord, den die Anklage später mit einer rituellen Schlachtung vergleichen wird. Als van Gogh um kurz nach halb neun am Stadtteilzentrum Oost / Watergraafsmeer vorbeifährt, knallen Schüsse. Ein Mann wird ins Bein getroffen, eine Frau in den Absatz ihres Schuhs. Van Gogh, heftig blutend, wirft sein Fahrrad zu Boden und kann sich noch auf die andere Straßenseite schleppen, bevor er auf dem Fahrradweg zusammenbricht. Bouyeri folgt ihm. Mit Entsetzen beobachten Passanten, wie der Täter seine Pistole auf den am Boden liegenden Mann richtet. „Tu's nicht! Tu's nicht!", fleht van Gogh. „Wir können doch über alles reden!" Doch Bouyeri drückt ab. Dann zieht der Mörder in aller Ruhe eine gekrümmte Machete aus der Tasche, sägt seinem Opfer die Kehle durch und bohrt die Waffe tief in seinen Brustkorb. Mit einem zweiten, kleineren Messer spießt er ein beschriebenes Papier in den Körper – es ist ein Drohbrief an Hirsi Ali. „Das können Sie doch nicht machen", hält ihm eine Frau vor. „Das kann ich schon, warum nicht? Er hat es drauf angelegt." Danach spaziert Bouyeri in einen nahe gelegen Park und liefert sich dort eine Schießerei mit der Polizei. Er hat geplant, als „Märtyrer" zu sterben, wird jedoch ins Bein getroffen und festgenommen. 2005 verurteilt ihn ein Gericht zu lebenslanger Haft; er kann nur durch königlichen Gnadenerweis freikommen.

Der Mord an Theo van Gogh wird mitunter als das 9/11 der Niederlande bezeichnet. In den darauf folgenden Tagen kam es zu Brandanschlägen auf mehrere Moscheen, Koranschulen und im Gegenzug auf christliche Kirchen. Ministerpräsident Balkenende empfand das alles als zutiefst „unniederländisch". Das schon durch Fortuyn infrage gestellte Selbstbild als Insel der Toleranz wurde erneut stark erschüttert. „Unser kleines, friedliches und ruhiges Holland, das ist Vergangenheit", klagte der Schriftsteller Harry Mulisch. „Das Land ist roh, aggressiv und ungemütlich geworden." Von einem generellen Ende der niederländischen Toleranz zu sprechen, so wie dies vor allem ausländische Medien taten, war allerdings übertrieben. Der Autor Geert Mak beobachtete in den Tagen nach der Tat, wie Amsterdam „alle Register der Pazifizierungsmethoden" zog: „Die Amsterdamer Stadtverwaltung reagierte rasend schnell mit Aufrufen, Warnungen, Quartiermanagern, unzähligen Versammlungen und was sonst noch alles an Beruhigungsinstrumenten zur Verfügung stand. In der ganzen Stadt gingen die Bezirksämter, Kirchen und islamischen Organisationen mit Manifesten, Schweigemärschen, Predigten und Tagen der offenen Tür darauf ein. So wurde wieder einmal das große Erfolgsrezept dieses Landes eingesetzt, die erprobte Manier, mit der wir es als kleine, in Glaubensfragen heftig gespaltene Nation verstanden hatten, die Jahrhunderte zu überleben."

Der Zwarte Piet wird weiß.
Migration und gesellschaftlicher Wandel

Am 15. November 2014 werden beim Einzug des Heiligen Nikolaus in Gouda 90 Demonstranten festgenommen, zum Teil unter heftiger Gegenwehr. Berittene Polizisten müssen den Gabenbringer schützen, 20 Kamerateams aus dem In- und Ausland verfolgen das Geschehen. Am Abend nimmt der Ministerpräsident Stellung: „Tieftraurig“ findet Mark Rutte die Nikolaus-Unruhen.

Nikolaus wird in den Niederlanden viel größer gefeiert als in Deutschland. Schon mitten im November, drei Wochen vor dem *pakjesavond*, dem Geschenkeabend am 5. Dezember, kommt *Sinterklaas* auf einem Dampfschiff aus Spanien an. Seinen festlichen Empfang mit anschließendem Umzug kann man in vielen Städten miterleben, atmosphärisch bewegt es sich irgendwo zwischen Rosenmontag und St. Martin. Der November ist dadurch ein magischer Monat. Doch schon seit vielen Jahren hat das Kinderfest seine Unschuld verloren. Es ist nicht der Nikolaus selbst, der die Gemüter erhitzt, der große Aufreger ist sein Begleiter, die niederländische Version von Knecht Ruprecht. Anders als dieser ist der *Zwarte Piet* (Schwarze Peter) nicht furchteinflößend, sondern freundlich und lustig, er ist der Liebling der Kinder. Es gibt auch nicht nur einen davon, sondern ein ganzes Gefolge. Am Nikolausabend, wenn *Sinterklaas* auf seinem Schimmel über die Dächer reitet, rutschen die *Pieten* für ihn durch die Schornsteine und legen den Kindern die Geschenke hin. So weit, so gut. Das Problem ist ihr Aussehen. Jeder Piet trägt ein Pagenkostüm mit lila Pumphosen, einen Federhut und goldene Ohrringe. Vor allem aber ist er schwarz – schwarz mit roten Lippen. Ein Mohr, hätte man früher gesagt. Über seine Funktion lassen die vielen Nikolaus-Lieder, die jedes Kind auswendig kennt, keinen Zweifel: Er ist seines weißen Herrn „Knecht“.

Weißer Herr, schwarzer Knecht.
Sinterklaas und der Zwarte Piet.

Schon seit dem frühen 20. Jahrhundert gibt es Kritik an der Figur, doch sie verstärkte sich deutlich, als nach dem Zweiten Weltkrieg mehr und mehr Menschen afrikanischer

Herkunft – vor allem aus den ehemaligen Sklaven-Kolonien Surinam und Antillen – in die Niederlande zogen. Später wurde die Gruppe der Kritiker immer breiter und diverser. Ein Ausschuss der Vereinten Nationen kam 2015 zu dem Schluss: „Auch eine alte und tief verwurzelte Tradition kann diskriminierende Praktiken und Stereotypen nicht rechtfertigen." Viele Niederländer reagierten empört auf diese „Einmischung": Auf Facebook unterzeichneten eine Million Menschen eine „Pietition" zugunsten der Märchenfigur.

Im Kulturkampf um den Schwarzen Piet manifestiert sich eine Frage, die das Land seit der Jahrtausendwende bewegt wie keine andere: Wie stark müssen sich die Migranten an die Niederlande anpassen? Und wie stark die Niederlande an die Migranten?

Wenn man unter einem Migranten einen Menschen versteht, der selbst im Ausland geboren wurde oder zumindest einen Elternteil hat, der aus dem Ausland kommt, dann waren 2019 nach Angaben des Statistikamtes CBS 24 Prozent der gut 17 Millionen Niederländer Migranten. Sie stammen zum größten Teil aus der Türkei, Marokko, Indonesien und Surinam. Auf Platz 5 folgen bereits Deutsche. Der Anteil der Muslime liegt bei ungefähr sechs Prozent, in etwa in vergleichbarer Größenordnung wie in Deutschland.

Gekommen sind Türken und Marokkaner – ebenfalls wie in Deutschland – als *gastarbeiders*. Als nach der Ölkrise von 1973 die Arbeitslosigkeit stieg, kehrten sie, anders als erwartet, jedoch nicht in ihre Heimat zurück, sondern ließen sich dauerhaft im Aufnahmeland nieder und holten Frauen und Kinder nach. Durch diese Familienzusammenführung stieg die Zahl der Migranten nun schneller als zuvor in den 60er Jahren. Dadurch entstand zum ersten Mal eine Zuwanderung, die nicht an ein Bedürfnis nach zusätzlichen Arbeitskräften gekoppelt war. Überproportional viele „Gastarbeiter"-Familien gerieten dadurch in Abhängigkeit von staatlicher Hilfe. Besonders unternehmende und mutige Menschen – denn nur solche wagen den Sprung in ein fremdes Land –wurden so zu besonders unselbständigen Menschen, die sich zunehmend in ihre eigene Herkunftsgruppe zurückzogen.

Das Leben vieler Migranten war und ist bestimmt von einem starken Gefühl der Entwurzelung und des Verlusts, dem Verlust ihrer Heimat. Nicht wenige reagieren darauf, indem sie sich umso fester an ihre alte Identität klammern und Halt in der Religion suchen.

Ein Verlustgefühl prägt aber auch die Erfahrung der eingesessenen Niederländer in den schlechteren Stadtvierteln, die nun zunehmend von Türken und Marokkanern bewohnt werden. Auch sie vermissen die vertraute Umgebung „von früher".

Die daraus entstehenden Probleme wurden in den Niederlanden lange ignoriert. Man schwieg aus Hilflosigkeit, Desinteresse und falsch verstandener Toleranz. Es war der sozialdemokratische Soziologe Paul Scheffer (*1954), der das Land im Jahr 2000 wachrüttelte. In seinem Essay „Das multi-kulturelle Drama" wandte er sich gegen die damals weit verbreitete Sicht, die muslimischen Parallelwelten würden sich auf Dauer ebenso auflösen wie die einstigen katholischen und protestantischen Säulen. Katholiken und Protestanten seien durch eine gemeinsame Sprache und Geschichte verbunden gewesen, für die Muslime gelte das nicht, argumentierte Scheffer. Sie identifizierten sich nicht mit der niederländischen Gesellschaft und würden darin von ihrer Religion bestärkt. Untersuchungen zufolge werden junge Männer marokkanischer Herkunft vier bis fünf Mal häufiger einer Straftat verdächtigt als Gleichaltrige aus rein niederländischen Familien. Mehr als 80 Prozent aller türkisch- und marokkanischstämmigen Niederländer heiraten einen Partner mit den gleichen Wurzeln.

„Und so bricht das Kartenhaus der multikulturellen Gesellschaft zusammen. Alle unausgesprochenen Erwartungen, wonach die Integration vor allem eine Frage der Zeit ist, haben sich nicht bewahrheitet. Wir leben nun schon mit Migranten der dritten Generation zusammen, und die Probleme sind nur größer geworden ... Das multikulturelle Drama, das sich vollzieht, ist denn auch die größte Bedrohung des gesellschaftlichen Friedens."

Scheffers Artikel setzte eine gesellschaftliche Debatte in Gang, die im Grunde bis heute anhält und vieles verändert hat. An die Integrationsbereitschaft der Zuwanderer werden heute höhere Anforderungen gestellt. Anstatt die kulturellen Unterschiede hervorzuheben, betont man die Rechte und Pflichten aller Bürger. Diversität ist in einer offenen Gesellschaft selbstverständlich möglich, es bedarf aber eines gewissen Maßes an Gemeinsamkeiten, wenn die Gesellschaft nicht jeden Zusammenhalt verlieren soll. Die wichtigste Voraussetzung dafür, dass es nicht zu einer Abkapselung der kulturellen Gemeinschaften kommt, ist das Beherrschen der Sprache. Sprachverweigerer riskieren in den Niederlanden die Kürzung von Sozialleistungen. Um die niederländische Staatsbürgerschaft zu erlangen, müssen Zuwanderer ein Einbürgerungsexamen ablegen.

2006 wurde außerdem eine Einbürgerungszeremonie nach dem Vorbild klassischer Einwanderungsländer wie Kanada eingeführt. Zuvor war der Akt der Niederländischwerdung eine reine Formalität gewesen. Jetzt versammeln sich jeweils mehrere Dutzend Neubürger im Rathaus und legen dort eine „Verbundenheitserklärung" ab. Der Bürgermeister liest vor: „Ich schwöre, dass ich die verfassungsmäßige Ordnung des Königreichs der Niederlande, ihre Freiheiten und Rechte respektiere, und schwöre, die Pflichten, die mit der Staatsbürgerschaft verbunden sind, getreu zu erfüllen." Darauf antwortet jeder Neubürger einzeln und mit zum Eid erhobener Hand auf Niederländisch: „So wahr mit Gott der Allmächtige helfe" oder „Das erkläre und gelobe ich". Am Ende der Feier wird das Wilhelmus gesungen.

Als Gegenreaktion auf Migration, Globalisierung und Europäisierung hat das niederländische Nationalbewusstsein seit den 90er-Jahren deutlich zugenommen. Damit einher geht ein gestiegenes Interesse an der eigenen Geschichte. Es ist kein Zufall, dass die Regierung von 2006 bis 2008 einen „Kanon der Niederlande" erstellen und in den Schulunterricht aufnehmen ließ. Eine Expertenkommission legte dafür ein Basiswissen fest, das in 50 „Fenstern" präsentiert wird. Dazu gehören sowohl Ruhmesseiten, wie die Kunst Rembrandts und die militärischen Siege Admiral de Ruyters, als auch schwarze Kapitel, wie der Sklavenhandel und die schmähliche Rolle niederländischer Blauhelm-Soldaten beim Massaker von Srebrenica.

Allerdings verändert sich der Blick auf die Geschichte, und dies gerade auch durch den Einfluss der Migranten. So kündigte das Amsterdam Museum – das historische Museum der Stadt Amsterdam – 2019 an, den Begriff „Goldenes Zeitalter" nicht mehr zu verwenden – schließlich sei die Zeit für die von Niederländern versklavten Afrikaner alles andere als golden gewesen. „Was ist das für ein Unsinn?", schimpfte daraufhin Ministerpräsident Rutte. Wilders twitterte: „Stolz sein auf die Niederlande ist tabu, wenn es nach diesen gestörten linken Selbsthassern geht. Sie machen die Niederlande kaputt mit ihrer falschen politischen Korrektheit." Der Nationalist Thierry Baudet sah es ähnlich: „Ich denke, dass es derzeit eines der großen Probleme ist, dass wir uns nicht trauen, stolz zu sein auf unsere Identität, unsere Geschichte (...). Man muss für seine Werte offensiv einstehen – und dazu gehört auf jeden Fall auch das Goldene Zeitalter."

Die Gegenseite vertritt ihren Standpunkt teilweise ebenso kompromisslos. Eine Aktionsgruppe mit dem Namen „Das Graue Zeitalter" ging 2016 so weit, den Sockel des Denkmals von Jan Pieterszoon Coen in Hoorn am IJsselmeer mit dem Wort „Genozid" zu beschmieren. Als Generalgouverneur der VOC hatte Coen 1621 die Bevölkerung einer ganzen Inselgruppe getötet oder versklavt. Das „VOC Café" in Amsterdam änderte 2019 seinen Namen, nachdem der Inhaber Drohmails bekommen hatte. Auch eine Schule, die nach Coen benannt war, hat sich lieber einen neuen Namen zugelegt.

Müssen auch Straßen umbenannt werden? Nein, meinen die einen, denn dann werde Geschichte aus der Erinnerung getilgt. Außerdem dürfe man frühere Epochen nicht nach heutigen Maßstäben beurteilen. Ja, sagen dagegen andere, denn wer aus heutiger Sicht ein Kriegsverbrecher sei, könne kein Vorbild sein und verdiene keine Ehrung.

Das Witte de With Contemporary Art Center in Rotterdam will seinen Namen ändern, weil Witte de With (1599–1658) ebenfalls eine umstrittene Gestalt der Kolonial- und Militärgeschichte ist. Keine Namensänderung erwägt das Mauritshuis in Den Haag, doch auch sein Namensgeber und Erbauer steht in der Kritik: Johann Moritz von Nassau-Siegen (1604–1679) – auf Niederländisch Johan Maurits – war als Generalgouverneur der kurzlebigen Kolonie Niederländisch-Brasilien am Sklavenhandel beteiligt. Das Mauritshuis reagierte, indem es eine Sonderausstellung zu dem umtriebigen Adligen organisierte. Darin wurden unterschiedliche Sichtweisen der historischen Persönlichkeit einander gegenübergestellt. Der Besucher war aufgerufen, sich sein eigenes Urteil zu bilden.

Das Rijksmuseum in Amsterdam, Tempel des Goldenen Zeitalters, organisierte 2021 erstmals eine umfassende Ausstellung zur Sklaverei. Zu den 140 Exponaten gehörte ein Brandeisen mit dem Logo der Westindischen Compagnie, das Menschen als Eigentumsbeweis in die Haut gebrannt wurde. Auch ein goldenes Halsband war zu sehen; lange hatte das Museum es als Hundehalsband katalogisiert, doch auf Gemälden sieht man, dass schwarze Diener es tragen mussten. „Sklaverei ist ein wesentlicher Bestandteil unserer Geschichte", betonte Museumsdirektor Taco Dibbits. Die Ausstellung stieß auf riesiges Interesse und erhielt begeisterte Kritiken, wurde aber auch als „stereotyp", „aktivistisch" und unwissenschaftlich kritisiert.

Dass die Debatten oft mit so großer Heftigkeit geführt werden, hat auch damit zu tun, dass Begriffe wie „Kultur", „Tradition" und „nationale Identität" in den letzten Jahrzehnten an Bedeutung gewonnen haben. Für viele sind die Niederländer ein Volk mit einer charakteristischen Kultur, und dazu gehört das Goldene Zeitalter ebenso wie das Sinterklaas-Fest. Unterschiedlichste Aspekte spielen hier mit hinein. So geht es in der Kontroverse um den Schwarzen Piet nicht nur um Rassismus, sondern auch um Spannungen zwischen den Metropolen im Westen und den östlichen Provinzen, die sich oft übergangen und bevormundet fühlen. Manche wollen dem Fest seinen ursprünglichen katholischen Charakter zurückgeben, andere wünschen es sich gerade ohne religiöse Bezüge, damit sich alle Kinder gleichermaßen angesprochen fühlen können. Dazu kommt die politische Orientierung: Für eine Anpassung der Figur sind vor allem gut ausgebildete und eher links eingestellte Niederländer. Sie verbinden die niederländische Identität einer Untersuchung zufolge stark mit bürgerlichen Freiheiten und Inklusivität. Die Anhänger des Schwarzen Piet hängen dagegen eher an Traditionen und Symbolen. So bündeln sich in diesem Streit die Gegensätze Ost – West, kirchlich – nicht kirchlich, rechts – links, Mainstream-Elite. Diese Spaltung spiegelt sich mittlerweile auch in Piets Aussehen: Im niederländischen Fernsehen und in den großen Städten, in denen überwiegend links gewählt wird, ist er nicht mehr schwarz, sondern weiß. Dort treten nur noch sogenannte Rußflecken-Pieten auf: weiße Pieten mit schwarzen Flecken im Gesicht, die vom Ruß der Schornsteine stammen, durch die sie sich abseilen. Sowohl aus den beliebten Sinterklaas-Nachrichten des Fernsehens als auch aus dem live übertragenen nationalen Einzug ist die schwarz geschminkte Version verschwunden. Im Osten und Süden der Niederlande dominieren dagegen weiterhin traditionelle Pieten, so dunkel wie möglich. Rassismus oder harmloser Kinderspaß – die Debatte geht weiter. Fortsetzung im kommenden November.

Höhenflug und Staatsversagen. Die Niederlande des Mark Rutte

Während der Corona-Pandemie hielt das niederländische Kabinett immer mal wieder auch am Wochenende Krisensitzungen ab. Wichtigster Teilnehmer war ein 1,93-Meter-Mann, der vorzugsweise in ausgebleichter Jeans und T-Shirt und mit einem angebissenen Apfel in der Hand auf dem Fahrrad eintraf. Personenschutz? Weit und breit nicht zu sehen! So mag es Ministerpräsident Mark Rutte. Er nimmt grundsätzlich das Rad, wenn er zur Arbeit fährt. Hat er einen Auswärtstermin, kann es sein, dass er sich auch dafür aufs Rad schwingt und das *fiets* dann sorgsam irgendwo festkettet. Audienzen beim König bilden da keine Ausnahme. Wartet man zufällig neben ihm an der Ampel, würde man ihn übrigens auf keinen Fall als „Herr Ministerpräsident“ ansprechen – das klänge für Niederländer unglaublich gestelzt. Es reicht einfach *„Meneer Rutte“*. Wobei er selbst immer sagt: „Ich bin der Mark!“

Der Regierungschef auf dem Fahrrad ist geradezu ein Sinnbild der Niederlande. Genauso möchte sich die Nation gerne sehen: beneidenswert locker, beneidenswert cool. Rutte repräsentiert das sehr erfolgreich. Bei Drucklegung dieses Buches stand er kurz davor, der am längsten amtierende Ministerpräsident in der Geschichte des Königreichs zu werden. Zwölf Jahre ist er Ende 2022 im Amt. Angesichts der Zersplitterung der politischen Landschaft mit 17 unterschiedlichen Parteien im Parlament grenzt das an ein Wunder. Gänzlich unideologisch hat Rutte über die Jahre hinweg schon mit einem enormen Spektrum an Partnern zusammengearbeitet: vom Rechtspopulisten Geert Wilders, der seine erste Regierung tolerierte, bis zu den Sozialdemokraten, die eine

Legislaturperiode lang mit ihm koalierten und dann implodierten. Der für sein Dauerlächeln bekannte Rutte umarmt jeden, sofern es ihm nützt. Geschmeidigkeit ist seine hervorstechendste Eigenschaft.

Rutte – Jahrgang 1967, studierter Historiker, talentierter Pianist, Lieblingsbuch „Buddenbrooks" – lebt nur für die Politik. „Die letzte Beziehung, die ich hatte, war in meiner Studienzeit." Seine politische Heimat ist die Volkspartei für Freiheit und Demokratie (VVD), die Partei der Unternehmer und Besserverdiener. Rutte selbst ist zwar „der am wenigsten materialistische Politiker seit Gandhi", wie es einmal eine Zeitung formulierte. Er lebt in einer bescheidenen Etagenwohnung, fährt ein altes Auto und besaß noch viele Jahre als Regierungschef kein Smartphone, sondern nur ein prähistorisches Nokia-Tastentelefon. Dennoch ist er seit seiner Jugend ein überzeugter Neoliberaler. Seine Idole sind Ronald Reagan und Margaret Thatcher. „Der Staat muss klein und schlagkräftig sein, keine Glücksmaschine für Menschen", ist seine Grundüberzeugung. Von einer Studentin in einer Fernsehsendung nach seinem „Herzenswunsch für die Niederlande" befragt, antwortete er: „Dass Menschen, die ein Unternehmen gründen wollen, das innerhalb eines Tages machen können, ohne Bürokratie." Sobald es um größere politische Visionen geht, zitiert er gern einen Satz des von ihm bewunderten Bundeskanzlers Helmut Schmidt: „Wer Visionen hat, sollte zum Arzt gehen."

Dementsprechend stehen für Rutte die Interessen der Wirtschaft ganz oben. Als der Ölkonzern Shell 2021 ankündigte, seinen Sitz aus steuerlichen Gründen von Den Haag nach London zu verlegen, ließ er eilfertig anfragen, was seine Regierung denn tun könne, um den Umzug noch abzuwenden? Ob gegebenenfalls die Abschaffung der Dividendensteuer helfen könne? Dies, obgleich die Niederlande neben Irland und Luxemburg sowieso schon im Ruf eines Steuerparadieses für Großkonzerne stehen. Der urschwedische Möbelkonzern Ikea hat seinen Sitz nicht ohne Grund im ebenso urholländischen Delft. Was Shell betrifft, so war der Konzern trotz des Kniefalls der Regierung nicht mehr zu erweichen und legte den schmückenden Zusatz „Royal Dutch" für alle Zeit ab.

Die in der Außenwahrnehmung kleinen Niederlande sind in Wahrheit ein wirtschaftlicher Riese. Sie gehören zu den fünf größten Exportnationen der Welt, vor ihnen liegen nur China, die USA, Deutschland und Japan. Bei Agrarprodukten sind die Niederlande sogar der zweitgrößte Exporteur der Welt, nur die USA führen noch mehr aus. Die Niederlande sind die fünftgrößte Volkswirtschaft der EU und der nach China wichtigste Handelspartner Deutschlands. Der bedeutendste Wirtschaftssektor sind heute die Dienstleistungen. Es gibt aber auch einige Konstanten seit dem Goldenen Zeitalter: Nach wie vor spielen der internationale Handel und das Finanz- und Bankensystem eine wichtige Rolle.

Wie im 17. Jahrhundert schlägt das wirtschaftliche Herz des Landes in Holland. Einer der größten Trümpfe ist die hervorragende Infrastruktur mit einem dichten Autobahnnetz, einem der größten europäischen Flughäfen – Amsterdam-Schiphol – und dem größten Hafen Europas in Rotterdam. Als nach dem Brexit viele britische Unternehmen eine Niederlassung in der EU eröffneten, entschieden sie sich auffallend oft für die Niederlande. Zu den Gründen dafür zählten die durchweg guten Englischkenntnisse – amerikanische und britische Filme werden in den Niederlanden nicht synchronisiert – und der weltoffene Handelsgeist. Niederländer sind im Allgemeinen sehr flexibel und immer darauf aus, Neues auszuprobieren: Im Globalen Innovationsindex der innovationsfreundlichsten Staaten belegen sie regelmäßig einen der vorderen Plätze, daneben sind sie nach dem Global Competitiveness Report des Weltwirtschaftsforums einer der wettbewerbsfähigsten Staaten – vor ihnen lagen 2019 nur Singapur, die USA und Hongkong.

Der Reichtum des Landes ist augenfällig, wenn man aus Nordrhein-Westfalen kommend die Grenze passiert. Die Autobahnen werden ebenso schlagartig besser wie das Mobilfunknetz, alles wirkt aufgeräumter, gepflegter, moderner. Dies ist ein auffälliger Unterschied zu den 70er- und 80er-Jahren, als Deutsche in den Niederlanden noch für ihre dicken Autos und protzigen Segelyachten bekannt waren. Mittlerweile hat sich das Verhältnis umgekehrt; von der einstigen calvinistischen Bescheidenheit ist in den Niederlanden nichts mehr übrig geblieben. Deutschland hinke stark hinterher, ließ sich Rutte einmal in einem Gespräch mit Journalisten entfallen. Und mit etwas Schadenfreude soll er genüsslich hinzugefügt haben, Düsseldorf sehe mittlerweile ärmer aus als Rotterdam.

Fakt ist, dass sich Rotterdam in den vergangenen 30 Jahren so stark zu seinem Vorteil verändert hat, dass es kaum noch wiederzuerkennen ist. Die meisten Städte in den Niederlanden sind schon deshalb attraktiv, weil sie über eine geschlossene Altstadt aus dem Goldenen Zeitalter verfügen. Das gilt für das im Krieg zerstörte Rotterdam nicht, doch hat sich die Hafenmetropole nach und nach zu einem Schaufenster spektakulärer Architektur herausgeputzt. Heute spiegelt Rotterdam vielleicht mehr als jeder andere Ort die Dynamik der Niederlande, die sich in einem wesentlich schnelleren Tempo zu erneuern scheinen als etwa Deutschland. Die selbstbewusste Eigenwahrnehmung ist denn auch die einer außergewöhnlich effizienten und fortschrittlichen Nation, an die allenfalls die skandinavischen Staaten heranreichen.

Mit entsprechendem Selbstbewusstsein tritt Rutte im Europäischen Rat der Staats- und Regierungschefs auf. Dabei ist er stets darauf bedacht, nach außen nicht den Eindruck zu erwecken, das hart erarbeitete Geld seiner Landsleute leichtfertig in den Süden wegzuschenken. Um das deutlich zu machen, erschien er einmal sogar demonstrativ mit einer Chopin-Biografie – er hatte Besseres zu tun, als sich wieder einmal endlose Forderungen nach mehr Geld anzuhören. Für dieses etwas kindische Verhalten wurde er ausnahmsweise sogar von Bundeskanzlerin Angela Merkel getadelt, mit der er normalerweise aufs das Engste kooperierte. Die beiden tauschten sich auf Englisch über politische Fragen aus und lästerten auf Deutsch über ihre Kollegen, wie er einmal verriet. Als einer der größten Nettozahler der EU hatten die Niederlande bereits in der Griechenland-Krise die deutschen Forderungen nach einem harten Sparkurs konsequent unterstützt. „In wirtschaftlichen und finanziellen Fragen wollen die Niederlande immer gern der Robin des deutschen Batman sein", analysiert der Politikwissenschaftler Rem Korteweg. Robin ist der Juniorpartner des Comic-Helden. Im Sommer 2020 widersetzte sich Rutte mit der größten Hartnäckigkeit aller sparsamen Nordländer dem Corona-Wiederaufbaufonds für Länder im Süden und Osten, bis die Zuschüsse schließlich deutlich verringert wurden und er einen Rabatt auf den niederländischen Beitrag zum EU-Haushalt bekam. Fotos von dem historischen Gipfel zeigen den langen Rutte redend und gestikulierend, während ihm Merkel, Kommissionschefin Ursula von der Leyen und Frankreichs Präsident Emmanuel Macron sichtlich genervt zuhören.

So könnte man die Niederlande als eine einzige Erfolgsgeschichte wahrnehmen, wären da nicht immer wieder Nachrichten, die sich nicht recht in dieses Bild einfügen wollen. Dazu gehört die Aufnahme niederländischer Corona-Patienten durch das deutlich weniger wohlhabende Nordrhein-Westfalen. Der Grund dafür war die Überlastung niederländischer Krankenhäuser. Dies hatte zum einen damit zu tun, dass das niederländische Gesundheitssystem keineswegs den Standards entspricht, die man in einem so reichen Land erwarten würde, und zum anderen damit, dass die Infektionsrate in den Niederlanden wesentlich höher lag als in Deutschland. Daran wiederum war Ruttes sprunghafte Corona-Politik nicht unschuldig. Anfangs hatte er noch von „Herdenimmunität" gesprochen, später wollte er davon nichts mehr wissen. Stattdessen setzte er auf einen „intelligenten Lockdown", der sich von der vermeintlichen Holzhammer-Methode umliegender Länder absetzen sollte. „Ich bin doch kein Diktator", begründete er sein Vorgehen. „Wir sind alle erwachsen!" In der Praxis bedeutete die Methode, dass jeder machte, was er wollte. Positiv getestet? 20 Prozent der Infizierten gingen dann noch eben schnell einkaufen. Nur drei Gäste zur Geburtstagsfeier? Gut, dann drei Gäste um 12 Uhr, drei um 15 Uhr, drei um 18 Uhr … Während in allen Ländern ringsherum schon längst Masken getragen wurden, vertrat man in den Niederlanden noch die Ansicht, dies schade eher als zu nützen. Selbst König Willem-Alexander hielt sich nicht an den

Appell der Regierung, zuhause zu bleiben, sondern jettete mit seiner Familie ins sonnige Griechenland.

Der aus Deutschland stammende Experte für Infektionsprävention und Regierungsberater Andreas Voss rang zwischenzeitlich in Talkshows um Fassung. „Die Leute sollten endlich die Regeln befolgen“, wünschte er sich. Aus Deutschland kannte er das anders: „Wenn man einem Deutschen sagt, dass er springen muss, dann fragt er: Wie hoch? Ein Niederländer fragt: Warum?“ Niederländer lassen sich ungern etwas vorschreiben. Sie lieben ihre Freiheit – oder, um es weniger freundlich auszudrücken: Sie sind zu sehr auf Selbstverwirklichung gepolt, um sich für ein gemeinsames Ziel einzuschränken.

Als Rutte schließlich angesichts des drohenden Zusammenbruchs des Gesundheitswesens zum drakonischen Mittel einer monatelangen abendlichen Ausgangssperre greifen musste, kam es in aufeinander folgenden Nächten zu den schwersten Unruhen seit 40 Jahren. Geplünderte Geschäfte, ausgebrannte Autos – stellenweise sah es aus wie im Krieg. Vom „intelligenten Lockdown“ war da schon lange nicht mehr die Rede. 2020 sei das Jahr der Entzauberung gewesen, bilanzierte die Zeitung „NRC Handelsblad“. „Das nationale Selbstbild bekam an verschiedenen Stellen tiefe Risse. Die Vorstellung von den Niederlanden als einem Leuchtturm ist schon seit Jahren eine fixe Idee. Im bewegten Jahr 2020 ist das Klischee von der überlegenen niederländischen Mentalität unter Druck geraten.“

Im nächsten Jahr sollte sich das fortsetzen. Am 6. Juli 2021 ging die Nachricht um die Welt, dass der berühmte Fernsehjournalist Peter R. de Vries am helllichten Tag mitten im Zentrum von Amsterdam von einem Auftragskiller niedergeschossen worden war. Er starb neun Tage später. Wie schon nach den Morden an Pim Fortuyn und Theo van Gogh hieß es auch diesmal, so etwas sei doch völlig „unniederländisch“. Doch ist es das wirklich? Allein von 2013 bis 2019 fielen nach einer Statistik des Justizministeriums 189 Menschen einem Auftragsmord zum Opfer. Eine solche Liquidierung soll nicht mehr als 2000 bis 5000 Euro kosten.

Der 64 Jahre alte Kriminalreporter de Vries galt als hochgradig gefährdet, seit er sich bereiterklärt hatte, einem Kronzeugen aus der Unterwelt als Vertrauensperson beizustehen. Der Kronzeuge – selbst ein Auftragskiller – wollte gegen den Drogenboss Ridouan Taghi aussagen, von den Medien als „Staatsfeind Nummer 1“ bezeichnet. 2019 war der gebürtige Marokkaner aus Dubai an die Niederlande ausgeliefert worden und stand seitdem in Amsterdam vor Gericht. De Vries war sich darüber im Klaren gewesen, dass jeder, der den Kronzeugen unterstützte, sein Leben riskierte. Zuvor waren schon der Bruder des Kronzeugen und sein Anwalt erschossen worden. Die offenkundige Botschaft lautete:

Wie praat, die gaat. Wer redet, der geht. Und wenn man an ihn selbst nicht herankommt, dann müssen eben Familienmitglieder oder andere Menschen aus dem persönlichen Umfeld sterben.

In Ruttes Reich floriert der Drogenhandel mindestens genauso wie die legalen Wirtschaftszweige. Die Niederlande sind hier das unangefochtene Distributionsland Nummer 1. So wurde im Jahr 2021 allein im Rotterdamer Hafen Kokain im Wert von fünf Milliarden Euro beschlagnahmt. Die unentdeckt ins Land geschmuggelte Ware ist nach allgemeiner Einschätzung um ein Vielfaches größer. „Neben Frau Antje und Tulpen sind Drogen ein typisch holländischer Exportartikel", konstatiert Prof. Pieter Tops, ein Experte für organisierte Kriminalität.

Entstanden ist das alles aus der liberalen Drogenpolitik. Das in den 70er-Jahren eingeführte *gedoogbeleid* (siehe Kapitel Crazy Holland) hatte von Anfang an einen Haken: Geduldet werden sollte nur der Verkauf von sehr kleinen Mengen „weicher" Drogen wie Haschisch, doch die Inhaber der Coffeeshops mussten sich dafür zwangsläufig mit größeren Mengen eindecken. Die dafür erforderlichen Großlieferungen waren durch die liberale Drogengesetzgebung nicht gedeckt und folglich illegal, wurden aber dennoch toleriert, weil das System sonst nicht funktioniert hätte. In dieser rechtlichen Grauzone tat sich ein lukratives Geschäftsfeld auf. Im Laufe der Jahrzehnte entstanden in den Niederlanden Tausende von gut versteckten Cannabis-Plantagen. Sie wurden oft von ganz normalen Bürgern als Nebenerwerbsjob betrieben. Seit den 90er-Jahren entwickelten sich die Niederlande auch zum weltweit wichtigsten Produktionsort synthetischer Drogen wie Ecstasy und Speed. Die Drogenküchen verbergen sich in Scheunen und Gewerbehallen vor allem im Süden des Landes.

Haschisch wurde daneben auch importiert, wobei marokkanischstämmige Niederländer ihre Verbindungen in die alte Heimat zu nutzen wussten; dort wurde Hanf traditionell als Heilpflanze an den Hängen des Rifgebirges angebaut. Um das Jahr 2000 stiegen viele niederländisch-marokkanische Drogenhändler von Haschisch auf Kokain um, das von den kolumbianischen Kartellen nun auch verstärkt über Westafrika nach Europa eingeführt wurde. Die „Mocro-Mafia" – Mocro ist ein Slangwort für Marokkaner – konnte hier ihre bereits existierenden Schmuggelrouten für Haschisch nutzen. Jetzt ging es nicht mehr um Millionen, sondern um Milliarden. Die riesigen Gewinne wurden von den Tätern in die Realwirtschaft investiert, in Immobilien, Gastronomie, Hotels, Fußballvereine.

Je höher die Profite, desto größer die Gewaltbereitschaft. Wenn die eine Bande eine andere bestiehlt, können die Geschädigten schlecht zur Polizei gehen, stattdessen nehmen sie die Sache selbst in die Hand. Das Ergebnis: Rachemorde und Verdrängungskämpfe rivalisierender Gruppen. Ein Sprengsatz unterm Auto, ein abgehackter Kopf vor einer Shisha-Bar, Folterkammern mit umgebautem Zahnarztstuhl, auf dem das Opfer mit Bohrern, Zangen und chirurgischen Instrumenten gequält werden kann – all das ist keine dunkle Fantasie, sondern Realität. Immer wieder geraten auch Unbeteiligte ins Kreuzfeuer, denn als Killer werden häufig nicht gerade die intelligentesten jungen Männer angeheuert. So ist die niederländische Sprache mittlerweile um ein neues Wort bereichert worden: *vergismoord* – Mord aus Versehen.

Der Staat bleibt angesichts dieser mörderischen Bedrohung merkwürdig passiv. Gewiss, es gibt immer wieder Razzien, bei denen auf einen Schlag Dutzende Verdächtige festgenommen und riesige Mengen Kokain sichergestellt werden. Die Niederlande sind kein südamerikanischer Narcostaat, der auf allen Ebenen von der organisierten Kriminalität unterwandert ist. Dennoch hat das Thema für die Regierung nicht die Priorität, die es haben müsste. Die gesamten Niederlande seien „tief getroffen", erklärte Rutte kurz nach dem Tod von de Vries. „Dies dürfen wir in diesem Land nie – aber auch wirklich nie – tolerieren." Nach wenigen Wochen rückte die Problematik aber schon wieder in den Hintergrund. Die laxe Haltung hat viel damit zu tun, dass die liberale Drogenpolitik für die Niederländer mittlerweile zur nationalen Folklore gehört. Um der Drogenmafia wirklich den Boden zu entziehen, müsste sich das Klima, das das Land für die Verbrecher so attraktiv macht, grundlegend verändern. Dazu gehört neben der Duldungspolitik für Coffeeshops und den teils schockierend niedrigen Strafen für Rauschgifthändler auch die entspannte Einstellung der Bevölkerung zu Drogen allgemein. Eine Untersuchung ergab 2020, dass von den insgesamt 17 Millionen Niederländern gut drei Millionen über 18 Jahren Cannabis konsumiert haben, gut eine Million Ecstasy und etwa 730 000 Kokain. Auf die Mitverantwortung dieser Konsumenten wies der renommierte Staatsanwalt Koos Plooij 2022 in einem Prozess gegen einen Drogenboss in Rotterdam hin: „Wir erleben hier die Schattenseite des Freizeitkonsums von Kokain in den Niederlanden", sagte er. „Es gibt eine Verbindung zwischen Kokainkonsum – und zwar ganz gleich ob man damit Party machen, Arbeitsstress verkraften oder psychische Probleme unterdrücken will – und der Unterwelt, die diese Nachfrage nur allzu gern bedient. Allerdings zu ihren eigenen Bedingungen: korrumpierend, unterminierend, knallhart, nichts und niemanden schonend."

Die im Ergebnis unbefriedigende Bekämpfung der organisierten Kriminalität steht in einem merkwürdigen Missverhältnis zu der Verbissenheit, mit der die Behörden seit 2013 vermeintlichen Sozialbetrügern zusetzten. Es ging dabei um die routinemäßige Erstattung von Kita-Gebühren. Kleine Fehler reichten aus, um eine unbarmherzige Sanktionsmaschine in Gang zu setzen: Das Finanzamt stufte die Eltern – häufig alleinerziehende Mütter mit Migrationshintergrund – kurzerhand als Abzocker ein und forderte rückwirkend alle bereits gezahlten Zuschüsse zurück. Dies konnte sich auf mehrere 10 000 Euro belaufen. Etwa 26 000 Familien waren davon betroffen, viele wurden in existenzielle Not gestürzt. Sie mussten sich verschulden und ihre Wohnung verkaufen, nicht selten wurden Auto und Kühlschrank beschlagnahmt, manchmal sogar die Kinder: Sie kamen zu Pflegefamilien oder ins Heim, weil die Eltern angeblich nicht mehr für sie sorgen konnten. Wie sich später zeigte, überprüften die Steuerbehörde gezielt Menschen mit doppelter Staatsbürgerschaft. Die Betroffenen sahen sich einer geradezu kafkaesken staatlichen Willkür ausgesetzt; Nachfragen blieben ohne Antwort oder wurden in Bürokratensprache abschlägig beschieden. Es dauerte Jahre, ehe die sogenannte Kinderzuschlagsaffäre unter anderem aufgrund des Einsatzes der Anwältin Eva González Pérez ans Licht kam. Ein parlamentarischer Untersuchungsausschuss stellte Ende 2020 fest, dass die Behörden durch ihr Vorgehen „die Grundprinzipien des Rechtsstaats verletzt" hatten. Als Reaktion darauf trat die Regierung Rutte im Januar 2021 zurück. Es ist jedoch eine niederländische Besonderheit, dass ein solcher Schritt keine praktischen Konsequenzen haben muss: Die Regierung blieb geschäftsführend im Amt, und Rutte wurde nach der nächsten Parlamentswahl übergangslos zum vierten Mal Ministerpräsident.

Es steht jedoch außer Frage, dass der Skandal einen bleibenden Schatten auf seine gesamte politische Tätigkeit wirft. Er selbst hat sich zwar immer wieder wortreich entschuldigt. „Man geht nicht in die Politik, um Menschen so etwas anzutun", versicherte er, und er könne nur „tief beschämt um Verzeihung bitten". Doch es war nicht zuletzt seine neoliberale Politik, die zu einer Atmosphäre beigetragen hat, in der Empfänger staatlicher Leistungen, insbesondere solche mit ausländischen Wurzeln, einem Generalverdacht als Sozialschmarotzer ausgesetzt waren. Protokolle von Kabinettssitzungen legen nahe, dass man sich dort weniger über die Steuerbehörde empörte als über den christdemokratischen Politiker Pieter Omtzigt, der der Regierung im Interesse der geschädigten Eltern immer wieder auf den Zahn fühlte. Nach der Parlamentswahl von 2021 versuchte Rutte offenbar, den ihm lästigen Omtzigt auf einen Posten außerhalb der Regierung wegzuloben. Als das durch einen Zufall herauskam, bestritt er zunächst, mit seinen Verhandlungspartnern überhaupt über Omtzigt gesprochen zu haben, und als ihm das Gegenteil bewiesen wurde, redete er sich mit der Behauptung heraus: „Ich habe eine falsche Erinnerung daran." Das ist bemerkenswert für einen Mann mit einem so phänomenalen Gedächtnis, dass er die Geburtstage der Polizisten, die ihn in Brüssel zu eskortieren pflegen, auswendig kennt.

Eine offenkundige Falschaussage wäre einem Regierungschef in manch anderem Land zum Verhängnis geworden, doch das Misstrauensvotum der Opposition gegen Rutte scheiterte. 2022 bildete der ebenso clevere wie charmante Überlebenskünstler nach den längsten Koalitionsverhandlungen der niederländischen Geschichte – 299 Tage – wieder eine neue Regierung, mittlerweile seine vierte. Koalitionspartner sind wie zuvor die linksliberale Partei D66, die Christdemokraten (CDA) und die calvinistische ChristenUnie. Unter dem Motto „Aufeinander achten und in die Zukunft blicken" will die neue Regierung nun all die offensichtlich gewordenen Probleme angehen und dafür viele Milliarden Euro extra ausgeben. So sollen die Niederlande beim Klimaschutz führend werden, dies allerdings um den Preis von zwei neuen Atomkraftwerken, es sollen auch jedes Jahr 100 000 Wohnungen gebaut werden, die Kinderbetreuung soll gratis werden, wodurch das System der Zuschläge entfällt, der Lehrermangel soll behoben werden, ebenso die Engpässe im Gesundheitssystem, und für die Bekämpfung der Mafia soll die zentrale Ermittlungseinheit für organisierte Kriminalität wachsen. Unterm Strich könnte man sagen: Rutte hat den Staat entdeckt. Jedenfalls für den Moment.

Vorerst also radelt er weiterhin jeden Morgen mit einem Lächeln auf dem Lippen zu seinem Arbeitsplatz, einem kleinen Türmchen im historischen Binnenhof. Wenn irgendwann die Zeit kommen sollte, dieses *torentje* zu räumen, weiß er angeblich schon, was er machen will: „Ich gebe nun als Freiwilliger Unterricht, ich fände es schön, da ein paar Jahre richtig zu arbeiten." Seit Langem steht Rutte einmal in der Woche vor einer Hauptschulklasse in Den Haag, in der viele Schülerinnen und Schüler einen türkischen oder marokkanischen Hintergrund haben. Einmal, so berichtet ein Lehrer, habe in der Stunde sein Handy geklingelt. Es war der Vize-Ministerpräsident mit einer dringenden Anfrage aus Brüssel. „Aber Mark hat gesagt, dass er keine Zeit hätte. Er würde nach der Schulstunde zurückrufen." Es sind auch solche Geschichten, die dazu beitragen, dass die Niederländer ihres Ministerpräsidenten trotz aller Skandale und Fehlschläge noch nicht überdrüssig geworden sind.

AUSBLICK

Was ist niederländisch?

Nach ihrer Verlobung sollte die künftige Prinzessin Máxima mithilfe einiger Experten die niederländische Identität ergründen. Jahre später zog die Argentinierin Bilanz: „Es war eine wunderbare Erfahrung“, sagte sie 2007 in einer Rede. „Aber *die* niederländische Identität? Nein, die habe ich nicht gefunden. Die Niederlande, das sind: große Fenster ohne Gardinen, so dass jeder gut hineinschauen kann. Aber auch: viel Wert legen auf Privacy und Gemütlichkeit im kleinen Kreis. Die Niederlande, das ist: nicht mehr als ein Keks zum Tee, aber auch: enorme Gastfreundschaft und Wärme. Die Niederlande, das sind: Nüchternheit und Selbstbeherrschung, Pragmatismus. Aber auch: zusammen intensiv Emotionen erleben. Die Niederlande sind zu vielseitig, um sie in ein Klischee zu pressen. *Den* Niederländer gibt es nicht.“

Mit diesen Äußerungen löste Máxima eine heftige Debatte aus. „Es ist für eine akademisch gebildete Frau mit sicherem Status relativ einfach, sich als Weltbürgerin zu fühlen“, kommentierte die Zeitung „Trouw“. „Was aber vor allem so starke Reaktionen hervorgerufen hat, ist der Eindruck, dass Máxima die niederländische Identität wegrelativieren will. Máxima hat (…) die Gefühle vieler Niederländer ignoriert.“ „*Een koekje bij de koffie* (ein Keks zum Kaffee), das ist durchaus einzigartig“, beharrte ein Leserbriefschreiber, „noch niemals ist mir das im Ausland zum Kaffee serviert worden.“ Eine andere Leserin schrieb: „Es ist eigentlich logisch, dass Máxima von der niederländischen Identität kaum etwas weiß, schon deshalb, weil sie selbst in einem Elfenbeinturm wohnt. Schon mal einen normalen Niederländer in freier Wildbahn getroffen, Máxima? Ich fürchte nein. Sogar die Belgier unterscheiden sich in ihrer Haltung erheblich von den Niederländern. Muss ich noch die typisch holländische Wohnwagenkultur erwähnen?“

Das *Sociaal en Cultureel Planbureau* (SCP), ein unabhängiges wissenschaftliches Institut mit beratender Funktion für die Regierung, hat 2019 erstmals eine große Untersuchung zur niederländischen Identität vorgelegt. Demnach ist eine breite Mehrheit der Niederländer davon überzeugt, dass eine solche Identität existiert. 41 Prozent beantworten die Frage danach mit ja, 42 Prozent sind der Meinung, dass man zumindest teilweise davon sprechen kann, und nur 6 Prozent lehnen die Vorstellung ab. Als typisch niederländisch bezeichnen die Befragten vor allem die Sprache, aber auch Symbole und Traditionen wie den Koningsdag, das Sinterklaas-Fest, Fahrradfahren, die Elfstädtetour in Friesland und die niederländische Flagge. Auf die Frage, was am meisten zu einem Gefühl der Verbundenheit mit den Niederlanden beitrage, wird erneut und mit weitem Abstand die Sprache genannt, gefolgt von Freiheit, Koningsdag, dem Gedenken an die Kriegstoten am 4. Mai und dem Befreiungstag am 5. Mai. Dahinter kommen die niederländische Flagge, Sinterklaas, die Gleichstellung von Mann und Frau, Meinungsfreiheit, das Tagebuch der Anne Frank und die Demokratie.

Jeder Niederländer ist anders – das ist eine Binsenweisheit. Aber bei allen Unterschieden gibt es doch immer noch so viel Verbindendes, dass die Deutsch-Niederländische Handelskammer regelmäßig Kurse veranstaltet, die deutsche Geschäftsleute mit der niederländischen Mentalität vertraut machen sollen. „Wenn man mit dem Zug von Maastricht nach Aachen fährt, verlässt man die eine Gesellschaft und kommt in einer ganz anderen an“, sagt der niederländische Schriftsteller Leon de Winter. „Um das zu verstehen, braucht man nur nach draußen zu schauen. Die Häuser sind anders. Die Farben sind anders. Alles ist anders. Wir haben andere Traditionen, eine andere Sprache und wir drücken uns auf eine andere Weise aus.“

Man kann lange darüber streiten, was nun genau typisch niederländisch ist. Aber außer Zweifel steht doch, dass viele Traditionen lebendig sind, auf die man als Niederländer stolz sein kann und die zu bewahren es sich lohnt: eine tolerante Grundhaltung, eine Abneigung gegen Extreme, ausgeprägte Kompromiss- und Dialogbereitschaft, weit verbreitete Solidarität mit den Schwächeren, um nur einige zu nennen. Die Niederlande sind eine der ältesten Demokratien der Welt, sie schmücken sich mit einem populären Königshaus und haben eine höchst innovative Volkswirtschaft aufgebaut. Wer in all dem nichts Identitätsstiftendes finden kann, dem ist nicht zu helfen. Die Niederlande werden in den kommenden Jahrzehnten viele Herausforderungen zu bewältigen haben, doch die Voraussetzungen dafür, dass sie damit fertig werden, sind so gut wie an kaum einem anderen Ort. Die Niederlande waren und bleiben ein vom Glück begünstigtes Land.

Anhang

Zeittafel

1477: Die Niederlande, ungefähr den heutigen Beneluxstaaten entsprechend, kommen unter die Herrschaft der Habsburger.

1523: Erste Ketzerverbrennungen.

1555: Kaiser Karl V. dankt ab. Sein Sohn, der spanische König Philipp II., übernimmt die Herrschaft über die Niederlande.

1564: Prinz Wilhelm von Oranien und die Grafen Egmont und Hoorn erzwingen den Rücktritt von Philipps Berater Kardinal Granvelle.

1566: Calvinistischer Bildersturm verwüstet die Kirchen.

1567: Der Herzog von Alba kommt mit spanischen Truppen in die Niederlande. Wilhelm von Oranien flieht nach Deutschland.

1568: Hinrichtung Egmonts und Hoorns wegen ihrer früheren Opposition gegen Philipp. Verfolgung von Protestanten durch Albas „Blutrat". Beginn des Achtzigjährigen Krieges gegen Spanien.

1571: Alba erlässt eine ungesetzliche Steuer, den Zehnten Pfennig.

1572: Geusen – antispanische Freibeuter – erobern die holländische Hafenstadt Den Briel. Holländische und zeeländische Städte schlagen sich auf die Seite Oraniens. Calvinisten übernehmen die Macht in den Staaten (Ständeversammlung) der Provinz Holland. Feldzug Albas gegen die Aufständischen.

1573: Einnahme der Stadt Haarlem durch Alba erst nach langer Belagerung. Eroberung von Alkmaar scheitert. Abberufung Albas.

1574: Abbruch der Belagerung Leidens.

1575: Spanischer Staatsbankrott führt zum Zerfall der spanischen Streitkräfte in den Niederlanden.

1576: Meuternde Truppen plündern Antwerpen. Pazifikation von Gent: Die gesamten Niederlande einigen sich auf die Bekämpfung der spanischen Truppen. Protestanten werden nicht mehr verfolgt. Vorherrschaft des Calvinismus in Holland und Zeeland.

1579: Zusammenschluss der nördlichen Provinzen zur Union von Utrecht vertieft die Kluft zwischen Nord und Süd und bildet die Grundlage für die spätere niederländische Republik. Friedenskonferenz von Köln scheitert. Beginnende Rückeroberung eines Großteils der Niederlande durch den Herzog von Parma.

1581: Placcaet van Verlatinghe: Die nördlichen Niederlande schwören König Philipp II. ab. Entstehung der niederländischen Republik mit den Generalstaaten in Den Haag als Souverän.

1584: Ermordung Wilhelm von Oraniens in Delft.

1585: Einnahme der größten niederländischen Stadt Antwerpen durch Parma. Großer Flüchtlingsstrom nach Norden. Eingreifen der englischen Königin Elisabeth zugunsten der Aufständischen. Wilhelms Sohn Moritz Statthalter von Holland und Zeeland.

1586: Johan van Oldenbarnevelt Landsadvokat von Holland.
1588: Untergang der spanischen Armada.
1590: Erfolgreiche Militäroffensive gegen die Spanier. Beginnender Aufstieg zum Zentrum des Welthandels.
1596: Die ersten niederländischen Seefahrer erreichen Ostindien (heute Indonesien).
1597: Polarüberwinterung von Willem Barents.
1602: Gründung der Vereinigten Ostindischen Compagnie (VOC).
1609: Zwölfjähriger Waffenstillstand mit Spanien. Gründung der Amsterdamer Wisselbank.
1613: Bau des Amsterdamer Grachtengürtels beginnt.
1617: Verschärfung des religiösen Konflikts zwischen Remonstranten und Contraremonstranten. Machtkampf zwischen Oldenbarnevelt und Prinz Moritz von Oranien. Staaten von Holland verabschieden Scharfe Resolution: Stadtregierungen dürfen Truppen anwerben.
1618: Moritz löst städtische Truppen auf. Verhaftung Oldenbarnevelts.
1619: Hinrichtung Oldenbarnevelts. VOC-Generalgouverneur Jan Pieterszoon Coen gründet Batavia (heute Jakarta).
1621: Ende des Waffenstillstands mit Spanien. Gründung der Westindischen Compagnie (WIC).
1625: Tod Moritz von Oraniens. Nachfolger wird sein Bruder Friedrich Heinrich.
1626: Peter Minuit kauft für 60 Gulden Manhattan für die WIC.
1628: WIC-Admiral Piet Hein kapert spanische Silberflotte.
1637: Große Tulpenspekulation.
1639: Admiral Maerten Tromp vernichtet spanische Armada vor Dover. Die Niederlande führende Seemacht.
1642: Abel Tasman entdeckt Neuseeland. Rembrandt malt „Die Nachtwache".
1647: Tod Friedrich Heinrichs. Sein Sohn Wilhelm II. wird neuer Statthalter.
1648: Westfälischer Friede: Spanien erkennt die Unabhängigkeit der Niederlande an. Ende des Achtzigjährigen Krieges.
1650: Konflikt zwischen Amsterdam und Wilhelm II. Einnahme der Stadt durch Wilhelm schlägt fehl. Kurz darauf stirbt er an den Pocken. Beginn der ersten statthalterlosen Zeit (bis 1672).
1651: Englisches Parlament beschließt Navigationsakte gegen niederländischen Zwischenhandel.
1652: Erster Seekrieg gegen England. VOC-Stützpunkt am Kap der Guten Hoffnung.
1653: Schwere Niederlagen der niederländischen Kriegsflotte. Tod Tromps. Johan de Witt Ratspensionär von Holland.
1654: Friede von Westminster beendet Krieg gegen England. Geheimer Zusatz des Friedensvertrags auf Wunsch von Oliver Cromwell schließt Oranier vom Statthalteramt aus.
1664: England erobert Nieuw Amsterdam und benennt es in New York um. Beginn des zweiten Seekriegs gegen England.
1665: Michiel de Ruyter übernimmt Oberbefehl über die Flotte.
1666: Viertägige Seeschlacht.
1667: „Reise nach Chatham": Niederländer segeln die Themse hinauf und vernichten den Großteil der englischen Flotte. Friedensschluss von Breda.
1672: Das Katastrophenjahr: Frankreich erobert weite Teile der Niederlande. Dritter Seekrieg gegen England (bis 1674). Sturz und Ermordung de Witts. Wilhelm III. von Oranien Statthalter.
1673: De Ruyter schlägt englisch-französische Flotte zurück. Abzug der französischen Armee.
1678: Friedensschluss mit Frankreich.
1688: Niederländische Streitkräfte fallen in England ein. Flucht König Jakobs II.

1689: Glorious Revolution: Wilhelm III. König von England. Erneuter Krieg gegen Frankreich.

1697: Friede von Rijswijk beendet Krieg mit Frankreich.

1702: Tod Wilhelms III. Beginn der zweiten statthalterlosen Zeit (bis 1747). Spanischer Erbfolgekrieg gegen Frankreich (bis 1713). Erschöpfung der niederländischen Staatsfinanzen. Verfall der Handelsmacht.

1747: Militärische Bedrohung durch Frankreich. Wilhelm IV. wird Statthalter.

1751: Tod Wilhelms IV. Nachfolger wird sein Sohn Wilhelm V.

1780: Vierter Seekrieg gegen England mit katastrophalen Folgen für den niederländischen Handel. Erstarken der patriotischen Erneuerungsbewegung.

1781: Joan Derk van der Capellen tot den Pol veröffentlicht anonyme Flugschrift „An das Volk der Niederlande" mit Aufruf zu demokratischen Reformen.

1786: Erster frei gewählter Stadtrat Europas in Utrecht.

1787: Zwischenfall von Goejanverwellesluis: Prinzessin Wilhelmine von Preußen, Gemahlin von Statthalter Wilhelm V., wird die Einreise nach Holland verweigert. Daraufhin Vertreibung der Patrioten durch preußische Truppen.

1795: Einmarsch französischer Revolutionstruppen. Flucht Wilhelms V. Gründung der Batavischen Republik.

1796: Erste Sitzung der Nationalversammlung. Trennung von Staat und Kirche. Annahme eines Grundgesetzes.

1799: Bankrott der VOC. Überseeische Besitzungen fallen dem Staat zu.

1806: Umwandlung der Batavischen Republik in das Königreich Holland unter König Louis Bonaparte, Bruder Napoleons.

1810: Erzwungene Abdankung des Königs. Die Niederlande werden Frankreich einverleibt.

1813: Wilhelm VI. kehrt in die Niederlande zurück. Ende der Franzosen-Herrschaft.

1815: Wilhelm wird König der Niederlande einschließlich des heutigen Belgiens und Luxemburgs.

1830: Revolution in Brüssel gegen die niederländische Herrschaft. In Niederländisch-Indien Niederschlagung des Java-Aufstands mit 200 000 Toten. Einführung eines Zwangsanbausystems (*cultuurstelsel*).

1839: Endgültige Unabhängigkeit Belgiens.

1840: Abdankung König Wilhelms I. zugunsten seines Sohnes Wilhelms II.

1848: Einführung eines von Johan Rudolf Thorbecke verfassten Grundgesetzes: Die Macht geht vom König auf das Parlament über.

1849: Tod König Wilhelms II. Nachfolger wird sein Sohn Wilhelm III. Erste liberale Regierung unter Thorbecke.

1860: „Max Havelaar" von Multatuli prangert koloniale Ausbeutung an.

1863: Als eines der letzten Länder der Welt schaffen die Niederlande die Sklaverei ab.

1870: Abschaffung des Zwangsanbausystems in Niederländisch-Indien.

1878: Gründung der Antirevolutionären Partei, der ersten modernen Parteiorganisation.

1890: Tod König Wilhelms III. Nachfolgerin wird seine noch minderjährige Tochter Wilhelmina, zunächst vertreten durch ihre Mutter Emma von Waldeck-Pyrmont.

1891: Gründung der Glühbirnenfabrik Philips.

1903: Ende des Atjeh-Krieges: Die Niederlande beherrschen den gesamten indonesischen Archipel.

1914: Im Ersten Weltkrieg bleiben die Niederlande neutral.

1918: Der abgesetzte deutsche Kaiser Wilhelm II. erhält Asyl in den Niederlanden. Gescheiterter Revolutionsversuch des Sozialistenführers Pieter Jelles Troelstra.

1919: Einführung des allgemeinen Wahlrechts.

1932: Fertigstellung des Abschlussdeichs; die Zuiderzee wird zum IJsselmeer.

1937: Kronprinzessin Juliana heiratet den Deutschen Prinz Bernhard.

1939: Bei Ausbruch des Zweiten Weltkriegs bleiben die Niederlande neutral. Warnungen des Berliner Militärattachés Bert Sas vor einer bevorstehenden Invasion verhallen ungehört.

1940: Am 10. Mai Überfall der Deutschen. Luftlandungen an strategischen Punkten der Festung Holland. Schnelles Vorrücken der Wehrmacht. Königin und Regierung fliehen nach London. Am 14. Mai Bombardierung von Rotterdam und Kapitulation. Arthur Seyß-Inquart Reichskommissar für die besetzten Niederlande.

1941: Februarstreik in Amsterdam gegen die einsetzende Judenverfolgung. Härtere Linie der deutschen Besatzer.

1942: Erste Deportationen der Juden in Vernichtungslager. Anne Frank beginnt ihr Tagebuch. Japan erobert Niederländisch-Indien.

1943: Mehrtägige Streiks gegen Zwangsverpflichtung Hunderttausender Niederländer zum Arbeitseinsatz.

1944: Größte Luftlandeoperation der Geschichte bei Arnheim. Alliierte verlieren Schlacht um die Arnheimer Rheinbrücke. Der Westen der Niederlande bleibt bis Kriegsende von den Deutschen besetzt.

1945: Hungerwinter im Westen des Landes. Anne Frank stirbt im KZ Bergen-Belsen. Am 5. Mai deutsche Kapitulation. Achmed Sukarno erklärt Indonesien für unabhängig.

1947: Erste „Polizeiaktion" der Niederlande gegen Indonesien.

1948: Zweite „Polizeiaktion". Willem Drees erster sozialdemokratischer Ministerpräsident. Abdankung Königin Wilhelminas; Nachfolgerin Juliana.

1949: Die Vereinten Nationen und die USA zwingen die Niederlande zur Anerkennung der Unabhängigkeit Indonesiens.

1953: Sturmflutkatastrophe in Zeeland.

1960: Wiedergutmachungsvertrag mit Deutschland.

1966: Hochzeit von Kronprinzessin Beatrix mit dem Deutschen Claus von Amsberg in Amsterdam von Krawallen begleitet.

1973: „Rotes Kabinett" von Ministerpräsident Joop den Uyl tritt an: „Die Fantasie an der Macht".

1975: Unabhängigkeit der niederländischen Kolonie Surinam.

1976: Lockheed-Affäre um Prinz Bernhard erschüttert die Monarchie.
Neufassung des Opium-Gesetzes ermöglicht die Tolerierung von kleinen Mengen "weicher" Drogen.

1977: Terroraktionen von Molukkern.

1980: Abdankung Königin Julianas zugunsten ihrer Tochter Beatrix.

1982: Christdemokrat Ruud Lubbers Ministerpräsident (bis 1994). „No-Nonsense-Politik" zur Stärkung der Wirtschaft und Sanierung der Staatsfinanzen.

1986: Feierliche Fertigstellung des beweglichen Sturmflutwehrs in der Oosterschelde.

1988: Sieg über Deutschland im EM-Halbfinale löst größtes Volksfest seit Kriegsende aus.

1994: „Lila Koalition" unter dem Sozialdemokraten Wim Kok.

1995: Schwere Überschwemmungen durch Hochwasser von Rhein, Waal und Maas; Evakuierung ganzer Städte. Massaker von Srebrenica unter den Augen eines niederländischen UN-Kontingents.

2000: Explosionskatastrophe von Enschede.

2001: Als erstes Land führen die Niederlande die gleichgeschlechtliche Ehe ein. Das Parlament verabschiedet das weltweit erste Gesetz, das unter bestimmten Bedingungen Sterbehilfe zulässt.

2002: Kronprinz Willem Alexander heiratet Máxima Zorreguieta. Spektakulärer Erfolg des Rechtspopulisten Pim Fortuyn bei Kommunalwahlen. Ermordung Fortuyns kurz vor der Parlamentswahl. Massiver Rechtsruck. Bildung einer Mitte-Rechts-Regierung unter Jan Peter Balkenende.

2004: Muslimischer Extremist ermordet den islamkritischen Regisseur Theo van Gogh.

2005: In einem Referendum stimmen die Niederländer zu 60 Prozent gegen eine europäische Verfassung.

2006: Streit um geplante Ausbürgerung der Islamkritikerin Ayaan Hirsi Ali führt zum Bruch der Regierung.

2008: Der Rotterdamer Stadtrat wählt den Muslim Ahmed Aboutaleb zum Bürgermeister.

2010: Als erster Liberaler seit 1918 wird Mark Rutte Ministerpräsident. Seine Minderheitsregierung wird bis 2012 von dem Rechtspopulisten Geert Wilders toleriert.

2013: Willem-Alexander wird nach dem Amtsverzicht seiner Mutter Beatrix neuer König.

2014: Durch den Abschuss eines von Amsterdam gestarteten malaysischen Flugzeugs über der Ukraine kommen 298 Menschen ums Leben, darunter 193 Niederländer.

2019: Aus den Wahlen für die Provinzparlamente geht das rechtspopulistische Forum für Demokratie (FvD) von Thierry Baudet als stärkste Kraft hervor.

2020: Am 75. Jahrestag der Befreiung von Auschwitz bittet Ministerpräsident Rutte für das Versagen niederländischer Behörden während der deutschen Besatzung um Vergebung.

2021: Der Fernsehjournalist Peter R. De Vries, der sich zuvor als Vertrauensperson für einen Kronzeugen gegen die Drogenmafia zur Verfügung gestellt hatte, wird im Zentrum von Amsterdam von einem Auftragskiller erschossen.

2022: Nach der längsten Regierungsbildung der niederländischen Geschichte (299 Tage) wird das vierte Kabinett Rutte vereidigt.

Eine von der Regierung in Auftrag gegebene Studie kommt zu dem Ergebnis, dass die Niederlande im indonesischen Unabhängigkeitskrieg strukturell extreme Gewalt einsetzten.

Kommentiertes Literaturverzeichnis

An dieser Stelle kann nur ein Bruchteil der verwendeten Literatur aufgeführt werden. Bevorzugt genannt werden Werke, die dem deutschsprachigen Leser am ehesten weiterhelfen können. Verwiesen sei vorweg auf die vielen Dossiers zur niederländischen Geschichte im Niederlandenet des Zentrums für Niederlande-Studien der Universität Münster. www.uni-muenster.de/NiederlandeNet/nl-wissen/ Auf entoen.nu findet sich der von der niederländischen Regierung herausgegebene „Kanon der Niederlande" mit geschichtlichem Basiswissen in 50 Fenstern.

Übersichtswerke

Informativ und verlässlich ist die Darstellung des ehemaligen Direktors des Zentrums für Niederlande-Studien, Friso Wielenga: Geschichte der Niederlande, Stuttgart 2012. Wer eine erzählerische Alternative sucht, greife zu Geert Mak: Kleine Geschichte der Niederlande, Ein historisches Porträt, München 2013. Einen besonders bündigen Überblick bieten Michael North: Geschichte der Niederlande, München 2013, und – basierend auf dem Bildungskanon der 50 Fenster – Frits van Oostrom: The Netherlands in a Nutshell, Highlights from Dutch History and Culture, Amsterdam 2008. Eine Zusammenschau mit Belgien liefert J.C.H. Blom/E. Lamberts: History of the Low Countries, New York/Oxford 2006.

Der Aufstand gegen Spanien

Die beste Darstellung ist nach wie vor Geoffrey Parker. Der Aufstand der Niederlande, München 1979. Die jüngere Forschung wird berücksichtigt in S. Groenveld u. a.: De Tachtigjarige Oorlog, Opstand en consolidatie in de Nederlanden (ca. 1560–1650), Zutphen 2008. Seit 2021 liegt eine sehr gute große Biografie von Wilhelm von Oranien vor: René van Stipriaan: De zwijger, Het leven van Willem van Oranje. In deutscher Sprache findet sich der akademische Abriss von Olaf Mörke: Wilhelm von Oranien (1533–1584), Fürst und „Vater" der Republik, Stuttgart 2007. Zum Herzog von Alba: Henry Kamen: The Duke of Alba, New Haven/London 2004 sowie Maurits Ebben (Hrsg.): Alba, General and Servant to the Crown, Zutphen 2013. Zahlreiche deutschsprachige Biografien liegen zu Erasmus von Rotterdam vor, zuletzt erschien Wilhelm Ribhegge: Erasmus von Rotterdam, Der erste Europäer, Darmstadt 2016. Das Reisetagebuch von Albrecht Dürer wurde herausgegeben und kommentiert von Gerd Unverfehrt: Da sah ich viel köstliche Dinge, Albrecht Dürers Reise in die Niederlande, Göttingen 2007. Den Calvinismus erklärt auf inspirierende Weise und mit Blick auch auf niederländische Aspekte Klaas Huizing: Calvin ... und was vom Reformator übrig blieb, Frankfurt am Main 2009.

Das Goldene Zeitalter

Einen guten Überblick über den Forschungsstand und die aktuellen Debatten gibt The Cambridge Companion to the Dutch Golden Age, herausgegeben von Helmer J. Helmers und Geert H. Janssen, Cambridge 2018. Sehr ausführlich ist das Standardwerk von Jonathan I. Israel: The Dutch Republic, Its Rise, Greatness and Fall, Oxford 1998. Eher die großen Linien im Auge hat Maarten Prak: The Dutch Republic in the Seventeenth Century, The Golden Age, Cambridge 2007. Englischsprachige Biografien der beiden führenden Staatsmänner: Jan den Tex: Oldenbarnevelt, Cambridgde 1973; Herbert H. Rowen: John de Witt, Grand Pensionary of Holland, Princeton 1978. Zur wirtschaftlichen Expansion Jonathan I. Israel: Dutch Primacy in World Trade, 1585–1740, Oxford 2001. Zu Amsterdam: Christoph Driessen: Kleine Geschichte Amsterdams, Regensburg 2010; Geert Mak: Amsterdam, Biographie einer Stadt, München 2006; Bernd Wilczek (Hrsg.): Amsterdam 1585–1672, Morgenröte des bürgerlichen Kapitalismus, Bühl-Moos 1993. Der Klassiker zur überseeischen Expansion ist Charles Ralph Boxer: The Dutch Seaborne Empire, London 1988. Ein sehr guter und kompakter Überblick in deutscher Sprache findet sich bei Wolfgang Reinhard: Geschichte der europäischen Expansion, 4 Bände, Stuttgart 1983–1990. Das Standardwerk zur Geschichte der Vereinigten Ostindischen Compagnie liegt in deutscher Übersetzung vor: Femme S. Gaastra: Die Ostindische Compagnie der Niederlande – ein Abriss ihrer Geschichte, in: Eberhard Schmitt u. a. (Hrsg): Kaufleute als Kolonialherren, Bamberg 1988. Im Kontext anderer Ostindien-Kompanien wird die VOC beschrieben von Jürgen G. Nagel: Abenteuer Fernhandel, Die Ostindienkompanien, Darmstadt 2013. Das Leben an Bord der Schiffe schildert Roelof van Gelder: Das ostindische Abenteuer, Deutsche in Diensten der Ostindischen Kompanie der Niederlande (VOC), 1600–1800, Hamburg 2004. Zu den Verbrechen in Übersee gibt es ein neues Übersichtswerk: Piet Hagen: Koloniale oorlogen in Indonesië, Amsterdam 2018. Zum Sklavenhandel: P. C. Emmer: De Nederlandse slavenhandel 1500–1850, Amsterdam 2000 und die Publikation des Rijksmuseums zur großen Ausstellung von 2021: Eveline Sint Nicolaas (u. a.): Slavery: an exhibition of many voices. Überaus reichhaltig ist die Literatur zur Malerei des Goldenen Zeitalters. Ein guter Einstieg ist: Mariet Westermann: Von Rembrandt zu Vermeer, Niederländische Kunst des 17. Jahrhunderts. Köln 2000. Das große Nachschlagewerk: Bob Haak: Das Goldene Zeitalter der holländischen Malerei, Köln 1984. Zu Rembrandt: Christoph Driessen: Rembrandt und die Frauen, Regensburg 2011. Ein Klassiker zur Kulturgeschichte ist Simon Schama: Überfluss und schöner Schein, Zur Kultur der Niederlande im Goldenen Zeitalter, München 1988. Kompakter und mit mehr Basiswissen: J. L. Price: Dutch Society 1588–1713, Harlow 2000. Zur führenden Rolle auch in den Wissenschaften: Eric Jorink: Wetenschap en wereldbeeld in de Gouden Eeuw, Hilversum 1999. Die militärische Seite: Robert Rebitsch: Die Englisch-Niederländischen Seekriege, Wien 2013. Der größte niederländische Seeheld wird aus unterschiedlichen Perspektiven beleuchtet in Jaap R. Bruijn u. a.: De Ruyter, Dutch Admiral, Zutphen 2016. Der Niedergang: Lisa Jardine: Going Dutch, How England Plundered Holland's Glory, London 2008.

18. Jahrhundert und französische Zeit

Die Entwicklung im 18. Jahrhundert schildert Margaret C. Jacob/Wijnand W. Mijnhardt: The Dutch Republic in the Eighteenth Century, Decline, Enlightenment, and Revolution, Ithaca 1992. Der Vorfall von Goejanverwellesluis und das anschließende Eingreifen Preußens nehmen breiten Raum ein in Zitha Pöthes Studie zum Brandenburger Tor: Perikles in Preußen, Die Politik Friedrich Wilhelms II. im Spiegel des Brandenburger Tores, Berlin 2014. Zur Stellung der Oranier siehe auch: Horst Lademacher (Hrsg.): Onder den Oranje boom (Textband), Dynastie in der Republik, Das Haus Oranien-Nassau als Vermittler niederländischer Kultur in deutschen Territorien im 17. und 18. Jahrhundert, München 1999. Ein sehr detailliertes Werk zum Untergang der Republik ist Simon Schama: Patriots and Liberators, Revolution in the Netherlands, New York 1998. Eine deutschsprachige Biografie des ersten Königs der Niederlande stammt von Clemens Amelunxen: Louis Bonaparte, Köln 1989. Anschauliche niederländische Veröffentlichungen sind: Arie Wilschut: Goejanverwellesluis, De strijd tussen patriotten en prinsgezinden, Hilversum 2000; Judith Amsenga/Geertje Dekkers: „Wat nu?“, zei Pichegru, De Franse Tijd in Nederland, Hilversum 2004; Joost Rosendaal: De Nederlandse Revolutie, Vrijheid, volk en vaderland 1783–1799, Nijmegen 2005.

Das Königreich der Niederlande

Die Auswahl an deutscher und englischsprachiger Literatur zu dieser Epoche ist klein. Ein guter Überblick ergibt sich aus Piet de Rooy: A Tiny Spot on the Earth, The Political Culture of the Netherlands in the Nineteenth and Twentieth Century, Amsterdam 2015. Zum Unabhängigkeitskampf der Belgier: Christoph Driessen: Geschichte Belgiens, die gespaltene Nation, Regensburg 2020. Politische, wirtschaftliche und gesellschaftliche Aspekte behandelt in Lexikon-Form Karin Braamhorst: Nederland in de negentiende eeuw, Arnhem 2006. Die massiven Veränderungen durch die Industrialisierung beschreibt Auke van der Woud: Een nieuwe wereld, Het ontstaan van het moderne Nederland, Amsterdam 2013. Die Reformpolitik von Johan Rudold Thorbecke erklärt sein Biograf Jan Drentje: Thorbecke, Een filosoof in de politiek, Amsterdam 2004. In kürzerer Fassung: Jan Drentje: Het vrijste volk der wereld, Thorbecke, Nederland en Europa, Zwolle 1998. Eine von der Kritik begeistert aufgenommene Biografie kommt von Remieg Aerts: Thorbecke wil het, Amsterdam 2018. Zum 200-jährigen Bestehen des Königreichs erschienen 2013 neue Biografien der drei Könige Wilhelm I., Wilhelm II. und Wilhelm III. Die drei Autoren konnten dafür auf das Königliche Hausarchiv zurückgreifen. Jeroen Koch: Koning Willem I, 1772–1843, Amsterdam 2013; Jeroen van Zanten: Koning Willem II, 1792–1849, Amsterdam 2013; Dik van der Meulen: Koning Willem III, 1817–1890, Amsterdam 2013. Schon vor längerer Zeit legte der Leidener Historiker Cees Fasseur eine zweibändige Biografie von Königin Wilhelmina vor: Wilhelmina, De jonge koningin, Amsterdam 1998 und Wilhelmina, Krijgshaftig in een vormeloze jas, Amsterdam 2001. Viel Staub wirbelte eine zweibändige Biografie des schillernden Politikers Hendrikus Colijn auf, in der seine Kriegsverbrechen in Niederländisch-Indien enthüllt wurden: Herman Langeveld: Hendrikus Colijn 1869-1944, Teil 1: Dit leven van krachtig handelen (1869–1933), Amsterdam 1998; Teil 2: Schipper naast God (1933–1944), Amsterdam 2004. Umfangreich ist die niederländische Literatur zu Niederländisch-Indien. Herausragende Werke sind J. A. A. van Doorn: De laaste eeuw van Indië, Amsterdam 1994 und Wim van den Doel: Het Rijk van Insulinde, Opkomst en ondergang van een Nederlandse kolonie, Amsterdam 1996. Zu Eduard Douwes Dekker alias Multatuli gibt es eine preisgekrönte Biografie von Dik van der Meulen: Multatuli, Leven en werk van Eduard Douwes Dekker, Amsterdam 2003. Zur Wasserbaugeschichte: Wilfried ten Brinke: Land in Zee, De watergeschiedenis van Nederland, Diemen 2007 und Willem van der Ham: Verover mij dat land, Lely & de Zuiderzeewerken, Amsterdam 2007.

Besatzungszeit

Einen knappen deutschsprachigen Überblick bietet David Barnouw, Wissenschaftler am Niederländischen Institut für Kriegsdokumentation (NIOD): Die Niederlande im Zweiten Weltkrieg, Eine Einführung, Münster 2010. Eine neue, umfassende Biografie des Reichskommissars Arthur Seyß-Inquart dokumentiert dessen Handlungsspielraum bei der Vernichtung der Juden: Johannes Koll: Arthur Seyß-Inquart und die deutsche Besatzungspolitik in den Niederlanden (1940–1945), Wien 2015. Zu Rauter: Theo Gerritse: Rauter, Himmlers vuist in Nederland, Amsterdam 2018. Für eine besonders kritische Auseinandersetzung, auch mit der Rolle von Königin Wilhelmina, steht Nanda van der Zee: „Um Schlimmeres zu verhindern...", Die Ermordung der niederländischen Juden: Kollaboration und Widerstand, München 1999. Eine eindringliche Schilderung des unendlichen Leids, das die Besatzer über die Niederlande brachten, gelingt Barbara Beuys am Beispiel von Amsterdam: Leben mit dem Feind, Amsterdam unter deutscher Besatzung 1940–1945, München 2013. Der Autor Jan Brokken konzentriert sich sogar nur auf ein einzelnes Dorf: Die Vergeltung, Rhoon 1944: Ein Dorf unter deutscher Besatzung, Köln 2015. Sein akribisch recherchierter Dokumentarroman fand große Beachtung. Einen wichtigen Beitrag zu einer kritischeren Sicht auf das Verhalten der Niederländer während der Besatzung leistete Chris van der Heijden: Grijs verleden, Nederland en de Tweede Wereldoorlog, Amsterdam 2008. Wichtige Untersuchungen zum Holocaust und speziell zu der Frage, warum der Anteil der ermordeten Juden in den Niederlanden besonders hoch war, sind: Katja Happe: Viele falsche Hoffnungen, Judenverfolgung in den Niederlanden 1940–1945, Paderborn 2017; Bob Moore: Victims and Survivors, The Nazi Persecution of the Jews in the Netherlands 1940–1945, London 1997; Pim Griffioen/Ron Zeller: Jodenvervolging in Nederland, Frankrijk en België, 1940–1945, Overeenkomsten, verschillen, oorzaken, Amsterdam 2010; Bart van der Boom: „Wij weten niets van hun lot.", Gewone Nederlanders en de Holocaust, Amsterdam 2012; Frits Boterman: Duitse daders, Nederland onder Duitse bezetting (1940–1945), Amsterdam 2015. Ein Beispiel für einen Widerstandskämpfer: Erik Schaap: Walraven van Hall, Premier van het verzet, 1906–1945, Zaandam 2006. Ein Beispiel für einen Kollaborateur (der Amsterdamer Polizeipräsident Sybren Tulp): Guus Meershoek: Dienaren van het gezag, De Amsterdamse politie tijdens de bezetting, Amsterdam 1999.

Die Niederlande seit 1945

Gute Orientierung bieten Friso Wielenga: Die Niederlande, Politik und politische Kultur im 20. Jahrhundert, Münster 2008 sowie Friso Wielenga/Ilona Taute (Hrsg.): Länderbericht Niederlande, Bonn 2004. Den Verlust des Kolonialreiches zeichnen nach: Fritz Schulze: Kleine Geschichte Indonesiens, Von den Inselkönigreichen bis zum modernen Großstaat, München 2015; M. C. Ricklefs: A History of Modern Indonesia since c. 1300, London 1993. Wesentlich ausführlicher sind niederländischen

Einzeldarstellungen: J. A. A. van Doorn/W. J. Hendrix: Het Nederlands/Indonesisch conflict, Ontsporing van geweld, Amsterdam 1995; Wim van den Doel: Afscheid van Indië, De val van het Nederlands imperium in Azië, Amsterdam 2001; Rémy Limpach: De brandende kampongs van Generaal Spoor, Amsterdam 2016. Die niederländische Außenpolitik seit 1945 analysiert Duco Hellema: Nederland in de wereld, De buitenlandse politiek van Nederland, Houten/Antwerpen 2010. Die Liberalisierung der niederländischen Gesellschaft in den 60er Jahren beschreibt James C. Kennedy: Nieuw babylon in aanbouw, Nederland in de jaren zestig, Amsterdam 1995. Siehe dazu auch: Anet Bleich: Joop den Uyl, Dromer en doordouwer, Amsterdam 2008. Die anschließende Phase bis in die Gegenwart ist Thema von Hans Wansink: Het land van Beatrix, De eerste geschiedenis van hedendaags Nederland, 1980–2013, Amsterdam 2014. Zu Beatrix selbst erschienen mehrere Biografien im Jahr ihrer Abdankung, darunter Jutta Chorus: Beatrix, Dwars door alle weerstand heen, Amsterdam 2013. Im selben Jahr veröffentlichten die „Volkskrant"-Redakteure Jan Hoedeman und Remco Meijer eine aktualisierte Fassung ihrer Biografie des neuen Königs: Willem-Alexander, Van prins tot koning, Amsterdam 2013. Den kometenhaften Aufstieg von Pim Fortuyn schildern Jutta Chorus und Menno de Galan: In de ban van Fortuyn, reconstructie van een politieke aaardschok, Amsterdam 2006. Dazu in deutscher Sprache: Friso Wielenga/Florian Hartleb (Hrsg.): Populismus in der modernen Demokratie, Die Niederlande und Deutschland im Vergleich, Münster 2011. Den Mord an Theo van Gogh behandeln Ian Buruma: Die Grenzen der Toleranz, Der Mord an Theo van Gogh, München 2006 und Geert Mak: Der Mord an Theo van Gogh, Geschichte einer moralischen Panik, Frankfurt am Main 2005. Die besonderen Probleme der Integration analysiert Paul Scheffer in: Die Eingewanderten, Toleranz in einer grenzenlosen Welt, München 2016. Zum deutsch-niederländischen Verhältnis siehe: Friso Wielenga: Vom Feind zum Partner, Die Niederlande und Deutschland seit 1945, Münster 2000; Jacco Pekelder: Neue Nachbarschaft, Deutschland und die Niederlande, Bildformung und Beziehungen seit 1990, Münster 2013 und Stiftung Haus der Geschichte der Bundesrepublik Deutschland (Hrsg.): Deutschland – Niederlande, Heiter bis wolkig, Bonn 2000. Den Aspekt der in den Niederlanden inhaftierten Kriegsverbrecher („Die Vier von Breda") untersucht Felix Bohr in seiner hochinteressanten Studie Die Kriegsverbrecherlobby, Bundesdeutsche Hilfe für im Ausland inhaftierte NS-Täter, Berlin 2018. Für die wissenschaftliche Aufarbeitung der Niederlande als Produktionsort von Drogen und Drehscheibe des internationalen Drogenhandels sind die Bücher von Pieter Tops zu empfehlen. In englischer Sprache: The Netherlands and Synthetic Drugs: An Inconvenient Truth, 2018.

Bildnachweis

akg-images Berlin: 33
Atlas Van Stolk, Rotterdam: 177, 196
Christoph Driessen: 74, 83, 122, 276
Collection Jewish Historical Museum, Amsterdam: 114
http://www.commons.wikimedia.org: 21, 29, 61, 91, 100, 111, 133, 145, 194, 222 (Foto: Bungle), 264
National Maritime Museum, London: 125
Niederländisches Büro für Tourismus & Convention (http://www.niederlande.de): 172, 245, 257 (© Den Haag Marketing/ Frank Jansen), 262
Niederländisches Institut für Kriegsdokumentation (NIOD): 207, 214
picture-alliance/dpa: 268
Sammlung Koos van Weringh: 234
Tropenmuseum, Amsterdam [60042418]: 161
ullstein Bild, Berlin – Granger Collection: 82
ullstein Bild, Berlin – TopFoto: 240
Kartenmaterial: Ingenieurbüro für Kartographie, Dipl.-Ing. Joachim R. H. Zwick, Giessen: 53, 167, 173

Gemäldestandorte

Alte Pinakothek, München: 91
Gemäldegalerie, Kassel: 21
Haags Historisch Museum, Den Haag: 122
Kenwood House, London: 61
Mauritshuis, Den Haag: 100
Museo del Prado, Madrid: 29
National Maritime Museum, London: 125
Puschkin-Museum der bildenden Künste, Moskau: 82
Rijksmuseum, Amsterdam: 111, 133, 145

Register

Orte

Personen

Stichworte